W0234349

Günter Pilgrim
DIE AMEISEN-STRASSE

IMPRESSUM

© Stock & Stein Verlags-GmbH Schwerin
1. Auflage 1997
Satz und Druck:
cw Obotritendruck, Schwerin
Abbildungen:
Foto Greve, Parchim
Günter Pilgrim, privat

Printed in Germany ISBN 3-910179-68-1

Erinnerungen
von Günter Pilgrim

DIE AMEISEN-
STRASSE

ODER VIERZIG JAHRE PASTOR
IN DER DDR

Meiner Frau,
die in vierzig Jahren alles mit mir getragen hat,
unseren Kindern und Enkeln in
Rotenburg, Hamburg und Unterstedt
Hanno und Lilly,
Daniel, Donat und Ludwig
Otmar und Kristin
Helge und Gritta
und Stephanie und Christian

Inhaltsverzeichnis

1. Kapitel

DER ENGEL

Der Friedhof befand sich am Ostrand der Stadt. Ein Engel bewachte ihn. Ich war fast fünfzehn Jahre in dieser Stadt Pastor gewesen, und zu Friedhof und Engel hatte sich eine besondere Beziehung entwickelt. Einmal in jeder Woche, mindestens einmal, manchmal aber auch öfter, mußte ich auf dem Friedhof beerdigen. Über die große Freitreppe von der Gartenanlage kommend, hatte ich die Totenstadt vor mir. Man ging bergauf, wenn man von der Stadt herkam. Oben lag die Friedhofskapelle, und hundert Meter von ihr entfernt hatte der Engel seinen Platz.

Er hatte die Stalinistenzeit überdauert. Ein Flügel war ihm dabei abhanden gekommen, und mehrmals gab es den Vorschlag: schafft doch das Ding da weg! Irgendwelche Zeitgenossen wollten mit diesem Gedanken, den sie zuweilen eifrig betrieben, ihre Linientreue ausdrücken. Sie hofften Sympathisanten zu finden. Es kann doch nicht angehen, daß auf einem sozialistischen Friedhof ein solches Relikt geduldet wird. Warum eigentlich, fragten sie. Wem nützt es, stichelten sie. Wir sind doch hier nicht im Erzgebirge. Da könnte man vielleicht solche Engel notfalls dulden. Aber hier bei uns! Er muß verschwinden!

Aber der Engel blieb stehen.

Ob er den einen Flügel auf natürliche Weise verloren hatte, oder ob jemand von der roten Mannschaft ihm heimlich, aus Versehen, den Flügel entfernt hatte, das blieb ungeklärt.

Es gab Stimmen, aus dem Kreis der unteren Chargen der Friedhofsgewaltigen, die wissen wollten, daß ein ganz Fanatischer, wie sie das nannten, doch tatsächlich versucht hätte, vor Jahren dem Engel Gewalt anzutun. Das konnte vereitelt werden, Herr Pastor, sagte mir einer von denen, die es wissen mußten, das hätte noch gefehlt, daß die uns den Engel wegnehmen, sagte er. Der gehört zu Parchim wie der Sonnenberg und wie der Räuber Vitinghoff. Oder finden Sie das nicht, Herr Pastor?

Natürlich fand ich das auch. Das war doch klar! Darauf nickte er vielsagend, und ich hatte Gnade gefunden vor seinen Augen.

Wenn ich es einrichten konnte, und vor einer Beerdigung noch ein wenig Zeit blieb, nahm ich den Weg am Engel vorbei. Ich blieb dann einen Moment vor ihm stehen.

Schön, daß es dich immer noch gibt! Bleib uns zugewandt, dachte ich. Und wenn ich in das Engelsgesicht blickte, dann schien mir, als ob er lächelte. Ein Friedhof, der einen Engel bei sich hat, ist nicht so aussichtslos, wie es scheinen will. Da hat der Tod nicht das letzte Wort.

Unter den verantwortlichen Friedhofsleuten, von denen die Leiter Parteigenossen sein mußten, hatte der Parchimer Friedhofsengel über Jahre hin ausreichend Freunde gefunden. Was mag diese Freunde bewogen haben, für den Engel einzutreten? War es ein Rest von Glauben? Oder war es einfach nur Ehrfurcht vor dem, was größer ist als der Mensch?

Ich hatte in den Jahren hier und dort Parteigenossen kennengelernt, die mir heimlich versicherten: Auch wenn ich in der Partei bin, sie müssen, Herr Pastor, nicht denken, daß ich gottlos bin. Da innen, und er zeigte mit der Hand aufs Herz, da kann keiner hineinsehen, und da hat auch die Partei nichts zu suchen. Ich war bei solchen Bekenntnissen meistens ein wenig hilflos. Ich wollte eine gewisse Ehrlichkeit nicht von der Hand weisen. Und wer weiß, ob nicht in der Jugend ein Samenkorn des Glaubens dorthin gelegt worden war. Fromme Großmütter haben zu allen Zeiten nachhaltig gewirkt. Und Engel sind greifbare Zeichen einer anderen Wirklichkeit.

Wie kommen sie auf die Friedhöfe, die Engel? Auf Reisen besuche ich, wenn mir etwas Zeit bleibt, gern den Friedhof einer Stadt. Ich habe bei den Besuchen die verschiedensten Engeldarstellungen gefunden. Sie wirken wie die Boten einer himmlischen Wirklichkeit mitten in der Welt des Todes.

Als Ernst Barlach, der Güstrower Bildhauer, seine Mutter durch einen tragischen Unfall verlor, da schuf er für sie ein Engelsgrabmal. Es zeigt einen herabfahrenden Engel, von dem Geborgenheit ausging. Ich bin nach Güstrow gefahren. Ich habe auf dem Friedhof das Grab gesucht. Es ist leider weggeräumt, sagte mit der Friedhofsverwalter. Es war aus Holz, das Grabmal, und das Holz war mürbe geworden. Schade, jetzt haben wir nur noch das Bild davon.

Barlach hat die Engel sehr gemocht. Sie kommen oft vor in seinen Arbeiten. Vor seinem Güstrower Domengel habe ich oft gestanden. Auf den ersten Blick wirkt die viele Zentner schwere Figur bedrückend. Erst ganz allmählich findet man Zugang. Aber dann läßt sie einen nicht wieder los.

Der Parchimer Engel hat ein freundliches Gesicht. Er ist aus Stein, gewiß, aber er wirkt überhaupt nicht starr. Bewegung ist ablesbar. Und mir ist es immer so vorgekommen als ob er lächelt, weil er mehr weiß als wir über den Tod. Und manchmal schien es mir, als wollte er uns an die Hand nehmen und uns hineinführen in die Welt des Lichtes. Das ist so geblieben in den Jahren, auch dann, wenn eine Beerdigung wie ein Stein auf der Seele lag.

In vierzig Jahren mußte ich viele Beerdigungen machen. Vor allem als Großstadtpastor. Es gab Zeiten im Frühjahr und im Herbst, da wurden bis zu sechs Trauerfeiern in der Woche angemeldet. Wie konnte man das schaffen, ohne in leere Routine zu verfallen? Ein alter Kollege hat mir einmal gesagt: Sie müssen das nicht so schwer nehmen jedesmal. Sie müssen sich die Trauerfeiern etwas von der Seele abhalten. Sonst werden Sie schließlich mit den Trauernden mitheulen. Und, so sagte er, das ist peinlich und es stört kolossal. Ein schluchzender Pastor, das ist wie ein Arzt, der einen Schlaganfall erleidet. Sie wirken beide hilflos.
Nun mußte ich zwar nicht mitheulen. Jedoch war mir bei einigen Beerdigungen die Trauer doch sehr nahe gegangen.

Ich denke an die Beerdigung, bei der wir die Mutter von vier Kindern begruben. Der Vater stand mit den Kindern am offenen Grab. Sie starrten in das Grab hinein, als wir den Sarg eingesenkt hatten. Sie kuschelten sich an den Vater, als wollten sie das ihnen Verbliebene ganz festhalten. Die Blumengebinde zitterten in ihren kleinen Händen.
Mir fällt auch der tragische Unfall des zehnjährigen Niko ein. Beim Spielen war er zu Tode gekommen. Mit seinen Freunden hatte er auf dem Sandberg getobt. Sie hatten einen Gang durch den Sand gebuddelt. Alles schien fabelhaft gelungen. Niko sollte als erster den Tunnel ausprobieren und hindurchkriechen. Der Sandberg war groß und der Tunnel lang. Als Niko mittendrin war, stürzte der Sand in sich zusammen und Niko erstickte. Man holte eilig die Eltern herbei. Sie standen vor dem Sandberg wie gelähmt vor Entsetzen. Wie konnte man an diesem Sarg überhaupt von Trost sprechen? Alles schien sinnlos. Ich war bei dem Engel vorbeigegangen. Ich hörte mich flüstern: Sag Du doch ein Wort! Ich wäre am liebsten weggelaufen.
Lange hat uns dieser Tod beschäftigt. Die Fragen krallten sich in der Seele fest: Warum muß ein Kind sterben? Warum läßt Gott das zu? Warum war kein Schutzengel zur Stelle?
Ein Jahr nach dem Todesfall, auf den Tag genau, war ich zu Nikos Eltern gegangen. Ich mußte am Friedhof vorbei. Ich ging an sein Grab. Es war

wunderschön geschmückt. Auf dem Grabstein stand das Wort, das ich oft bei Begräbnissen sagte:

Was wir bergen in den Särgen, ist der Erde Kleid.
Was wir lieben, ist geblieben, bleibt in Ewigkeit.

Ich ging in die Wohnung der Eltern. Sie hatten beide von der Arbeit freigenommen. Die Mutter saß in der Küche. Ich hatte meinen Besuch vorher nicht angekündigt. Wir versuchten zu reden. Es war schwierig. Wie gut konnte ich ihren Schmerz verstehen! Das tat sehr weh, auch noch nach einem Jahr. Eine Mutter, die ihr Kind hergeben muß, trägt ein Leben lang eine Wunde am Herzen.
Dann fragte ich: Kann ich Nikos Zimmer sehen? Sie begleitete mich über den Flur. Sie klinkte die Tür zum Kinderzimmer auf. Langsam und sehr behutsam. Im Zimmer war alles noch so wie am Todestag. Nikos Schultasche lag auf dem Stuhl, seine Spielsachen auf dem Tisch. Es war, als sei er eben nach draußen gegangen. Der Tod kann grausam sein.
Die Mutter sagte kein Wort. Sie blieb in der Tür stehen. Mir kamen die Tränen. „Der Engel ist schrecklich", das hatte ein großer Dichter einmal gesagt. Nikos Tod war etwas Besonderes. Man konnte sich ihm nicht so einfach entziehen. Und Erklärungen? Nein, da gab es nichts zu erklären. Es gibt Wunden, an die Worte nicht heranreichen.
Ich dachte an den Achtzigjährigen, der Monate vor seinem Tod, noch recht gesund und geistig rege, zu mir kam. Er druckste zunächst herum. Er fand offenbar die Worte nicht. Ich merkte, da war ein besonderes Problem. Schließlich sprang er vom Stuhl auf und sagte ganz direkt: Herr Pastor, ich möchte meine Beerdigung anmelden.
Höre ich richtig? Ich hielt etwas inne.
Sie wollen ihre Beerdigung anmelden?
Warum denn das, sie leben doch noch?
Ja, ja, sie haben richtig gehört, ich will meine Beerdigung anmelden, und ich bitte Sie, das alles aufzuschreiben.
So perplex war ich selten. Dann nahm er wieder das Wort: Ja, ich habe bereits meinen Sarg gekauft, beim Tischler, war auf dem Friedhof wegen der Grabstelle, und jetzt bin ich bei Ihnen, denn Sie sollen mich beerdigen. Übrigens habe ich schon einen Posaunenbläser bestellt, der an meinem Grab blasen soll, und zwar das Lied, das ich so gern mag: Im schönsten Wiesengrunde.
Er war ein origineller Mensch, der Anmelder seiner eigenen Beerdigung. Ich kannte ihn auch so. Wir redeten lange. Das mit dem „Wiesengrund"

mußte ich ihm ausreden, wegen des kirchlichen Charakters der Beerdigung. Das sah er ein. Sehn Sie, wie gut es ist, daß wir das alles klären.

Ich habe selten so ausführlich mit einem Menschen über seinen Tod und was danach kommt, geredet. Vom Sarg und dem „Wiesengrund" kamen wir auf Ewigkeit und Gott.

Dieses Gespräch hatte sich ganz ungeplant ergeben. Es war sozusagen eine Sternstunde für uns beide.

Manchmal wurde ein Gespräch erbeten. Ein Gespräch über Leben und Tod. Als junger Pastor ist mir das sehr schwer gefallen. Ich war ganz unglücklich darüber. Und die Auskünfte wurden auch sehr formelhaft.

In den ersten Jahren des Pfarramtes, wenn Totensonntag herankam, hatte ich schon vorher schlaflose Nächte. Ich war Mitte Zwanzig, hatte gerade geheiratet und war so mit dem Leben beschäftigt, daß mir Gedanken über den Tod nicht möglich schienen.

Unsere Überzeugung als junge Theologen zum Thema Predigt und Seelsorge lautete damals: Man muß existentiell predigen. Wir hatten das bei den großen Theologen der Zeit gelernt. Existentiell, und das heißt, die eigene Existenz, das eigene Leben betreffend.

Aber der Tod betraf mich noch nicht, dachte ich. Und reine Theorie zu predigen, das war nicht gewollt. Was also tun?

Ich überlegte, zum ersten Totensonntag im Pfarramt Urlaub zu nehmen. Das hätte man dem vorgesetzten Superintendenten erklären müssen. Nein, das war auch kein Weg. Also doch predigen.

Ich predigte an jenem ersten Totensonntag im Amt über die neutestamentliche Geschichte von den zehn Jungfrauen und mir fiel dazu das Shakespearewort ein: In Bereitschaft sein ist alles.

Ich begriff damals zum ersten Mal, daß Pflicht nicht nur lästig, sondern auch entlastend sein kann. Und ich erkannte auf eine existentielle Weise, daß die Botschaft, die wir als Pastoren auszurichten haben, größer ist als der kleine Schauplatz der eigenen Seele.

Das Telefon klingelte. Hier ist das Krankenhaus, Stationsschwester Gabi. Können Sie, Herr Pastor, möglichst bald ins Krankenhaus kommen. Wir haben hier eine Schwerkranke, die möchte mit einem Pfarrer sprechen.

Ist es so eilig? fragte ich zurück.

Na ja, man kann das nie so genau sagen, aber wenn Sie noch heute kommen, dann wird sie ansprechbar sein. Ob das morgen noch so sein wird, das wissen wir nicht.

Die Stimme der Schwester klang bittend und sehr persönlich.

Gut, ich komme gegen achtzehn Uhr. Sagen Sie es bitte der Patientin. Auf dem Weg ins Krankenhaus nahm ich einen kleinen Umweg. Ich wollte überlegen.

Ich war fast 40 Jahre im Amt. Ich habe viele Gespräche mit Schwerkranken geführt, gelungene und solche, die weniger gelungen waren. Gab es für solche Augenblicke, in denen es ums Eigentliche ging, eine erfolgversprechende Methode? Es gab kluge Bücher darüber, wie man das machen kann und was man dabei nicht machen darf. Es gab die theologischen Versuche des clinical training, bei denen man den Patienten zum Reden bringen mußte. Es gab auch die Vorschläge der Professorin Elisabeth Kübler-Ross, die sich schon deutlicher mit dem Patienten beschäftigen und ihn auf Grund der Phasenmethode, auch führen wollten. Was war nun wichtig? Zuhören oder reden oder weiterführen? Es gab keine Methode, die man durchziehen mußte. Jeder Mensch war anders. Jede Situation war besonders. Ich konnte die Kollegen, die so geschmiert über das alles redeten, nicht verstehen. Man stand in solchen Gesprächen doch vor dem letzten großen Mysterium. „Der Tod ist groß. Wir sind die Seinen. Lachenden Munds wagt er zu weinen, mitten in uns." Mir fiel wieder ein Dichterwort ein. Wieso eigentlich kein Wort des Neuen Testamentes? Etwa das: Ich bin die Auferstehung und das Leben, sagt Jesus Christus. War mein Glaube nicht groß genug?

Es war gleich 18 Uhr. Ich mußte schnellstens ins Krankenhaus. Also jetzt den kürzesten Weg gehen.

Kommen Sie nur herein, wir haben die Patientin in ein Einzelzimmer geschoben. Sie wartet bereits auf sie. Schwester Gabi, die mich begrüßte, war in Eile. Frau M. saß aufrecht im Bett. Sie war blaß, fast wächsern im Gesicht. Sie hat nicht mehr lange zu leben, das war mein erster Gedanke, als ich sie sah. Es ist schön, daß Sie kommen, Herr Pastor. Ich habe so sehr gewartet. Können Sie bei mir auf dem Bettrand Platz nehmen, da spricht es sich leichter. Ich kann nicht mehr so laut sprechen. Ich bin doch ziemlich schwach.

Sie gab mir die Hand.

Leise sprach sie und ihre Hand legte sich ganz welk in meine.

Sie müssen wissen, begann sie wieder, der Arzt hat mir auf meine ausdrückliche Frage hin gesagt, daß es schlecht um mich steht. Ich müßte mich auf den Tod vorbereiten, hat er gemeint. Sie hielt inne und begann zu weinen. Wissen Sie, es ist schwer, wenn man plötzlich hört, daß man sterben muß. Ich hatte doch so große Hoffnung.

Ich hatte mich, etwas widerwillig zuerst, dann aber doch ganz einverstanden auf den Bettrand gesetzt. Sie konnte wirklich nur leise sprechen. Ich sah sie an. Ich hörte zu. Und dann war es als ob wir uns schon lange kannten. Sie erzählte mir ihr Leben. Kindheit und Flucht. Ehe und Familie. Arbeit und immer wieder Arbeit.

Wissen Sie, mein Mann darf das nicht wissen, daß es so um mich steht. Er hat immer noch Hoffnung, daß es wieder besser mit mir wird. Er denkt, daß ich bald nach Hause komme. Er würde seelisch zusammenbrechen, wenn er die Wahrheit erführe. Wenn er zu Besuch kommt – er kommt jeden Tag – dann muß ich ihn trösten.

Ich nehme alle meine Kraft zusammen und rede ihm gut zu.

Ach, laß man. Es wird schon wieder werden. Kopf hoch, es muß doch werden. Und dann sieht er mich wieder gefaßter an.

Ja, sagt er, es muß werden. Wir brauchen dich zu Hause. Du weißt doch, allein bin ich hilflos. Und was soll ich bei den Kindern? Die Leben ihr eigenes Leben. Die wollen mich auch gar nicht. Aber du bist da. Und dann ist alles gut.

Sie berichtete das alles ohne Hast. Ihre Traurigkeit war maßvoll. Es ist so schön, daß ich Ihnen das erzählen kann, sagte sie und nahm meine Hand. Eigenartig, dachte ich. Wir haben gar nicht geredet. Sie hat nur gesprochen. Aber vielleicht ist das die größte Hilfe. Die Dinge aussprechen können. Die Probleme aussprechen.

Die Seelenkunde von heute hält große Stücke von diesem Vorgang des Aussprechens, fällt mir ein.

Reden Sie nur, sagte ich. Ich höre zu.

Sie strich sanft über meine Hand, als ob ich ihr Kind wäre.

Wissen Sie, der Doktor ist so freundlich zu mir und die Schwestern sind so liebevoll. Aber sie haben alle wenig Zeit. Und ich muß mir das mal so richtig von der Seele reden. Nachts liege ich wach. Es ist ganz still hier und ich schaue an die Decke. Immer auf den einen Punkt. Die Gedanken ziehen durch mich hindurch. Ich grüble und grüble. Das mit dem Sterben, wie der Arzt gesagt hat, das ist doch nicht so einfach. Ich muß es ja für mich behalten. Auch die Kinder möchten nicht, daß ich davon spreche. Ach, sagen sie, Mutter, wenn der Frühling kommt, sollst mal sehen, es wird alles wieder gut. Nur Mut!

Sie machte eine Pause und seufzte tief.

Sehen sie, Herr Pastor, wie soll ich da mit meinen Verwandten sprechen. Sie wollen vom Sterben nichts hören. Aber es muß doch mal 'raus.

Sie sagte es leise und langsam und lächelte ein wenig.

13

Sie ist sehr tapfer, denke ich. Ob ich das könnte, im Angesicht des Sterbens? Am Tag hab' ich viele Schmerzen, sagte sie, und nachts, da bekomm ich ein Schmerzmittel. Sie machte eine längere Pause, wie um neue Kraft zu schöpfen. Dann sprach sie ganz leise:

Sagen Sie mal, Herr Pastor, glauben Sie wirklich, daß es nach dem Tode weiter geht? Sie sah mich an. Stille.

Bitte lieber Herr, dachte ich, gib mir jetzt die richtigen Worte. Ich kann doch jetzt nicht irgendwas daherreden. Ein Bibelwort? Ob das gehen würde? Vielleicht ist das auch nicht angebracht jetzt.

Die Stille zwischen uns war wohltuend.

Der lange Bericht über ihr Leben hatte sie angestrengt. Sie hatte mich an ihrem Leben teilnehmen lassen. Ein Vertrauensverhältnis war entstanden. Ich konnte jetzt nicht in Formeln ausweichen.

Ich sah sie an. Sie wirkte viel entspannter. Das Gesicht war nicht mehr so blaß. Leichte Röte war auf die Wangen gekommen. Sie lehnte sich in die Kissen zurück. Sie wartete.

Ganz vorsichtig begann ich: Wissen sie, eine zeitgenössische große Schriftstellerin, Luise Rinser, die viel über den Tod nachgedacht hat, hat einmal gesagt: „Natürlich glaube ich an ein Weiterleben nach dem irdischen Sterben, denn nichts wird zu Nichts. Leben wird erhalten, es wird aber umgewandelt."

Mir hat das sehr geholfen.

Und auch die Bibel ist dieser Meinung. Das ganze Neue Testament ist davon erfüllt. Dieser Jesus Christus, er ist auch gestorben. Aber er ist nicht im Tod geblieben. Er hat die Tür für uns aufgestoßen.

Ich spürte, ich war erregt geworden. Ich suchte nach Worten. Sie richtete sich auf und sagte nach einer Pause: Ja, ja, das mag alles sein. Aber Sie, Herr Pastor, glauben auch Sie selbst daran? Ich meine, weil sie Pastor sind, da müssen Sie es so sagen. Das verstehe ich. Aber ich möchte wissen, ob Sie so ganz für sich auch glauben, daß es nach dem Tode weitergeht?

Sie ist hartnäckig, dachte ich. Sie gibt nicht auf. Aber hat sie nicht auch ein Recht darauf, so zu fragen? Im Angesicht des Todes war dies eine besondere Begegnung, wir fühlten das beide. Ja, sagte ich nach einer Pause, ja, ich glaube das auch. Es muß nach dem Tode einfach weitergehen. Das Wunder des Lebens kann nicht nur gemacht sein für die paar Jahre in dieser Zeit. Ich vertraue diesem Jesus Christus. Wissen sie, er ist für mich der Fachmann in Fragen nach Leben und Tod.

14

Unser Gespräch ging in die zweite Stunde. Es hatte sie angestrengt.

Wir müssen aufhören, sagte ich. Darf ich Ihnen zum Schluß noch ein Lied vorsingen?

Ja, gern.

So nimm denn meine Hände und führe mich bis an mein selig Ende und ewiglich…Zuerst hörte sie zu. Dann begann sie leise mitzusingen. Sie hatte den Text im Gedächtnis. Sie mußte ihn dort nur hervorlassen. Wie gut ist es, eine Art eiserne Ration bei sich zu haben. Eine eiserne Ration der Seele.

Zum Abschied segnete ich sie. Sie schloß die Augen und lehnte sich zurück. Als ich meine Hand von ihrer Stirn nahm, schlug sie die Augen auf: Danke! Ich bin so froh, daß sie das auch glauben. Mit dem Tode kann nicht alles aus sein. Wir verabschiedeten uns. Als ich in der Tür stand, schaute ich zurück. Sie winkte ganz sacht und versuchte zu lächeln.

Morgens rief Schwester Gabi im Pfarramt an: Frau M. ist in der Nacht verstorben.

Wenn man von der Stadt kam und durch die Gartenkolonie ging, sah man die Friedhofskapelle schon von weitem. Sie lag auf einer Anhöhe, und ein Teil des Friedhofes drumherum. Eine Freitreppe führte hinauf, und die weit ausladenden Treppenstufen waren links und rechts von hohen Tannen umgeben. Man ging wie durch eine Allee und es war ein feierlicher Weg nach oben. Ich bin ihn oft gegangen. Ich hab mir Zeit dabei gelassen.

Wer sich vor dem Aufstieg noch etwas ausruhen wollte, der konnte die Bank benutzen, die unten seitwärts vor der ersten Stufe stand. Ein idealer Platz. Ich habe dort manche Beerdigungsrede im Kopf noch einmal rekapituliert.

Aber da war nicht nur dieser wunderbare Ruheplatz vor dem Aufstieg, da waren auch die Ameisen. Die emsigen rötlichen Waldameisen, die vor der ersten Treppenstufe, in einer kleinen Einkerbung im festgetretenen Sand, ihre Bahnen zogen. Sie hatten es immer eilig. Sie waren ununterbrochen bei der Arbeit. Ich habe sie in den Jahren wieder und wieder beobachtet. Sie schleppten ihre Ameisenpuppen, ihr Baumaterial und die süße Last, die sie den Blattläusen abgenommen hatten. Ein fleißiges Volk.

Wie heißt es in Sprüchen Salomos: Gehe hin zur Ameise, du Fauler, und sehe ihre Weise an und lerne von ihr.

Der Name Ameise soll sprachgeschichtlich mit emsig zu tun haben, hatte ich gelesen. Und emsig erschienen die kleinen Tiere dem Betrachter wirklich. Zuweilen war die Last, die sie schleppten, größer als ihr kleiner Körper. Daß sie das schaffen! Hier konnte man das Staunen lernen.

Das große Nest befand sich an der rechten Seite des Treppenaufgangs zum Friedhof. Kunstvoll aufgebaut war die einen Meter hohe Wohnburg der Parchimer Ameisen. Ich sah ihnen bei der Arbeit zu. Ich nahm mir Zeit und las Fachliteratur darüber. Mehr wollte ich wissen. Die Bücher führten mich in die geheimnisvolle Welt der kleinen emsigen Arbeiter ein. Sie bauten ihre Nester meistens an Fichtenbäumen oder Baumwurzeln. Sie richteten es dabei so ein, daß es eine Stelle war, an die die Sonne reichte. So war es auch in Parchim. Zwischen Fichtenwurzeln lag es direkt am Weg. Es war fortwährend gefährdet. Es lag so preisgegeben für allen Unsinn da. Immer wieder wühlten Kinder mit Knüppeln darin herum. Sie taten sich dann groß vor den Spielkameraden. Sieh mal, was ich kann.

Auch Erwachsene warfen gelegentlich Steine hinein, einfach nur so. Dann entstand ein großes Loch im Ameisennest. Verwundet lag es da. Der hilflose Betrachter konnte so gar nichts machen. Die kleinen Tierchen hatten aber jedesmal Gefahren-Stufe eins. Von der Königin tief im Innern des Nestes ging der Befehl zum sofortigen Sondereinsatz aus. Ein Kribbeln und Wirbeln entstand im Ameisenstaat. In kurzer Zeit mußte die entstandene Wunde geheilt werden. Das war ein Riesenaufwand! Dazu kamen aus den unteren Bereichen viele Sonderarbeiter nach oben. Durch die verschlungenen Gänge mußten sie eilig an die Arbeit. Die Reparatur brauchte alle verfügbaren Kräfte. Es mußten Tannennadeln transportiert werden und viele kleine Stöckchen. Eine lehmartige Masse wurde hergestellt. Sie wurde mauerartig zwischen die Nadeln und Stöckchen geklebt. So kam wieder Halt in die obere Schicht des Nestes.

Der Rettungseinsatz ließ durch das Aufgebot von vielen Arbeiterinnen ein sonderbares Summen entstehen. Es war das Zeichen für verstärkte Kraftarbeit. Es nahm erst wieder ab, wenn alles geschafft und die Wunde geschlossen war. Das konnte Tage dauern.

Wenn ein langer Stock in das Nest hineingestoßen worden war, so ließ sich der auch durch noch so aufwendige Anstrengungen nicht wegbringen. Er mußte akzeptiert werden. Er wurde mit eingebaut und wirkte danach wie der Strebeständer in einem Zirkuszelt.

Nur nicht aufgeben. Man nahm die Dinge, so wie sie nun einmal waren. Man machte das Beste daraus.

Die Ameisen sind nützliche Lebewesen. Man nennt sie die Polizei des Waldes. Sie sorgen dafür, daß Baumschädlinge beseitigt werden. Außerdem verzehren sie massenweise winziges Ungeziefer, das sonst den Bäumen gefährlich werden würde. Sie säubern den Wald. Sie beugen dem Waldsterben vor. Sie sind gute Bundesgenossen der Menschen, und sie haben Anspruch auf unsere Fürsorge.

Außerdem gehören sie zu den interessantesten Insekten auf dieser Erde. Ich hatte gelesen, daß in jedem Ameisenstaat etwa eine Million Tierchen leben. Die Organisation in diesem Staatswesen ist vorbildlich. Es gibt die Königin als Mittelpunkt des Ganzen. Sie kann bis zu zwanzig Jahren am Leben bleiben. Sie leistet wahre Wunder an Arbeitskraft. Von Ende März bis Anfang September – die Ameisen halten Winterschlaf – produziert sie täglich etwa 300 Eier, und das sind im Jahr Fünfzigtausend. Ein ganzer Hofstaat an Königspflegerinnen ist um sie herum und versorgt sie pausenlos mit Nahrung. Diese muß von den Außenarbeiterinnen herbeigeschafft werden. Außer diesen beiden Gruppen gibt es Brutpflegerinnen, die die Eier versorgen und die Larven und Puppen in den verschiedenen Stadien ihrer Entwicklung in die dafür geeigneten Kammern mit der jeweils richtigen Temperatur transportieren. Bringt nach regelmäßiger Prüfung die einzelne Kammer die richtige Temperatur nicht mehr auf, etwa in einem kühlen Sommer, dann sind die Eier oder die Larven tiefer zu lagern, und zwar dorthin, wo die notwendige Wärme vorhanden ist. Dann gibt es Nestreinigerinnen, die Abfälle der Larven und Darmausscheidungen entweder nach draußen schaffen müssen oder, wenn das nicht möglich ist, diese in eigens dafür einzurichtende entlegene Nestkammern gleichsam wie in eine Notmüllhalde ablagern müssen.

Es gibt Beutezerlegerinnen, die größere Stücke, etwa ein Tierkadaver, in kleinere transportable Stücke auseinanderreißen müssen.

Wächterinnen haben zu überprüfen, ob eine im Nest ankommende Ameise eine Nestangehörige oder eine Fremdameise ist. Der Ausweis dafür ist ein bestimmter staatseigener Duft.

Auch mit Krisen werden die kleinen Waldameisen erstaunlich gekonnt fertig. Einen Teil der Beute, die zur Ernährung der Königin ins Nest gebracht werden muß, gewinnen sie dadurch, daß sie die auf benachbarten Bäumen befindlichen Blattläuse besuchen und sie melken. Das geschieht so, daß die Ameise die Blattlaus mit ihren Fühlern beklopft. Diese läßt darauf einen süßen Tropfen ab, den die Ameise auffängt und als ihren Ertrag über die Ameisenstraße zur Königin ins Nest transportiert.

17

Ich habe im letzten Sommer einmal eine solche Ameisenstraße beobachtet, bin ihr nachgegangen, bis ich zu dem Baum kam, an den die kleinen Tierchen hochkrabbelten. Er lag etwa 50 Meter vom Nest ab. Und auf der Ameisenstraße war ein Leben. Tausende, ja Hunderttausende unterwegs.

Wir, die wir Milch von Kühen abzapfen und sie als Nahrung nach Hause fahren, müßten Verständnis haben für die fleißigen Melker, die von solcher Nahrung abhängen. Greift der Mensch negativ in ein solch ausgeklügeltes System ein und zerstört die Ameisenstraße oder verletzt das Nest, so gibt es kritische Zeiten. Aber die Ameisen geben nicht auf.

Bekommt hier nicht das biblische Wort von der Vorbildhaftigkeit der Ameise eine ganz eigene Dimension? Man muß nicht aufgeben, es gibt immer einen Weg, auch wenn man ihn erst bauen muß.

1989 kam die Wende. Alles wurde anders in unserm Land. Vieles war auf einmal viel besser. Manches aber gestaltete sich über Nacht als äußerst gefährlich. So kam auch mein Parchimer Ameisenstaat in eine nie dagewesene Superkrise.

Die Verantwortlichen der Stadt Parchim, jetzt eine wirklich vom Volk gewählte Gruppe, beschloß den Weg zur Friedhofskapelle die Anhöhe hinauf neu zu gestalten. Die Freitreppe mit den vielen Granitstufen war durch jahrzehntelange Regengüsse stark ausgewaschen. Die Granitsteine wackelten zum Teil oder hatten sich zur Seite geneigt. Die Tannen an beiden Seiten des Weges wuchsen so stark, daß eine Gefährdung entstand. Kurz, alles mußte neu gestaltet werden.

Riesige Motorkräne rückten an. Raupenfahrzeuge ratterten los. Die Granitsteine wurden ausgehoben und die Tannen gefällt. Es gab Krach und Berge von Sand und eine Truppe von Männern, die monatelang hier arbeiten mußte. Schließlich transportierte man auf Großlastern Kies heran und funkelnagelneue Treppenstufen.

Es muß für mein Ameisenvolk sowas wie ein Weltuntergang gewesen sein. Ich mochte den kleinen Weg, der jetzt als Notweg am Rande der Großbaustelle nicht mehr gehen. Ich wählte einen Umweg, der vom See her auf den Friedhof führte.

Abschied ist ein Einschnitt, der herausfordert, der Vertrautes wegnimmt, und der uns zwingt, sich zu besinnen, was soll werden, was muß werden und wie werden wir das schaffen.

Ein Freund hatte mich angerufen und besorgt gesagt: Paß nur auf! Du willst als Pastor in Parchim aufhören. Du planst in den Ruhestand zu gehen. Du bist doch erst 64 Jahre.

Sieh Dich vor! Hier ist ein Pastor gewesen, ein sehr aktiver Pastor, der hörte auf, fiel kurz darauf wie in ein Loch, bekam Herzinfarkt und starb. Na ja, es war mir schon klar, Abschied kann eine Herausforderung auf Leben und Tod sein.

Heilige Drei Könige war eben vorbei. Es hatte geschneit, und das Thermometer zeigte 5 Grad unter Null. Winter geradezu.

In den letzten Jahren waren die Winter schlank geworden. Zwei Schübe mit Schnee, einer vor Weihnachten und einer im Februar, das war die Regel. Wissenschaftler oder schlaue Zeitungsredakteure sprachen bereits von einschneidenden klimatischen Veränderungen. Das erschien mir etwas voreilig. Aber wissen konnte man es nicht. Der Eindruck bei vielen Zeitgenossen war einhellig, wenn sie sich erinnerten. Die Winter in unserer Kindheit waren ausdauernder, so sagten sie. Vor allem gab es mehr Kälte, meinten sie. Das ist doch klar, sagte mein Nachbar, sie schicken so viel Atom in die Luft, verballern unsere Steuergroschen, da muß es ja Veränderungen geben.

Mein Nachbar wollte es wissen. Er hatte das Urteil eines gutnormalen Mitteleuropäers. Ich hörte mir sein Urteil zu den verschiedenen Tagesereignissen gern an. Es war mit gesundem Menschenverstand ebenso gewürzt wie mit den gesammelten Erzählfrüchten vieler Nachbarn.

Ob nun die Vermutung meines Nachbarn stimmte, oder ob nur die Erinnerung ungenau war, das konnte ich kaum entscheiden. Sicher hatte es auch schon früher Winter gegeben, die mild und kurz waren. Mit der Erinnerung ist das doch eine problematische Angelegenheit. Erinnerung ist ein störrisches Unternehmen. Sie spielt uns allzuleicht einen Streich. Die Ergebnisse von Erinnerungen werden leicht beeinflußt durch das, was uns im Augenblick passend zu sein scheint und was wir gerne hätten, daß es sich ereignet haben müßte. Dazu kommt jene liebevolle Ungenauigkeit, die dadurch hervorgerufen wird, daß die Erfahrungsbereiche in jüngeren Jahren und gar erst in der Kindheit, kleiner, enger einfach niedlicher sind.

Als ich vor einigen Jahren einmal in das Haus meiner Kindheit fuhr und den Berg ansehen wollte, der sich hinter dem Haus in meiner Erinnerung ziemlich hoch ausnahm, da war ich enttäuscht, daß dieser Berg mehr eine Erhebung, höchstens ein Hügel war. Ich sehe mich noch hinter dem Haus stehen und höre mich ganz bedrippst zu mir sagen: Wer hat den Berg hier weggeräumt! Es ist mit der Erinnerung ein eigen Ding. Man muß sich dabei vorsehen mit der Behauptung absoluter Objektivität. Und doch macht das Sicherinnern Spaß. Jeder, der über die Vierzig kommt und sich zuvor bei den Erzählungen der Großeltern langweilte, der bemerkt mit einem Mal sein Interesse an diesem Spaß. Man holt den Schuhkarton mit den alten Fotos hervor und schaut sie an, man blättert in den Tagebüchern, die im Schrank ganz hinten verstaut waren und man hört den Berichten der Großmutter beim Familientreff plötzlich sehr viel anteilnehmender zu. Hast Du wirklich, Oma, für einen Sechser beim Bäcker eine ganze Zuckerschnecke bekommen und gab es beim Kaufmann eine Tüte mit Bonbons umsonst dazu? Stimmt das wirklich? Es stimmt, nickt die Großmutter vielsagend. Sie macht sich ordentlich grade und labt sich daran, daß sie als Informationsträger zu spätem Ruhme kommt.

Sich erinnern, das ist der Versuch, herauszubekommen, wer ich wirklich war und was mich so hat werden lassen, wie ich bin. Es ist das Kramen in den Schubfächern der Seele. Es kommt in der Mitte des Lebens, es kommt ganz von innen her und es geschieht von ganz allein. Mir will scheinen, daß es ein sehr eigenes und auch festliches Ereignis ist. Man kann daraus viel Gewinn ziehen, wenn man will, nur man sollte nicht drin wohnen bleiben, weil es festnagelt und einem das Falsche für die Nutzung der Gegenwart einflüstert.

Der Abschiedsgottesdienst war für den 8. Januar 1995 festgesetzt. Nach fast 40 Jahren Pfarramtsdienst, die Vikarzeit mit eingerechnet, sollte dies meine letzte Amtshandlung werden. Ein Jahr vorher hatte ich dem Oberkirchenrat in Schwerin meinen Entschluß mitgeteilt und gebeten, das Notwendige dafür einzuleiten und dabei vor allem darum bemüht zu sein, einen geeigneten Nachfolger für die St. Georgen-Pfarrstelle zu finden.

Ein halbes Jahr vorher gab ich in der Gemeinde bekannt: Ich werde mein Amt aufgeben und in den Ruhestand gehen. Das hatte im Rat der Kirchgemeinde unter den zwölf für die Gemeindearbeit verantwortlichen Kirchenältesten Erschrecken und auch Unverständnis ausgelöst.

Das können sie doch nicht machen, fuhr es einem heraus. Nein, das geht nicht, da müssen wir was unternehmen, sie müssen bleiben.

Ich hatte Mühe, die aufgeregten Mitstreiter zu beruhigen und ihnen klarzumachen, daß es sein mußte. Ich brauchte eine ganze Sitzung um die Motive klarzumachen. Einfach war es nicht.

Wir hatten gut miteinander gearbeitet in den letzten Jahren. Wir hatten die Aufgaben in der Kirchgemeinde gemeinsam geplant, ausführlich beraten und zusammen angepackt. Wir hatten uns auch an manchem Erfolg gemeinsam gefreut. Wir waren, wie man heute so sagte, ein gutes Team geworden. Dazu hatten vor allem auch die jährlichen Fahrten und Rüstzeiten beigetragen, die wir alle als Höhepunkte erlebt hatten.

Wir fuhren nach Kühlungsborn ins „Haus am Meer". Einmal für ein ganzes Wochenende den Alltagskram vergessen, das war schön. Miteinander diskutieren, über die Bibel nachdenken, richtig feiern. Einmal lasen wir gemeinsam den Propheten Jona. Wir sprachen über seinen Auftrag von Gott her, in die turbulente Zeit hinein das mit Gott zu wagen. Wir fanden uns wieder in dem Ausreißer Jona. Wie schwierig ist das doch, in mancher besonderen Lebenssituation, den Glauben an Gott durchzuhalten. Wir tauschten Erfahrungen aus, wir erzählten uns Erlebnisse. Wir hatten ganz einfach Zeit für die Seele. Um noch intensiver nachdenken zu können und persönlicher auch zu Wort zu kommen, teilten wir die Teilnehmer in vier Gruppen, entließen sie mit einem Fragenkatalog zum Text und zum Leben und kamen nach einer Stunde wieder zum Bericht im Plenum zusammen.

Die meisten von uns staunten nicht schlecht, daß man einen ganzen Vormittag lang mit dem Gespräch über einen Bibelabschnitt verbringen konnte.

In besonderer Erinnerung sind uns die Abende auf diesen Rüstzeiten. Wir machten Abendgespräche zu sehr persönlichen Themen. Erzählen sie von ihrem frühesten Kindheitserlebnis oder wann und wie haben sie das erste Mal etwas von Gott gespürt?

Ist das nicht zu intim? Kann man auffordern, darüber zu sprechen? Rundgespräch hieß, jeder kam dran und konnte reden. Wollte er nicht, so ging die Reihe an den Nächsten. Scheu mußte akzeptiert werden. Weil einige ganz mutig zu sprechen begannen, trauten sich später auch die andern. Wir waren ein eingeschworener Freundeskreis. Es hat mich immer wieder erstaunt, daß sowas möglich war.

Wir hörten von ersten Gebetserfahrungen in der Kindheit, vom Verlust des Kinderglaubens, vom Gewittererlebnis, von Begegnungen mit dem Tod nächster Angehöriger, von wunderbaren Bewahrungen. Seelsorge in einer Gruppe.

Viele sagten in der Auswertung der Rüste, die wir immer am Schluß machten, am besten haben mir die Geprächsabende gefallen.

Es war sehr verständlich, daß die Aussicht auf den 8. Januar wie ein schwarzes Datum im Gemeindeleben des Sommers vor uns stand. Allmählich aber fanden die meisten dazu ein Verhältnis und wir konnten den Tag auch gemeinsam planen.

Ich weiß nicht mehr, wer zuerst darauf kam, aber der Gedanke fand schnell allgemeine Zustimmung. Ein Abschiedsbüchlein mit Bildern und Texten und Berichten aus den 15 Jahren Dienst in Parchim sollte gedruckt werden. Da war das Problem mit den Finanzen, ein solches Heft würde nicht billig. Zweitausend Exemplare mit Text und Bildern, man mußte mit 6000 Mark rechnen. Suchen wir uns Sponsoren, meinte jemand aus dem Mitarbeiterkreis. Sponsoren – ein Zauberwort! Bis zur Wende hatten wir es bei uns nicht gekannt. Wer hätte auch etwas spenden können! Noch dazu für kirchliche Zwecke. Die das Geld hatten, die Funktionäre und die sozialistischen Kleinkapitalisten, hatten keinen Glauben. Und die den Glauben hatten, verfügten über Geld, höchstens für den Eigenbedarf. Die Summe von 6000 Mark wäre früher illusorisch gewesen für diesen Zweck. Heute aber konnte man Sponsoren suchen.
Gut probieren wir es. Aber wie macht man das?
Wir erkundeten die Methode, wir überlegten Menschen, die dafür in Frage kamen und wir schrieben Briefe. Könnten sie, und würden sie, und es wäre schön, wenn! Wir legten unser Vorhaben dar. Wir hatten eine kleine Hoffnung. Es war immerhin das erste Mal, daß wir einen Versuch dieser Art in der Gemeinde unternahmen. Aber wir hatten von anderen gehört, daß es Erfolg hatte.
Und tatsächlich. In drei Wochen hatten wir mehr Geld auf dem angegebenen Konto, als wir für unser Druckbüchlein brauchten. Wir hatten einen kleinen Schritt in die freie Marktwirtschaft getan.
Einige Wochen später lag das erarbeitete und gedruckte Heft vor uns. Titel: Allem danke ich, und allen. Das Wort des Schriftstellers Manfred Hausmann hatten wir als Titel gewählt. Die Zeile ist aus einem Gedicht, dessen ganzer Vers lautet:
Doch was Gott, was Menschen mir auch gönnen,
wär das Schwere mir nicht zugefallen,
hätt ich, der ich bin, nicht werden können.
Allem danke ich und allen.
Wir freuten uns wie die Kinder zu Weihnachten, als das Heft vorlag. Es ging an alle Haushalte der Parchimer St. Georgengemeinde. Die Lindendruckerei in Parchim hatte solchen Spaß bei der Erstellung der

Texte und der Zusammenstellung der Bilder, daß sie uns zu den bestellten Heften noch 700 Exemplare schenkten.

Man muß sich erinnern, wie das mit den Drucksachen vor der Wende war. In jedem Jahr stellten wir ein Sommerprogramm mit allen Veranstaltungen unserer Kirchgemeinde zusammen. Es war nur ein kleines Faltblatt, aber es gestaltete sich jedesmal zu einer Staatsaktion. Den Text so abfassen, das kein Wort der Staatshetze darin vorkam. Die einzelnen Angebote der Kirchgemeinde so benennen, das alles christlich ausgewiesen war. Wir durften Bibelstunden halten und Orgelmusik, aber keinesfalls Abende mit kulturellen Themen. Da würden wir in die Nähe der Aufgaben des staatsnahen Kulturbundes kommen. Wurde ein Vortragsabend angesetzt, so mußte erkennbar sein, daß es ein christliches Angebot war. Alles war reglementiert und wurde mit argwöhnischen Augen geprüft. Der Druckvorschlag war sechs Wochen vorher einzureichen, und von der erbetenen Anzahl der Programme kürzte man uns dreißig Prozent. Begründung: Papierknappheit.

Das Abschiedsheft wurde noch vor Weihnachten in alle Haushalte der Gemeinde geschickt. Wir feierten das Christfest wie in jedem Jahr. Festlich war es in der Georgenkirche. Zwanzig Weihnachtsbäume, verteilt überall in dem weiten Kirchenraum. Jeder Besucher, wo immer er auch in der Christvesper in der Kirche Platz fand, sollte einen Weihnachtsbaum mit Kerzen sehen. Wir zündeten eintausend Kerzen an. Viele Helfer waren nötig, die kurz vor Beginn die Kerzen ansteckten. Wir verteilten an die Kinder Wunderkerzen, die am Schluß des Gottesdienstes brannten. Fünfhundert sprühende glitzernde leuchtende Wunderstäbe. Die Kirche war überfüllt. Etwa zweitausend Menschen.

Ist das nicht übertrieben mit den vielen Bäumen und Kerzen? Es gab Leute, die das kritisch vermerkten. Georgen will nur angeben, sagten manche. Uns aber gefiel das gut. Wenn am Schluß mancher feststellte: Ach, ist das schön! Dann fanden wir das in Ordnung. Weihnachten spricht schließlich von dem wahren großen Wunder, daß Gott zur Welt gekommen ist. Wir wollten das feiern, auch ganz handfest und menschlich, auch so, daß es Kinder verstehen. Es gab viele, die uns darin bestätigten.

Nach dem Fest war Schnee gefallen. Kälte war gekommen. In der Kirche wurde es eisig. Kann man die Parchimer zum Abschiedsgottesdienst am 8. Januar in die kalte Georgenkirche einladen? Wir überlegten hin und her. Ein kleines Häuflein würde kommen. Müssen wir nicht doch in den

Gemeindesaal gehen? Dann wird der Platz nicht reichen. Oder die Stadthalle mieten? Aber die faßt höchstens 700 Menschen. Bleib man auf der Erde, gab mir ein Kollege zu verstehen. Soviel Menschen sollen erstmal kommen. Es blieb eine komplizierte Entscheidung. Karl Greve sprach ein Machtwort. Als stellvertretender Vorsitzender des Kirchgemeinderates stand ihm das zu: Wir gehen am 8. Januar in die Georgenkirche.

Am 7. Januar ging ich am Nachmittag allein in die Kirche. Ich schloß die Tür hinter mit zu. Es war kalt. Ich setzte mich in die Kirchenbank und ließ die Gedanken laufen.

Über 14 Jahre Dienst an dieser Kirche und Gemeinde. Morgen würde das alles zu Ende sein. Plötzlich ohne Konfirmandenunterricht sein, ohne Predigtvorbereitung, ohne Beerdigungen, ohne Hausbesuche. Man hatte von Pastoren gehört, die nicht aufgeben konnten und doch wieder Gemeindearbeit übernommen hatten. Ich wußte auch von solchen, die sich dem Alkohol hingegeben hatten. Andere schimpften auf die Kirche und mäkelten an diesem und jenem herum. Wieder andere lebten seit dem Ruhestand in einer Weise in der Vergangenheit, daß man ihnen schwer länger zuhören konnte. Früher war das noch alles anders, sagten sie. Früher, da galt der Superintendent noch was. Da standen die Konfirmanden stramm vor dem Pastor. Früher, da wurde jeder Verstorbene von der Kirche beerdigt. Und wie ist das heute?, sagen sie. Heute, da macht jeder was er will, da ist alles beliebig geworden.

Nein, ich wollte nicht zu einem werden, der hauptamtlich für Kirchenkritik angestellt ist. Ich wollte auch nicht so werden, wie ich es erst kürzlich von einem Rentnerpastor hörte, der sitzt nur da und wartet, daß ihn jemand zum Predigen bittet, Immer auf Warteposten!

Nein, die neue Stufe müßte man annehmen können wie eine Chance, etwas Neues zu erleben, Freiräume zu nutzen. Ich weiß, es würde schwierig werden, ich war gerne Gemeindepastor. Aber ich wollte ausprobieren, üben, lernen. Schreib' doch ein Buch, hatte ein Freund zu mir gesagt. Schreib' nicht was du gemacht hast, sondern wie du es gemacht hast. Das leuchtete mir ein. Ich schaute mich in der Kirche um. Ein wirklich mächtiges Kirchenschiff mit seinen fast 60 Metern Länge und seinen zwölf wuchtigen Pfeilern. Ich sah die prächtige Renaissance-Kanzel mit den geschnitzten Tafeln aus dem Leben Jesu. Das übervolle Weihnachtsbild auf der ersten Tafel, Himmelfahrt mit dem eigenwilligen Einfall, die Beine Jesu aus der Wolke heraushängen zu lassen, und am Schluß die Wiederkunft, wo aus der wirbelnden Fülle des Irdischen ein Neues zu werden beginnt.

Mein Blick fiel auf das große Buntglasfenster neben der Kanzel. Jahre vor der Wende hatten wir es eingebaut. Oben das Auge Gottes, darunter der Regenbogen als Friedensschlußzeichen. Gott meint es gut mit uns, trotz allem. Unten alles Dunkel, wie ein quirlender Sog, mit dem Ungeheuer der Tiefe, dem Bösen. Das Böse unter Gott, nicht daneben. Und wie ein Netz darüber gespannt die Gottesunternehmung. Der gefangene Böse! Welch tröstliches Bild. Er kann toben, aber er kann nicht mehr den Herrn spielen. Er ist an seinen Platz gewiesen. Zusammen mit dem Berliner Künstler Klaus König hatten wir die Motive erarbeitet. Es war ein teures Fenster, ein sehr teures.

Ob man das Geld nicht lieber für „Brot für die Welt" hätte spenden können, mahnten uns Leute an. Ein paar zum Glück nur, aber immerhin.

Wir riefen zu Spenden für das Fenster auf. Ob die Kritiker uns empfindlich beim Spendenaufkommen behindern würden? Sicher, „Brot für die Welt" war wichtig. Aber so ausschließlich? Gönnen sie sich nichts Schönes? sagte ich damals. Da werden wir mal bei allen Kritikern nachschauen, wo sie sich etwas Schönes gegönnt haben. Eine besondere Kette oder eine hübsche Vase. Und wenn sie die auch für Brot für die Welt spenden, dann sehen wir weiter. In einer Adventszeit hatten wir die große Summe zusammengesammelt. Unsere Leute haben richtig gut mitgemacht.

Nein, das hielten wir nicht für Verschwendung, wenn wir etwas Schönes, Künstlerisches in die Kirche hineingetan hatten. Jedes Jahrhundert hatte in dem reichbestückten St. Georgenkirchraum seinen Beitrag geleistet, sonst wäre unsere Kirche ein leerer Saal.

Mir war kalt geworden. Ich war aufgestanden und ging im Kirchenschiff in den Seitengang. Überall war noch der Weihnachtsschmuck zu sehen. Wir hatten alles so gelassen, wie es Heilig Abend war.

Das letzte Jahr war ein besonderes Jahr für uns gewesen. Wir hatten keinen Urlaub genommen, und hatten durchgearbeitet. Nur so war das Mammutprogramm vor allem des Sommers zu schaffen gewesen. Ivan Rebroff hatte in unserer Kirche gesungen. Prof. Justus Frantz hatte hier Beethovens 5. dirigiert und am letzten Sonntag im Juli hatte hier einer der seltsamsten Gottesdienste, die überhaupt in dieser Kirche gefeiert wurden stattgefunden. Ein literarischer Gottesdienst mit dem Schriftsteller Erich Loest und einer Dialogpredigt zwischen Pastor und Schriftsteller. Der Gottesdienst war live vom ZDF übertragen worden.

Und dies waren nur einige der vielen Höhepunkte des Jahres. Wir hatten uns wirklich geplagt. Wir hatten den Mitarbeitern viel zugemutet, und wir hatten erlebt, daß die Gemeinde vorbildlich mitgezogen hatte.

In der Nacht zum Sonntag fiel das Thermometer noch einmal. Für den Nachmittag waren Regen und Glatteis angesagt. Unser Abschiedsgottesdienst schien wirklich gefährdet.

Ich war am Sonntag schon früher als sonst in die Kirche gegangen. Die Sakristei bot einen warmen Platz. In Ruhe dort sitzen und die Gedanken der Predigt noch einmal durchgehen, das wollte ich.

An der Nordwand der Sakristei hatten wir vor Jahren die Gedenktafeln für Superintendenten und Pastoren anbringen lassen. Der Parchimer Bildhauer Bernhard Kremser hatte sie entworfen. Drei Tafeln, links die Superintendenten und rechts die Pastoren. Johannes Riebling, der von Luther ausgesandt in St. Georgen die ersten mecklenburgische Superintendentur gegründet hatte, war unten aufgeführt, und oben der gegenwärtig amtierende Superintendent Horst Blank. Auf der anderen Seite unten der erste Pastor nach der Reformation und oben mein Name. In der Mitte zeigte eine Tafel einen knienden Beter und darüber das Wort aus den Psalmen, das auch über der Alten Kanzel im Schweriner Dom bis heute zu sehen ist: „Die mit Tränen säen…"

Die Tür der Sakristei wurde aufgerissen. Kälte aus dem Kirchenschiff strömte ein. Wir möchten dem Pastor noch einmal die Hand geben.

Eine Familie aus der Schweriner Domgemeinde stand vor mir. Vater und Söhne. Sie haben mich vor vielen Jahren konfirmiert, sagt der eine, und strahlte übers ganze Gesicht.

Der Vater überreichte mir einen Blumenstrauß, der erste, den ich heute bekomme. Aufregung und Freude dicht beieinander.

Mathias stürzt in die Sakristei. Er will mir das Mikrofon anstecken.

Was, sie sind noch gar nicht fertig? Die Kirche ist schon fast voll, wir müssen uns beeilen.

Mathias werkelt mir das Mikro an den Talar. Er, der junge einsatzfreudige Busfahrer, den wir erst in den letzten Jahren für den Glauben und die Gemeinde gewinnen konnten, ist noch aufgeregter als ich.

Sind wirklich soviel Leute da, fragte ich erleichtert.

Um 10 Uhr begann der Gottesdienst mit dem fröhlich-festlichen Posaunenspiel eines Schweriner Posaunenchores. Horst Görsch, der Theatermusiker, war mit seinen Bläsern gekommen. Einst hatte schon sein Vater vor vielen Jahren bei meiner Einführung als Pastor auf dem Lande einen Posaunenchor geleitet.

Die Intrade strömte in den großen Kirchenraum.

Ich hielt die Predigt über den 23. Psalm, eines meiner liebsten Stücke aus der ganzen heiligen Schrift. Gebhard Kern mit Mitgliedern der

Mecklenburgischen Staatskapelle aus Schwerin spielte von Antonio Vivaldi das concerto a 5 in D-Dur. Ein freundliches Zeichen der Verbindung zu unserer vorigen Gemeinde am Schweriner Dom.

Am Schluß, noch in der Kirche, sprach der 2. Vorsitzende des Parchimer Kirchgemeinderates, bewegende und sehr liebe Worte. Als er geendet hatte, erhoben sich die Menschen von ihren Plätzen und klatschten spontan.

Die Zeitung meldete am nächsten Tag: Zum Abschiedsgottesdienst in St. Georgen kamen 1300 Menschen.

Die Dankbarkeit der Menschen bewegte uns tief. Es erfreute uns von Herzen, daß alle unsere Söhne und Schwiegertöchter diesen Tag mitfeierten.

Am Nachmittag packten wir die Blumen und Erinnerungen ins Auto und einer unserer Söhne fuhr mit uns auf spiegelglatter Straße in unser neues Zuhause nach Rotenburg an der Wümme.

Wie werden sie das bloß schaffen. So von heute auf morgen einfach aufhören. Was werden sie machen? Wie werden sie das schaffen, so einfach aufhören mit der Gemeindearbeit? Auch noch weg von Parchim gehen und in eine ganz unbekannte Gegend ziehen? Dann sogar noch Abschied nehmen von Mecklenburg?

Was werden sie machen mit der vielen freien Zeit?

Immer wieder hatten mich Menschen in den letzten Wochen das gefragt. Ich wußte es selbst noch nicht. Es war eine neue Erfahrung. Es war unbekanntes Land. Wir werden sehen, hatte ich gesagt. Etwas Unsicherheit war schon dabei. Und wenn ich rein gar nichts zu tun habe – eine alte mecklenburgische Reinemachefrau, die in Rente gehen mußte, hatte so geantwortet: Denn kiek ick ut'n Finster.

Es wurde nicht viel mit dem Kieken. Die neue Umgebung verlangte alle Aufmerksamkeit. Die schöne Stadt Rotenburg auskundschaften, die Spazierwege drumherum ausprobieren und vor allem einen Weg in die Kirchgemeinde, da war immer wieder 'was Neues. Der sonntägliche Gottesdienstbesuch – das hatten wir uns fest vorgenommen – sollte zu unserm Leben gehören. Wir versuchten in verschiedenen Kirchen der Stadt uns einzuhören. Die Stadtkirche war uns sehr willkommen. Wir hatten immer große Kirchen geliebt. Die Weite eines Raumes, das Spiel einer umfangreichen Orgel und ein Pastor der das Wort Gottes auslegt, schriftgemäß und lebensnah, das war uns wichtig.

Die Wochen gingen dahin. Das Neue beschäftigte uns vollauf. Aber der alte Plan, die Erinnerungen eines fast 40 jährigen Pfarrerlebens aufzuschreiben, hatte sich festgehakt in den Gedanken. Auf den Spaziergängen tauschten wir aus, was gewesen war. Erinnerungen kamen haufenweise, und wir wollten sie zulassen. Jetzt hatten wir ausreichend seelischen Freiraum dafür. Nachschauen in alten Briefen. Kramen zwischen Papieren von früher. Fotos betrachten, weißt du noch? Hier und da grübelten wir uns fest.

Nein, das erschien uns nicht geeignet, das brachte nichts. Grübeln ist destruktiv, zerhackt das Leben in kleine Stücke. Es ist ein Rasen der Gedanken, aber ein Rasen im Kreis. Grübeln macht traurig und Traurigkeit konnten wir jetzt nicht gebrauchen. Wir mußten planmäßig an die Erinnerungsarbeit herangehen. Zeit war vorhanden, Material auch. Es gab die Tagebücher von 40 Amtsjahren, es existierten Aufzeichnungen über wichtige Gespräche und es gab die Erfahrung von vier Arbeitsgebieten. Ich hatte 1955 als Vikar in einer Kleinstadt mit dem kirchlichen Dienst begonnen. Ich war 1956 auf die Landpfarre Boddin bei Teterow berufen worden, und 1967 berief mich der Oberkirchenrat an den Schweriner Dom. 1980 bewarb ich mich auf eigenen Wunsch an die St. Georgengemeinde in Parchim, einer Kreisstadt 40 Kilometer von Schwerin entfernt. Dazwischen leitete ich acht Jahre die Evangelische Akademie in Mecklenburg.

Das alles geschah in der Zeit des Sozialismus, der von sich dachte, er werde die Gesellschaftsform für alle Zukunft sein und er werde die ganze Welt erobern. Man duldete die Kirche zwar noch, war aber überzeugt, diese höchst überflüssige Erscheinung des Mittelalters werde allmählich absterben.

Es gab diesen oder jenen offiziellen Vertreter der Staatsmacht, dem das allmähliche Absterben nicht zügig genug ging, der versuchte nach Kräften nachzuhelfen. Wieviel verblendeten Fanatismus hat es doch in den Jahren gegeben! Gewiß, da waren auch andere unter den Staatsvertretern. Sie wollten fair sein, sie forderten Gespräche über Schwierigkeiten. Ich vermute, es waren Menschen, die in der Kindheit gute Berührungen mit der Kirche gehabt hatten, oder die irgendwo in der Familie eine Tante oder eine Großmutter hatten, die ihren Glauben überzeugend lebten. Sie konnten natürlich ihre Sympathie nicht öffentlich deutlich machen, aber insgeheim haben sie manches Gute für die Kirche getan.

Am Tag vor dem Abschiedsgottesdienst war der Gedanke aufgekommen, die Pfarramtserinnerungen aufschreiben, aber für wen?

Es gab die Erinnerungen von Bischöfen aus dieser Zeit. Der thüringische Bischof und auch der Berliner Bischof hatten Bücher darüber erscheinen lassen.

Aber sah nicht alles von der Basis her noch ganz anders aus? War es unten nicht windiger, stürmischer, auch typischer noch?

Wurde in den offiziellen Begegnungen von Staat und Kirche nicht vieles auch vereinfacht?

Vielleicht macht es doch Sinn, die Erfahrungen zu betrachten, die Menschen im Alltag gemacht haben.

Waren wir nicht Zeitzeugen, die die Pflicht hatten, einfach das zu erzählen, was eine Kirche erlebt hatte, die in atheistischer Umgebung nicht nur überlebte, sondern die eigene und wertvolle Erfahrungen gemacht hatte? Der allzu fixe Anschluß der Kirche in der DDR an die Struktur der Kirche im Westen unseres Landes hat die Erfahrungen der Christen im Osten verschüttet, bedeutungslos aber sind sie dadurch nicht geworden. Es könnte doch sein, daß wir sie eines fernen Tages suchen, wenn wir fragen: Wie kann man als Christ in der Welt bestehen, die den Glauben an den auferstandenen Jesus Christus zwar großzügig duldet, aber im Grunde belächelt. Es gibt für das wandernde Gottesvolk zu allen Zeiten bestimmte Wüsten, durch die sie hindurchmüssen. Die moderne Wüste ist computerbestückt und fernbeheizt, und trotzdem friert in ihr die Seele und es könnte doch sein, daß wir wenn wir uns die Erfahrungen der vorigen Wüste erzählen, etwas weniger erstaunt reagieren, wenn es heißt: An Gott glauben? Na, wissen sie, wer braucht das denn noch?

2. Kapitel

PASTOR IN BODDIN

Wenn man von Teterow, der Bergringstadt, auf Gnoien zufährt, dann sieht man zuerst auf der rechten Seite der Straße die neue katholische Kirche in Matgendorf. Fährt man an der wuchtigen Jördenstorfer Kirche vorbei und kommt durch Remlin, dann taucht hinter dem Wald zur linken Hand der Straße ein besonderer Turm auf. Von weitem schon ist er zu sehen und bestimmt das Bild der ebenen Landschaft vor Gnoien.

Der Turm ist nicht typisch für die Gegend. Sein oberer Teil ist eine Laterne, deren Dach man für eine verunglückte Zwiebel halten könnte. Ein wenig wirkt er wie ein Leuchtturm, der Kirchturm von Boddin.

Früher befand sich ein Holzturm an der 1288 geweihten Kirche. Ein Gewitter aber hat diesen Holzturm am 27. Juni 1905 vernichtet. Erst 1914/1915 konnte in mühevoller Arbeit und in Kriegszeiten der Turm neu aufgezogen werden. Diesmal mauerte man ihn massiv mit hellen Mauersteinen auf. So kommt es, daß die Kirche rote, der Turm aber helle Mauersteine aufweist. Turm und Kirche befinden sich auf kleiner Anhöhe am Rande des Dorfes. Geht man in die Kirche hinein, so fallen die vor einigen Jahren sehr schön restaurierten Fresken im Chorraum sofort auf. Darunter der neugotische Altaraufsatz mit dem Bild des sinkenden Petrus, der unter den alten Bildern ein wenig fremd wirkt. Es gibt Gemeindemitglieder, die gerade das Altarbild innig lieben. Sie sind davor konfirmiert und getraut worden, da kann man das Gewiß verstehen. Vom künstlerischen Gesamteindruck des Chorraumes her aber wirkt der Altaraufsatz fast störend. Er verdeckt zudem die Dreierfenstergruppe an der Ostwand des Altarraumes. Ich habe später versucht, die drei schönen hohen spitzbogigen Fenster mit Buntglasarbeiten zu versehen. Dazu müßte das Altarbild heruntergesetzt werden. Man könnte es an der Sakristeiwand anbringen. Der Altar selbst könnte nur als Tisch für das Abendmahl bleiben. Man könnte sich um den Tisch herum versammeln, wie der Stifter des Mahles das auch einmal gemacht hat. Wir hatten Vorschläge dafür ausgetüftelt. Wir hatten den Rostocker Maler Mannewitz dafür gewonnen. Leider scheiterte der ganze Plan am Protest vieler Gemeindemitglieder. Sie wollten alles so lassen wie es ist.

Um die Kirche und den Friedhof herum gruppierten sich in der typischen dörflichen Dreiteilung des vorigen Jahrhunderts Schule und Pfarrhaus. Weil der Pastor lange Zeit, in Mecklenburg noch bis in unser Jahrhundert hinein, die Schulaufsicht hatte, war es günstig, die Schule ganz in der Nähe zu haben.

Neben der Schule in Boddin liegt, von einem großen Garten umgeben, das Pfarrhaus. Es liegt ein wenig von der Straße zurück und ist mir immer wie eine kleine Residenz vorgekommen. Die Eingangstore zum Pfarrhof sind großzügig angelegt. Man geht unter großen Birken durch und kommt auf die dem Pfarrhaus vorgebaute Veranda zu. Links und rechts vom Pfarrhaus rankte sich üppig heller Wein bis ans Dach. Im Herbst ließen die Ranken das Weinlaub in kräftigen Farben spielen. Ein gemütliches Haus. Wir haben uns elf Jahre darin wohl gefühlt.

Einführung am 14. Oktober 1956. Man könnte es mecklenburgisch ausdrücken und sagen: de ganze Kirch wier schraben vull. Ich war 25 Jahre alt. Nun lag die ganze Verantwortung für diese Gemeinde mit den 13 Dörfern und den eintausendsechshundert Menschen, kirchlich gesehen, auf meinen Schultern. Die Kirche ist mutig. Sie vertraut jungen Menschen. Ein Jahr nach der Einführung, wurde die Pfarre in einem zweiten kirchlichen Rechtsakt „verliehen", wie man das nennt. Das bedeutet dann, man konnte von niemandem hier wieder vertrieben werden. Kein kirchlicher Vorgesetzter, nicht einmal der Landesbischof konnten bewirken, daß man die Gemeinde verließ, wenn man das nicht wollte. Eine Ausnahme bildet natürlich moralische Verfehlung des Pfarrstelleninhabers. Sonst war er unversetzbar. Eine Praxis, die die Kirche aus den mancherlei politischen Wirren der Nazizeit gelernt hatte. Und auch in der DDR-Zeit hätte manche politische Stelle gern manchen ihnen nicht genehmen Pastor weggesetzt, wenn das möglich gewesen wäre. Versuche hat es immer wieder mal gegeben. Ich habe selber einen solchen Versuch erlebt. Er scheiterte an dieser klaren kirchlichen Gesetzgebung, die ein starker Schutz für Pastoren ist.

Unser Einzug ins Boddiner Pfarrhaus wurde vom Dorf kaum bemerkt. Es war die Zeit der Ernte und die Bauern hatten alle Hände voll zu tun. Die Endphase der Ernte beschäftigte alle mit Kartoffelroden und Getreidedreschen. Hier und dort wurde bereits geschlachtet.

Von der Strohmiete beim Dreschen hatten einige Männer unseren Möbelwagen gesehen. Der neue Pastor zieht ein, hieß es. Die Frauen mußten auskundschaften, wie er aussieht. Am nächsten Tag wurde auf der Miete berichtet: Ich hab' ihn gesehen. Mensch, is' der jung! Einer von den Mietleuten war Kirchenältester und hat es später erzählt.

Beim ersten Gottesdienst hatte ich vor den Menschen versprochen: Ich will versuchen, sie alle bald zu Hause zu besuchen. Mein Programm für die nächsten Monate war festgelegt.

Hausbesuche habe ich in allen Gemeinden, in denen ich Dienst machte, immer für eine Hauptaufgabe meines Berufes gehalten. Die Menschen kennenlernen, mit ihnen sprechen, von ihren Problemen hören – das war mir wichtig bis zum Schluß meiner aktiven Arbeit. Auch für die Sonntagspredigt habe ich aus diesen Besuchen wichtige Anstöße erhalten, daß meine Predigt nicht in die Sprache verfiel, die niemand hier verstand – beim Hausbesuch konnte ich das üben. Und was die Leute beschäftigte, wollte ich wissen. Dabei mußte ich das Zuhören üben. Eine große Kunst wie mir immer wieder deutlich wurde. Wir haben zu leicht Antworten bereit. Wir fallen den Leuten gern ins Wort. Wir meinen viel oder gar alles zu wissen. Gerade wenn man vollgepfropft mit Wissen von der Uni und vom Seminar kommt. Hier aber mußte man einsehen, Zuhören ist der Schlüssel zu den Menschen.

Ganz schwierig zeigte sich die Zeit für den Besuch. Wann sollte man hingehen? Wann konnte man denn überhaupt die Leute antreffen? Die Leute wirtschafteten damals noch auf dem eigenen Betrieb. Der umfaßte in einigen Dörfern so ungefähr 5 Hektar bei den meisten. Es gab aber auch Bauern, die 20-25 Hektar Land besaßen. Da gab es überall viel Arbeit. Man arbeitete im Sommer den ganzen Tag hindurch. Wenn es hell wurde begann der Bauer, und wenn es dunkel wurde, war die Feldarbeit zuende, aber zu Hause machte er im Stall beim Vieh noch weiter. Abends fiel er ins Bett. Die Männer, aber auch die Frauen, schufteten bis zur Erschöpfung. Genossenschaften gab es noch nicht. Oder sie waren ganz am Anfang.

Wann also die Leute besuchen? Am späten Nachmittag zog ich los. Ich nahm mir für meine Besuche ein Dorf nach dem anderen vor. Zuerst ging ich zu den Alten und Kranken. Die traf ich mit Sicherheit zu Hause an. Es gab auch schon Gelegenheit, den Jungen zu sagen: Zu ihnen komme ich am Abend. Das war so etwa ab 19 Uhr möglich.

Vier Tage in der Woche waren solche Hausbesuchstage für mich. Am Wochenende mußte ich Zeit für die Predigt haben. Manchmal nahm ich meine Frau mit zu den Besuchen. Bei Kirchenältesten etwa, oder wenn wir junge Ehepaare besuchten. Meistens aber ging ich allein. So kam es, daß meine Frau monatelang an den Abenden allein in dem großen Pfarrhaus saß und wartete, daß ich nachts oft spät wieder zurückkam.

Ein Hund mußte her. Dann ist sie nicht so allein. Ich hörte mich um. Ein Nachbar wollte einen Hund abgeben. Ich besichtigte ihn. Er gefiel mir auf Anhieb. Ja, der sollte es sein. Ist ein schottischer Schäferhund, betonte er und tat so wichtig, als hätte er mir das reinste Adelsexemplar vorgeführt. Kostet aber zwei Mark, sagte er. Ja, kosten muß er was, sonst ist der Hund nichts wert. Ich bezahlte und zog mit meinem Hund los. Er war zwar kein Muster an Rassereinheit, eher eine Mischung aus Straße und Allerweltsformat, aber er hat uns gute Dienste getan.

Er war auch ein treues Tier und äußerst gelehrig. Wir nannten ihn Bobby. Auch später haben unsere Hunde wieder diesen Namen bekommen. Bobby war jetzt der dritte Bewohner unseres Hauses. Am Tage kam er in eine Hütte vor dem Haus, abends holten wir ihn in den Flur, zur Wache. Da fühlten wir uns sicher.

Bobby hatte später auch die Aufsicht über unsern ersten Sohn. Beim Kinderwagen, wenn er draußen stand, hat er manche Stunde Wache gehalten. Er war sehr verläßlich. Er postierte sich neben den Kinderwagen, und wehe, jemand hätte sich genähert. Mindestens die Hose wäre hin gewesen. Er übernahm auch sonst noch allerlei Dienste.

Wir lebten uns rasch in der Gemeinde ein. Arbeit war ausreichend vorhanden, und wir spürten, die Leute akzeptierten uns. Wir fanden Freude an der Arbeit. Das war nicht selbstverständlich. Auf der Universität studierte man zwar für die Praxis, aber im Hintergrund stand die bange Frage: Wie wird es sein?

An den Wochenenden besuchten uns Studenten aus Rostock. Sie waren etwas jünger als wir, und es plagte sie die Neugier. Wir hatten im Studium manche Nacht um die Fragen diskutiert: werden wir die praktische Gemeindearbeit schaffen? Werden uns die Menschen auf dem Lande annehmen? Werden wir auch mit den reichlich ländlichen Verhältnissen fertig werden? Wir hatten Jahre in der Großstadt gelebt. Nun dies: Kalte große Pfarrhäuser, viele noch mit Plumpsklo. An Bad nicht zu denken. Täglich ansprechbar für die Leute sein. Jeden Abend auf Besuchstour in der Gemeinde oder zu zweit allein im weitläufigen vorsichtig eingerichteten Pfarrhaus. Und das alles für gut 200 Mark, so war unser Anfangsgehalt.

Die Freunde kamen und fragten und fragten. Alles war interessant. Und hinter den Fragen standen die Sorgen. Unser bester Freund, den wir

Stichel nannten, schrieb damals diese Knüttelverse in unser Pfarrhaus-
gästebuch:

Mancher Theologe denkt,
da sein Herz nicht an der Praxis hängt:
"Wenn ich an das Ende denke,
zittern mir die Kniegelenke."
Denn ein jeder Zukunftstraum,
füllt den Träumer nur mit Graun,
da auf ihn ja doch nur warten,
eine Kate und ein Urwald , genannt Garten,
Schlamm bis an die Knie, Wasser gibt es nicht,
viel zu wenig Piepen, kein elektrisch Licht.
Die Gemeinde ... alles Heiden!
Dennoch Arbeit – ohne übertreiben,
daß man auf der Strecke bleibt,
und zu allem übel noch beweibt. –
wer so schlecht träumt, mög' zu Pilgrims eilen.
Dort werden ihn wenige Stunden heilen.

Und immer wieder Hausbesuche. Zunächst liefen die Besuche als
Vorstellungsbesuche ab. Zunehmend jedoch wurde mir deutlich, die
Menschen erwarten mehr. Sie zählten sich zur Kirche, ja, aber oft war der
Glaube lahm geworden. Zweifel kamen auf. Wie ist das mit Gott, wenn
er so viel Leid zuläßt? Warum ist auf der Welt die Ungerechtigkeit so groß?
Gott der Liebe und Krieg, wie verträgt sich das? Warum müssen unschul-
dige kleine Kinder leiden, ist das nicht total sinnlos?
Ein Ehepaar erzählte mir: Unsere Oma ist schwerkrank. Der Arzt hat uns
gesagt,sie hat nur noch kurze Zeit zu leben. Aber es ist nicht gut, das der
Oma zu sagen. Nun überlegen wir, ob es richtig ist, unserer Oma diese
Auskunft des Arztes zu verschweigen. Was meinen Sie Herr Pastor? Wir
kamen in ein gutes Gespräch. Das war ein richtiger Hausbesuch, dachte
ich, das andere sind nur Kontaktbesuche. Schön, wenn sich im Gespräch
ein echtes Problem der Familie ergab. Aber sollte der Pastor nicht anbieten, womöglich fragen: Haben Sie seelische Probleme, oder so ähnlich?
Manchmal konnte man den Leuten die Probleme an den Augen ablesen.
Sollte man nachfragen, Brücken bauen?
Ein Hausbesuch im kleinsten Dorf der Gemeinde, in Neu-Boddin. Ich
traf den Bauer Stühmeyer. Kirchenältester war er und besuchte an jedem

Sonntag den Gottesdienst. Seine Bauernwirtschaft umfaßte mehr als 100 Morgen Land. Dazu eine Menge Vieh im Stall, Arbeit gab es wirklich. Mit seiner Frau, einem tatkräftigen Sohn und zwei Helfern, bewirtschaftete er die Stelle. Er war in den dreißiger Jahren aus Westfalen hierher gekommen. Für mich war er das Urbild eines Bauern. Aber Sonntags war Ruhe, und diese Ruhe war ihm heilig.

Wir hatten sofort beim ersten Besuch Sympathie zueinander. An dem Tag war ich etwas früher als sonst auf seinem Hof. Er fütterte im Schweinestall die Tiere. Es war ein Riesenkrach. Die Schweine quietschten und grunzten in allen Tönen.

Abwartend blieb ich an der Tür. Ich störte, war mein Gedanke.

Ach, kommen Sie rein, Herr Pastor, rief er. Ich zeig Ihnen eben meine Tiere. Oder interessiert Sie das nicht?

Er sah freundlich zu mir herüber. Ich spürte, daß er mich prüfte. Ob ich geeignet sei als Seelsorger bei Bauern?

Er erklärte ausführlich die Aufzucht der Schweine. Er zeigte mir eine Sau, die gerade geferkelt hatte.

Ach, sind die niedlich, rief ich. Er sah mich von der Seite an: Na, ja. Typisch Stadtkind mag er gedacht haben. Er brachte die Sache zurecht: Niedlich auch, vor allem aber nützlich. Demnächst werden sie alle der Muttersau weggenommen und die männlichen werden kastriert und gemästet, und bei einem bestimmten Gewicht als Fleischschwein abgeliefert. Bringen gut Geld!

Mein „niedlich" war also voll daneben. Aber er hatte Geduld mit mir, gab mir eine Chance.

In der Nachbarschaft, erzählte er, sei ein Mann aus einem anderen Dorf gewesen. Er habe dort auch in den Schweinestall gesehen und habe ein Ferkel angeschaut, und das sei sofort tot umgefallen. Der Mann habe den „bösen Blick", hatte der Nachbar gesagt.

Er ließ eine Pause und fütterte weiter. Die Tiere fraßen. Das Geschrei war genüßlichem Schmatzen gewichen.Ich schaute zu.

Schließlich kam er zu mir heran, wischte sich die Hände an der Futterjacke ab und sagte: Wir gehen sofort ins Haus, werden eine schöne Tasse Kaffee trinken und darüber sprechen, ob es das gibt, den bösen Blick, und ich bin gespannt, was sie als Pastor dazu sagen.

O Schreck! Der böse Blick. Was würde ich dazu sagen? Ich wußte, daß viele sowas für Mumpitz halten. Auch unter den Studienkollegen gab es solche, die darüber lächelten. Kinderkram, Leuteverdummung, würden sie sagen. Aber kann man das so einfach sagen?

Mein Bauer hatte mich schön in die Bredouille gebracht. Ich hatte nicht einmal erkennen können, wie er dazu stand.

Später, die Tasse Kaffee. Wir sprachen über dies und das. Er wollte wissen, bei wem ich studiert hätte. Ich erzählte von ersten Eindrücken hier in der Gemeinde. Dann brachte ich die Sprache auf den Hausbesuch. Was meinen Sie, was hat der Hausbesuch für einen Sinn?

Es war, als hätte ich den Pfropfen 'rausgezogen. Darüber sprach er gern. Der Hausbesuch eines Pastors ist ein Besuch eines Seelsorgers. Er legte den Ton auf Seelsorger. Er darf sich nicht hinter Allgemeinplätzen verstecken. Er muß Farbe bekennen, und er muß wagen, auch über den Glauben zu sprechen. Allgemeinbesuche dürfen andere machen. Dem Pastor muß die Zeit dafür zu schade sein. Er sollte, wie das Wort das ausdrückt, Seel-Sorger sein, für die Seele sorgen. Das soll er Sonntags in der Predigt tun, aber auch alltags beim Besuch.

Er hatte sich in Eifer geredet. Er holte sich eine Zigarre und steckte sie vorsichtig an. Es war Stille zwischen uns. Ich war am Zuge.

Es wurde ein langes Gespräch. Er hatte klare Ansichten: Aber er konnte auch zuhören. Ich verließ sein gemütliches Bauernhaus erst nach 24 Uhr. Er hat mir als jungem Pastor mit seinen Ansichten und seinen Glaubenserfahrungen sehr geholfen. Ich ging mindestens einmal im Monat zu ihm. In all den Jahren blieb das so. Ich war ein gern gesehener Gast, das ließ er mich spüren. Mutter, sagte er, mach uns eine schöne Tasse Kaffee. Und hast Du noch Kuchen?

Sie hatte Kuchen, die ruhige aufmerksame Bauersfrau. Sie blieb zuerst noch bei uns sitzen, schenkte Kaffee ein, legte Kuchen nach und hatte irgendeine Handarbeit und hörte zu.

Dann aber wurde ihr die Zeit zu lang. Sie mußte schließlich morgens um 5 Uhr wieder aufstehen und mehr als 10 Kühe melken, mit der Hand.

Wir saßen noch lange. Er war für mich so etwas wie ein väterlicher Seelsorger. Und keiner, meine Frau ausgenommen, hat so aufmerksam auf meine sonntäglichen Predigten gehört und mich immer mal liebevoll kritisiert. Das begann bei unsern Abendsitzungen dann immer so. Ach ich wollte noch zum Sonntag sagen. Das kann man auch anders sehen. Und wir müssen aufpassen, daß wir nicht den Leuten zu Munde reden. Er fühlte sich voll mit verantwortlich. Er sagte „wir" und meinte mich, aber er sah sich immer mit im Boot sitzen.

Einmal sagte er: Sünde, das ist der verlorene Zustand, in dem wir uns alle befinden. Davon muß die Kirche sprechen. Denn wer soll sonst davon sprechen?

Wenn es väterliche Freunde gibt, er war ein Muster davon. Ich verdanke ihm sehr viel.

Wir planten in der Gemeinde ein großes Gemeindefest. Am Sonnabend sollte es beginnen, am Sonntag Nachmittag zuende sein. Wir richteten als Attraktion ein Fragebogenquiz ein. Fragen zur Geschichte der Kirche, aber auch Fragen aus der Allgemeinbildung. Über 100 Fragebögen mußten fertiggestellt werden. Druckgenehmigungen dafür gab es nicht. Ich war schlecht angeschrieben bei den staatlichen Stellen. Wir mußten in Sonderaktion die Fragebögen mit der Schreibmaschine abtippen, jeden einzeln. Denn Durchschläge hätten als Vervielfältigung gegolten, und Vervielfältigungen aller Art waren verboten. Wir hätten riskiert, daß sie alle beschlagnahmt worden wären. Die Bögen gingen über die Christenlehrekinder in die Familien. Daran lag uns: Gespräch über Kirche in den Häusern.

Am Samstag der Festtage Versammlung auf dem Pfarrhof. Zweihundert Menschen, Groß und Klein. Singen und spielen, ein lustiges Fest. Vor dem Pfarrhaus und vor der Kirche waren Kirchenfahnen aufgestellt. Ein Posaunenchor hat geblasen, der Dölitzer Posaunenchor. Ein Vorzeigestück der Gemeinde. Am Schluß die Auswertung der Fragebögen. Erster Preis: Ein funkelnagelneues Fahrrad. Zweiter Preis: ein Fotoapparat und viele kleine Preise dazu. In der Gemeinde war die Zustimmung zu dem Fest groß. Die staatlichen Stellen wurden aufmerksam: Er ködert sich die Jugend mit Geschenken. Woher er nur das Geld nimmt! Eingeweihte. die uns das heimlich hinterbrachten, durften nicht verraten werden.

Ja, woher hatten wir das Geld? Wir sammelten vorher heimlich. Wir machten klar: wir brauchen die Jugend, Nachwuchs für die Kirche. Da müssen wir schon was opfern. Es war ein Wagnis, denn auch Geldsammlungen mußten angemeldet und genehmigt werden.

Und wenn bei solchen Anlässen das Geld nicht reichte, dann ging ich im letzten Moment zum Bauern Stühmeyer nach Neu-Boddin. Zuerst druckste ich etwas herum. Er bemerkte das und fragte lächelnd: Und wieviel brauchen sie? Bedingung: Niemand erfährt davon. Ohne solche Sonderabgaben wäre farbige Gemeindearbeit schlecht möglich gewesen.

Zum Fest sollte ein Vortrag über die Geschichte der Boddiner Kirche sein. Ich schaute ins Archiv, die Ausbeute war gering. Ich las die Chronik durch, immer noch zu wenig. Ich fuhr für einige Tage nach Schwerin. Ich las im Archiv des Oberkirchenrates, ich stöberte im Landesarchiv. Es kam Material zusammen. Der Vortrag konnte stattfinden.

Aus der Geschichte der Kirche in Mecklenburg ist mir damals zum ersten Mal das Patronatswesen klar geworden. Ich meine, was es in der Praxis bedeutete. Jeder Pastor bekam damals einen Teil seines Gehaltes in Naturalleistungen von den einzelnen Gutsherrn. Korn und Würste, Eier und Kartoffeln. Der Gutsherr war verpflichtet, die Abgaben pünktlich in einer guten Qualität zu liefern. Die Pastoren waren darauf angewiesen.Der Boddiner Gutsherr im vorigen Jahrhundert galt als geizig. Er knappste bei den Pastorabgaben. Der Pastor wußte sich zu helfen. Er begann eines Festtages bei voller Kirche mit folgendem Vers:

> Ich predige das Wort Gottes lauter und rein
> und so soll auch mein Meßkorn sein.
> Aber Hinterkorn und schlechte Wicken
> tut mir Herr von Lützow schicken.

Es muß nicht so leicht gewesen sein, wenn sich Patronatsherr und Pastor nicht verstanden. So mußte zum Beispiel der Gutsherr bei der Wahl eines neuen Pastors entscheidend mitwirken. Und bis in die zwanziger Jahre hinein geschah die Berufung eines Pastors durch den Großherzog. 1922 wurden Staat und Kirche in Mecklenburg getrennt, und 1922 gab es auch den ersten Landesbischof.

Stürmisch wurde es in der Kirchgemeinde Boddin in den dreißiger Jahren. Vorher, 1927 und danach, stand es schlecht um das kirchliche Leben. Es schien wie eingeschlafen. Die Gottesdienste wurden mäßig besucht, vor allem im Sommer. Da sahen die Gutsherrschaften die Landleute gern auf dem Felde bei der Ernte. Manche Pastoren fügten sich und äußerten sich kaum. So konnte es kommen, daß Gottesdienste ausfielen, wegen Mangel an Beteiligung. Wilhelm Stühmeyer kam um 1930 nach Neu-Boddin. Er hatte die Bauernwirtschaft gekauft. Er kam aus Westfalen und mußte als Zweitgeborener auswandern und sich woanders etwas suchen. Nun wollte er sonntags zur Kirche gehen, wie das eben in Westfalen so üblich war, so kannte er das. Er kam am Sonntag früh auf dem Boddiner Kirchhof an. Keine Glocken läuteten, kein Mensch war zu sehen. Schließlich kam der Organist aus der Kirche, ging auf ihn zu und stellte lakonisch fest: Keiner da. Sie sind der einzige, der gekommen ist. Sie werden mit dem Pastor allein sein.

Gut sagte Stühmeyer, gehen wir rein. Sie sind da und ich bin da und der Pastor wird kommen, da sind wir zu dritt. Heißt es nicht in der Bibel:

Wo zwei oder drei in meinem Namen versammelt sind, da bin ich mitten unter ihnen. Der Organist stutzte und gab sich geschlagen. Der Gottesdienst fand statt. Später, so erzählte Stühmeyer, erfuhr er, daß derselbe Organist den Trick mit dieser trüben Werbung im Sommer des öfteren anwandte. So hatte er manchen Sonntag fünf oder sechs Leute in dieser Weise missioniert, daß sie vor Schreck, mit dem Pastor allein in der Kirche sitzen zu müssen, auf dem Friedhof kehrt machten.

Am 1. Juli 1930 wurde der Vikar Hermann Timm in die Kirchgemeinde Boddin entsandt. Es wurde ein mühsamer Beginn. Aber er ließ sich nicht entmutigen. Er war ein aktiver Mann, und seine herzliche und seelsorgerische Art, mit Menschen umzugehen, brachte für die Kirchgemeinde einen gewaltigen Aufschwung.

1933 kam Hitler an die Macht. Manches lief gut an. Die Menschen hofften, es werde mit Deutschland einen Aufschwung geben. Hitler und seine Leute gaben sich zunächst christlich. Sie legten Wert darauf, mit der Kirche Verbindung zu haben. Am 19. Dezember 1931 war Joseph Goebbels, einer der Vertrauten Hitlers, der spätere Reichspropagandaminister, in der Kirche zu Severin bei Parchim kirchlich getraut worden. Hitler war Trauzeuge. Pastor Johannes Wenzel, damals Pastor an der neuen Garnisonkirche in Berlin, wurde aus Berlin herbeigeordert und mußte die Trauung vornehmen. Der Schweriner Domorganist Georg Gothe wurde verpflichtet, dabei die Orgel zu spielen. Eine große Hakenkreuzfahne war über den Altar gebreitet. Die Mächtigen gaben sich christlich, aber hatten längst ihre Naziideen für heilig erklärt.

Vikar Timm neigte der neuen Bewegung eine kurze Zeit zu, aber wirklich nur eine ganz kurze. Es kam bald nach der Machtübernahme der Erlaß des Führers und das Wort zur Kirchenfrage. Es wurde deutlich: Hitler will sich die Kirche nutzbar machen. Die „Deutschen Christen" gründeten sich. Eine von Hitler gewollte und gelenkte Unterwanderung der Kirche setzte ein. DC, d.h. Deutsches Christentum, war der Versuch, eine Staatskirche zu gründen. An vielen Stellen kam es zu verhängnisvollen Entwicklungen. Pastoren wurden Mitglied in der SA und gingen mit SA-Uniform in die Kirche. Hitlerfahnen mit dem Hakenkreuz erschienen auf den Altären. Hitler galt bei vielen als der von Gott gesandte Führer. Nach offiziellen Verlautbarungen gab es im März 1933 in der Mecklenburgischen Pastorenschaft fünfzehn Parteigenossen der NSDAP. Neben den Deutschen Christen entstand in erklärter Gegenbewegung die Bekennende Kirche. Unter Pastor Niklot Beste sammelten sich eine Reihe mutiger Kirchenmänner und stellten sich einer Politisierung der

Kirche entgegen. Es entwickelte sich das, was wir den „Kirchenkampf" jener Jahre nennen. Die Kirche war gespalten. Hermann Timm, unterdessen zum Pastor ernannt, gehörte zur Bekenntnisfront. In seinen Sonntagspredigten in Boddin sprach er deutliche Worte. Am 10. November 1937 wurde er deshalb des Landes verwiesen.

Die Kirchenleitung in Schwerin, unterdessen deutschchristlich, schickte den jungen Pastor Kurt Haase nach Boddin. Die Bekennende Kirche war schneller. Am 15. November entsandte sie den Vikar Scharnweber in die Kirchgemeinde. Auf diese Weise gab es in der kleinen Landgemeinde, zwei Pastoren. Scharnweber von der Bekennenden Kirche und Haase von den Deutschen Christen. Scharnweber war ins Pfarrhaus gezogen. Wo sollte Pastor Haase wohnen? Der Boddiner Gutsherr bekam Parteiauftrag und nahm ihn bei sich auf. Der Kirchenkampf war in vollem Gange. Im Archiv fand ich über diese dramatische Zeit zwei Berichte, die zeigen, wie verwirrend sich die Lage darstellte.

Am 17. November 1937 schreibt Pastor Haase:

"Gegen halb sechs kam ich in Boddin an. Wir suchten zuerst das Pfarrhaus auf und trafen dort Frau Timm und einen Vikar Scharnweber. Die Verhandlung führte ausschließlich Herr Scharnweber. Er gab an, daß er im Namen des Bruderrates der Bekennenden Kirche eingesetzt sei und nur deren Anweisungen folgen würde. Er gab die formelle Gültigkeit meiner Bestallung zu, bestritt aber die Machtbefugnisse des Oberkirchenrates... am nächsten Morgen erfuhr ich durch den Lehrer, ...daß die Gegenseite um 10 Uhr einen Gottesdienst angesetzt habe, nach unserer Annahme in der Kirche, da wir Bußtagslieder an den Liedertafeln angegeben fanden. Aus unserem nächsten Gespräch mit dem Küster ging hervor, daß er nicht recht wußte, wem er zu gehorchen hätte...Wir gingen gegen halbzehn in die Kirche, um vor der Gegenseite dort zu sein. Da die Haupttür noch nicht geöffnet war und wir keinen Schlüssel dazu hatten, öffnete uns der Lehrer eine Seitentür. Es hatte den Anschein, als ob die Gegenseite auf die Kirche verzichtete, als sie uns im Talar dort stehen sahen. Es sammelte sich eine zahlreiche Gemeinde vor der Kirche, die aber durch Herrn von Oertzen, Alt Vorwerk, auf den Gottesdienst im Pfarrhaus hingewiesen wurde. Er hatte sich zu diesem Zweck vor eine Tür postiert. Wir stellten ihn zur Rede...

Unser Eindruck der Gesamtlage: Boddin ist durch Pastor Timm verhetzt. Loyal sind nur der Bürgermeister und der Lehrer, der Küster ist unsicher. Die Gutsbesitzer sind alle für Timm und gegen uns, außer Peters, Boddin. Die Lage ist schwierig aber nicht hoffnungslos."

Und am 29.12. heißt es wieder von Pastor Haase: „Es war mir ja in Boddin nicht möglich, den Kirchenschlüssel von Herrn Scharnweber zu bekommen...An jenem Sonntag mußte ich Herrn Probst Schult, Malchin, um Verstärkung für Boddin bitten, um etwaige Angriffe der Gegenseite wirksam abwehren zu können. Da dieser Zustand auf die Dauer nicht haltsam war, habe ich nach Rücksprache mit Herrn Probst Schulz Schloßsicherungen in die Kirchenschlösser einbauen lassen. Die Sicherungen selbst werden mir von der Firma Reichling in Gnoien geliefert. Das Einbauen besorgte die Firma Näckel in Gnoien. Um bei dieser Aktion nicht unangenehmen Überraschungen ausgesetzt zu sein, hatte ich mich vorher mit dem Stützpunktleiter der Partei in Boddin in Verbindung gesetzt, der mir diese beiden Firmen als absolut sicher bezeichnete."

Eine schlimme Zerreißprobe für die Gemeinde! An anderen Orten geschah es ähnlich, an manchen weniger belastend. Aber an einigen noch erschreckender. Für Boddin dauerte sie zum Glück nicht lange. Im August 1938 durfte Pastor Timm zurückkehren. Pastor Haase verließ Boddin wieder. Er hatte sich gründlich geändert und wurde später in den fünfziger Jahren ein tüchtiger Pastor an der St. Marienkirche in Waren Müritz. Und wie das Leben so spielt, ich bin als Oberschüler in seiner Gemeinde Kindergottesdiensthelfer gewesen. Seine Predigten, zeitnah und dramatisch im Vortrag, sind mir bis heute unvergessen. Der Umsturz 1945 hatte dem ganzen Spuk mit Nazis und deutschen Christen ein jähes Ende gesetzt. Viele hätten allen Anlaß gehabt, sich zu schämen. Nur wenige haben das später so gesehen. Wir mußten ja mitmachen – das war die gängige Ausrede. Dazu ist zu sagen: keiner mußte, aber viele wollten, auch wenn man das nicht gerne hörte.

Zu einer ersprießlichen Gemeindearbeit gehören Mitarbeiter. Der Pastor allein, in Ein-Mann-Show sozusagen, ist aufgeschmissen. Er mag das bequem finden, wirksam auf Dauer ist das nicht. Er braucht einsatzfreudige Helfer. 1956 begannen wir in Boddin. Außer meiner Frau und mir war kein Helfer vorhanden. Die Organistin zog in die Stadt. Die Katechetin nahm den Pastorenwechsel zum Anlaß, auch die Stelle zu wechseln und zog fort. Der Küster war kurz vorher verstorben. Wir brauchten einen Küster und eine Organistin. Ich besprach das mit meiner Konfirmandengruppe: Was meint ihr, Glockenläuten, Kirche säubern, Kerzen anzünden – wer von euch hat Lust? Ein paar Mark an jedem Sonntag werden dabei zu verdienen sein.

Aber wer spielt Orgel? Gibts eine, die bereits Klavierunterricht hat? Wir probierten auf der Orgel. Spielversuch mit zwei Fingern. Es klang jämmerlich. Nein, so wird das nichts. Ich besprach mich mit den Kirchenältesten. Können wir Geld locker machen, damit wir Schülern intensiven Klavierunterricht in der Stadt bezahlen können? Wir charterten eine Klavierlehrerin, weihten sie ein: Wir brauchen schnelle Erfolge. Sie war einsichtig. Wir übten und übten. Es ging für den Anfang, es würde besser werden.

Gudrun war unsere erste Hilfsorganistin. Nach einem knappen Jahr spielte sie ein kleines Bachpräludium. Waren wir froh! Blieb aber noch der Küsterdienst. Jungs, das wäre doch was für euch?

Meine Konfirmanden zögerten. Toben macht mehr Spaß.

Was, die Kirche saubermachen? Ich bin doch nicht bekloppt.

Aber ich helfe euch. Wir machen das zusammen. Und Geld gibts auch. Ich legte ein paar Mark drauf. Die Sache wurde attraktiv.

Manfred war unser erster Jugend-Küster. Kersten folgte, dann Horst und Eckhard. Wir waren eine muntere Truppe, die Mädchen und die Jungen. Sie waren zwischen 13 und 16 Jahre alt, die neuen kirchlichen Mitarbeiter, die Nachwuchsleute Boddins.

Wir feierten zusammen Silvester. Wir hörten gemeinsam Musik. Das Pfarrhaus war eine Art zweites Zuhause. Im Sommer fuhren wir für eine Woche auf Rüstzeit ins „Haus der Kirche" in Güstrow. Wie wär's wenn wir ein Laienspiel einüben und damit auf Tour gehen? schlug einer vor. Ach, kalter Kaffee! Noch mehr arbeiten und lernen? Nee, danke! Am nächsten Tag hatten sie es besprochen. Vielleicht doch eine gute Idee! Abgemacht! In den Sommerferien übten wir mit 10 jungen Leuten ein Spiel ein. Die „Troßbuben" von Ulrich Kabitz. Es erzählte vom Glaubensmut der Christen in der Hugenottenzeit.

Wir machten in Schauspieler und führten das Stück an einem Sonntag Nachmittag im Gemeindesaal auf. Die Jugendlichen hatten eine Bühne gebaut. Vorhang natürlich dabei. Wir kamen uns wichtig vor. Wir schickten Einladungen in alle Häuser. Der Saal wurde proppevoll. Die Aufführung gelang gut. Einige Ältere wischten am Schluß Tränen.

Haben sie gesehen, sagte Manfred in der kritischen Auswertung unseres Kunstwerkes, einige Omis haben geweint. Nächstes Jahr üben wir ein Stück, daß der ganze Saal heult.

Es gab tatsächlich ein nächstes Mal. Unsere Gruppe war so etwas wie eine verschworene Gemeinschaft geworden. Zusammensein machte einfach Spaß. Sie dürsteten nach neuen Aufgaben.

Die Küster und Organisten Boddins hielten zusammen, auch in der Schule, wenn ihr Glaube attackiert wurde. Denn nicht alle Lehrer hatten Freude daran, daß die besten Schüler ihrer höheren Klassen zum „Paster" liefen und dort mitmachten. Das politische Ansehen der Schule hatte bereits gelitten und es waren Nachfragen gekommen, wie das möglich sei, daß in Boddin so viele junge Leute sich christlich bekannten.

Wir übten ein nächstes Spiel ein: Armand Payots „Ihr werdet sein wie Gott". Ein recht anspruchsvolles Theaterstück, wie man schon sagen muß. Die Leipziger Spielgemeinde hatte es in Großstädten dargeboten, in Kirchen. Es kam gut an.

Was die können, das können wir auch. Wir lasen das Stück gemeinsam. Schwierig, schwierig, sagte Manfred, und war etwas bedenklich. Aber gut ist es schon.

In den Sommerferien gingen wir an die Arbeit. Lernen, probieren, den Text gestalten, es war Schwerarbeit. Der eine nuschelte, der andere hatte seinen Einsatz vergessen. Der dritte hatte plötzlich keine Lust mehr. Wir schaffen das nicht. Aber wir müssen, schrie Manfred. Wir haben das angefangen und wir werden es zuende bringen. Er sprach aus, was wir alle meinten. Wir übten weiter.

Das Stück erzählt die biblische Geschichte von den Ureltern der Menschheit, von Adam und Eva. Sie leben im Paradies und werden versucht. Der Versucher versteht seine Sache. Unser Vikar Wolfgang spielte den Versucher. Er machte seine Sache gut. Richtig beschwörend wirkte sein Spiel. Er tänzelte um die beiden herum. Das Böse versucht, die Menschen für sich einzunehmen. Reinplumpsen sollen sie. Die uralte Geschichte, der Kampf um die Seelen. Der Franzose Payot, ein Zeitgenosse, hatte das überzeugend dargestellt. Sein Text wirkte durchsichtig. Wir mühten uns. Wir wollten die Zuschauer mit in die Versuchungsgeschichte hineinnehmen. Es dauerte lange, bis alle Spieler so frei von den üblichen Verkrampfungen waren.

Wir spielten das Stück an einem Sommertag in der Boddiner Kirche. Die Männer bauten extra dafür eine Bühne im Altarraum. Wir schrieben Plakate, wir gingen von Haus zu Haus und luden mit Zetteln ein. Es sollte ein Dorfereignis werden.

Mitten während der ersten Aufführung gab es ein schweres Gewitter. Ein Sturzregen prasselte auf das Kirchendach, schlug an die Fenster. Es wirkte wie ein Stück bestellter Dramaturgie. Die jungen Leute spielten trotzdem weiter. Jetzt erst recht, sie wollten mitreißen. Sie hatten sich in die Rollen hineingelebt. Wir waren begeistert. Die Zuschauer auch.

Das Stück müssen wir öfter spielen, das war die Meinung aller Spieler. Wir schrieben Gemeinden an. Wir waren voll aktiv. So konnten wir Aufführungen in Nachbargemeinden machen. Auch in Güstrow in der Heiliggeistkirche spielten wir vor vollem Haus. Wir hatten großen Spaß. Heute sind mehrere aus der Gruppe mecklenburgische Pastoren.

Die Gewinnung von Mitarbeitern hat uns in der Gemeinde stark beschäftigt. Kirche kann nur gut gehen, wenn wir jungen Leuten in den Gemeinden Mut machen, einzusteigen in das Experiment, mit diesem Jesus Christus zu leben. Dabei sind Krisen inbegriffen. Wer ein Leben in Sonnenschein verspricht, der kennt das Neue Testament schlecht. Kirche hat eine stark menschliche Seite. Das muß im Blick bleiben. Deshalb gehören Krisen dazu. Krisen im Glauben und in der Gemeinde. Und nur, wer durch solche Krisen gegangen ist, und sie bestanden hat, kann Menschen in der Dunkelheit verstehen.

Ein junger Bauer meldete die Taufe seines vierten Kindes an. Er saß im Amtszimmer vor mir. Wir nahmen die Daten auf. Wir verabredeten die Feier. Wir kamen auf den Glauben.

Warum lassen sie ihr Kind taufen? fragte ich.

Er stutzte, sagte nichts. Nach einer Weile: Ja, warum? Wissen Sie, so genau habe ich darüber noch nicht nachgedacht. Weil es in unserer Familie immer so war. Unsere anderen drei Kinder sind getauft. Ich selbst bin getauft. Meine Frau und ich sind getraut. Das war einfach immer so. Das ist Tradition. Nur Tradition, fragte ich? Das ist mir zu wenig. Sie sollen am Sonntag bei der Taufe versprechen, dieses Kind im Glauben zu erziehen. Machen Sie das doch so gut, wie Sie auch sonst ihre Sache gut machen. Ich meine beim Wirtschaften und so. Da machen Sie alles auch nicht nur aus Tradition. Da versuchen Sie alles so gut wie möglich zu machen. Oder? Er hatte mir von seiner Landwirtschaft erzählt. Gebaut hatte er vor kurzem, Kühe neu angeschafft. Er hatte sich voll eingesetzt.

Stellen Sie sich vor, erzählte er ziemlich aufgeregt, nun wollen Sie alles in die Landwirtschaftliche Genossenschaft nehmen, wollen mich zwingen, da reinzugehen. Aber so einfach nicht, nicht bei mir! Hat mich doch neulich so ein Mann von der Staatssicherheit besucht und mir gesagt, ich müßte unterschreiben. Als ich mich weigerte, bat er mich in seinem Auto mitzukommen und fuhr mit mir in den Wald, hielt auf einem Waldweg und redete auf mich ein, daß ich dachte, er steckt dich auf der Rückfahrt sofort in die Zelle. Aber ich habe mir geschworen keine Angst zu haben. Ich will meine Sache gut machen und dann muß es einen Weg geben, freier Bauer zu bleiben. Er hatte sich in Rage geredet. Das müssen Sie wissen, Herr Pastor, Bauer sein verlangt den ganzen Menschen. Wenn man das gut machen will, dann bleibt nicht viel Zeit für anderes. Ich kann dabei nichts noch dazu machen. Glauben, ja, gut. Aber nichts übertreiben. Viel Zeit zusätzlich? Is nich Herr Pastor.

Nun ist es egal, dachte ich, er ist offen, sei du es auch.

Ich begann nach einer kleinen Pause, das will ich ihnen sagen, die Sache mit dem Glauben muß man gut machen. Sonst soll man es lieber lassen. Halber Glaube, so ein bißchen glauben, also ich find das fad. Entweder ganz Christsein oder gar nicht. Sie verstehen das gewiß. Sie machen als Bauer ihre Sache auch gut. So ein wenig Bauer, das wird doch nix.

Er schaute mich an. War ich zu weit gegangen?

Er überlegte und lächelte.

Nach einer Weile begann er wieder: Und Sie meinen ich soll das mit dem Glauben besser machen als bisher?

Ja, das meine ich. Sie haben sich, wenn ich es sagen darf, nur an großen Festen in der Kirche sehen lassen.

Aber mehr Zeit ist wirklich nicht. Ich bin Bauer, da muß ich oft durcharbeiten. Was denken Sie, in der Erntezeit oder beim Säen im Frühjahr. Da kann man nicht sagen; so jetzt ist Sonntag, jetzt fahr ich mal in die Kirche. Das Heu laß ich liegen, machen wir später. Das geht nicht. Da kann Regen dazwischen kommen und das Heu ist hin. Ne ne, Pastor, wie Sie sich das denken so geht das nicht!

Dann werden Sie, begann ich wieder, vom Glauben nur ein Stückchen haben, so einen Fetzen. Aber in diesem Staat, wo man plötzlich abgeholt und ins Auto geladen wird, wie Sie mir erzählt haben, braucht man eben mehr vom Glauben. Denn Sie haben da bestimmt Angst gehabt. Und, in der Angst brauch ich jemanden, dem ich mich anvertrauen kann. Ein Glaube, der nur als Urkunde im Schrank liegt, den ich ehrfürchtig hin und wieder mal anstaune, der ist zu wenig, wirklich. Der Glaube muß uns Kraft geben für den Alltag.

Wir hatten uns beide in Eifer geredet, waren aufgeregt geworden. Er blieb mir nichts schuldig. Er war ein nachdenklicher Mann. Er sah das mit dem Glauben ein. Er faßte nach: Und was meinen Sie, was muß ich machen? Ich möchte eigentlich auch kein halber Christ sein.

Beim Pflügen auf dem Feld und beim Einsäen hat man viel Zeit zum Nachdenken. Da hab ich schon manchmal gedacht, vielleicht ist das mit Gott auch nur Einbildung. Ob es ihn gibt und ob er zu mir spricht, wie kann ich das herauskriegen? Wir nehmen das so an wie unsere Väter das gedacht haben. Es war in unserer Familie immer so. Gott, ja, muß sein. Ist auch. Aber selbst dazu Erfahrungen machen? Wie geht das?

Machen Sie mir einen Vorschlag Pastor, wie könnte das mit meinem Glauben anders werden? Wie kann ich erreichen, daß ich so ganz persönlich davon etwas spüre?

Er wollte eine Gebrauchsanweisung, immerhin, wir waren schon ein Stück weiter, fand ich. Der junge Mann gefiel mir. Den müßte man als Mitarbeiter gewinnen.

Eine Gebrauchsanweisung für Glauben, gab es sowas? So wie man als Bauer sagen konnte, säe Weizen ein, warte ab, dann geht eben Weizen auf, und du siehst Weizenähren und kannst die ernten.

Was also sollte er machen? Er war doch Christ, war getauft und konfirmiert, ließ seine Kinder taufen. Das war doch schon etwas? Klar aber war das alles? Ganz oder gar nicht, Herr Pastor, das gefällt mir, sagte er. Aber wie? Bitte sagen Sie mir, was ich tun soll?

Geriet ich in Verlegenheit? Warum, dachte ich, hatte ich auf der Universität nicht gelernt, auf diese Frage zu antworten? Aber das war so nicht vorgekommen. In meinem Innern war es wie ein Stoßgebet: Lieber Gott, gib mir jetzt die richtigen Worte.

Keine Zeit, das klang mir immer noch in den Ohren.

Was sie tun müssen, begann ich nach einer Pause, ich merkte, wie ich die Worte vorsichtig suchte, was jetzt zu machen ist, ich will es ihnen deutlich sagen: Gehen Sie ein Jahr lang jeden Sonntag zum Gottesdienst. Hören Sie aufmerksam zu, denken Sie darüber nach und beten Sie jeden Tag. Aber jeden Sonntag müssen Sie gehen. Billiger ist das nicht zu haben. Sie werden dabei spüren, wie Ihr Glaube wächst und nach einem Jahr wird Gott Ihnen klarmachen, was weiter ist. Vertrauen sie einfach darauf. Ich war über meine Direktheit selbst erschrocken. Ich hatte so etwas wie eine Gebrauchsanweisung gegeben. Ist das möglich? Konnte man diesen Versuch machen? Oder ist das wie geistliche Erpressung?

Es war gesagt. Es stand im Raum. Stille zwischen uns. Nachdenken als ob es knisterte.

Das verlangen Sie von mir, sagte er. Wie stellen Sie sich das vor? Als Bauer jeden Sonntag zur Kirche gehen? In der Ernte, in der Säezeit? Bei Schnee und Eis? Das geht überhaupt nicht! Unser Dorf ist sechs Kilometer von der Kirche entfernt, und Sie machen mir solchen Vorschlag.

Für weniger ist das nicht zu haben. Es war gesagt. Ich mußte dazu stehen. Es wurde ein langes Gespräch. Sie hören von mir, sagte er als wir uns trennten. Außerdem sehen wir uns zur Taufe.

Am Sonntag darauf tauften wir seinen Sohn. Ist alles in Ordnung, flüsterte er mir beim Weggehen zu.

Danach erschien er jeden Sonntag im Gottesdienst. Bei Schnee und Eis, bei Sturm und Regen, er war da. Wenn ich zur Kirche über den Pfarrhof ging, sah ich sein schwarzes Motorrad bereits auf dem Hof. Mein Bauer war da. Manchen Sonntag hatte ich den Eindruck, ich predigte nur für ihn. Nach einem Jahr kam er zu mir. Ich möchte Pastor werden, bitte helfen sie mir dabei. Wo sind solche Ausbildungsstellen? Wann kann ich beginnen? Ich bin selten in meinem Leben so erschrocken gewesen. Was sagen sie, ist das ihr Ernst? Haben Sie das auch gut überlegt?

Mein voller Ernst, und überlegt ist es auch. Wir überlegten Einzelheiten. Er hatte eine Wirtschaft. Er hatte unterdessen in die Genossenschaft gehen müssen. Er hatte eine Frau und vier Kinder. Er hatte Land und einen großen Viehbestand, den er mit seiner Frau individuell betreute. Und alles war hart erarbeitet. Wir schrieben Ausbildungsstellen an. Wir verhandelten mit der Genossenschaftsleitung seines Dorfes. Seine Frau zog voll mit. Ja, sagten die Mitbauern, die aus der Genossenschaft Typ I ihre Zustimmung geben mußten, daß er weggehen konnte, ja, sagten sie, ihr könnt gehen, wenn ihr alles zurücklaßt.

Alles, fragte er?

Fast alles sagten sie. Nur die Kaffeemaschine kannst du mitnehmen.

Auch das Haus verlassen?

Auch das Haus, denn wir müssen einen Pächter haben und der braucht einen guten Start. Er wird alles übernehmen, Vieh, Maschinen, Haus. So oder es wird nichts daraus. Es war ihr letztes Wort, es war hart.

Wir überlegten nächtelang gemeinsam. Wir gingen abends zu ihm, meine Frau und ich und überlegten mit ihm und seiner Frau. Wir kamen gegen 4 Uhr in unserm Dorf an. Die Bauern, die zum Melken gingen kamen uns entgegen. Wir sagten guten Abend. Sie grüßten mit: Guten Morgen und schauten uns entgeistert an.

Der Bauer ist verrückt geworden, sagten die Leute aus seinem Dorf. Denk mal an, erst rennt er Sonntag für Sonntag in die Kirche. Man kann es auch übertreiben. Und jetzt will er auch noch Pastor werden? Also da versteht man die Welt nicht mehr. Sie schüttelten immer wieder den Kopf. Es war wochenlang Dorfgespräch.

Wir machten dem Bauern und seiner Familie das Angebot: Zieht sofort aus. Wir nehmen euch bei uns im Pfarrhaus auf, mit Sack und Pack.

Was, uns alle? Und sofort? Wir sind sechs Personen, wie denkt ihr euch das? Egal, es blieb kein anderer Weg. Wir wurden uns einig. Der Bauer reiste später in die kirchliche Ausbildungsstätte für Pastoren nach Erfurt. Die Familie, Frau und vier Kinder, zogen zu uns ins Boddiner Pfarrhaus. Es war ein bißchen wie bei Abraham, der in ein anderes Land zog.

Auf Gummiwagen luden wir alles, was sie mitnehmen durften, ihre Wohnungseinrichtung und Persönliches. Alles was sie sonst besaßen mußte auf der Wirtschaft bleiben. An einem Samstag schaukelten die fünf Gummiwagen, voll bepackt, von einem Dorf zum anderen. Leute aus dem Kernkreis unserer Gemeinde halfen mit. Die Bauern aus seinem Dorf blieben beim Kopfschütteln: Wie ist es bloß möglich? Wir teilten unsere Pfarrwohnung mit ihnen, jeder bekam die Hälfte des Hauses. Mit meinem Dienstzimmer zog ich in eine geräumige Bodenkammer.

Die Ausbildung des Bauern in Erfurt nahm vier Jahre in Anspruch. Wir lebten die Jahre mit der Familie unter einem Dach. Manchmal war es für beide Seiten nicht leicht. Aber wir sind bis heute befreundet geblieben. Der Bauer wurde ein guter Pastor und tat lange Dienst in der Mecklenburgischen Landeskirche.

Die Jahre gingen dahin. Wir hatten den Bauern und seine Familie nach vier Jahren in seine Pfarre verabschiedet. Wir lebten wieder allein im Pfarrhaus. Unsere Küster und Organisten waren eine stattliche Schar geworden. An Wochenenden und in den Ferien belagerten sie das Pfarrhaus. Wir nahmen Teil an der ersten Liebe, wir überlegten Glaubensprobleme, sie vertrauten uns. Wir machten Manches richtig und Einiges falsch. Heute kann man sehen, wie sie alle einen guten Weg gegangen sind.

Mit den staatlichen Stellen gab es öfter Ärger. Ich nahm in den Jahren nicht an den Wahlen teil. Was denkt er sich! Die Stasi schickte einen Mann, gerade dann, wenn ich zu Hausbesuchen unterwegs war. Meine Frau empfing ihn an der Tür. Wir kommen von der Staatssicherheit und möchten mit ihrem Mann reden.

Sie kamen nicht wieder. Es sollte eine Drohung sein. Fühl dich nicht so sicher! Wir sind da. Einer, der es wissen mußte, flüsterte mir eines Tages so ganz am Rande zu, er hätte in Stasikreisen über mich reden hören und ein Offizier hätte gesagt: Den Boddiner Pastor, den schnappen wir uns noch!

Wenn sonntags Festgottesdienste anstanden, kam vorher auf dem Weg zur Kirche dieser und jener zu mir und überbrachte solche Neuigkeiten. Ich war vor dem Gottesdienst in der Sakristei, dem kleinen Anbau in der Boddiner Kirche. Der hatte nach draußen ein kleines verstecktes Fenster. Vor dem Fenster ein großer Holunderbusch. Der Neuigkeitenbringer kroch draußen hinter den Holunderbusch. So sah ihn niemand. Er klopfte an das Sakristeifenster, ich machte auf. Heute ist wieder ein Aufpasser in der Kirche. Oder, heute sind zwei da, sehen sie sich vor.

Ich sah mich vor, klar. Aber hier und da mußte doch ein deutliches Wort einfließen dürfen. Ich war gewiß kein Held, aber versucht habe ich immer mal wieder, die Menschen davor zu warnen, sich von Staat und Partei die Seele wegnehmen zu lassen.

Im November 1965 suchte die Studentengemeinde in Dresden einen Studentenpastor. Anfrage bei mir: Würden sie nach Dresden kommen?

Im Februar 1966 kam ein Brief aus Jena. Der dortige Studentenpfarrer Klaus Peter Hertzsch wollte ein anderes Amt übernehmen. Er schrieb, sie möchten mich kennenlernen, ich möchte nach Jena kommen. Arbeit mit Studenten, das hätte mich gereizt. Ruhig einmal hinfahren?

Aber das würde heißen, Boddin aufgeben. Wir waren mit den Menschen in der Gemeinde Boddin verbunden. Es war, kann man sagen, meine erste Liebe. Wir hatten eine ausbaufähige Arbeit begonnen. Sonntags kam eine große Gemeinde zum Gottesdienst zusammen. Viele engagierten sich. Vor allem junge Leute machten mit.

Ich fuhr nach Schwerin zum Landesbischof. Er mußte mich, wenn ich für eine neue Arbeit in eine andere Landeskirche gehen wollte, freigeben. Das war geübte innerkirchliche Praxis.

Würden sie, Herr Landesbischof, ihre Zustimmung geben? Jena würde mich sehr interessieren.

Landesbischof Beste hörte sich alles ruhig an. Ich berichtete über Boddin, von meiner Arbeit mit jungen Leuten. Das macht mir viel Freude.

Seine Antwort war kurz: Lieber Bruder Pilgrim, ich kann meine Zustimmung dafür, daß Sie Mecklenburg verlassen, nicht geben. Ich kann Ihnen das heute nicht erklären, aber wir haben mit Ihnen anderes vor. Sie werden bald von uns hören.

Ein Jahr später berief mich der Oberkirchenrat als Domprediger an den Schweriner Dom und bestellte mich zugleich zum Leiter der Evangelischen Akademie Mecklenburgs.

Weihnachtsspiel 1962 der Boddiner Jungen Gemeinde

Das Boddiner Pfarrhaus vom Kirchturm aus gesehen

Kirch-Gemeindetag in Boddin 1963

3. Kapitel

DOMPREDIGER IN SCHWERIN

Die Vorgänge um diese Domberufung nahmen die Formen eines Spektakels an. Und das kam so:

Am Schweriner Dom wirkten seit vielen Jahren drei geprägte eigenwillige Persönlichkeiten. Schwarz, rot, gold, wurden sie scherzhaft genannt. Schwarz, das war Joachim Lohff, ein Pastor, der hochkirchlichen Gedanken nahestand und viel Sinn für Liturgie hatte. Er war nach dem Krieg lange in sowjetischer Gefangenschaft gewesen und mußte dort Schweres erleben.

Rot, darunter sah man den Pastor Karl Kleinschmidt. Er war seit vielen Jahren Mitglied der SED. Man konnte sich fragen, wenn man in den Zeitungen vor den Volkswahlen seine Kommentare las oder auch sonst von ihm hörte, spricht hier ein Mann der Kirche oder doch ein politischer Funktionär.

Gold meinte den Pastor Hans Fehlandt, ein Mann der Tradition, der in seiner liebevollen, freundlichen Umgangsweise vor allem die älteren Menschen anzog und als Mann der Mitte galt.

Alle drei durften sich Domprediger nennen, eine Ehrenbezeichnung, die die Landeskirche nur sechs Mal den Pastoren an den Domen Güstrow und Schwerin gestattete. Von den drei Schwerinern trug einer diesen Titel wie einen exotischen Schmuck, der nicht zu ihm passen wollte, in den er aber doch heimlich verliebt zu sein schien. Die beiden anderen mochten viel lieber die Bezeichnung Pastor, waren auch dem öffentlich Wirksamen nicht so zugeneigt.

Joachim Lohff ließ beim Gottesdienst zu Beginn von der Küsterin die Türen abschließen. Er wollte ungestört sein. Er sprach leise. Seine meditative Art ging mit den Texten der Bibel sehr sorgsam um. Er gab biblische Durchblicke und hatte Sinn für die Details. Der Altar bedeutete ihm viel. Der Blumenstrauß auf dem Altar war für ihn nicht Dekoration, sondern zeigte die Wunde Jesu an, die Erlösungswunde, die damit dankbar geschmückt wurde. So erlaubte er im Gottesdienst auch nur einen Blumenstrauß.

Von Pastor Fehlandt, dessen tiefe Stimme den Dom bis auf die letzten Plätze füllte, wurde freundlich scherzend erzählt: Die älteren Schweriner sterben mit dem letzten Wunsch auf den Lippen: Laßt mich von Fehlandt begraben sein. Er war bekannt für seine verständnisvollen Beerdigungsansprachen. Und nun als dritter Domprediger Karl Kleinschmidt. Man fragt sich, wie hat er das zwischen diesen beiden so verschiedenen Männern der Kirche nur gemacht?

Seine dynamische Persönlichkeit gab vieles her, Künstlerisches, Schauspielerisches, Soziales, und er stand gern im Mittelpunkt. Er war in den dreißiger Jahren aus Thüringen als kritischer Mann, der sich mit den Nazis anlegte, nach Mecklenburg gekommen. Seine Art zu predigen zog Menschen an. Er konnte witzig sein und unterhaltsam. Er konnte reden, und die Leute hörten gerne zu. Eigenschaften, die unter Pastoren nicht so ganz häufig sind. Er schrieb ein Buch über Thomas Müntzer, und auch eines über das gute Benehmen. Die kirchlichen Stellen schreckten vor seiner bunten und gelegentlich lauten Art etwas zurück. Schade, denn wenn der Mann ein leitendes kirchliches Amt bekommen hätte, vielleicht wäre manches in seinem Leben ganz anders verlaufen. So fiel er mit seinen mancherlei Gaben dem Staat in die Hände. Der nutzte seine Fähigkeiten aus, bis zur Neige.

Er war Mitglied der SED und Mitbegründer des Kulturbundes. Er war zeitweise Mitglied der Volkskammer und zeichnete als Mitherausgeber für die etwas dubiose politisch-kirchliche Zeitschrift „Glaube und Gewissen", die jahrelang eine unangenehme Lobhudelung der SED-Politik betrieb. Er hat zunehmend sicher nicht mehr gewußt, wie weit er das eine, nämlich Pastor, sein mußte und wie weit er das andere, nämlich politischer Funktionär, sein durfte. So brachte er sich mehr und mehr in Verruf eines politischen staatshörigen Pastors. Er wurde allmählich mehr und mehr als der „rote Karl" in kirchlichen Kreisen abgelehnt.

Am 12. Dezember 1952 trat in Wien ein „Volkskongreß für den Frieden" zusammen. Die DDR war maßgeblich daran beteiligt. Sie schickte Menschen dorthin und schaltete sich in die Propaganda ein. Sie liebte solche Wortsalven, die sie über Zeitungen und Medien über die ganze Erde abfeuern wollte. Nun ist Frieden ganz gewiß etwas Gutes und Notwendiges, für das man eintreten muß, nur verstand man in der DDR mit allen Friedensangeboten immer auch gleich Werbung für das sozialistische, sowjetische, kommunistische Anliegen als notwendig dazu gehörig. Nur von hier und nur dadurch konnte richtiger Friede kommen.

Karl Kleinschmidt schrieb in der Zeitung der Nationalen Front, die extra Weihnachten 1952 zu diesem Kongreß erschien, eine Predigt, die mir wörtlich vorliegt. Sie ist typisch für seine Art, die Dinge zu sehen. Er schildert den politischen Friedenskongreß in Wien und setzt ihn in Beziehung zur Weihnachtsgeschichte der Bibel. Einiges, so meint Kleinschmidt, sei zum Glück in Wien anders gewesen als in der Bibel. Es seien an der Krippe von Bethlehem drei Weise erschienen, zum Kongreß aber wären dreitausend gekommen. An der Krippe hätten die drei Könige das Kind, den Friedensbringer, wie es hieß, zwar angebetet, aber seien dann weitergezogen. „Sie stellten sich nicht schützend vor des Kindes Wiege, als Herodes seine Kriegspläne schmiedete, oder warnten wenigstens die Eltern von dem Kind vor der drohenden Gefahr. Nein, das taten sie nicht. Sie wollten dem Kinde gewiß nicht schaden, waren doch aber auch „klug" genug, es mit Herodes nicht zu verderben." Und er stellt diese in gewissem Sinne, wie er meint, gerissenen Weisen noch als feige Verräter hin: „Dem Frieden meine Reverenz, und dann schnell nach Hause, ehe Herodes böse wird." Schöne Friedensanbeter! In Wien waren die Friedensabgeordneten von ganz anderer Art, wie Karl Kleinschmidt seine Leser glauben machen möchte. Sie nahmen die Verantwortung auf sich, sie beteten nicht nur für den Frieden und zogen schleunigst los, sondern sie stellten sich schützend vor den von Herodes bedrohten Frieden mit der Bereitschaft, ihn zu verteidigen.

Das war eine bemerkenswerte Bibelauslegung der Weihnachtsgeschichte, und dann noch von einem Theologen! Die listigen Weisen von damals, die armen Versager, und die mutigen Friedenskämpfer des Sozialismus von heute, die erklärten Sieger.

Karl Kleinschmidt war mit 65 Jahren in den Ruhestand gegangen. Es gab Menschen in der Kirche, die darüber froh waren. Die Politisierung der christlichen Botschaft war zu allen Zeiten eine Gefahr und ein trauriges Geschäft.

Nun galt es einen Nachfolger für ihn zu finden.
Man kam zunächst auf einen älteren Kollegen aus Fürstenwalde bei Berlin. Der schaute sich in Schwerin alles an, verhandelte mit den Pastoren und entschied sich für ein anderes Amt in seiner Kirche.
Dann kam man auf mich. Ich fragte mich, warum eigentlich?
Bei einem Gespräch mit den Kirchenleitenden sagte jemand. Es muß am Dom wieder Gemeindeaufbau gemacht werden.

Pastor Lohff hatte in den letzten Jahren einen kleinen Kreis von Eingeweihten, wie es bissig hieß, meist besseren Damen, um sich gesammelt. Mit ihnen hatte er sich in die Mönchssitze vor dem goldenen Altar zurückgezogen. Pastor Fehlandt war mit einem Kreis von Gleichfühlenden in das Augustenstift gegangen und traf sonntags seine Zuhörer dort und alltags seine Helferinnen.

Wenn Kleinschmidt in den letzten Jahren predigte, dann, so behauptete man, saßen im Kirchenschiff des Domes einige Unentwegte, dazu Damen mit sozialer und sozialistischer Liebhaberei. Konfirmandenunterricht hatte er seit sieben Jahren nicht mehr erteilt. Die Eltern der Kinder hatten rundheraus erklärt, vom roten Pastor möchten sie ihre Kinder nicht unterrichtet haben. Beerdigungen kamen aus ähnlichen Gründen für ihn immer seltener vor. Die staatlichen Stellen hatten den Kleinschmidts ein Einfamilienhaus am Stadtrand von Schwerin zur Verfügung gestellt. Dorthin zog die Familie um. Die Dompfarrwohnung in der Bischofstraße 6 bewohnten eine Hauptmannsfamilie mit zwei Kindern und eine alte Dame. Ihnen hatte Kleinschmidt ziemlich eigenmächtig seine Wohnung überlassen. Er behielt dort lediglich ein Dienstzimmer mit Nebengelaß.

Im Februar 1967 wurde ich vom Oberkirchenrat gefragt, würden Sie eine Berufung an den Dom nach Schwerin annehmen?
Ich überlegte. Ich hatte keinen Grund, aus meiner Landgemeinde Boddin wegzugehen. Wir berieten uns in der Familie. Das also war der höhere Plan des Bischofs!
Wir wollten nicht für immer in Boddin bleiben. Ein Wechsel ist gut, für den Pastor und auch für die Gemeinde. Eine Chance für einen Neuanfang. Ich sagte zu.
Ich kannte vorher keinen der Pastoren persönlich. Ich kannte keinen der Mitarbeiter der Domgemeinde. Mir war Schwerin als Stadt durch einige Besuche ein wenig vertraut. Die Domgemeinde aber war für mich ein weißes Blatt.
Ich hörte von verschiedenen Beratungen. Die Domgemeinde, die Dompastoren wünschten einen jungen Pastor. Ich war jung. Aber ich sollte zugleich mit der Gemeinde das Akademieamt übernehmen. Die Domleute hörten das und winkten ab.
Den möchten wir nicht. Er kann sich nicht ganz der Gemeindearbeit widmen. Er ist zuviel unterwegs. Nein, den nicht!
Der Landesbischof schaltete sich ein. Er erklärte den Domleuten auf einer Kirchgemeinderatssitzung die Lage. Es bestand Berufungsrecht der

Landeskirche. Die Kirchenleitung kann entscheiden. Aber man möchte natürlich die Meinung der Gemeinde hören und berücksichtigen.

Ein kleiner Kreis um Pastor Lohff lehnte Pilgrim ab. Der Landesbischof blieb bei seiner Meinung: Pilgrim wird berufen. Zweidrittel des Gemeinderates, angeführt von Pastor Lohff, verließen demonstrativ die Sitzung. Der Bischof mit ein paar Leuten saß allein da.

Die Angelegenheit wurde zur Prestigefrage. Im Hintergrund wurde politische Aktivität vermutet. Die Kleinschmidtstelle sollte wieder von einem staatsfreundlichen Pastor besetzt werden. Ein Name wurde bereits genannt. Wir müssen fest bleiben, sagte mir der Landesbischof.

Fast zeitgleich wurde an die Marienkirche in Berlin ein Pastor aus Wittenberge berufen. Die Kirche hatte entschieden. Aber die Stadt Berlin verweigerte ihm das Zuzugsrecht. Das ging über Monate. Die staatlichen Stellen wollten einen anderen, sie wollten mitreden. Die Besetzung der großen Kirchen in den größeren Städten sei auch Staatssache.

Nein, sagten die Kirchen. Das ist einzig und allein unsere Sache.

Auch bei mir ging es über Monate. Im April schickte mir ein kleiner Kreis um Lohff einen Brief und teilte mir mit, daß sie mich nicht in der Domgemeinde haben möchten. Sie lehnten mich ab. Elf Personen hatten den Brief handschriftlich unterzeichnet, zehn Frauen und ein Mann. Es ginge nicht gegen meine Person, wie sie betonten, sondern um die Form, wie die Kirchenleitung die Berufung durchsetzen wolle.

Die Kirchenleitung blieb bei ihrem Plan. Der Landesbischof rief mich an: Bitte bleiben sie fest. Wir lassen uns nicht vorschreiben, wen wir berufen dürfen. Aber wenn Ablehnung da ist, fragte ich zurück.

Ach was, Ablehnung! Nur ein kleiner Teil der Gemeinde lehnt sie ab. Und der ist noch gesteuert.

Ich fuhr nach Schwerin. Ich traf den Landesbischof. Ich sprach mit dem Oberkirchenrat. Wir rechnen mit Ihnen, sagten beide.

Natürlich hatte ich auch Zweifel. Ist das richtig, daß du nach Schwerin gehst, wenn ein Teil der Gemeinde dich ablehnt? Ich mußte nicht weg aus Boddin, ich konnte bleiben. Die Zweifel waren quälend. Wie entscheiden?

Ich blieb bei meinem Ja. Heute nach fast 30 Jahren bekomme ich eine wunderbare Bestätigung für die richtige Entscheidung von damals. In diesen Wochen, da ich diese Zeilen schreibe, hatte ich einen Briefwechsel mit dem Oberkirchenrat, der zu seiner Zeit die Angelegenheit mit mir von der Kirchenleitung her durchgestanden hat. Ich schrieb ihm von meinen Überlegungen. Er erinnerte sich genau und schrieb mir zurück und gab mir die Erlaubnis, aus seinem Brief zitieren zu dürfen. Es war Oberkirchenrat Dr. Gasse, der es immer gut mit mir gemeint hat und der heute in Goslar lebt. Ich danke ihm diese Erinnerung, weil sie mich freut und mir mein Handeln von damals bestätigt. Er schreibt unter dem 19. 9. 1995:… „mir wird alles lebendige Erinnerung, was zu tun war, bevor sie an den Dom kamen. Stadt, Partei, Stasi waren dagegen. Ich weiß noch, daß ich dem Stasimann sagte: Sie haben Ihre Gründe, ich lasse sie gelten, aber ich habe kirchliche Gründe, die gebieterisch Pilgrims Durchsetzung an den Dom fordern, und sie allein sind für mich maßgeblich. Welch ein Glück, daß ich mich auf sie verlassen konnte… Wir setzten durch, was die groteske Situation am Dom forderte. Gott sei Dank! Aber auch ihnen. Denn auch in der Kirche gab es Widerstand, sogar im Oberkirchenrat hatte man Bedenken, aber Niklot Beste gab mir freie Bahn für Sie.“

Wir wissen heute, daß es immer mal wieder auch im Oberkirchenrat Leute gegeben hat, leider und Gott sei's geklagt, die im Auftrag der Stasi dort Kirchenpolitik machen wollten. Daß die politischen Stellen zu der Zeit keinen Einfluß in der Kirche bekamen, das ist so mutigen und geraden Männern der Kirche wie Beste und Gasse zu danken.

Ich traf in jenen Wochen meiner notvollen Entscheidung auch einen Mann, der mir in meinem Leben viel bedeutet hat, den Studienrat Martin Karsten in Schwerin. Er war 2. Vorsitzender des Domgemeinderates und trug schwer unter der gefährlichen Last jener Zeit. Er litt um die Situation am Dom, so muß man es schon sagen.

Sie müssen unbedingt kommen, er beschwor mich fast. Hier wartet eine große Arbeit auf Sie.

Wir verstanden uns von diesem ersten Gespräch an wie zwei Männer, die eines Sinnes sind und sich lange kannten. Er blieb mir in den Jahren am Dom der beste Mitkämpfer und war mir bis zu seinem Tode ein väterlicher Freund. Er starb um die Jahreswende 1995/1996, zwei Tage vor seinem 105. Geburtstag. Ich durfte ihm in Januar 1996 in Hamburg mit vielen dankbaren Schülern, Freunden und Verwandten die Trauerfeier halten.

Was ist mit der Pfarrwohnung, fragte ich alle Zuständigen.

Ja, leider, das ist ein trübes Kapitel, sagten sie.

Kommen sie erst einmal nach Schwerin, dann sehen wir weiter. Aber was sollte ich in Schwerin, wenn keine Wohnung vorhanden war? Doch, ein Zimmer ist frei, das Amtszimmer.

Ich beriet mich mit meiner Familie. Unser Entschluß blieb fest: Wir gehen nach Schwerin. Dann eben erst in ein Zimmer.

Für den 10. September war meine Einführung im Dom geplant. Vorher wollte ich, zunächst allein, mit meinen Büchern in das eine Zimmer der Dienstwohnung ziehen.

Anfang August, mitten in den Vorbereitungen zum Umzug, erreichte mich ein vierseitiges „Memorandum" der Domgemeinde, gedruckt und an alle Pfarrämter und Kirchenältesten der Landeskirche geschickt. Unterzeichner war Joachim Lohff und wie es hieß „viele Glieder der Domgemeinde und des Domgemeinderates."

Darin wurde der Oberkirchenrat angeprangert, er wolle die Besetzung der Dompfarrstelle gegen den Domgemeinderat durchsetzen.

"So wird nicht mündige Gemeinde gebaut, sondern entmündigt. So wird das Amt des Gemeindepastors deklassiert", hieß es in dem Schriftstück. Eine Kampfansage gegen den Oberkirchenrat! Auch gegen mich?

Sofort kam uns die verräterische Frage: Wie war das möglich, daß eine Gruppe um einen Pastor eine so umfangreiche Druckgenehmigung bekommen hatte? Wir Normalen bekamen kaum, und selten genug eine kleine Weihnachtseinladungskarte zur Altenfeier gedruckt. Und hatte es dann geheißen: Aber klein bitte, und niedrige Auflage bitte. Papierknappheit! Mit einem Male war Papier ausreichend vorhanden, für eine ganze vierseitige Ausgabe und in solcher Auflagenhöhe!

Und überhaupt, die ganze Angelegenheit war eine rein innerkirchliche. Nun war sie an die Öffentlichkeit getragen. Oder war sie dort schon vorher?

Ich rief den Landesbischof an. Was soll ich machen?

Die Urkunde für ihre Berufung habe ich am 5. Juli ausgefertigt, beruhigte mich der Landesbischof. Wir bleiben dabei. Sie sind berufen. Einige Tage vor dem Umzug mit den Büchern reisten wir erneut nach Schwerin. Wir wollten Gardinen an den Fenstern des freien Amtszimmers der Pfarrwohnung anbringen.

Wir klingelten in der Bischofstraße 6. Eine junge Frau öffnete.

Ich bin hier der künftige Dompastor. Wir möchten in das Amtszimmer, das bisher Pastor Kleinschmidt gehörte, und das ich nun bekommen habe.

Es tut mir leid, sagte sie. Das Zimmer ist verschlossen. Es sind auch noch Kleinschmidts Sachen drin. Ich habe dafür keinen Schlüssel.

Sie machte uns die Tür vor der Nase zu. Es war immerhin die Tür unserer Pfarrwohnung.

Wir gingen zum Oberkirchenrat. Rufen sie Kleinschmidt an. Der hat versprochen zu räumen.

Wir riefen Kleinschmidt an. Die Frau am Telefon betonte kurz und kühl: Pastor Kleinschmidt möchte mit ihnen nicht sprechen und legte auf. Wir überlegten, was können wir tun? Kleinschmidt wollte das eine Zimmer räumen. Schließlich ist die ganze Wohnung ja Kircheneigentum.

Wir berieten uns mit dem kirchlichen Bauverantwortlichen, einen jungen Bauingenieur, der, als er unsere Lage hörte, sagte: Ich helf' Ihnen. Moment mal, wo haben wir denn die Nachschlüssel? Kommen Sie, auf gehts. Wir brachen die Tür auf.

Die Hauptmannsfrau ließ uns zwar auf den Korridor der Wohnung, aber als sie sah, was geschehen sollte, war sie doch sehr bedenklich und betonte: „Eigentlich geht das nicht!" Unser Bauingenieur ließ sich überhaupt nicht stören.

Wir räumten zu dritt das Amtszimmer leer. Schreibtisch und Bücherborde, reichlich alte Sessel und vergilbte Bilder, wir verfrachteten alles auf den Hausboden. Der war geräumig. Die alten Akten legten wir dazu. Wir arbeiteten hastig. Es konnte jemand kommen und uns fragen, was soll das? Wer hat ihnen erlaubt, alles auszuräumen?

Es kam niemand. Wir konnten als Schlußpunkt unsere Gardinen an die Fenster bringen. Ich war Pastor am Dom und im Besitz von anderthalb Raum mit Küchenbenutzung.

Der 10. September, der Tag meiner Einführung im Dom nahte. Es war üblich, daß der neue Pastor mit den Angehörigen des Kirchgemeinderates feierlich in die Kirche einzog. Keiner geht mit, ließ die kleine Gruppe vorher verbreiten. Wehe dem, der mitgeht, sagten einige. Der Kirchgemeinderat hatte zu der Zeit zwölf Mitglieder. Sieben zogen mit mir in die Kirche ein, fünf blieben fern. Es war ein schwieriger Anfang. Ich meldete mich beim Oberbürgermeister der Stadt Schwerin an. Ich stellte Antrag auf die ganze Pfarrwohnung. Ich lief von Behörde zu Behörde. Ich sprach vor beim Wohnungsamt und beim Rat des Bezirkes. Ich nutzte alle Möglichkeiten. Bitte nehmen sie die Hauptmannsfamilie und die alte Dame aus meiner Pfarrwohnung heraus. Ich habe zwei Kinder und meine Frau erwartet das dritte. Ich möchte meine Familie nachholen. Wir können ihnen nicht helfen, hieß es immer wieder, wir können nicht. Nach vierzehn Tagen erschien ich wieder beim Oberbürgermeister. Bitte helfen Sie mir. Ich hatte den Eindruck, die Atmosphäre war eisiger geworden. Ich gab nicht auf. Bitte sagen Sie mir, warum können Sie mir nicht helfen? Das will ich Ihnen sagen, seine Stimme klang böse, bei Ihrer politischen Einstellung, wird es das beste sein, wenn Sie unsere Stadt wieder verlassen. Nun war es heraus, endlich. Da lag der Grund. Mir war das schon länger klar. Nun war es ausgesprochen.

Ich bin an den Dom berufen worden und ich werde bleiben, sagte ich und ging.

Samstag um 18 Uhr machten wir Wochenschlußandacht am Dom. Pastor Fehlandt hatte den Dienstplan aufgestellt. Er meinte es gut mit mir und half, wo er konnte.

Zwanzig, dreißig Zuhörer versammelten sich an den Sonnabenden in der Gedächtniskapelle des Domes. Domorganist Georg Gothe hatte an meinem ersten Sonnabend den Orgeldienst übernommen. Sein amtierender Kollege war verhindert. In der Sakristei begrüßte ich ihn.

Sie sind also der Neue? Er reichte mir betont freundlich die Hand. Darf ich mir erlauben zu sagen: Mönchlein, Mönchlein, du tust einen schweren Gang. Wir lachten beide. In der Kapelle saßen etwa zehn Menschen wie zusammengewürfelt und ein wenig schüchtern. Gothe spielte das Vorspiel auf dem Harmonium, als wären wir eintausend. Auf dem Altar sah ich Kreuz und zwei Kerzen, keine Blumen.

Warum keine Blumen, fragte ich die Küsterin nach der Feier. Letzten Samstag standen Blumen hier.

Die Blumen werden für Pastor Lohff gestiftet, für Sie hat keiner etwas abgegeben.

Ist es nicht die Aufgabe der Küsterin, die Blumen zu besorgen, ohne Ansehen der Person, versuchte ich anzumerken.

Ich bin nicht Ihr Laufjunge! Sie ließ mich stehen. Sie gehörte zum engsten Kreis um Pastor Lohff.

Der Chefarzt der Schweriner Pathologie meldete eine Taufe an. Er kam in mein Dienstzimmer. Wenige kamen. Aber er machte das sehr betont. Sein Schwiegervater war selbst Pastor. Er kannte Hintergrundinformationen aus dem kirchlichen Leben. Wir erledigten die Formalitäten, nahmen die Daten auf und kamen ins Gespräch. Wie gefällt es Ihnen in Schwerin? er fragte und setzte hinzu: wir haben gehört, daß Ihr Anfang in unserer Gemeinde reichlich kompliziert ist. Aber Sie sollen wissen, daß wir zu ihnen stehen. Und übrigens, das wollte ich Ihnen erzählen. Am vorigen Sonntag erschienen wir kurz vor zehn am Dom und wollten in den Gottesdienst zu Ihnen. Die Glocken läuteten. Die Küsterin stand in der Domtür. Sie begrüßte uns freundlich und hielt einen Moment inne und sagte: Herr Doktor, eigentlich können Sie heute wieder nach Hause gehen. Hier predigt ein Pastor, den die Gemeinde ablehnt. Nur, daß Sie Bescheid wissen. Dann ließ sie uns die Tür frei.

Ich habe sie angelacht und gesagt: Genau den möchten wir uns anhören. Ich hatte mir vorgenommen, ein ganzes Jahr hindurch in der Gemeinde tausend Hausbesuche zu machen. Das sind drei pro Tag, das muß zu schaffen sein. Da werde ich hören, ob die Gemeinde mich wirklich ablehnt. Nach dem Mittagessen zog ich los. Ich hatte noch nicht so viel Arbeit. In die Sprechstunde kam kaum jemand. Für den Konfirmandenunterricht wurde nur ein Junge angemeldet. Dienstbesprechungen fanden statt, aber ich wurde nicht eingeladen. Es war schon belastend.

Nach einem halben Jahr riß meine Geduld. Immer noch nichts mit der Wohnung. Die Behörden blieben abweisend. Die Kirche versuchte, konnte jedoch nichts machen. Wohnraum war knapp. Die Ämter nutzten diese gute Ausrede. die noch nicht einmal eine war.

Ich entschloß mich meine Familie nachzuholen. Ich konnte alle drei Wochen nach Hause fahren. Wann sind wir endlich wieder zusammen? Sie hatten recht, die Kinder. Im März zogen wir in meine Schweriner anderthalb Zimmer. Doppelstockbetten sind eine herrliche Einrichtung, wenn man nicht viel Platz hat. Möbel zusammengepfercht. Bücher in Kisten gelassen. Wir waren nicht so verwöhnt. Wir dachten an 1945. Da hatten viele Familien nur einen Raum. Es mußte zu schaffen sein. Hauptsache zusammen.

Ein Problem war die gemeinsame kleine Küche der Pfarrwohnung. Ein Herd der Hauptmannsfamilie rechts, ein Herd der alten Dame links, jetzt stellten wir unseren dazu. Die Hauptmannsfamilie war freundlich geworden, die alte Dame war es sowieso. Nur das Bad blieb beschwerlich. Neun Personen und ein Klo. Morgens standen wir Schlange.

Landesbischof Beste erschien mit einem großen Rosenstrauß. Er nahm sich Zeit, begrüßte die Familie. Er tröstete uns: Es muß sich etwas ändern. Dies ist eine kirchliche Wohnung. Das Wohnungsamt muß die Familie und die alte Dame herausnehmen und ihnen neue Wohnungen zuweisen. Sie müssen nur durchhalten.

Meine Frau und ich waren dazu entschlossen. Was blieb uns auch sonst übrig? Wir hatten alle Brücken hinter uns abgebrochen.

Wir mühten uns und suchten die Behörden auf, immer wieder. Die Kirchenleitung schrieb Briefe. Der Kirchgemeinderat mit einer Abordnung wurde beim Amt vorstellig. Nichts! Eisige Ablehnung.

Die Arbeit in der Gemeinde machte Freude. Die Menschen hatten Vertrauen zu uns. Gottesdienste wurden zahlreich besucht. Auch eine Konfirmandengruppe konnte zusammengestellt werden. Bei den Hausbesuchen stieß ich auf Familien, die mit der Kirche enttäuscht Schluß gemacht haben. Wir redeten miteinander. Ich nahm mir Zeit. Sie konnten einmal alles aussprechen, was sie bedrückte. Manches war politisch bedingt. Sie vertrauten mir, denn sie hatten längst gehört, das die politischen Stellen mich ablehnten. Das ließ mich ihnen noch vertrauenswürdiger erscheinen. Ich hatte einen Bonus, wie man heute sagt, und ich nutzte ihn. Versuchen sie doch wieder mal, in die Kirche zu kommen. Ich lade sie ein. Am Sonntag habe ich den Gottesdienst. Ich freue mich, wenn sie dabei sind.

Am Sonntag sah ich diesen und jenen tatsächlich im Kirchenschiff sitzen. Wir lächelten uns kurz zu, wie alte Bekannte. Ich hatte sie besucht, jetzt besuchten sie mich. Auch das gab mir Mut. Die Wochenschlußandachten an den Samstagen waren eine Chance, aber wir nutzten sie nicht, hatte ich den Eindruck. Die kleine Zahl störte mich. Da war mehr zu machen, fand ich. Ich versuchte ihnen ein anderes Profil zu geben, sie aus dem etwas verstaubten Andachtscharakter herauszukriegen. Ich vermutete, daß mit mehr Aufmerksamkeit auch mehr zu erreichen sein mußte. Allzu lieblos lief die ganze Unternehmung ab. Ich wollte eine Art Bibelstunde mit seelsorgerlicher Note.

Bibelstunden starben in der Kirche. Sie führten in den letzten Jahren hier und dort ein kümmerliches Leben. Mancher Kollege wollte sie nicht aufgeben. In großer Treue hielt er am Hergebrachten fest und saß mit einigen Unentwegten wöchentlich einmal zusammen. Wer aber konnte sich bei der ganzen Hektik des Lebens einmal pro Woche einen Abend freihalten?

Dabei erschien mir die Sache wichtig.

Das Lesen und Betrachten des Wortes Gottes hatte Martin Luther seiner Kirche als ein Kapital mitgegeben. Und woran mochte es liegen, daß es nun nicht mehr so recht funktionierte? Vielleicht am monologischen Charakter der Darbietung? Der Pastor referierte und die Gemeinde hörte zu. So war es Jahrzehntelang geübt worden.

Neuerdings richtete man Hauskreise ein und Gesprächskreise. Man erfaßt auf diese Weise jüngere Menschen, Familien und Ehepaare. Dann diskutierten alle Teilnehmer über ein Thema oder einen Text. Der Theologe als Fachmann dabei wurde nur gehört, wenn er aufgefordert wurde. Diese Kreise liefen zunächst gut an. Jedoch gab es Schwierigkeiten der seelsorgerlichen Seite der Sache. Die Menschen in den Kreisen kamen natürlich auf die Probleme des Alltages und sprachen sich darüber aus. Sie hatten ganz einfach Vertrauen. Das war gut und schlecht zugleich. Gut, weil hier seelische Konflikte zur Sprache kamen und sich zu lösen begannen.Schlecht aber war das Ganze, weil in den Kreisen Personen auftauchten, die man gern aufnahm, von denen sich aber nachher erwies, daß sie im Auftrag der Stasi dabei sein mußten. Das blieb zuerst unerkannt, aber mit der Zeit kamen die Vermutungen doch darauf, daß hier ein Loch in der Geschichte war, durch das Informationen auf die falschen Schreibtische rutschten.

Dabei war das seelsorgerliche Anliegen wichtig. Hilfe in den Tagesfragen zu haben, das war gefragt.

Die Bibelstunde war im Sterben, die Wochenschlußandacht wurde nicht mehr benötigt, der Hauskreis war gefährdet. Man mußte sich den Dingen stellen. Die Wochenschlußandacht war ein Ergebnis der Jugendbewegung in den fünfziger Jahren. Damals begannen junge Menschen den Tag mit der Morgenwache und beendeten die Woche mit eben dieser Schlußandacht. Bibellesung kam dabei vor, Lieder und Gebete, und es war das ganze stärkende Zusammensein der Gemeinschaft der jungen Christen, das einfach notwendig war. Zu den Morgenwachen kam man eine zeitlang täglich kurz vor der Schule oder noch schnell vor dem Dienst zusammen. Sie dauerten vielleicht zwanzig Minuten. Aber das Gebet war wichtig. Ein kurzes Gespräch mit Gleichgesinnten. Und die Wochenschlußandacht war schon etwas länger. Auch sie gehörte zum Wochenablauf dazu.

In den fünfziger Jahren, als die staatlichen Stellen noch dachten, die Kirche würde absterben, weil sie unwissenschaftlich und mittelalterlich und völlig überflüssig war, stellten sie schließlich fest, das geht doch nicht so fix mit dem Absterben. Also wollten sie nachhelfen. Es gab Benachteiligungen von jungen Christen. Schüler wurden von der Schule verwiesen, oft mit fadenscheinigen Begründungen. Glaube wurde in der Öffentlichkeit lächerlich gemacht. Die jungen Christen in den jungen Gemeinden trugen eine kleine Anstecknadel, das Kugelkreuz, wie man es nannte. Es stellte ein Kreuz auf der Weltkugel dar. Jeder, der regelmäßig zu den Jugendveranstaltungen kam, erhielt es feierlich verliehen. Das war damals eine große Sache. Man bekannte sich zum christlichen Glauben mit dieser Anstecknadel. Da war auch Mut sichtbar. Das reizte die staatlichen Stellen nicht wenig. Sie verstärkten ihre Kampagne gegen die Junge Gemeinde. Der parteieigene Dietz-Verlag gab eine ganze Reihe von Heften heraus, die den christlichen Glauben dem Gelächter preisgeben sollten. Die Wissenschaft war das Große, der Glaube sollte das Dumme sein. Man ließ es sich etwas kosten. Die Büchlein hießen: Hat Jesus gelebt? Gibt es ein Weiterleben nach dem Tode? Der Sputnik und der liebe Gott. Kein

Platz für Gott im Weltall. Ist die Religion für das Volk nötig? Ganze Massen von Schriften schüttete man aus. Der alleinige Zweck: Die Volksverdummung durch die Kirche wissenschaftlich zu beweisen.

Das blieb nicht ohne Erfolg. Man schaute als wissenschaftlich denkender Mensch ganz mitleidig auf die Menschen herab. Für die Christen in den Betrieben und Schulen entstand eine schlimme Lage. Man kann sie als eine organisierte Form der Christenverhetzung bezeichnen.

Die Kirche reagierte darauf mit einer seelsorgerlichen Verinnerlichung ihrer Veranstaltungen. Rüstzeiten, Morgenwachen, Wochenschlußandachten führten viele oft sehr viele Jugendliche zusammen. Jugendtage wurden wie Wallfahrtsorte besucht, Hunderte, Tausende kamen. Und die Themen der Gespräche zeigten, daß Gemeinschaft untereinander, Gespräch miteinander, auch Gebet und Seelsorge notwendig gebraucht wurde. Sonst hätte man als junger Christ in dieser windigen Zeit nicht überleben können.

Was damals nötig war, ist das heute nicht mehr gefragt? dachte ich. In die Wochenschlußandachten wollte ich dieses spezielle Element wieder einführen. Von der Bibel her Christsein im Alltag darstellen und dabei die aktuellen Probleme besprechen, das müßte doch gehen. Ich versuchte es. Meine Versuche wurden verstanden. Aus zwanzig Teilnehmern wurden fünfzig und achtzig und hundert und mehr. Ich ging auf die Fragen ein, sehr direkt und ausdrücklich, die ich bei Hausbesuchen gehört hatte. Ohne Namen natürlich. Ich verabredete beim Verabschieden an der Kirchentür am Schluß der Veranstaltung neue Hausbesuche. Es wurde ein Geben und Nehmen. Und das Verabschieden, das ich zu diesem Zweck einfach brauchte, hatte ich neu am Dom eingeführt. Die kleine Gruppe hörte das und goß Spott darüber. Was denkt der sich! Kommt vom Lande und führt hier Proletenmanieren ein. Händchengeben, will sich nur Liebkind machen.

Immer wieder schlug mir Feindschaft entgegen, und ich wurde die Vermutung nicht los, dahinter ständen auch andere Stellen.

Im August 1968 rückten die Truppen des Warschauer Paktes nach Prag ein und beendeten das so sehr begrüßte Experiment, das sich „Prager Frühling" nannte. Panzer erdrückten Demokratie. Munition machte der Freiheit ein Ende. Es ging ein Ruck durch die freie Welt.

So schrecklich das ganze auch war, für uns in unserer Situation entstand daraus Hilfe. Für die Mobilmachung der Truppen in einer Nacht wurden innerhalb von Stunden alle Offiziere der Volksarmee zusammengerufen. Auch in unserer Stadt war das eine Sturzaktion. Sie klappte nicht bei unserm Hauptmann, der mit uns in einer Wohnung lebte. Nachts plötzliches Klopfen an unserer Haustür. Wir machten nicht auf, hörten es einfach nicht. Immer wieder lautes Klopfen. Nichts zu machen, die Zusammentreiber der Offiziere kamen nicht in unser Haus. Erst am Morgen war unser Hauptmann auf seinem Sammelplatz zur Stelle. Viel zu spät! Unerhört! Was läßt man Offiziere auch in Pastorenhäusern wohnen, stellten die politischen Vorgesetzten fest. Kurze Zeit später kam der Befehl: Alle Offiziere müssen in gesonderte Wohnblocks für Militär zusammengezogen werden. Unsere Hauptmannsfamilie mußte bei uns ausziehen. Sie bedankten sich für die gute Wohngemeinschaft in unserm Haus. Am Tag nach dem Auszug erschien eine Frau mit einer Einweisung in die Zimmer der Hauptmannsfamilie. Ich möchte die freigezogene Wohnung ansehen, sagte sie und zeigte einen Einweisungsschein vom Wohnungsamt. Meine Frau empfing sie an der Tür. Hier ist keine Wohnung frei, sagte sie. Und übrigens: wir sind bereits zwei Parteien in der Küche.

Das wirkte. Was, sagte sie erstaunt, zwei Parteien? Nein, danke! Sie drehte sich um und ging.

In der Nacht bezogen wir die beiden Zimmer, machten Gardinen an und taten, als wäre das immer so gewesen. Wir riefen den Oberkirchenrat an. Wie sollen wir uns verhalten? Eine Nachmieterin mit einem Einweisungsschein war bei uns. Keine Sorge, sagte der Oberkirchenrat. Sie behalten die Zimmer. Ich kläre das mit den staatlichen Stellen.

Es kam kein neuer Mieter mehr. Wir waren Besitzer der Wohnung.

Wir waren einen ganzen Schritt vorangekommen. Endlich, nach fast zwei Jahren.

Mit der Zeit kam es zu einem Gespräch mit dem Domkollegen Lohff. Er wohnte im Nachbarhaus. Er lehnte mich immer noch ab.

Wir mußten über Planungen in der Gemeindearbeit sprechen. Ich rief ihn an: Kann ich kurz zu ihnen kommen?

Ja, kommen sie.

Das Gespräch fand in einem kleinen Bürochen statt, das sich im unteren Teil seines Pfarrhauses befand. Dorthin hatte er mich bestellt.

Wir sprachen über die Dienstpläne. Mühsam und zäh war die Verhandlung. Wir kamen keinen Schritt weiter. Er wollte keine Zusammenarbeit.

Wie Sie wissen, sagte er schließlich, Sie sind nicht legal am Dom. Die Kirchenbehörde hat Sie mit Gewalt hierher gesetzt. Die Gemeinde lehnt Sie ab, bis heute. Wir wollten einen anderen Pastor. Seine Stimme war scharf und kalt.

Ich bin vom Oberkirchenrat an den Dom berufen worden, sagte ich, ich versuchte ruhig zu bleiben. Diese Berufung ist rechtmäßig. Und das wissen Sie auch. Bitte gewöhnen Sie sich an die Tatsachen und lassen sie uns versuchen, zusammenzuarbeiten. Rechtmäßig? fragte er, und es war ein schneidender Unterton in seiner Stimme, Sie sagen rechtmäßig? Haben Sie denn unser Schreiben nicht erhalten? Darin steht zu lesen, daß der größte Teil der Domgemeinde Sie ablehnt. Der größte Teil, sagte ich, das sind ein paar Leute. Und die sind noch dazu aufgehetzt.

Er sprang auf. Aufgehetzt? fragte er. Das ist wohl nicht der richtige Ton. Na gut, beeilte ich mich zu sagen, das Wort ist vielleicht ungeeignet. Aber in der Sache sehe ich das so. Elf Personen haben diesen Brief, von dem Sie sprechen, unterschrieben. Ganze elf Personen! Und keiner von denen hat mich gekannt. Außerdem hat man diesen elf Personen nicht klargemacht, daß der Oberkirchenrat das Recht zur Berufung hatte. Er konnte dieses Recht auch anwenden, nachdem er feststellen mußte, einige Menschen sind dagegen. Vorher hatte er natürlich erkundet, daß diese elf eine verschwindend kleine Minderheit in der Gemeinde ausmachen. Und eine Minderheit ist eben eine Minderheit. Außerdem ist unterdessen zu sehen, daß viele Menschen die Gottesdienste besuchen, die ich im Dom halte.

Alles Neugier, stieß er hervor, pure Neugier! Wir werden sehen, was davon übrigbleibt. Dann kam er dicht zu mir heran: Und wissen Sie was ich von Ihnen halte? Ich halte Sie für einen Agenten des Oberkirchenrates.

Das muß ich zurückweisen, sagte ich. Meine Erregung war größer geworden. Und zu dem Memoradum, daß Sie an alle Pastoren der Landeskirche geschickt haben, muß noch einiges gesagt werden. Ich finde, es muß eine Gegendarstellung erscheinen, denn die Darstellung ist einseitig und falsch. Es war als wenn er zusammenzuckte. Dann fing er sich wieder und sagte: Das fehlt noch, das Sie alles noch schlimmer machen. Er setzte sich und bemühte sich, etwas ruhiger zu werden. Ich sah damals keine andere Möglichkeit, sagte er. Der Landesbischof hat mich im Stich gelassen. Die Kirchenleitung ist nicht fair gewesen.

Das ist Ihre Ansicht. Ich versuchte ruhig zu sein. Ich finde der Bischof hat sie angehört, die Kirchenleitung hat mit Ihnen geredet. Sie haben nur nicht gewollt. Es ging nicht nach Ihrem Willen. Der Bischof hat anders entschieden, das ist sein Recht. Aber finden wir uns doch damit ab.

Bleiben Sie mir bloß mit Ihrem glorreichen Bischof vom Hals. Er begann erneut in einem hektischen Ton. Was wissen Sie denn? Ich war jahrelang in sowjetischer Kriegsgefangenschaft, da mußte ich viel Schreckliches

Erleben, und nun kommen Sie und wollen alles anders machen! Es war als ob er in sich zusammenfiel. Stille, eine ganze Zeit.

Lassen Sie uns doch zusammenarbeiten, sagte ich nach einer Weile. Wir können über alles reden.

Es gibt nichts zu reden. Das Gespräch ist beendet. Er stand plötzlich auf und verabschiedete sich.

Alles war noch belastender als vorher. Ich mußte anerkennen, ich hatte einen Feind. Sollte daran nichts zu ändern sein? Ich fühlte mich nicht gut dabei. Durfte man als Pastor Feindschaft haben? Das Wort von der Versöhnung predigen und selbst unversöhnt leben? Ein unerträglicher Widerspruch! Doch alle Versuche, die ich auch in der Folgezeit unternahm, blieben ohne Ergebnis. Die Feindschaft bestand hartnäckig. Ich schrieb mehrere Briefe an meinen Kollegen, doch ohne Antwort. Ich rief an, ich möchte mit Ihnen reden. Ich aber nicht mit Ihnen kam zurück. Ich grübelte in den Jahren darüber nach, woran das liegen könnte. Ich wollte das nicht akzeptieren. Feindschaft, wie konnte man damit leben?

Vielleicht so schien mir, zeigte sich in dieser Erfahrung eine Schwachstelle der Kirche. Es hatte keine Feindschaft zu geben, das war kirchliche Meinung. Alle waren brüderlich zueinander, alle gingen lieb miteinander um. So sollte das Bild der Kirche nach außen hin sein. Konflikte waren nicht vorgesehen. Ich kannte durch meine Reisetätigkeit in der Akademiearbeit der Mecklenburgischen Landeskirche Kollegen, die zu zweit oder zu dritt an einer Kirche Dienst machten, die sich beharkten nach allen Regeln der Kunst. Aber sie durften das nicht zeigen. Nach außen hin war alles Friede und Brüderlichkeit. Wieviel seelische Energie wird hier verbraucht!

Ich glaube, da gibt es in unserer Kirchenordnung eine Lücke. Mehrere Pastoren an einer Kirche sind gleichgestellt. Sie haben gleiche Rechte und Pflichten. Die Geschäftsführung und der Vorsitz im Kirchgemeinderat wechseln alle zwei Jahre. In anderen Landeskirchen gab es eine wirksamere Praxis. Da gab es einen 1. Pfarrer oder einen Oberpfarrer, Das war dann meistens der Dienstälteste. Oder es war ein von der Kirchenleitung dazu berufener. Der hatte in vielen Dienstangelegenheiten das Sagen. Da waren die Verhältnisse klarer. Bei uns führte die Gleichstellung, die sich im ersten Moment besser, christlicher anhörte, zu Kompetenznöten. Wir Menschen sind eben nicht so, daß wir von uns aus nachgeben, uns versöhnen. Daran muß schon gearbeitet werden. Übrigens ist es unter den Völkern nicht anders.

Fast drei Jahre stand dieses Problem vor mir. Die Arbeit daran ist mir schwergefallen, und sicher meinem Gegenüber auch. Dann wurde er 65 Jahre alt und ging in den Ruhestand. Sein Abschiedsgottesdienst fand an einem Sonntag statt. Kaum mehr Besucher als sonst versammelten sich. Ich nahm daran teil. Seine Abschiedspredigt klang verbittert. Er hatte sich Dankreden und ein Zusammensein nach dem Gottesdienst verboten. Der kleine Kreis um ihn zerfiel. Manche starben, einige zogen weg aus der Stadt.

Am 27. Juni 1971 führten wir einen neuen Dompastor ein. Jürgen Hebert kam aus einem Dorf bei Schwerin. Er war zwei Jahre jünger als ich, und wir kannten uns aus der Schulzeit. Es sollte Beruhigung am Dom geben. Wir sprachen offen über die Probleme der Vergangenheit. Ja, er wollte mithelfen, daß wir für die Menschen arbeiten konnten. Wir wollten uns nicht am innerkirchlichen Kram aufreiben. Das konnte nicht der Sinn unserer Arbeit sein. Wir wollten neues versuchen und die Gemeinde bauen. Sie hatte es dringend nötig.
Der Schweriner Dom mit seiner zentralen Lage in der Stadt hat gute Chancen für kirchliche Arbeit. Man mußte nur die Kirchentüren öffnen, schon strömten die Besucher in die Kirche, um in den weiten Räumen Stille zu haben, Kunst zu erleben. Und Kunst war vorhanden.
Man konnte den goldenen Zwischenaltar anschauen, das Prachtstück des Domes, oder vor den Bischof-Bülow-Platten verweilen oder am Peter-Vischer-Epitaph vorübergehen, Gelegenheit zum Innehalten und Staunen gab es genug.
So schön die Kunstwerke des Domes waren, so schlimm stand es um den großen Innenraum. Die Wandflächen wirkten dunkel und abgebraucht, der Fußboden war gefährlich uneben und Putz rieselte von den Gewölben. Seit hundert Jahren war hier nichts geschehen. Wir mußten dringend an die Arbeit. Die Restaurierung des Innenraumes mußte bedacht, geplant, eingeleitet werden. Ein zweiter Pastor mußte her.
Wir wollten neben der Restaurierung unsere gemeinsame Arbeit mit der Ausrichtung auf die Gottesdienste als Mitte des Gemeindelebens beginnen. Wir wollten die Predigten zeitnah und menschenbezogen gestalten. Wir verabredeten für die Form der Gottesdienste eine Neuerung, die ins Auge fallen würde. Wir nahmen uns vor, den schwarzen Talar abzuschaffen. Wir waren uns in der Frage völlig einig. Landesbischof Lilje hat einmal mit Blick auf den Talar gesagt: Wer hat Euch nur dieses schwarze Trauerkleid verpaßt! Wir wollten durchsetzen, daß am Dom zu den Gottesdiensten

weiße Talare mit farbigen Stolen getragen würden. Es war nicht so einfach, wir wußten das.

Zur Einführung von Jürgen Hebert stellte ich bei der Kirchenleitung den Antrag, uns die Genehmigung für weiß zu erteilen. Die Antwort war zunächst Schweigen. Dann schrieb uns der Landesbischof, wir müßten eine solch einschneidende Änderung im Kreis der Pastoren beraten. Kirchliche Gremien müßten darüber beschließen. Wieder Schweigen.

Wir beschäftigten den Kirchgemeinderat mit der Sache. Die Kirchenältesten zeigten sich zustimmend. Wir legten unsere Gründe dar, wir erklärten den historischen Werdegang des Talars und berichteten von anderen Kirchen, die bis heute bei weiß geblieben sind.

Wir legten unsere Ansichten im Kreis der Kollegen in der Stadt dar. Vornehmens Schweigen. Gibt es nichts wichtigeres in der Kirche? fragten sie. Man könnte zum Beispiel den Talar auch ganz weglassen, sagten sie, ist es nicht überhaupt ein Relikt der Vergangenheit? Text oder Textilien, was war nötiger heute? Es gab zähe Grundsatzdebatten, stundenlang.

Gut, Brüder, sagten wir, wenn es ohne große Bedeutung ist, ob mit oder ohne Talar, dann gebt Eure Zustimmung, damit wir einen solchen Versuch wagen können. Die Gemeinde muß das weiße doch erst einmal sehen. Dabei geht es uns auch um eine Besinnung auf eine neue Form der Gottesdienste. Wir wollen nicht nur äußerlich etwas ändern, wir möchten auch innerlich Neues versuchen. Vor allem möchten wir seelsorgerlich predigen. Das kann uns allen doch nur gemeinsamer Ansporn sein.

Da waren sie schon bedenklicher. Die Menschen werden sagen, Ihr wollt nur angeben, meinten sie.

Egal, was die Menschen sagen. Ihr könnt doch nicht so krass dagegen sein? Gebt Eure Zustimmung für einen Versuch, bitte.

Schweigen, wir waren nicht weitergekommen. Und doch fanden wir, weiße Talare, das wäre ein guter Anfang.

Wir berieten uns mit den katholischen Kollegen der St. Hedwigskirche der Stadt. Gibt's eine Werkstatt, die weiße Gewänder anfertigt? fragten wir.

Klar, die gibt's. Im Kloster der Benedikterinnen in Alexanderdorf bei Berlin werden Gewänder genäht.

Mein neuer Kollege und ich, wir fuhren ins Kloster. Wir hatten uns vorher angemeldet. Eine junge Nonne empfing uns. Die Äbtissin kommt sofort. Nehmen Sie im Besucherraum Platz.

Die Äbtissin kam. Wir trugen unser Anliegen vor. Weiße Gewänder, klar sie machten sowas. Wir entwickelten unsere Vorstellung. Sie sollten talarähnlich sein, nicht so wie die katholischen. Die Äbtissin tat ihre Gedanken dazu. Können wir diese Gewänder schon zu Weihnachten haben?

Das wird nichts. Aber wir haben gerade andere ähnliche genäht. Die könnten wir Ihnen zum Fest leihen. Ihre werden im neuen Jahr fertig sein.

Wir waren begeistert. Der Plan stand fest, wir würden zu Weihnachten mit den geliehenen neuen Gewändern und den dazugehörigen Stolen die Weihnachtsgottesdienste feiern. So ohne jede kirchliche Erlaubnis?

Ja, erstmal ohne! Man muß etwas riskieren. Luther hat auch nicht erst lange angefragt, ob er die Thesen an die Schloßkirche anschlagen darf. Er hat es getan. Aber wir könnten uns nicht mit Luther vergleichen! Die werden uns beschimpfen. Ach was, es muß losgehen.

Wir waren uns einig. Wir wollten Neues, und erst einmal sollte es an der äußeren Form zu sehen sein. Für uns war es mehr als nur Form. Laß die Leute lästern. Wir fühlten uns manchmal wie zwei große Jungen, die gemeinsam eine Sache aussheckten. Es war befreiend, mit einem Kollegen gleicher Meinung zu sein. Und es war für die Domgemeinde gut, nach allem, was sie erlebt hatte. Wir beschlossen außerdem, jeden Gottesdienst am Dom ab sofort gemeinsam zu halten, einer macht die Lithurgie und der andere die Predigt, und am Sonntag darauf umgekehrt.

Weihnachten 1971 kam heran. Wir hatten unsern Plan mit den weißen Gewändern geheim gehalten. Nur wenige mußten wir einweihen. Bleiben wir wirklich dabei, manchmal kam uns die bange Frage schon. Ja, wir bleiben dabei. Und wir wollten den Überraschungseffekt, denn wir wollten hören, was die Menschen ganz spontan dazu sagten.

Christvesper um 17 Uhr im Dom. Alle Bänke besetzt. Hinten standen die Besucher in den Gängen. Die Orgel begann mit dem Vorspiel. Danach, so hatten wir verabredet, sollte der Domküster in den Altarraum treten und der Gemeinde sagen: Bitte erschrecken Sie nicht. Die beiden Dompastoren werden heute zum ersten Mal in weißen Talaren mit uns die Vesper feiern. Es würde uns freuen, wenn Sie ganz unvoreingenommen an diesen Probeversuch herangehen und uns sagen oder schreiben, was Sie dazu meinen.

Im Gottesdienst saßen zwei Bischöfe und ganze Teile der Kirchenleitung. Die Antworten kamen prompt. Schon am nächsten Tag steckten sie im Kasten und in den Tagen danach kamen immer mehr.

Es sind fromme Hobbys Einzelner.

Sollen wir nun wieder katholisch werden? Das ist doch Show.

Einer schrieb: „Christus ist unter uns gegenwärtig durch sein Wort und Sakrament. Von daher allein erhält der Amtsträger seine Vollmacht, nicht durch eine bestimmte Art von Oberbekleidung. Wer es anders lehrt, verbreitet Irrlehre."

Geltungsbedürfnis. Personenkult, schrieben Andere.

Nachts um 24 Uhr feierten wir die Christmesse im Dom, die wir, nach langer Pause, wieder einführen wollten. In der Sakristei, in der wir uns umzogen, lag der Brief eines Kollegen, und darin hieß es: „Nur Mut Brüder! Heute Nacht im Dom ist das 'Engelamt' der alten Kirche. Es könnte ja sein, daß wirklich endlich im Dom Engel nieder gehen. Weiße Kleider reflektieren ihren Schein besser als schwarze. Für diese Nacht ist alles gut genug."

Einer hatte verstanden. Heute trägt er selbst einen weißen Talar. In der Folgezeit haben wir viel über diese Talare diskutiert. Wir hatten manchmal den Eindruck, daß es Leute gab, die dachten, wir wollten den lutherischen Glauben stürzen. Zum Glück gab es andere, die unser Anliegen verstanden und unterstützten. Wir übten uns in Geduld und versahen uns mit neuen Argumenten.

Am 7. März 1975 schrieb uns der Oberkirchenrat: Der Antrag wurde in der Kirchenleitung und in der Synode beraten und eine Erprobung für drei Jahre genehmigt.

Aus den drei Jahren wurden viele. Aus der Erprobung wurde feste Sitte. Bis heute werden am Dom die weißen Talare getragen.

Es ist, wenn man es so sehen möchte, zwar nur eine Formsache, ob schwarz oder weiß im Gottesdienst vorkommen, für uns bedeutete es mehr. Wir wollten nicht nur bestimmte Formen aufbrechen. Wir mühten uns um neue Möglichkeiten des Zusammenkommens. Wir veranstalteten Feier-Abende für Ehepaare, Feste mit 100 und mehr Menschen, mehrmals im Jahr. Dabei gingen wir von einer biblischen Mitte aus und gaben ganz verschiedenartigen Menschen, Christen und solche die den Glauben nur wenig kannten, für vier Stunden Raum für Nachdenken und Gespräch. Wir luden Künstler und diskutierten mit ihnen einen Abend lang. Ann-Charlott Settgast kam, die Schweriner Autorin, und Stefan Heym und Christa Wolf. Wir probierten Begegnungen von Kunst und Glaube auf vielfältige Weise. Orgelabende mit unserm Domkantor Winfried Petersen hatten großen Zulauf. Da kamen nicht nur Christen oder Konzertinteressierte. Es wurde Mode, mittwochs in den Dom zu gehen. Man ging als junger Mensch dahin. Ob Christ oder Kommunist, aus allen Ecken kamen sie. Langhaarige und leger gekleidete und solche, die während des Spiels ihre Mädchen fest an sich drückten. Sie hörten zu, als käme von der Orgel eine Offenbarung, und vielleicht kam sie ja auch. Petersen spielte die Ladegastorgel wie einer, der ein ganzes Volk bekehren wollte. Es war herrlich, und ein junger Mann hat mir einmal von solchem Orgelspiel gesagt: Es geht einem durch und durch und manchmal denkt man, wenn er die Orgel voll aufdreht, das Domdach hebt ab.

Es war neues Leben in den Dom gekommen. Und Sonntags saß nicht mehr die kleine Gruppe von Eingeweihten im Gottesdienst, sondern Menschen aus allen Schichten kamen zusammen. Oft reichte der Platz nicht mehr. Die Spitzel hatten alle Hände voll zu tun. Die aktuelle Predigtart im Dom war ihnen ein Dorn im Auge und die vielen Menschen natürlich auch.

Aber wir mußten auch an die Bauaufgaben gehen. Wir restaurierten die Winterkirche des Domes, die damals Gedächtniskapelle hieß. In ihr waren an der Wand riesige flächenartige Bilder aufgemalt, die die Namen der im Weltkrieg aus Schwerin gefallenen Soldaten enthielten.

Wir gewannen für die Erneuerung der Winterkirche den Dresdener Bildhauer Friedrich Press. Er schuf die ganze Vorderfront neu. Eine gewagte Altarsituation entstand. Eine rote Orgel, ein roter Altartisch und eine Thomasfigur, ebenfalls in rot. Nicht allen hat das zugesagt. Es gab Diskussionen bis hin zu Drohungen: Wenn das bleibt, verlassen wir die Gemeinde. Teile dieses eigenwilligen Kunstwerks waren nicht mein Geschmack. Aber die Thomasfigur gefiel mir ausnehmend gut. Ein aufgerichteter Stamm wird dargestellt, durch den von unten nach oben ein Riß geht. Im Riß lugt ein Auge heraus. Die Figur schockiert auch. Es ist der Riß, der durch den Menschen geht, wenn er glaubt, liebt, hofft. Manchmal möchte er wohl, und er gibt sich alle Mühe, und es gelingt ihm so schlecht. Ich glaube, hilf meinem Unglauben, heißt es einmal in der Bibel über diesen Zwiespalt. Der Künstler hat das gut dargestellt, und sehr ansehnlich sind wir nicht gerade in solchen Momenten. Wir benannten nach dieser Figur die Winterkirche damals um in „Thomaskapelle", und so heißt sie bis heute.

Die Innenrestaurierung des Domes wurde unsere nächste große Aufgabe. Nachdem das Dach und der Turm erneuert waren, konnten wir innen weitermachen.

Aber da hatten wir uns etwas aufgeladen! Ausmalen, ja. Aber wie?

Im vorigen Jahrhundert hatte man den Innenraum des Domes zum letzten Mal restauriert. Die Farbfassung aus der Zeit wurde neugotisch genannt. Die Gewölbe schienen wie ein blauer Himmel mit Sternen, ein romantischer Gedanke. Die Wände und Pfeiler waren backsteinsichtig bemalt. Der ganze Innenraum machte nach Jahren einen düsteren Eindruck.

Eine Kommission wurde eingerichtet und sollte sich der Fragen annehmen. Kirchenleute und Denkmalleute überlegten. Wie ausmalen? Konzepte wurden überlegt und verworfen. Als Endvorschlag blieb die Alternative, mittelalterlich oder neugotisch sollte ausgemalt werden. Nach monatelanger harter Diskussion zeichnete sich ab, die Kirchenleute plädierten für mittelalterliche und die Denkmalleute für die neugotische Ausmalung. Wie aber konnte man sich einigen? Jede Gruppe verteidigte ihre Position mit guten Argumenten.

Die mittelalterliche Ausmalung würde dem Dom ein neues Gepräge geben. Die Gewölbe würden weiß gemalt werden, auch die Pfeiler, die noch mit schmalen Farbleisten versehen würden. Alles würde hell und licht und weit wirken. Ein völlig neues Raumerlebnis würde stattfinden.

Aber ein gotisches Bauwerk muß backsteinsichtig sein, sagten viele. Das Vorherrschen von weiß verändert den Gesamteindruck nachteilig. Backsteinsichtig sagten die Kirchenleute, ist der Dom von außen. Das genügt. Innen war er die meiste Zeit weiß, schon wegen der vielen Altäre, die vor dem weiß besser zur Geltung kommen sollten. Und dazu wirkt das Weiße festlich, und daran liegt uns. Eine biblische Farbe ist weiß auch, sagten die Theologen.

Man einigte sich nicht. Es kam zu einer erbitterten Fehde, die sich aber zum Glück nur im Fachlichen abspielte. Der Generalkonservator aus Berlin, oberster Chef der Denkmalpflege der DDR, wurde angerufen und er kam in den Dom. Auch er war für neugotisch und backsteinsichtig. Der Landesbischof, der sich ausführlich mit uns beraten hatte, mußte sein Votum abgeben. Dom ist schließlich Bischofskirche und sein Wort hatte Gewicht. Er stimmte der mittelalterlichen Variante zu.

Eine Einigung kam nicht in Sicht. Was sollte werden? Welche Form der Ausmalung wir auch wünschen würden, die Denkmalpflege mußte ihre Zustimmung geben. Es wurde eine quälende Situation. Die Denkmalleute hätten versuchen können, eine Form zu erzwingen. Sie hätten die Macht des Staates anrufen können. Das wäre für uns in der Kirche kompliziert geworden. Aber die Leute vom Schweriner Institut waren uns gut gesonnen. Sie haben kein Machtspiel versucht, obwohl sie zum Teil anderer Meinung waren als wir. Diese Fairnis muß ihnen hoch angerechnet werden.

Was aber sollten wir tun, um weiterzukommen? Das ganze Unternehmen wurde womöglich auf den Sankt-Nimmerleins-Tag verschoben.

Wir schlugen vor: laßt uns eine Domreise machen, eine Studienreise durch Deutschlands Dome. Wir stellen eine Kommission zusammen, bereiten eine Reise vor und fahren mit Fachleuten in vergleichbare

Bauwerke, die in den letzten zwanzig Jahren restauriert wurden. Dann sehen wir klarer.

Eine Reise in den Westen? Wie denkt Ihr Euch das? Da bekommt Ihr nie eine Genehmigung vom Staat. Wir baten unsern obersten kirchlichen Bauherrn Gisbert Wolf, die Lage zu sondieren. Ob Reise oder nicht? Ob Auflagen erteilt werden oder nicht? Ob wir frei wären für sacheigene Argumentation? Ob beide Dompastoren mitkönnten? Wir wollten darauf bestehen, beide fahren oder keiner.

Die Reise wurde genehmigt. Fünf Personen, von uns benannt, reisten vom 14. 1. bis zum 23. 1. 1980 durch die Bundesrepublik und nach Roskilde in Dänemark. Wir waren überrascht. Noch vor einigen Jahren wäre für mich als Staatsfeind, wie die Schweriner Behörden mich oft genug genannt hatten, eine solche Reise ein kühner Traum gewesen. Offenbar gab es Funktionäre, die einsahen, daß ein Antikurs gegen Männer der Kirche auf Dauer wenig Sinn macht. In Sachen Innenausmalung des Domes brauchte man uns alle. Das Domobjekt, wie man das in Funktionärskreisen nannte, war von herausragender Bedeutung. Es fand Beachtung über die Grenzen der DDR hinaus. Und beachtet wollte die DDR gerade zu dieser Zeit werden. Unsere fünfköpfige Delegation reiste zuerst nach Nürnberg. Mit dem späteren Bischof von Loewenich besichtigten wir die Kirchen der Stadt, die herrliche St. Lorenzkirche mit dem Englischen Gruß. Wir sahen St. Sebald und Heiliggeist. Alles Kirchen, die im Krieg durch Bomben stark beschädigt wurden, und in den Jahren darauf wieder aufgebaut worden waren.

Wir reisten im Kleinbus, der uns zur Verfügung stand, nach Erlangen und München, nach Hamburg und Roskilde, überall standen Baufachleute bereit, die uns führten. Wir besichtigten und protokollierten. Wir überlegten, was wir für unser Projekt aus allem lernen könnten.

Am 20. Januar kamen wir nach Lübeck und nahmen dort im Dom an einem Gemeindegottesdient teil. Anschließend ausgiebige Domführung. Wir konnten uns nicht sattsehen. Ein innen völlig weißes Bauwerk. Die Kunstwerke in der Kirche kamen voll zur Geltung. Im Schiff um den großen neugeschaffenen Mittelaltar herum war der Platz für die sonntägliche Gemeinde. Das schwebte uns vor. Festlich empfanden wie den Raum. Die Feier hatte in diesem Raum eine eigene Würde gehabt, meinten wir übereinstimmend. Da fiel plötzlich unsere Entscheidung. Wir brauchten einen Mittelaltar, das war's. Und wir wollten das Weiß dieses wunderschönen Raumes

Der Lübecker Dom ist ein überzeugendes Beispiel für eine gelungene Restaurierung eines großen gotischen Raumes. Wir waren in Hochstimmung. Wir wollten fortan dazu stehen.

Es kostete manchen Kampf, aber das Konzept setzte sich durch. Der Schweriner Dom hat dadurch nicht nur an Heiligkeit gewonnen. Er hat eine Weite, eine Fröhlichkeit, eine Festlichkeit, die, wenn man so will, ein Fünkchen von dem großen Gott der Liebe deutlich macht. Der Raum als Verkündigung. Die gotischen Baumeister haben durchaus so empfunden, wie man nachlesen kann.

Die Innenrenovierung zog sich über Jahre hin. Die Gemeinde hat dabei ein bewundernswertes Maß an Eigenleistung vollbracht. Viele freiwillige Helfer bauten über Jahre hin Gerüste auf und ab. Frauen aus der Gemeinde verpflegten unentwegt Handwerker. Mitarbeiter und Pastoren standen lange unter Baudruck.

Am 13. August 1978 war sechsundsiebzigjährig, fast unbemerkt von der Öffentlichkeit, Karl Kleinschmidt gestorben. Mein Kollege Hebert und ich waren drei Jahre vorher noch zu seinem 75. Geburtstag gewesen. Im Weinhaus Uhle war damals im kleinen Festzimmer zu einem Empfang geladen. Wir trafen vormittags gleich nach neun Uhr dort ein. Gäste waren noch nicht vorhanden. Einige von der Familie warteten. Kleinschmidt wirkte alt und müde.

Ach, da sind die Domleute rief er uns zu. Mühsam erhob er sich von seinem Platz und lächelte gezwungen.

Das ist der große Kleinschmidt, mußte ich denken. Das Alter hatte ordentlich an ihm gerupft. Wir setzten uns und verzehrten eine Kleinigkeit. Es kümmerte sich niemand um uns. Alle warteten gespannt auf die politische Gratulationsdelegation aus Berlin.

Sind sie immer noch nicht da? Etwas fahrig schaute Kleinschmidt wiederholt zur Tür hin. Wir erfuhren es würde Professor Correns erwartet, ein hoch angebundener Mann der politischen Friedensbewegung der DDR.

Schließlich erschienen zwei Leute von der Stadtregierung Schwerins. Sie überreichten dem Jubilar einen Bildband von Schwerin.

Na, sagte Kleinschmidt, Ihr habt sicher gedacht, der Karl ist wieder wie ein kleines Kind. Da freut er sich über ein Bilderbuch.

Gezwungenes Lachen. Wir sind bald darauf wieder gegangen. Mir war das ganze peinlich. Wir hätten nicht hingehen sollen.

Kurz darauf ist er gestorben. Drei Tage nach seinem Tod wurde zur Trauerfeier auf den Waldfriedhof in Schwerin gebeten. Um 14 Uhr war sie angesetzt.

In der großen Feierhalle versammelten sich knapp hundert Trauergäste. Vorn auf den ersten Bänken die Familie. Dahinter offizielle Vertreter von Organisationen. Wenig von seinen früheren Kollegen. Kaum Leute von der Gemeinde. Eine wirklich traurige Trauerfeier, wie ich fand. Wie immer man zu Karl Kleinschmidt stand, da wird kirchliches und politisches Urteil sich unterscheiden, das aber müssen alle sagen. Er hat in seiner Amtszeit vielen Menschen in Not geholfen. Er hat dafür seinen politischen Einfluß genutzt und war mancher Ungerechtigkeit zu Leibe gegangen. Wo sind sie heute alle, dachte ich.

Der Sarg stand vorne auf dem Katafalk. Viele große Kränze danebengestellt. Schleifen von dieser und jener politischen Organisation hingen herunter. Vor dem Sarg auf einem hohen Podest ein Ordenskissen. Verdienstorden waren daraufgelegt. Er hatte einige in seiner Tätigkeit bekommen.

Ein Mann aus der Politik sprach. Er lobte die vielen Aktivitäten des Verstorbenen. Er zählte Ämter auf, sprach von Funktionen.

Dann hielt sein früherer Kollege vom Dom, Pastor Lohff, die Predigt. Es war bekannt, daß die beiden sich einstmals nicht gerade blendend verstanden hatten. Es gab manche Story darüber. Nun sprach er gute verständnisvolle Worte. Und er befahl seinen Kollegen dem himmlischen Vater an, wie es die Lithurgie der Beerdigung vorschreibt. Er gebrauchte das C.-F.-Meyer-Wort: „Er war kein ausgeklügelt Buch, er war ein Mensch in seinem Widerspruch." Man ging still nach Hause und dachte bei sich: Ja, das stimmt wirklich!

Am 28. März 1980 mittags suchte ich Landesbischof Dr. Rathke in Schwerin in seinem Dienstzimmer in der Münzstraße auf. Es wurde ein kurzes Gespräch. Was ich zu sagen hatte ging schnell.

Ich möchte die Schweriner Domgemeinde verlassen. Ich habe mich um die freiwerdende Pfarrstelle St. Georgen in Parchim beworben. Meine Entscheidung steht fest. Vor einigen Tagen habe ich den Entschluß zusammen mit meiner Frau gefaßt. Wir haben uns das nicht leicht gemacht.

Der Landesbischof hörte zu. Er war selbst als Bischof erster Prediger am Dom. Er wußte aus den letzten Monaten um Konflikte, die in der Arbeit entstanden waren. Womöglich hatte er gehofft, diese Schwierigkeiten könnten sich lösen, mit der Zeit. Das war ganz und gar nicht der Fall.

Die Domgemeinde hatte sich nach meinen komplizierten Anfangsjahren gut erholt. Wir konnten arbeiten. Wir hatten den Eindruck, die Menschen nehmen unsere Arbeit gern an. Zum Mitarbeiterkreis der Domgemeinde gehörten acht hauptamtliche Kräfte. Alle waren fröhlich bei der Arbeit, jeder auf seinem Gebiet. Gedeihen wurde an vielen Stellen sichtbar. Das hing auch damit zusammen, das mein Kollege Hebert und ich uns gut verstanden. Etwa neun Jahre hindurch war eine Form der Gemeinsamkeit zwischen uns gewachsen, die unserer Arbeit zugute kam. Es machte Spaß. Wir wußten, einer braucht den Rat des Anderen, braucht seine Ideen und seine Einsatzkraft. Die anderen Mitarbeiter profitierten davon, und wir von ihnen. Wir waren, wie man das heute nennt, ein arbeitsfähiges Team. Endlich, nach Jahren gemeinsamer Anstrengung.

Dabei hat uns die einfallsreiche Arbeit der damaligen Domkatechetinnen sehr geholfen. Irma Eigi, Gerda Kühl, Hanna Pilgrim und Gerlinde Haker haben in vielen unermüdlichen Hausbesuchen Kinder gesammelt und sind den Familien nachgegangen. Die Christenlehre, wie man den kirchlichen Religionsunterricht der Zeit nannte, war ein Reichtum der Kirche. Die Mitarbeiter waren – wie sagt man heute? – „hochmotiviert". Dabei war es nicht einfach, denn im Grunde war die Teilnahme an der Christenlehre freiwillig. Es mußte Spaß machen, dann kamen die Kinder auch wieder. Die Katecheten mußten sich immer wieder Neues einfallen lassen. Sie mußten Glauben und Kirche auf eine spannende Weise darbieten.

Was Katecheten in dieser Zeit, in der die DDR-Schulpolitik gegen sie stand, geleistet haben, das hat wahrlich größtes Lob verdient.

Die Familiengottesdienste im Dom mit hunderten von Kindern aus der Christenlehre, die Ausflüge der gesamten Christenlehremannschaft und allen Mitarbeitern dazu mit dem Schiff auf dem Schweriner See und mancher Kindernachmittag war gelungene Gemeinschaftsarbeit und hat den Kindern und den Eltern sowas wie Nestwärme für die Seele in windiger Zeit gegeben.

Eines Tages wurde deutlich, dieses Team kränkelt. Die Koalition Hebert/Pilgrim brach auseinander. Zunächst wollte das keiner wahrhaben. Wir mühten uns, dem entgegenzuwirken. Nichts half. Wir überlegten. Wir stellten fest, es gab auslösende Faktoren. Wir sprachen vorsichtig darüber. Ach, das ist doch alles nicht so schlimm. Wir schaffen das schon wieder! Wir schafften es nicht! Es war etwas abhanden gekommen, was früher da war, über Jahre hin festgeblieben war. Ohne dieses könnte es nicht weitergehen.

Wer hatte Schuld? War es die Restaurierung der Thomaskapelle, über deren Ergebnis die Meinungen weit auseinandergingen? War es die Spaltung im Mitarbeiterkreis, die so etwas wie zwei Parteien werden ließ? Oder war es ganz einfach die Zeit? Hieß es nicht: „Hat alles seine Zeit"?

Wir beide hatten keinen Krach miteinander. Wir stritten uns nicht, aber wir standen nicht mehr fest beieinander. Das hatte zur Folge, daß Meinungsverschiedenheiten mit anderen Mitarbeitern auftraten, die anzuwachsen drohten. Ich dachte, nie darf die Domgemeinde wieder in die Lage wie vor Jahren gebracht werden. Ich übernahm den Teil meiner Schuld am Zerbrechen dieser Koalition und entschied: Ich gehe.

Der Landesbischof, ein brüderlicher Mann, zeigte dafür Verständnis. Der Rest ging rasch vonstatten. Im Abschiedsgottesdienst am 28. September 1980 sagte ich in der Predigt: Wir gehen nicht, weil wir müde sind, oder krank, oder weil wir gehen müssen, wie manche das meinen, sondern weil wir das selbst für richtig halten. Da waren in der letzten Zeit Widrigkeiten aufgetreten, die Freude an der Arbeit gelähmt hätten. Ich bin mit Freuden Pastor, und ich möchte, daß es so bleibt.

Am 1. Oktober begann unser Dienst in der St. Georgengemeinde in Parchim.

Ölbild „Schweriner Dom" von Gahlbeck
im Besitz von G. Pilgrim

Die restaurierte Thomaskapelle im Schweriner Dom

Bischofseinführung 1971 im
Dom Schwerin –
Landesbischof Dr. Beste

Weiße Talare im Schweriner Dom –
Pastor Dr. Hebert und Pastor Pilgrim

Erntedankfestaltar im Schweriner Dom 1978

Erntedankfestaltar 1989 in St. Georgen Parchim
Schiff der Hoffnung aus Blumen

4. Kapitel

ALS PASTOR IN PARCHIM

In jenem Jahr fand der Sommer an einem Sonntag statt. Und der Sonntag war der 3. August 1980. Wochenlang vorher täglich das gleiche Bild: Regen, Regen, Regen. Das kommt nur daher, daß es am Siebenschläfer, dem 27. Juni, geregnet hatte, sagten die Menschen. Nach alter Bauernregel würde danach sieben Wochen Regenwetter folgen. So geschah es in dem Jahr tatsächlich.

Es kam der 3. August. Ein Ausnahmetag. Schon am frühen Morgen schien strahlend die Sonnen. Ich mußte zum Vorstellungsgottesdienst nach Parchim. Meine Bewerbung um die St. Georgengemeinde war positiv entschieden worden. Im Vorstellungsgottesdienst sollte die Gemeinde die Gelegenheit haben, den neuen Pastor zu hören und wenn nötig, Einspruch zu erheben. Siebzig Gottesdienstbesucher warteten in der St. Georgenkirche auf den neuen Pastor. Alte Damen, einige Männer, keine Jugendlichen. Viel Arbeit ist vorhanden, das war mein erster Eindruck.

Warum war ich auf Parchim gekommen?

Als im Frühling des Jahres 1980 feststand, daß wir Schwerin verlassen würden, da schauten wir uns um. Wo konnten wir eine neue Stelle finden? Am Magdeburger Dom, so war zu hören, sei eine Stelle frei. Jemand wollte sich für uns verwenden. Bischof Krusche dort war uns bekannt. Wir überlegten, das konnte uns gefallen, Magdeburg hatte diesen herrlichen Dom. Große Kirchen hatten wir immer geliebt. Aber so weit weg aus dem Norden? Würde das gut gehen? Es kam ein Anruf aus Parchim. Der Landessuperintendent Otto Schröder hatte von unseren Magdeburger Plänen gehört. Stimmt das? fragte er am Telefon. Ja, das stimmt, wir überlegten.

Du bist wohl ganz und gar verrückt geworden, schrie er in den Apparat. Du wirst in Mecklenburg gebraucht. Du bleibst hier. Ich biete Dir die Pfarrstelle in unserer Georgengemeinde an. Sie wird in Kürze frei. Ich besuche Dich. Wir werden darüber reden.

Otto Schröder war ein tatkräftiger Mann. Was er anpackte, daraus wurde etwas. Wenn er etwas sagte, so war Verlaß auf sein Wort. Ich ahnte schon, da würde nicht viel zu reden sein.

Er besuchte uns umgehend. Wir redeten. Ich sagte: Ja, ich komme nach Parchim, wenn Du alle Dinge regelst, die für eine Neubesetzung nötig sind. Ein langes Hin und Her, mit Wahl und so, das möchte ich nicht. Ist sowieso keine Wahl, sagte er, und klar, ich bereite alles vor.

Parchim war mir durch einen besonderen Umstand sehr vertraut, ich hatte in der Stadt eine schicksalhafte Begegnung erlebt. So hatte ich im Grunde gegen mich auch keine andere Chance. Der Ruf kam mir sehr gelegen. Meine Gedanken gingen zurück.
Fünfundzwanzig Jahre waren seitdem vergangen. Aber das Erlebnis von Parchim war lebendig bis heute hin. Alles stand wieder vor mir.

Wir hatten einen sonnigen und lange warmen Sommer damals. Ich war Student. Ich wohnte im „Krohneum", diesem in mehrfacher Hinsicht originellen Studentenheim für Theologen in der August-Wilbrandstraße in Rostock. Unsere Hausdame, die zugleich die Besitzerin der großen Wohnung war, besaß neben vielen Kunstwerken in den Räumen auch den Adelstitel. Sie hieß Gerda von Krohn. So las man an der Wohnungstür. Ich war zu der Zeit „Senior" und mußte mich laut Sonderanweisung der Hausdame um einen Studenten kümmern, der viel Schweres erlebt hatte. Als Schüler war er von einem Tag zum anderen in der DDR-Zeit abgeholt worden und hatte lange in Waldheim eingesessen. Das war in den Jahren nach 1945 öfter der Fall. Einer wurde denunziert, er sei irgendwie gefährlich oder sei Nazi gewesen, das reichte bereits, um ihn einzusperren. Kommunisten der ersten Stunde kamen durch solche Denunzationen in traurige Berühmtheit.
Kümmern Sie sich um Reinhard, so lautete die Anordnung. Reinhard wurde zu mir ins Seniorenzimmer gelegt. Reinhard kam aus Parchim. Sein Vater war dort Arzt gewesen und ebenfalls aus willkürlichen Gründen abgeholt worden. Wir verstanden uns gut, Reinhard und ich. Wir redeten viel miteinander. Wir diskutierten manche Nacht bis in den Morgen hinein. Reinhard spielte auf dem Heimflügel. Sein Spiel war leidenschaftlich. Man konnte ahnen, daß er viel Böses im Knast erlebt hatte. Eines Tages lud er mich ein, übers Wochenende mit ihm nach Parchim zu kommen. Unsere Stadt ist landschaftlich so schön gelegen, sagte er, das mußt Du unbedingt kennenlernen. Und ich zeig Dir auch, wo Friedrich Griese gelebt hat.
Das Wochenende verbrachten wir in Parchim. Wir wanderten viel, wir diskutierten noch mehr. Wir waren, wie man das nannte, auf einer

Wellenlänge. Morgen gehen wir zum Baden an den Eichberg, schlug er vor. Du wirst sehen, eine schöne Badestelle.

Wir gingen an den Eichberg. Die Stelle war wirklich gut. Oben sah man ein kleines Wäldchen. Davor der Berg, der sich herunterzog bis an den See. Es war ein warmer Sommertag. Wir wollten baden. Ich war nicht gerade ein Liebhaber vom Baden, aber an einem so schönen Tag verlockte es doch. Ich war auch kein großer Schwimmer, Reinhard aber das Gegenteil.

Ich kann nur ein kleines Stück auf den See schwimmen, sagte ich. Schwimm dann nur allein weiter.

Mach ich rief er pustend, ich schwimme ans andere Ufer und komme wieder zurück. Wir treffen uns am Eichberg oben an der Bank. Kurze Zeit darauf sah ich seinen Kopf mitten auf dem See. Ich wagte mich ein Stück weiter, als meine mäßigen Schwimmkünste das zuließen. Zuerst war alles normal. Doch plötzlich ein Schmerz. Was ist los? Ich versuchte weiter zu schwimmen. Es ging nicht. Die Beine erschienen mir wie Blei. Ich hatte keine Gewalt über sie. Ein Krampf. Ich schlug mit den Armen. Es half nichts, es zog mich nach unten. Wieder Arbeit mit den Händen. Ich war oben, steckte den Kopf aus dem Wasser. Was sollte ich machen? Was war mit mir geschehen? Ich nahm alle Kraft zusammen. Ich schrie so laut ich konnte über das Wasser: H I L F E ! Dann hörte ich etwas wie Gurgeln. Ich spürte, wie ich nach unten sank. Mit weit aufgerissenen Augen bemerkte ich, daß mein Körper den Boden berührte. Ich sah wie durch dickes grünes Glas. Ich fühlte mich gefangen, wie in das dicke Glas eingeschweißt. Und dann gingen die Gedanken weg. Als ich wieder aufwachte, hatten mich zwei Männer an den Armen und Beinen gepackt. Ich konnte von mir aus nichts tun. Ließ alles mit mir geschehen. Es war ein sonderbares Gefühl, wie eingesperrt in einen Traum. Die Männer drehten mich auf den Kopf und Wasser lief aus Mund und Nase. Sie legten mich vor die Bank auf das Gras. dann rutschten meine Gedanken erneut weg. Ich sah mich auf dem Boden liegen. Es war wie ein schweben über meinem Körper. Ich wollte zurück zu mir. Es ging nicht. Dort unten, der hatte ein weißes Gesicht. O, Gott, bin ich das wirklich? Der Schreck war wie ein Ruck. Ich hörte, wie einer rief: Hallo, Hallo. wie heißen Sie? Sagen Sie uns Ihren Namen?

Endlich kam ich zu mir. Ich wollte mich aufsetzen. Es ging. Gott sei Dank! Was war mit mir geschehen? Männer und Frauen standen um mich herum. Vorsichtig kam ich hoch. Ich fühlte mich, als ob ich auf Watte ging. Reinhard kam angestürzt. Er kam eben aus dem Wasser. Mensch, rief er, was machst Du für Sachen? Ich konnte nur mühsam lächeln. Er faßte mich beim Arm. Wir gingen ein Stück in das Wäldchen. Ich fiel auf die Knie und sagte ganz für mich: Danke, lieber Gott!

Komm, sagte Reinhard nach einer Weile, laß uns zurückgehen. Wir müssen uns bei dem Mann bedanken, der Dich aus dem Wasser gezogen hat. Ich danke Ihnen ganz herzlich. Ich gab ihm die Hand. Der Mann sah mich an, als ob ich vom anderen Stern käme.

Ist schon in Ordnung, sagte er. Aber Glück haben Sie gehabt, wissen Sie das? Ich saß hier auf dem Berg auf meiner Decke und wollte mich sonnen. Mit einem Mal sah ich auf den See: Da sind doch Bläschen? Da ist doch an einer Stelle Bewegung. Was ist da an der Wasseroberfläche? Ich wußte das von einem Schwimmeisterkursus, den ich gerade gemacht hatte. Wenn einer untergeht und voll Wasser läuft, dann wirbelt es an der Wasseroberfläche so eigenartig. Ich sah das und schwamm 'raus, tauchte und fand Sie. Der Rest verlief ganz einfach. Sie haben sich ja nicht mehr gewehrt. Ich konnte sie neben mir herziehen. Ja, und das war's! Eine Sekunde später und es wäre für Sie vorbei gewesen. Ich begriff, er war mein Lebensretter.

Ich habe es bis zum heutigen Tage so gesehen. In Parchim habe ich mein Leben ein zweites Mal geschenkt bekommen. Wenn das kein Grund ist, als Pastor nach Parchim zu gehen! Leider habe ich mir in dem Schreck damals nicht den Namen des Mannes geben lassen. Ich habe später nach ihm geforscht, leider ohne Erfolg.

Ich konnte jahrelang kein Wasser sehen. Und geschwommen bin ich im Wockersee in fünfzehn Jahren Parchimzeit nicht ein einziges Mal.

Mein Vorgängerpastor in Parchim war nur ein Jahr an Georgen geblieben. Er kam aus dem Brandenburgischen und die Gemeinde hatte ihn gewählt. Es fing auch gut an. Aber nach einem Jahr hatte er Angst bekommen. Den wirklichen Grund kannte ich nicht. Es mochte mehrere Gründe geben. Auf meine Fragen hatte er ausweichend geantwortet. Die Gemeinde sei ihm zu groß. Die Arbeit sei zu vielfältig. Er hätte sich vielmehr Teamarbeit vorgestellt, aber er stände hier doch allein. Er berichtete sehr bewegt von den Konfirmandengruppen. Die hätten ihm den letzten Nerv geklaut.

Stellen Sie sich vor, erzählte er, diese Bengels sind doch während des Unterrichts im Konfirmandenraum Fahrrad gefahren. Ich konnte sie nicht davon abhalten. Ich habe sie gebeten, ich habe sie angebrüllt, dann habe ich meine Frau zur Hilfe geholt. Da ließen sie endlich ab und brachten das Fahrrad auf den Flur zurück. Es war schrecklich.

Vielleicht steckte aber auch noch mehr dahinter. Am Tag nach meiner Parchimer Einführung kam Besuch ins Haus. Eine Mitarbeiterin wollte mich begrüßen. Sie brachte einen Blumenstrauß. Ziemlich reserviert überreichte sie die Blumen. Wir setzten uns. Ich bot eine Kleinigkeit an.

Und übrigens, begann sie plötzlich, wir haben viel von Ihnen gehört. Sie sollen ein guter Pastor sein, aber das müssen wir erst einmal sehen. Wir werden uns unser Urteil selber bilden.

Da hatte ich eine weitere Erklärung.

Tage später Hausbesuch bei einer Mitarbeiterin der Nachbargemeinde. Freundlich die Aufnahme. Dann im Gespräch: Ihnen geht der Ruf voraus, Sie kümmern sich nur um Akademiker. Und wir haben gehört, Sie schwärmen den Menschen hier etwas vor von den Erntedankfesten im Dom. Wir halten das für Angabe. Patsch, das hatte gesessen!

Wie auch in den Gemeinden vorher, machte ich in den ersten Monaten verstärkt Hausbesuche. Der Hausbesuch ist das A und O einer erfolgreichen Gemeindearbeit. Wer nicht zu seinen Leuten geht, zu dem werden die Leute auf Dauer auch nicht mehr kommen.

Eine Zeit später kam die Altenadventsfeier in der Gemeinde. Helferinnen dafür boten sich an. Einmal im Jahr lud man die Älteren der Gemeinde ins Pfarrhaus. Es gab ein buntes Programm und Kaffee und Kuchen. Es war immer eine beliebte Feier. Die Helferinnen waren eifrig dabei. Beim Herrichten der Festtafel stellten wir Teller und Tassen auf den Tisch. Blumen dazu und hier und dort eine selbstgebastelte Kleinigkeit zum Anschauen. Sterne und kleine Engel. Die Alten sollten sich wohl fühlen. Doch was war das, die Helferinnen schnitten den Kuchen in kleine Stücke und legten auf jeden Platz zwei bis drei Stücke davon. Das geht doch nicht! Meine Frau und ich waren einig, das muß anders sein. Das sieht so aus wie Armenabfütterung .

Ich sagte den Helferinnen, das machen wir nicht so. Wir legen alles auf die Mittelteller, und jeder Teilnehmer bedient sich selbst.

Wir haben das immer so gemacht, sagte die Helferin.

Dann machen wir es ab jetzt eben anders, sagte ich. Nahm die Kuchenstücke und legte sie zurück auf den Mittelteller.

Eine Kleinigkeit war das alles nur, aber ich wußte augenblicklich, wo das Problem in dieser Gemeinde lag und warum mein Vorgänger wieder gegangen war.

Alles sollte so bleiben, wie es immer war. Eine kleine Gruppe wollte nichts ändern. Vertrautes sollte vertraut bleiben.

Es ist ein Grundproblem der kirchlichen Arbeit. Eine kleine Gruppe besetzt alle Positionen. Man ist unter sich. Es ist übersichtlich und gemütlich. Neuzugänge haben es schwer. Ob die Neuzugänge ein Pastor sind oder neue Besucher von außen.

Ich habe das für mich die Gefahr der Verkernung einer Gemeinde genannt. Eine Kerngemeinde ist nötig. Aber sie muß durchlässig bleiben für Neue und Neues. Das ist nicht einfach.

Wir mußten die Redewendung: Wir haben das immer so gemacht, direkt bekämpfen. Im Kirchgemeinderat war das in der ersten Zeit schwierig. Das Vertraute ist auch das Problemlose.

Doch wir müssen neue Wege suchen. Wir müssen unsere Veranstaltungen so anbieten, daß auch neue Leute zu uns kommen. Wir müssen offen sein und das auch zeigen. Denn wenn wir so weitermachen, dann wird mit uns die Kirche aussterben.

Kirche muß auch Kirche bleiben, sagten einige. Sie hatten dazu ein gewisses Recht. Wir wollten Bewährtes lassen und Neues hinzufinden.

Wir können verschiedener Meinung sein, aber wir können nicht zusehen, wie sich die Gemeinde spaltet. Da lag das Notvolle.

Wir müssen Konflikte aushalten. Ich wurde deutlich: Es genügt, wenn ein Pastor von Georgen weggelaufen ist, weil nichts geändert werden darf. Die ersten Monate waren mühsam.

Im Kirchgemeinderat übten wir das Aushalten von Konflikten. Die Gruppe ist daran gewachsen. Es gab einige, die uns gegenüber reserviert blieben, aber die Mehrzahl sah, daß es voranging.

Die erste größere Unternehmung in der neuen Gemeinde war die Krippen- und Pyramidenausstellung im 2. Jahr.

Bei den Hausbesuchen sah ich hier und dort in den Familien Stücke erzgebirgischer Weihnachtskunst, die sorgsam gehütet wurden. Wir wollten eine Ausstellung machen, um die Vielfalt dieser Volkskunst zu zeigen. Wir sammelten ein Jahr. Ich sprach Menschen bei Hausbesuchen an: Würden Sie uns ihr Stück für eine Ausstellung leihen? Wir werden es sorgsam hüten und gut bewahren!

In drei Tagen und drei Nächten bauten wir die Ausstellung auf. Geliehenes in der Mehrzahl, aber auch Gekauftes und Persönliches war zu sehen. Über 300 Exponate. Allein 60 verschiedene Pyramiden und 50 verschiedene Krippen aus aller Welt waren ausgestellt. Krippen aus Oberammergau, aus dem Erzgebirge. Krippen von Künstlern mit ein Meter hohen Figuren und Minikrippen aus Elfenbein. 80 verschiedene Nussknacker, Spieluhren,

Sterne der eigenwilligsten Formen, Engel, alles mögliche. Wir staunten selbst, was alles zusammengekommen war. Mitte November eröffneten wir die Ausstellung mit einer Festveranstaltung im großen Gemeindesaal. Besuch aus dem Erzgebirge war gekommen. Wir hörten Berichte aus der Ursprungsgegend. Wir sangen. Wir informierten über die Bedeutung der einzelnen Stücke. Es muß gut losgehen, hatten wir uns gesagt. Es muß möglichst Stadtgespräch werden. Dann sind wir mit der Ausstellung richtig. Einladungen durften wir nicht drucken, Plakate schon gar nicht. Wir spürten wieder einmal, wie eng der Sozialismus die Grenzen für die Kirche gezogen hatte. Wir fanden eine Plakatmalerin vom Theater, die uns gut gesonnen war. Würden Sie uns helfen? Sie wollte. Plakate handgemalt durften wir aushängen.

Die Ausstellung wurde ein Erfolg. Zwölf Tage lang war das Pfarrhaus in der Hakenstraße geöffnet, von morgens bis abends. Helferinnen zur Bewachung der ganzen Kostbarkeiten waren notwendig. Auch Personen, die Auskunft geben konnten, wurden gebraucht. Wir verbrachten jede freie Minute in der Ausstellung. Unsere Idee fand Freunde. Die Menschen kamen und besichtigten und fragten. Schulklassen konnten wir durch die Ausstellung führen und Christenlehreklassen. Es war immer etwas los. Dabei lag uns am Herzen, die auslösende Geschichte, die Weihnachtsgeschichte mit ihren Personen und Ereignissen, zu erzählen. Die Vertreter der Staatsmacht erschienen. Sie beäugten unser Tun. Ist das auch kirchlich, was Sie da machen? Hat das mit dem Glauben zu tun? Hat es, konnten wir sagen. Machen Sie ruhig eine Führung mit. Kirche sollte sich mit ihren Aktivitäten auch immer kirchlich ausweisen und kirchlich beschränken, so war die Vorstellung des Staates. Nur ja keine Übergriffe in das Gebiet des Kulturbundes oder anderer gesellschaftlicher Einrichtungen. Eigentlich zum Lachen! Der Staat wachte über die Kirchlichkeit der Kirche. Sonst müssen Sie eine Genehmigung einholen, belehrte uns der Staatshüter. Wir wissen, sagten wir, und wir wußten auch, daß wir eine solche Genehmigung für eine Ausstellung nicht bekommen hätten. Nun war aber gegen den ausgesprochen deutlichen christlichen Inhalt unserer Unternehmung nichts einzuwenden. Schließlich standen Krippen zur Besichtigung und Engel und all das andere Personal der Weihnachtsgeschichte. Die Hüter des Gesetzes waren zufrieden. Die unten an der Basis taten auch nur ihre Pflicht. In die Ausstellung in den Tagen kamen dreitausend Menschen.

Nicht alles verlief so reibungslos. Die staatlichen Stellen erschienen uns in den letzten Jahren freundlicher. Nach dem Spitzengespräch zwischen dem Staatsoberhaupt Erich Honecker und Bischof Schönherr am 6. März 1978 wurde der Umgang miteinander betont vertrauensvoll gehalten, jedenfalls sagten es die Staatsvertreter. Man legte großen Wert darauf, daß die kirchlichen Vertreter sich nicht ausgegrenzt fühlen sollten. Aber war die Negativarbeit von Jahrzehnten so einfach wegzuwischen?

Etwa zwei bis drei Mal in jedem Jahr lud die örtliche Staatsmacht jedes Kreises die Pastoren zu einer Versammlung ein. Das wurde groß angekündigt. Ein Vertreter erschien Wochen vorher bei jedem Pastor, übergab die Einladung und warb für das Gespräch. Mit dem zuständigen Landessuperintendenten wurde gesprochen. Er sollte vor allem dabei sein. Man wollte mit den Amtsträgern, wie es hieß, über den großartigen Aufbau des Sozialismus reden. Man wollte dazu die Meinung der Kirche hören. Jedenfalls sagte man das. Pastoren sollten aktuelle Probleme aus ihrem Amtsalltag vorbringen können. Vor allem sollte über den Friedenskampf, wie es genannt wurde, gesprochen werden. Hin und wieder besuchten wir innerhalb eines solchen Treffens ein größeres Werk in der Stadt.

Über diese Treffen gab es im Kollegenkreis jedesmal Diskussionen. Nehmen wir teil, oder nicht? Wir sprachen darüber. Wir waren nicht einig dabei. Ein paar von uns meinten, das ganze sei doch nur eine Show. Man sollte nicht hingehen. Ich gehörte zu denen, die hingehen wollten. Ein Gespräch kann von Vorteil sein. Wir werden auch beschwerliches vorbringen. Sie sollen doch ruhig hören, wo wir Kritik anbringen.

Wir konnten aber nur sehr begrenzt Fragen vorbringen, und Kritik kaum. Sie reagierten sofort mit Ablehnung, wenn von unserer Seite Kritik kam. Es war von Personen abhängig, ganz stark. Es gab auf der staatlichen Seite ausgesprochene Kirchenhasser. Man mußte sie auf jeden Fall so empfinden. In Parchim hatten wir einen Vorsitzenden des Rates des Kreises. Wenn er zum Pastorengespräch eingeladen hatte, dann gab es meistens einen Krach. Er war ein ehemaliger Armeeoffizier. Er war es gewohnt, daß man vor ihm stramm stand. Seine Verhandlungen gerieten meist in ein ungutes Kontra. Er konnte gar nicht anders. Seine stalinistische Grundeinstellung war völlig ungeeignet für ein Gespräch. Die eigenen Leute spürten das. Er regte sich auf, er wollte uns belehren. Er hatte außerdem einen engen Horizont. Bei einem Gespräch hatte er sich so aufgeführt, daß beim nächsten Treffen sein Vertreter sich dafür entschuldigte. Er bekam danach nicht mehr die Möglichkeit, mit uns zu reden. Die jüngeren Funktionäre gaben sich offener, waren geschickter. Trotzdem kamen immer wieder Übergriffe an der Basis vor. Eine sensible Stelle war die Volksbildung, also alles, was mit Schule und Lehrerschaft zusammenhing.

Es gab Lehrer, die sich fair zu den kirchlich gebundenen Kindern, wie es offiziell genannt wurde, verhielten. Aber es gab ausreichend andere Lehrer, die sich gütlich daran taten, die Christenlehrekinder zu blamieren, zu benachteiligen. Wir beschwerten uns, wenn wir das hörten, regelmäßig beim Direktor oder beim Schulrat.

Eine Lehrerin hat sich dabei einmal selbst übertroffen. In ihrer Klasse war ein Kind, das an der Christenlehre teilnahm. Es war das einzige Kind, und sie war eine Supereifrige, die ihre Klasse am liebsten voll sozialistisch gehabt hätte. Dieses Kind störte, wie sie glaubte, die sozialistische Klarheit. Einmal in der Unterrichtsstunde im Fach Staatsbürgerkunde rief die Lehrerin die neunjährige Gabi nach vorne und sagte: Seht euch mal Gabi an, die glaubt doch tatsächlich noch diesen Quatsch mit Gott und geht in die Christenlehre. Die kleine Gabi stand wie eine Aussätzige vor der Klasse und weinte. Zu Hause erklärte sie der Mutter: Ich geh nicht mehr zur Christenlehre. Meld' mich da ab. Ich geh nicht mehr.

Wir hatten davon gehört und sind der Sache nachgegangen. Es hieß dann, das war ein Versehen, das würde geklärt. Die Benachteiligung christlicher Kinder in der Schule wurde aber nie richtig geklärt. Der erste unserer Söhne war ein guter Schüler. Als die Zeit herankam, daß er für die Oberschule angemeldet werden mußte, erschien bei uns seine Klassenlehrerin zum Hausbesuch. Sie war so ehrlich und sagte: Sie haben mit dem Abitur für Ihren Sohn keine Chance. Ich sag' Ihnen das, weil es bei der Lehrerkonferenz so festgelegt werden mußte. Sie war eine gute Lehrerin und bei den Schülern beliebt. Wenig später mußte sie in nervenärztliche Behandlung gehen. Wir brachten in den Staat-Kirchen-Gesprächen solche Probleme vor. Die Funktionäre taten dann etwas betreten. Sagen sie uns die Namen und die Schule, wir klären das. Meistens wollten die Eltern nicht, daß wir ihre Namen nannten. Sie hätten daraufhin Ärger im Betrieb bekommen. Oder die Lehrer hätten die Schüler auf irgend eine Weise einschneidend benachteiligt. Wir verlangten Gespräche mit dem Schulrat. Bitte laden sie Direktor und Schulrat zu diesem Treffen ein, dann können wir sie hier vor allen fragen. Das ist nie geschehen. Vorgebracht haben wir das oft.

Im Hintergrund stand mit ihren harten sozialistischen Kurs die berühmtberüchtigte Bildungsministerin Margot Honecker. Sie hätte keine Aufweichung ihres Kurses geduldet.

Um die Gespräche mit etwas mehr Sinn zu erfüllen, hatten wir vorgeschlagen, wir hören zunächst ein Referat der staatlichen Seite und einigen uns dabei auf die Länge von 15 Minuten. Darauf hören wir zum gleichen Thema ein gleichlanges Reservat der Kirchenvertreter. Das wurde im ersten Moment angenommen, hat aber, solange ich zu solchen Gesprächen gegangen bin, nie stattgefunden. So blieben die Gespräche oft zäh und mühsam und auch wegen des geringen Erfolges ärgerlich. Man hätte doch nicht daran teilnehmen sollen. Damals sah ich das anders. Mehrere Kollegen aus unserem Kreis sagten bereits zu der Zeit: Es ist Unsinn, daß wir hingehen. Wir machen uns zur bestellten Witzfigur, und im Grunde werden die sich amüsieren über uns. Oder wir hätten hingehen können, aber dann unnachgiebiger unsere kirchliche Position vertreten müssen. Hätten sie das nicht geduldet, dann wären wir gegangen. Das hätte viel mehr gewirkt. Manche Fehler erkennt man zu spät.

Eines Tages kam ein Brief ins Parchimer Pfarrhaus. Als Absender stand auf dem Umschlag: St. Georgengemeinde Parchim. Er war unzustellbar, weil der Empfänger verzogen war. So landete er bei uns. Aber wir waren nicht der Absender. Komisch, wir fanden keinen Sinn darin. Der Brief erwies sich auch vom Inhalt her als äußerst seltsam. Er enthielt eine scharfe Kritik an der Schweriner Kirchenleitung. Sie lenke die Kirche ungeschickt. Sie verplempere kostbares Westgeld, das Westkirchen spendeten, für nutzlose Dinge.

Zu der Zeit plante die Kirchenleitung die Erweiterung des großen Bürogebäudes in der Münzstraße. Es hieß in dem Brief: „Um- und Erweiterungsbauten sind bereits jetzt im Gange, während in den Gemeinden kirchliche Gebäude dem Verfall preisgegeben werden, die Mittel und Möglichkeiten für geringfügige Reparaturleistungen fehlen und vom Oberkirchenrat nicht mal vage Bemühungen erkennbar sind, diesen Zustand zu ändern, belaufen sich allein die Kosten für die Außentüren des Oberkirchenrates auf Summen in fünfstelliger Höhe...wir bitten, dagegen aufzutreten.“ Unterschrift: „Die Kirchgemeinde St. Georgen.“

Der Brief war an alle Mitarbeiterinnen und Mitarbeiter der Mecklenburgischen Landeskirche gegangen.

Zwei Tage darauf erreichten uns erste Protestbriefe aus der Mecklenburgischen Pastorenschaft. Wut und Empörung schlugen uns entgegen. Wie könnt Ihr? Was soll das? Unerhört! Und gerade Ihr! Was war geschehen? Was war zu tun? Es war wie ein Schock. Hatte sich jemand mit uns einen Witz erlaubt? Aber das wäre ein schlechter Witz! Ich rief die kirchlichen Ämter an. Landessuperintendentur, Oberkirchenrat. Haben Sie eine Erklärung. Ich stellte klar: Dieser Brief ist nicht von mir verfaßt.

Ich verlangte eine umgehende Klarstellung. Ich distanziere mich von seinem Inhalt.

Oberkirchenrat und Superintendentur schalteten sich ein. In den offiziellen kirchlichen Verlautbarungen wurde der Vorgang genannt und klargestellt. Aber wer schrieb diesen Brief? Und welchen Zweck verfolgte er damit? Es ist bis zum heutigen Tage ungeklärt geblieben, wer den Brief verfaßte. Es gab ein Reihe von Nachforschungen. Erfolg: Keiner. Merkwürdig war allerdings, daß einige Tage nach diesem Vorfall ein Mann bei mir erschien, der sich als Mitarbeiter der Staatssicherheit vorstellte. Ich habe seit Jahren das Prinzip, zunächst einmal jeden Menschen hereinzubitten und ihn anzuhören. Dieser redete und redete und kam schließlich auf den Punkt. Ich hätte da einen Brief bekommen und mühte mich um die Klärung, wer der Verfasser sei. Ja, den Brief habe ich bekommen. Aber was geht das Sie an? Er lächelte vielsagend, Ach, nur so, sagte er kurz.

Da wird uns etwas in die Schuhe geschoben, was erfunden ist, sagte ich. Ich rief nach meiner Frau. Wir boten Staatsvertretern, mit denen wir redeten, immer eine Tasse Tee an. Da hatte ich einen Zeugen dabei. Bitte, sagte ich, machst Du uns eine Tasse Tee? Drei Tassen bitte. Ich wollte, daß meine Frau im Zimmer blieb.

Als sie in die Küche ging, um den Tee zu machen, rückte er zu mir heran und flüsterte kumpelhaft: Würden Sie nicht gern wissen, wer diesen Brief verfaßt hat?

Klar würde ich das gerne wissen, liebend gern sogar. Aber wieso fragen Sie das?

Na ja, wir könnten Ihnen dabei behilflich sein. Wir geben den Brief nach Berlin. Dort haben wir die neuesten Untersuchungsgeräte für solche Sachen. Da haben wir das schnell heraus. Sie brauchen nur zu unterschreiben, und die Sache läuft.

Ich erschrak. Aus der Ecke kam das alles. Ich müßte ihn hinauswerfen, eigentlich. Ich tat es nicht, leider.

Was denken Sie sich, begann ich wieder, wenn ich das heraushaben möchte, dann müssen das meine eigenen kirchlichen Leute machen, oder gar nicht. Ich halte das Gespräch darüber für beendet. Er grinste. Schade, sagte er. Meine Frau kam mit dem Tee. Er begann nicht mehr von dem Brief zu reden. Wir sprachen über Belangloses. Er ging bald darauf.

Ich berichtete von diesem Gespräch meinem kirchlichen Vorgesetzten. Es blieb das einzige Mal, daß mich einer auf solchem Umweg für die Stasi werben wollte. Mir war klar, meine Unterschrift wäre einer Verpflichtungserklärung gleichgekommen.

Einmal im Jahr trafen sich in Berlin die Parchimer und die Schwebheimer Kirchgemeinden. Das sogenannte Patengemeindetreffen fand statt. Die Patengemeinden entstanden in einer Zeit, in der sich unser Volk mehr und mehr voneinander entfernte. Das geschah durch die verschiedenen Systeme, es geschah später auch durch den Mauerbau und es wurde leider auch durch die Ablösung der Ostkirchen von den Westkirchen im Kirchenbund ruckartig befördert. Kamen die Entwicklungen hinzu, die wir kalter Krieg in Europa nannten. Ein böser Keil zwischen die beiden Deutschlands getrieben. Da wollte die Kirche ein Zeichen setzen. Jede Gemeinde im Osten bekam eine Gemeinde im Westen als Paten zugewiesen. Viel Gutes ist von diesen Verbindungen ausgegangen. Manche Glocke konnte auf diese Weise im Osten angeschafft werden. Manches Ersatzteil für Kirchendächer und Orgeln kam herüber. Denn mit den Ersatzteilen wurde es in der DDR immer schlimmer. Und die Kirche war meist die letzte, die in den Genuss von DDR-Zuweisungen kam. Da wurden die Patengemeinden ein Segen, im wahrsten Sinne des Wortes.

Doch wieso waren bayrische Gemeinden und mecklenburgische Gemeinden verpatet? Die Sage geht, als in der evangelischen Kirche in Deutschland, die damals noch grenzübergreifend verbunden war, auf einem Treffen der deutschen Bischöfe diese Patenschaften eingerichtet wurden, das saßen Bischof Meiser aus Bayern und Bischof Beste aus Mecklenburg nebeneinander und erzählten. Sie erzählten so eifrig, wahrscheinlich Lutherisches, daß sie versäumt hatten sich zu melden. Die Verbindungen wurden durch Zurufe abgemacht. Das ging eine Zeit so. Die beiden Erzähler blieben übrig. Sie bemerkten es, und Meiser sagte lachend: Na dann Bruder Beste, auf gute Zusammenarbeit. So, kamen Bayern und Mecklenburg zusammen, obgleich es vom Geografischen her wahrscheinlich bessere Lösungen gegeben hätte. Diese Pateneinrichtung war eine ebenso hilfreiche wie brisante Angelegenheit. Der Staat sah das nicht gern.

Die Parchimer reisten gern zu solchen Treffen nach Berlin. Die Plätze im Bus waren begehrt. Man traf sich in einer Ostberliner Kirchgemeinde, die ihren Gemeindesaal zur Verfügung stellte. Das Treffen dauerte einen Sonntag. Man redete miteinander, hatte gemeinsame Mahlzeiten und feierte Gottesdienst zusammen.

Die westdeutschen Schwebheimer trafen bereits am Tag vorher in Berlin ein. Sie organisierten einen Berlintag, bekamen dafür Zuschüsse vom Bund und hatten viel Spaß. Am Sonntag früh überquerten sie mit vollgepackten Tragetaschen die Grenze in Berlin und erfreuten die Parchimer mit ihrer Anwesenheit, aber nicht zu wenig auch mit dem Inhalt der

Tragetaschen. Damals waren ein Pfund Markenkaffee oder ein gutes Waschmittel wie ein Sonnenstrahl in dunkler Nacht. Da ereigneten sich aber nicht nur Tragetaschentreffen, es entstanden mit der Zeit auch Freundschaften zwischen den Familien in Ost und West. Und das ganze hatte auch so etwas wie ein deutsch-deutsches Zusammentreffen. Hoffnung ging davon aus und auch das Gefühl, wir gehören zusammen. In einer Zeit, da kaum einer an die Einheit glauben mochte, wirkten diese Treffen wie ein gutes Zeichen, für etwas sehr Normales. Deutsche besuchten Deutsche und halfen einander und hörten zu, damit sie sich nicht aus den Augen verloren.

Die politischen Stellen im Osten sahen das anders, und man wundert sich, warum solche Zusammenkünfte nicht verboten wurden.

Zwei Männer haben sich für diese Arbeit mit den Treffen persönlich engagiert, und zwar der Schwebheimer Günter Birkle und der Parchimer Karl Greve. Beide Persönlichkeiten, die im kirchlichen Leben der jeweiligen Gemeinde einen guten Stand hatten, sorgten dafür, daß diese Treffen nicht entarteten. Die Tragetaschen waren wichtig aber nicht der Grund. Sicher waren die Familien, die zu Weihnachten ein Westpaket erhielten, privilegiert. Und man muß dick unterstreichen, daß viele Westdeutsche über Jahre hin zum Teil in großer Treue und freundlicher Geduld solche Tragetaschenhilfe geleistet haben.

Mit der Zeit wurden aus diesen Patengemeinden Partnergemeinden. Man traf sich auch weiterhin. Aus jeder Gemeinde konnte die andere Gemeinde etwas lernen. Man traf sich nicht mehr in Berlin, man fuhr mit dem Bus für ein Wochenende zu Besuch. Bis heute finden diese bewährten Treffen statt. Die Kirche hat mit dieser Einrichtung ein kleines Stück für die Einheit vorgearbeitet.

Aus dieser Patengemeindesituation entstand für mich eine Vortragsreise in die Bundesrepublik, und zwar noch zu einer Zeit, als Reisen für Nichtrentner für eine Rarität gehalten wurden.

Günter Birkle, der in der Bayrischen Landeskirche Mitglied der Synode war, setzte sich dafür ein, daß ich eine Vortragsreise machen konnte. Er wußte von meinem lange betriebenen Hobby, Kirche und Literatur miteinander ins Gespräch zu bringen. Ich hatte Themen bearbeitet, wie der Tod in der DDR-Literatur, oder die Frage nach Gott in der östlichen Literatur der letzten zwanzig Jahre.

Ich sollte eine Woche durch Bayern reisen und dort referieren. Über die beiden Kirchenleitungen kam die Einladung an mich. Bei den DDR-Behörden löste das Erstaunen aus. Ein kleiner Gemeindepastor soll vortragen in der Bundesrepublik, und noch dazu über ein literarisches Thema? Eigentlich müßte die Einladung über das Kultusministerium gehen. Man zog Erkundigungen über mich ein. So einfach konnte man mich nicht reisen lassen. Das Staatssekretariat für Kirchenfragen wurde eingeschaltet. Was, kann der Mann das denn? Seine Fähigkeit muß geprüft werden. Ehe die Reise genehmigt werden könnte, müßte der Mann ins Staatssekretariat nach Berlin kommen. Dort müßte er einen Vortrag halten, dann könnte man sehen, ob er reisen dürfte. Ich nahm eine Taxe. Ich fuhr nach Berlin. Alles mußte schnell gehen. Die Beantragung mit x Papieren und Formularen hatte sich über Wochen hingezogen. Nun kam die Endphase. Würde man die Genehmigung geben können? Von der Vorstellung in Berlin sollte alles abhängen. Ich fuhr an einem Dienstag nach Berlin. Am Freitag sollte bereits der erste Abend in Nürnberg sein. Die Einladungen waren ergangen, die Plakate ausgehängt. Montag Abend riefen die Nürnberger Veranstalter bei mir an. Wird es denn werden? Morgen entscheidet sich alles. Ich ruf Sie danach gleich an. Das Staatssekretariat für Kirchenfragen in Berlin war, wie alle hohen staatlichen Einrichtungen, scharf bewacht. An der Pforte Volkspolizei. Auf den langen Korridoren Volkspolizei. Sicherheitsstufe Nummer besonders. Ich zeigte meinen Ausweis. Er wurde einbehalten. Sie werden erwartet. Ein Polizist geleitete mich nach oben in den ersten Stock. Am Ende des Ganges ein Raum. Ich wartete. Der Polizist ging wieder.

Nach einer Weile wurde ich ins nächste Zimmer gerufen. Der Genosse Sekretär wird gleich kommen. Nehmen Sie einen Augenblick Platz. Eine durch und durch beklemmende Situation. Ich suchte in der Tasche mein Manuskript, legte es vor mich hin. Ich kam mir vor wie der Schüler beim Abitur. Eine halbe Stunde geschah nichts. Warten gehört bei den Funktionären zum Ritual. Man muß weichgewartet werden.

Die Tür zum Nebenzimmer öffnete sich. Herein trat ein Mann in den Fünfzigern. Graue Haare, korrekt gekleidet mit Schlips und Kragen. Strenges Gesicht.

Sie sind Herr Pilgrim aus Parchim? Pastor der St. Georgengemeinde?

Ja, sagte ich. Beinahe wäre mir rausgeflogen: zu Befehl. Aber das wäre hier sicher nicht angebracht gewesen. Eine blöde Lage, in der ich steckte.

Sie wollen in der Bundesrepublik über DDR-Literatur referieren? Ja! Wie kommen Sie dazu, Sie haben das doch gar nicht studiert, fragte er reichlich bissig.

Ich bin eingeladen von verschiedenen Organisationen drüben, und die wünschen sich, daß ein Theologe diese Themen bearbeitet. Und mit Literatur habe ich mich ein Leben lang beschäftigt. Studiert habe ich das nicht, aber ich bin ein Leser durch Jahrzehnte. Und ich finde, das zählt auch.

Na, sagte er, Lenin hat auch niemals studiert. Da sind Sie sowas wie ein Autodidakt? Gut sagte er betont sachlich, bitte beginnen Sie mit Ihrem Vortrag. Man hat Ihnen gewiß gesagt, daß Sie hier einen Vortrag zur Probe halten möchten, damit wir beurteilen können, ob Sie die Genehmigung für die Reise bekommen oder nicht.

Ich schlug mein Manuskript auf und begann: Die Darstellung von Sterben und Tod in der DDR-Literatur der Gegenwart. Ich las den Text vor. Ich spürte, daß ich aufgeregt war. Meine Rede wirkte gestelzt. Nach den Grundsatzbemerkungen kam ich auf Erwin Schrittmatters Roman: „Ole Bienkopp". In dem Buch stirbt der Held am Schluß in der Mergelkuhle, enttäuscht über den praktischen Sozialismus. Ich las, er hörte zu. Ob es ihn interessierte, war nicht zu bemerken. Nach einer halben Stunde winkte er ab. Das genügt. Aber nun sagen Sie einmal, wie kommen Sie auf Strittmatter? Das ist ein Autor, den wir nicht gerade schätzen.

Ich komme auf ihn, weil er sich in seinem Buch mit dem Sterben befaßt. Ich berücksichtige alle Autoren, die etwas dazu sagen.

Ist in Ordnung, sagte er. Aber was machen Sie, wenn Sie in Nürnberg in der Diskussion jemand nach den Verhältnissen in der DDR fragt?

Dann werde ich sagen, wie es ist. Aber ich werde die DDR nicht schlecht machen, wenn Sie das meinen.

Ach tatsächlich, fragte er, und warum nicht? Es gibt allerlei zu kritisieren. Ich schlug mein Manuskript wieder zu. Weil die DDR meine Heimat ist, und was ich zu kritisieren habe, das sage ich hier und nicht zum Fenster raus. Und übrigens fügte ich hinzu und bemühte mich zu lächeln: Das würden Sie gewiß wieder erfahren, wenn ich so etwas sagen würde.

Er lachte: So gut sind wir auch wieder nicht. Nürnberg ist weit ab.

Schön, Sie können wieder nach Hause fahren. Sie werden von uns hören, ob Sie reisen dürfen oder nicht. Wir beraten darüber und teilen Ihnen das telefonisch mit.

Das geht nicht, flog es mir heraus. Heute ist Dienstag und am Freitag soll ich bereits in Nürnberg reden. Ich muß jetzt schon wissen, ob ich reisen kann. Denn heute abend müßte ich nach drüben telegrafieren: Regierung ließ mich im Unklaren. Nachricht folgt. Da schäm' ich mich ja für mein Land.

Das stimmt, sagte er. Das sehe ich ein.

Er nahm den Telefonhörer von seinem Schreibtisch auf und rief hinein: Renate, bring mal den Pass von Herrn Pilgrim gleich zu mir herüber. Es dauerte eine Weile und Renate erschien. Eine junge freundliche Sekretärin. Meinen Pass hatte sie in der Hand.

Er reichte ihn mir mit den Worten: Ich wünsche Ihnen gute Reise. Auf Wiedersehen.

Ich nahm den Pass. Draußen erwartete mich ein Polizist und geleitete mich über die Korridore nach unten zur Pforte.

Auf der Straße sah ich nach, der Pass war mit dem Datum von gestern ausgefertigt und unterschrieben.

Bei meinem Vortrag, vier Tage später, saß in der ersten Reihe ein Mann, den keiner der Veranstalter kannte. Ich fragte in der Nachbesprechung: Wer war das? Er hat so finster dreingeschaut.

Keiner kannte ihn.

In Punkto Observation waren Sie eben doch gut.

Auf dieser Reise rief mich O. E. Kress an. Er war der Chef der Filmherstellungsfirma IFAGE. Er hatte von mit gehört. Er fiel gleich mit der Tür ins Haus: Wir möchten von Ihnen einen Film machen. Sind Sie einverstanden?

Einen Film, von mir? Es traf mich wie ein Donnerschlag.

Wieso von mir einen Film? Ich konnte keinen Sinn darin sehen.

Er gab nicht auf. Wir telefonierten eine Stunde lang. Er wollte es unbedingt. Ein Film von einem Pastor in der DDR, ein ganz normaler Alltag einer protestantischen Gemeinde. Sowas möchten die Menschen hier sehen. Er redete wie ein Buch.

Sie bekommen dafür doch nie die Genehmigung. Ich bin nicht so angesehen bei den DDR-Stellen.

Aber doch immerhin so, daß Sie die Reise machen konnten, er lachte am Telefon. Überlegen Sie nicht lang, und die Genehmigung, das lassen Sie mal unsere Sache sein. Wir werden für den Film Ihre Regierung gut bezahlen. Da gibt es sicher einen Weg.

Ich wollte schon sagen, für Geld tun die alles, aber das ließ ich lieber. Schließlich fand ich die Idee schon besser. Er erklärte mir Einzelheiten.

Es wird ein halbes Jahr dauern, bis wir alles zusammen haben. Wir kommen dann mit einem Filmteam zu Ihnen und filmen in Ihrer Gemeinde. Der Film wird Pastor Pilgrim heißen, einverstanden?

In Ordnung, ich sagte zu.

Ein viertel Jahr später rief mich Regisseur Günter Geisler an. Der Film ist genehmigt. Wir kommen in den nächsten Wochen zu Ihnen und besprechen Einzelheiten.

Günter Geisler kam und mit ihm eine Dame von der DEFA. Sie gab sich ausgesprochen freundlich. Bruni, nannte Geisler sie immer. Sie ließ uns keine Minute allein. Wir führten Vorgespräche und vereinbarten den Termin für die Aufnahme.

Wieder kam die Dame mit, zuvorkommend und freundlich. Wir suchten Drehorte aus, besprachen Zeiten meines Amtslebens, machten erste Aufnahmen. Ein ganzes Team war angereist. Kameramann, Toningenieur, Regieassistent. Es wurde mühsam mit dem Filmen. Immer noch einmal Aufnahmen, Wiederholungen, andere Einstellungen. Wir mußten auf die Sonne warten. Wir suchten photogene Örtlichkeiten aus. Ich erlebte zum ersten Mal, daß filmen so etwas wie schwere Arbeit ist.

Wir fuhren mit dem Jeep des Regisseurs an Orte meiner Kindheit und Jugendzeit. Wir besuchten Schwerin, die Gemeinde, an der ich vorher Dienst tat. Wir sprachen mit Pastoren, besuchten Kirchen.

Eines Tages in dieser Filmwoche kamen wir von Alt Schloen. In der Kirche war ich einst konfirmiert worden, hatte auch meine erste Predigt dort vor vielen Jahren gehalten. Wir machten in Waren-Müritz Station. Wir suchten in der Stadt eine Gaststätte. Das war ein fast aussichtsloses Unternehmen. Alles besetzt, hieß es jedesmal. Unsere DEFA-Dame nahm die Sache in die Hand. Sie ging zum Gaststättenleiter, sprach mit ihm, kam zurück und winkte: Alles in Ordnung, kommt herein, für uns wurde ein Tisch freigemacht. Wie hat sie das gemacht, fragte ich den Regisseur. Er lachte.

Nach dem Essen standen wir beide auf der Toilette nebeneinander. Ich fragte wieder: Was meinen Sie, wie hat sie das erreicht? Ist doch komisch oder? Ganz einfach, sagte er, sie hat einen Sonderausweis, damit kann sie innerhalb von 5 Minuten ein ganzes Lokal räumen lassen.

Wußte ich es doch!

In der Mitte der Woche erschienen eines Mittags zwei Herren aus Berlin. Unsere Dame hatte sie avisiert. Sie wollen unbedingt mit Ihnen sprechen. Sie kam ganz aufgeregt zu mir, haben Sie eine Stunde für die Herren Zeit? Ich ahnte nichts Gutes. Die Herren machten keine langen Vorreden.

Wir sind von der Staatssicherheit Berlin. Wir möchten mit Ihnen über die Dreharbeiten des Films sprechen. Wir haben gedacht, wir geben dem Film noch eine besondere Note, wenn in den Film noch ein Interview mit dem Parchimer Bürgermeister eingebaut wird. Er brachte das so bestimmt vor, als sei alles bereits abgesprochen. Wie denken Sie darüber? Ja, wie dachte ich darüber? Hatte ich denn noch eine andere Wahl? War nicht alles längst abgesprochen und entschieden? Ich war wie vor den Kopf geschlagen.

Ist der Vorschlag mit dem Regisseur besprochen, fragte ich?

Lassen Sie das nur unsere Sorge sein. Mit dem sprechen wir. Jetzt geht es um Ihre Zustimmung. Wir nehmen doch stark an, daß Sie zustimmen werden. Er sah mich an, sein Blick gefiel mir nicht.

Nein, sagte ich. Ich bin dagegen. Der Bürgermeister wird in dem Film nicht auftreten.

Und warum nicht, fragte er recht bissig.

Es ist für mich ganz einfach, sagte ich und bemühte mich, ruhig zu bleiben. Wenn der Bürgermeister unserer Stadt über Parchim einen Film macht, dann wird er doch auch nicht auf den Gedanken kommen und fragen, ob der Pastor darin auftreten soll. Staat und Kirche sind getrennt, wir wollen es doch dabei belassen. Damit war das Gespräch beendet. Keiner sprach mehr von diesem Vorschlag, der sicher schon mehr gewesen war.

Gedreht wurde eine Woche. Die Arbeit gestaltete sich kompliziert. Der Kameramann war genau, der Regisseur noch genauer. Oft mußte wiederholt werden. Besonders schwierig wurde die Aufnahme des Erntedankgottesdienstes in unserer St. Georgenkirche. Da wurde live gefilmt. Es kam vor allem auf die Predigt an, aber auch das Schmücken am Tag vorher filmten sie ausführlich. Es wurde eine Woche harter Arbeit. Der Film wurde ein viertel Jahr später im Fernsehen gesendet. Er lief auf mehreren dritten Programmen im Süden. Monatelang brachte die Post Briefe ins Haus. Begeisterung, Zustimmung, aber auch derbe Kritik und viele Anfragen kamen. Ich war mit der Beantwortung der Briefe ein gutes halbes Jahr beschäftigt. Eine mühsame Arbeit! Aber auf diese Weise bin ich mit vielen Menschen ins Gespräch gekommen. Wir korrespondierten über Fragen der Zukunft der Kirche, über Probleme des Glaubens und über manche persönliche Frage. Seelsorge per Post und per Telefon, damals habe ich sehen können, wie wichtig das ist und welche Chance für die Kirche darin liegt.

Der Alltag kehrte wieder ein. Wir machten unsere Arbeit, ganz normale Gemeindearbeit. Es mußten Beerdigungen gemacht werden, etwa siebzig in jedem Jahr. Die staatlich angestellten Redner nahmen uns in den letzten Jahren mehr und mehr davon ab. Die Menschen ohne Bindung zur Kirche wollten die Lobrede auf den Verstorbenen lieber als die christliche Verkündigung, mit der sie nicht recht etwas anzufangen wußten. Mehr als die Hälfte aller anfallenden Beerdigungen wurde Mitte der achtziger Jahre bereits staatlich erledigt.

Wir machten Unterricht, Gottesdienst, Büroarbeit und immer wieder Hausbesuche. Viel zu wenige, meinte ich, und das schlechte Gewissen, nicht ausreichend die Menschen besucht zu haben, ließ mich nicht los. Andere machten das bestimmt besser, dachte ich.

Der Beruf des evangelischen Pastors ist einer der freiesten überhaupt. Feste Termine gab es, wie zum Beispiel Gottesdienst am Sonntag oder Unterricht oder Beerdigungen. Aber darüber hinaus war eine Menge Freiraum. Wann der Pastor morgens aufstand, wann er abends Schluß machte, das war weitgehend seine eigene Entscheidung. Wieviele Hausbesuche er einplante, ob er die Hausbesuche ganz und gar unterließ, das war alles seine eigene Sache. Er konnte als Betreuungspastor seine Gemeindearbeit so einteilen, daß er nur die festgelegten Pflichten gelten ließ. In der anderen Zeit konnte er Hobbys nachgehen, wenn er das wollte. Es gab da unter den Kollegen die skurrilsten Freuden. Bienenzüchten und Landwirtschaft betreiben, Musik machen und Akten ordnen erschienen noch als ganz annehmbare Beschäftigungen. Aber da war das Gewissen, und ein Stachel war darin, und der Pastor ging los und probierte Neues und überlegte, was noch besser zu machen war. So war er nie fertig. Die Freiheit erwies sich oft auch als Last. Wie schön hat es doch der Maurer, habe ich oft gedacht, der geht morgens pünktlich zur Arbeit, er mauert seine Wand und kann sich am Abend hinstellen und sagen, sieh mal, schön geschafft heute! Der Pastor kann das nicht. Was er getan hat, ist oftmals nicht zu sehen und fertig ist er nie.

Wir haben in den Jahren manchen neuen Versuch unternommen. Einige liefen gut, andere gar nicht.

Die Gesprächsgottesdienste hatten wir uns gut vorgestellt. Wir bereiteten Mitarbeiter darauf vor, stellten ein Team zusammen, das wußte, worum es gehen sollte. Am Sonntag im Gottesdienst halfen mehrere mit. Dann wurde der Text verlesen und die Gemeinde aufgefordert, Fragen zu stellen oder Eindrücke zu dem Text wiederzugeben oder Erfahrungen des Lebens, die einem bei dem Text einfallen, zu benennen. Der Versuch kam gut an, versickerte aber schließlich im allgemeinen Gerede. Nein, das war ungeeignet. Ein Gespräch konnte die Predigt nicht ersetzen.

Wir boten in den Wintermonaten Gesprächsabende an. Wir behandelten Themen der Zeit und erweiterten die bewährte Form der Bibelwoche. In der ersten Hälfte des Abends wurde ein Bibeltext vorgestellt, in der zweiten Hälfte sprachen wir darüber und zogen den Text in Gegenwart und Leben hinein. So entstand schnell ein munteres Gespräch, an dem sich viele beteiligten.

Wir suchten in verschiedenen Formen die Begegnung von Kirche und Kultur. Wir machten Autorenabende, Musikabende, Ausstellungen, Gesprächsforen und manch anderen Versuch. Eine beliebte Einrichtung wurden die Mokkarunden nach dem Gottesdienst. Es gab tatsächlich Mokka, dazu das Gespräch über jeweils ein aktuelles Thema. Das Besondere dabei waren die Fachleute, die zum Thema eingeladen wurden und das Gespräch mit ihrem Rat begleiteten. So waren die verschiedensten Leute unsere Gäste, vom Politiker bis zum Künstler, vom Polizisten bis zum Landwirtschaftsexperten. Neue Versuche waren wichtig. Kirche muß die altbewährten Formen aufbrechen und nachsehen, wo man andere Wege gehen muß. Einiges gelang gut, Anderes nur mäßig, manches gar nicht. Bei Euch wird ja auch nur mit Wasser gekocht, sagte einmal ein Freund, der zu Besuch kam. Sicher, sagte ich, was dachtest Du denn, nur wir wechseln hin und wieder das Wasser, damit es frisch bleibt.

So kam die friedliche Revolution von 1989. Es zeigten sich neue Möglichkeiten. Die Menschen im Osten hatten es schwer. Über Nacht kam so viel Neues auf sie zu, daß sie völlig verwirrt waren. Mancher kam wie in einen Rausch. Auch die Kirche hatte es schwer. Auf den neuen Lohnsteuerkarten mußte angegeben werden, wer zur Kirche gehörte. Das Finanzamt zog die Kirchensteuer automatisch ab. Viele erklärten, daß sie dazugehörten und schrieben in die Lohnsteuerkarte „evangelisch". Es könnte für die Zukunft hilfreich sein, daß man zur Kirche gehörte. Die Pastoren bekamen Listen mit den Mitgliedern und staunten, der gehört auch dazu, und der, und der! Einige waren vor Jahren bereits aus der Kirche ausgetreten. Wie sollte man verfahren? Sollte man still sein und die Dinge einfach geschehen lassen. Jeder Pastor war auf sich allein gestellt. Die Kirchenleitung in Schwerin hatte zu tun, daß sie eine neue Verwaltung aufbaute. Jetzt waren Fachleute aus dem Westen gefragt. Die kamen und legten los und richteten ein, ein Büro nach dem anderen. Büros mit Computern, mit Steuerfachleuten und mit solchen, die im Juristischen eine Ahnung hatten. Die Verwaltung hatte Hochkonjunktur. Eine große westdeutsche Zeitung schrieb: „Wer nur den lieben Gott verwaltet."
Die Pastoren hätten in den Monaten zusammenkommen, beraten und dem Verwaltungsboom entgegenwirken müssen. Aber der brüderliche Zusammenhalt ließ zu wünschen übrig. Der Schock über alles Neue war groß.
Es war nicht nur die Verwaltung, die wie eine Sturzflut über uns hereinbrach, es mußte auch der Umgang mit dem Geld neu gelernt werden.

Diese harte westliche Währung bekam eine Bedeutung, die Geld in der Ostzeit nie gehabt hatte.

Die Menschen verhielten sich wie ein aufgescheuchtes Bienenvolk. Sie flogen in der Gegend herum und wußten nicht, wo Platz nehmen. Sie konnten Bananen kaufen und Jakobs Kaffee, sie erlebten täglich, wie die Geschäfte voller wurden mit den farbig verpackten Westwaren. Sie konnten sich eine Gasheizung bestellen und das Dach mit Westziegeln neu decken lassen. Sie ließen sich neue Fenster einbauen, die endlich zugsicher waren, und eine wunderschöne neue Haustür mit Rundglasscheiben und Messingbeschlägen. Man hätte denken können, daß die Menschen diesen Neuanfang nutzen würden, um in sich zu gehen und nachzudenken. So wie es damals 1945 nach dem großen Zusammenbruch des Nazireiches gewesen ist. Es war doch wieder ein Reich zusammengebrochen, das vielgepriesene Reich des Sozialismus. Aber diesmal wurden die Menschen nicht nachdenklich, gingen nicht in sich. Im Gegenteil, sie gingen aus sich heraus. Sie kauften und verkauften, sie gründeten Firmen, Bankhäuser schossen wie Pilze aus dem Boden. Die Fleischereien renovierten ihre Geschäfte und die Bäckereien ließen ihre Hausfassade neu gestalten. Eine Bauwut sondergleichen begann. Man fragte sich nur, woher die alle das Geld hatten. Versicherungsgesell-schaften hatten Hochkonjunktur und schickten ihre Mitarbeiter, frisch geschult in Sonderkursen, von Haus zu Haus. Die Bürger der DDR versicherten alles, das Leben, das Auto, das Haus und die Kinder, und sie schlossen zum Schluß noch eine Rechtsversicherung ab, damit auch ja im Streitfall alles geregelt werden konnte. Es war eine mobile, sich täglich verändernde aufgeregte Zeit und mancher hat damals gedacht, es geht direkt zum Paradies.

Jeder versuchte möglichst viel von den neuen Möglichkeiten zu erlangen. In der Parchimer St. Georgengemeinde planten wir flugs eine Reise ins Heilige Land. Die Prospekte einer westlichen Reisegesellschaft hörten sich verlockend an. Der Manager der Reisefirma kam ins Haus und klärte uns auf. Klar, das machen wir! Endlich in die Welt reisen! Wir waren 40 Jahre eingesperrt gewesen.

Es wurde die größte und schönste Reise unseres Lebens. Früher hatte ich manchmal gedacht, in das Land Jesu möchtest du einmal. Die Orte sehen und auf den Wegen gehen, die Jesus gegangen ist. Aber das wird wohl niemals möglich werden. Ich hörte von solchen, die dorthin gereist waren, aus dem Westen. Sie berichteten, wie intensiv sie die Stationen erlebt hatten. Jerusalem und Jericho, Nazareth und Bethlehem. Sie würden das nie wieder vergessen. Und wir lebten im Osten hinter der Mauer. Ein rigides System hatte uns eingesperrt, einfach nur so! Aus ideologischen Gründen wollte dieses System uns schützen vor dem Klassenfeind und trieb uns nur immer tiefer in Knechtschaft und Bespitzelung hinein.

Das System wurde hinweggefegt, beinahe in einer Nacht. Menschen waren aufgestanden und hatten gesagt: Wir lassen uns das alles nicht länger gefallen.

Es war nicht der freie und starke Westen, von dem der Umsturz ausging. Es waren die unterjochten und geknebelten Menschen, die eines Tages losgingen und riefen: „Stasi in die Produktion" und „Wir sind das Volk", und die nicht aufzuhalten waren, nicht vom Staat, nicht von der Partei und nicht einmal von der mächtigen Stasi.

Sie marschierten los und machten sich frei. Mit Kerzen und Gebeten machten sie das. Und das verhasste Regime, das über 40 Jahre die Menschen unfrei gemacht hatte und gedemütigt, dieses System brach zusammen wie ein Kartenhaus.

Ein erster Schritt war geschafft. Aber wie sollte es weitergehen? Parteien wurden gegründet. Wahlen fanden statt. Parlamente mußten das Regieren und die Demokratie im Alltag probieren. Hindernisse taten sich auf. Die Erfahrung, daß auch der Westen nicht das Paradies bringen konnte, mußte verarbeitet werden. Nächste Schritte wurden fällig. Mühsame und solche mit vielen Rückschlägen.

Hier und dort wurde die Frage laut: Hat das alles gelohnt? Haben wir uns die Freiheit nicht ganz anders vorgestellt? War es nicht womöglich bei Honecker besser? Der Kampf der Meinungen war in vollem Gange. Nein, es ist viel besser heute. Niemals würden wir wieder tauschen wollen. Schon, daß die elende Stasi weg ist, macht uns froh jeden Tag aufs Neue. Und daß wir reisen können, auch das ist eine große Freude.

Wir reisten nach Israel, mit 50 Leuten aus der Georgengemeinde im April 1994.

Viele von uns flogen zum ersten Mal in ihrem Leben mit einem Flugzeug. In der Nacht landeten wir in Tel Aviv. Auf dem Flugplatz erwartete uns Jinon, unser Reiseführer. Alle mal herhören, schrie er mit einer durchdringenden Stimme. Jetzt habe ich das Kommando. Er war, wie er uns später erzählte, Colonel der israelischen Armee. Die Pistole hatte er immer mit dabei. Eine Chance zu einer anderen Meinung hatte man bei ihm nicht. Alles war so, wie er es uns sagte. Oder alles hatte so zu sein, dafür sorgte er. Er hatte bei einer Familie in Gelsenkirchen einmal deutsch gelernt. Ein viertel Jahr in Deutschland, das machte man zur Voraussetzung für eine Reiseführerlizens. Wenn wir oft morgens reichlich müde dreinschauten, dann schrie er in die versammelte Mannschaft: Jugend! Wir heute viel erleben! Schlafen nachts, nicht jetzt! Es war nicht so einfach mit unserer Gruppe, wir hatten immerhin die stolze Teilnehmerzahl von 50 Personen. Jinon schaffte das spielend.

Die ersten Nächte verfrachtete er uns in Jerusalem in ein Kloster der weißen Schwestern. Es war von hohen Mauern umgeben, und wenn die Schwester Oberin um 22 Uhr die Klosterpforte schloß, dann mußten alle im Kloster bleiben. Das fiel unseren jungen Leuten bitterschwer. Räsonieren half nicht. Die Schwestern, die kein Wort deutsch verstanden, machten uns mit den harten Tatsachen bekannt. Closed is closed, finish. Die Frau Oberin lächelte und war unnachgiebig. Ein nächtlicher Gang ins muntere Jerusalem mußte ausfallen.

Einmal ist Jinon mit uns allen doch ins nächtliche Jerusalem gezogen. Wie er das fertiggebracht hat, das bleibt sein Geheimnis. Er zeigte uns das Orthodoxenviertel der Stadt. Und die Informationen über die jüdischen Orthodoxen ließen uns zum ersten Mal ein Geheimnis des Judentums erkennen. Wovon leben die, fragten wir Jinon . Männer in den besten Jahren, Frauen und Jugendliche lebten in großer Zahl in diesem Teil Jerusalems und taten nichts weiter als die Thora zu studieren und strikt danach zu leben. Das Kapital kommt aus Amerika, Jinon flüsterte uns die Wahrheit hinter vorgehaltener Hand zu.

Wir begannen am nächsten Tag unsere Wanderung am Ölberg, schauten auf die heilige Stadt und hatten für einen Moment das Gefühl, den Herzschlag der Geschichte zu hören. Hier hatte Jesus einst gestanden, von hier begann sein Weg ans Kreuz, der die Menschheit erlösen würde. Wir schauten aufs verschlossene Tor und hörten, daß die Juden bis heute auf den Messias warten. Wir wanderten vom Ölberg durchs Kidrontal, vorbei am Garten Gethsemane und der Kirche der Nationen und zogen hinauf in die ewige Stadt. Überall am Stadtrand begegneten uns schwer bewaffnete Israelis, auch in der Stadt sahen wir sie. Jinon erklärte uns, daß sie wachsam sein müßten und daß es die heilige Pflicht jedes Juden sei, sein Land zu verteidigen. Junge Leute trafen wir, und wenn wir sie fragten, ob sie gern bei der Armee seien, dann schauten sie uns groß an: Was für eine Frage, selbstverständlich!

An der Klagemauer sahen wir reges Leben. Es war gerade der Sabbat. Wir durften in die überdachten Räume hineingehen. Nur die Männer, versteht sich. Die Frauen blieben in einem Reservat zurück. Wir besichtigten Thorarollen und sahen uns im Zentrum des Geschehens um. Das störte gar nicht. Hier war irgendwie jeder mit sich und seiner Religionsausübung beschäftigt. Neben uns stand ein Israeli und betete aus seinem Buch, die

Waffe hing über seiner Schulter. Es war ein Kommen und Gehen, ein Murmeln und Beten. Einige standen vor der Klagemauer und wiegten mit dem Oberkörper vor und zurück, vor und zurück.

Jinon führte unsere Gruppe durch die Via Dolorosa. An jeder Station machten wir halt. Jinon reichte mir sein Neues Testament: Lesen Sie bitte die Stelle. Andächtig standen wir still und hörten zu. Massen von Pilgern zogen an uns vorbei. Es störte nicht. Jeder hatte mit sich zu tun.

In der evangelischen Kirche der Stadt sangen wir den Vers: Lobe den Herren. Eine junge Frau kniete neben uns im Gang und sang laut und betete dazwischen. Sie ließ sich nicht stören.

Wir gingen durch den Felsendom und die Al Aksa-Moschee. Es war nicht wie eine normale Besichtigung. Wir sogen Geschichte auf. Wir waren angerührt durch das Geschehen von damals. Hier also war Jesus Christus gegangen. Hier hatte er gepredigt. Wissen Sie was, sagte einer aus der Gruppe mir im Vorbeigehen: Es geht mir durch und durch, selten war ich so angepackt.

An den folgenden Tagen fuhren wir mit einem Sonderbus von Jerusalem nach Jericho. Unterwegs Wüste. Beduinenzelte standen in einer Mulde. Kinder kamen uns entgegen und bettelten. Unser Bus hielt an, wir wollten ein Stück in der Wüste wandern. Bei den Beduinenzelten wunderten wir uns über die einfache Lebensweise der Menschen. Wie wenig man zum Leben braucht. Luftig die Zelte, aber drinnen ein Fernseher, davor ein Mercedes und rings grasten Schafe und Ziegen, die beduinische Einnahmequelle.

Wie kann man nur so wohnen, fragten wir.

Was heißt, wie kann man, sagte Jinon . Ihr in Europa denkt, Ihr seid Nabel der Welt. Die Beduinen sagen, das ist kein Leben in Europa. Menschen sperren sich in ein Haus ein, luftlos und klein, sitzen darin fest. Selbstgemachte Gefangenschaft.

Ein Stück weiter sattgrüne Plantagen mitten in der Wüste. Apfelsinenbäume und Bananenstauden, weite Felder ziehen sich an der Straße entlang. Das ist die große Leistung unseres Volkes, erklärte Jinon . Unser Land war klein, als wir es von der UNO erhielten. Und die Juden aus aller Welt kamen nach Hause. Sie waren willkommen, aber was sollten wir machen?

In einer Mammutaktion hat der Israelische Staat dafür gesorgt, daß Millionen von Kubikmetern fruchtbarer Erde in die Wüste transportiert wurden. Und weil in Israel nur selten Regen kommt, mußte gleich die künstliche Bewässerung dazugebaut werden. Sie sehen überall die dünnen langen Schläuche liegen. In den Anlagen, in der Landschaft, in den Plantagen. Das

Wasser wird in den nördlichen Bereichen unseres Landes gestaut und dann in den Süden geleitet. So wurde aus toter Landschaft ein blühendes Land. Am späten Nachmittag erreichten wir Tiberias. Unser Hotel lag vor der Stadt direkt am See Genezareth auf einer Anhöhe. Wir schauten auf den See. Hier hatte Jesus einst aus einfachen Fischern seine ersten Jünger berufen.

Die Hotelbesitzerin erwartete uns in der Vorhalle. Leider, sagte sie, müssen Sie sich etwas gedulden. Die Zimmer sind noch besetzt. Zum Trost gab es einen Begrüßungstrunk. Wir warteten.

Nach einer Stunde immer noch nichts. Wir saßen im Vorraum auf unseren Koffern. Der Trunk war längst vergessen, der Trost verflogen.

So geht es aber nicht! Wir baten Jinon, noch einmal vorstellig zu werden. Er kam zurück, schulterzuckend: Warten, noch warten.

Ich ging zur Besitzerin. Irgendwas muß doch nicht in Ordnung sein? Ich erfuhr den Grund: In den Hotelzimmern saß eine Gruppe orthodoxer Juden. Es war Sabbat und sie mußten ruhen. Bei allen notwendigen Wegen hatten sie ihre durch Sondergesetz erlaubten Schritte verbraucht. Jetzt mußten sie warten bis der Sabbat vorüber war.

Und wann ist das, fragte ich schüchtern.

Wenn die Sonne untergegangen ist, sagte die Hotelfrau.

Ich ging in die Hotelhalle zurück und beruhigte meine Leute.

Ein Weilchen später erschienen die orthodoxen Juden in der Hotelhalle mit ihren Koffern und ihren schwarzen Anzügen. Wir durften die Zimmer einnehmen, der Sabbat war vergangen.

Beim Evangelisten Markus heißt es einmal: „Und da der Sabbat vergangen war, kauften Maria Magdalena und die andere Maria und Salome Spezerei." Auch sie werden sehnsüchtig und notgedrungen gewartet haben. Wir konnten das ab sofort gut verstehen. Jede Religion hat ihre Vorschriften, und der Gläubige, der sich danach richten möchte, verdient unseren Respekt, auch wenn das gelegentlich schwerfällt.

Dann war Sonntag, der Auferstehungstag Jesu Christi. Wir wollten auf dem Berg der Seligpreisungen am Nordufer des Sees Genezareth einen Gottesdienst feiern. Wir besichtigten die Kirche, oben auf dem Berg, die zum Gedenken an die Bergpredigt Jesu 1937 erbaut worden war. Ein achteckiger Kuppelbau aus weißem Basalt. Die acht Seiten dieser Kirche sind je einer Seligpreisung gewidmet. Vom Säulenumgang, dieser prächtigen, weit ins Land hin sichtbaren Kirche, hat man einen schönen Blick auf den See Genezareth. Die Sonne schien, Wind ging kaum. Wir suchten einen Platz neben der Kirche, in den Anlagen. Ohne Gesangbücher, ohne einen

Altar, ohne Vorbereitungen begannen wir den Gottesdienst. Einer hatte eine Bibel dabei, er las daraus die Sonntagstexte vor. Ein anderer holte ein Gesangbuch heraus und sagte die Liedtexte vor und alle fünfzig sangen aus voller Kehle in die schöne Natur hinein. Ich hielt die Predigt über die Seligpreisungen Jesu aus Matthäus 5.

Ich sprach von den Einsichten , die mir bei dem Besuch in diesem Lande gekommen waren. Was muß das für diesen Jesus Christus bedeutet haben, damals in streng jüdisch organisierter Zeit, einen neuen Weg des Glaubens zu vertreten, den seine Landsleute nur wie eine starke Provokation empfunden hatten! Er heilte am Sabbat. Er setzte sich über die Landesgesetze hinweg und ging mit seinen Jüngern und half, wo es nötig war, auch am Sabbat. Er hielt Versammlungen ab und predigte den Satz: Der Sabbat ist um des Menschen Willen gemacht und nicht der Mensch um des Sabbats Willen.

Und ich sprach davon, daß dieser Mann nicht nur einer war, der gute Reden hielt und eine neue Lehre entwickelte, sondern einer, der das vorlebte, der die erste Rate Himmel auf dieser Erde darstellte.

Mir waren dabei zwei meiner Turnlehrer aus der Schule eingefallen. Ich nahm sie hier als Beispiel. Der eine Turnlehrer kam in feinem Anzug in die Turnhalle und sagte uns zackig, was wir machen sollten. Er fiel mit seiner Kritik über uns her, wenn die Übung mißlang. Seht Euch mal diesen Kerl an, wie ein nasser Sack. Daraus kann nie was werden, aus diesem sportlichen Malheur! Der andere Turnlehrer erschien im Trainingsanzug. Er machte die Übung vor und ging selbst ans Reck oder sprang über die Barren, und er blieb neben uns stehen und gab Hilfestellung, wenn wir die Übung probierten.

Der erste war ein Ekel, kalt und voller Spott. Wir lehnten ihn ab.

Den anderen haben wir beinahe verehrt und noch oft von ihm gesprochen. Unser Fürbittengebet nach der Predigt ergab sich von selbst. Die Mitglieder unserer Gruppe sprachen Dank und Bitte aus, fast alle beteiligten sich. Am Schluß unseres Freiluftgottesdienstes sangen wir den Liedvers:

> Großer Gott, wir loben Dich,
> Herr wir preisen Deine Stärke.
> Vor Dir neigt die Erde sich,
> Und bewundert Deine Werke.
> Wie Du warst vor aller Zeit,
> So bleibst Du in Ewigkeit.

Da war es, als wenn alle auf eine Weise ergriffen waren, die mit diesem Mann zusammenhängt, der einst an diesem Ort gesagt hatte: Selig sind, die reines Herzens sind, denn sie werden Gott schauen. Niemand von den Teilnehmern würde diesen Gottesdienst auf dem Berg vergessen. Keine Frage, unsere Reise war ein Erfolg. Wir machten in den Jahren danach andere Reisen, diese aber war unverwechselbar und einmalig.

Neues kam auf uns zu, immer wieder. Die Kirche im Osten übernahm die Verwaltungsstruktur der Westkirchen. Ich weiß bis heute nicht, ob das nötig war. Aber hätte es andere Wege gegeben? Hätten wir nicht, wie man oft fragte, auch etwas einzubringen gehabt. Es gab nach den Jahren des Umsturzes, scheint einem, keine andere Wahl. Es war eben alles kaputt, hieß es, es war alles Dreck, hieß es, und das Westliche ist erprobt, hieß es. Und so wie in den Läden alles schöner, farbiger, glänzender aussah, weil gut verpackt, so sah auch in der Verwaltung alles schöner aus. Computer zogen ein in die Kirchenbüros, neue Möbel wurden fällig und Männer mit Schlips und Kragen aus den kirchlichen Verwaltungen des Westens kamen herüber und brachten uns bei, wie das mit Eigentum ist und mit den kirchlichen Ländereien. Es ging alles wie geschmiert.
Zunächst zeigten sich die Probleme nicht. Die Begeisterung war zu groß. Es schien auch wirklich alles besser zu gehen. Aber die Büros kosteten Geld und die Computer auch. Und allmählich bemerkten die Menschen im Osten, wie sich das mit der Kirchensteuer verhielt. Neun Prozent von der Lohnsteuer zog das Finanzamt bei Kirchenmitgliedern sofort ab. Außerdem sollte jedes Kirchenmitglied einen kleinen Anteil seines Gehaltes als Kirchgeld an die Gemeinden zahlen. Das war zunächst nicht so viel. Aber die Gehälter stiegen, die Kirchenabgaben auch.
Nein, so hatten sie das nicht gemeint, sagten die Kirchenmitglieder, die erst gerade wieder bei der Kirche gelandet waren. Sechzig, siebzig, achtzig Mark Kirchensteuer im Monat waren zu zahlen. Soviel bezahlte man vor dem Umsturz für das ganze Jahr. Es gab Ärger bei den Menschen. Gruppen schürten diesen Ärger. Eine Austrittswelle begann. Hunderte gingen zum Standesamt und erklärten, gegen Gebühr versteht sich, ihren Austritt aus der Kirche.
Da kann ich mir ja einen eigenen Pastor dafür halten, sagte einer, der auf dem Landratsamt einen höheren Posten innehatte. Er gehörte zu denen, die nach dem Umsturz auf seiner Steuerkarte „ev." vermerkt hatten. Jetzt trat er aus. Glauben kann ich auch so, meinte er.

Die neuen Möglichkeiten erlaubten neues Bauen, auch in der Kirche. Wir planten in unserer Gemeinde einen besseren Gemeindesaal. Der alte war Behelfskram.

Jetzt müßt Ihr bauen, flüsterten uns kirchliche Behörden zu. Jetzt ist alles noch billiger, aber das wird nicht lange so bleiben.

Wir suchten einen Architekten, wir erstellten ein Projekt, wir einigten uns vor Ort mit den kirchlichen und staatlichen Behörden. Alles lief gut. Es war ein wunderschönes Projekt. Es sollte sechshunderttausend Mark als ausgeführter Bau kosten. Bauzeit ein Jahr. Es klang für uns, die wir aus dem kaputten Sozialismus kamen, wie ein Märchen. Was war vorher schon die Beschaffung von Ziegeln oder gar einem Sack Zement für eine Riesensache gewesen. Jetzt konnte man ganze Häuser planen und bauen.

Wir waren begeistert. Die kalte Dusche kam schnell. Das Erstellen des Projektes kostete vierzigtausend Mark und die Summe war sofort fällig. Jeder ist seines Lohnes wert, natürlich, wir sahen das ein. Die Gemeinde blätterte vierzigtausend Mark hin.

Für die große Bausumme sollte es kirchliche Bauzuschüsse geben. Sie waren in Aussicht gestellt. Die Zuschüsse wurden gestrichen, von einem Tag auf den anderen. Die Gemeinde kann Kredit aufnehmen, hieß es, das machen andere Gemeinden auch.

Ich konnte mich dazu nicht entschließen. Eine halbe Million Kredit? Das würde die Gemeinde auf viele Jahre verschulden. Sie konnte sich nichts anderes mehr leisten, müßte nur abzahlen. Und wenn man es sich recht besah, dann reichten die realen Einnahmen der Gemeinde lediglich für die Abzahlung der Zinsen. Blieb der Kredit als schwere Last.

Nein, das Projekt mußte abgeblasen werden, schweren Herzens. Nun liegt es als schöne Aktensache im Pfarrbüro St. Georgen. Vielleicht kann der Nachfolger mehr ausrichten.

Das Bauen war unmöglich, aber Anderes wurde machbar.

Eines Tages flatterte ein neues Kirchengesetz ins Haus. Das Gesetz war auch eine Anpassung an westliche Verhältnisse.

Der Pastor kann ab sofort mit 63 Jahren in den Ruhestand gehen…mit 65 muß er gehen. Ich war 64 Jahre alt und dachte, das ist ein guter Kompromiss, ich höre auf. Meine Frau fand das auch. Unser Entschluß stand fest. Er war über Nacht gekommen.

Wieder die alte Frage: Ruhestand ja, aber werde ich das aushalten? Würde ich die Freiheit vom Amt, das Leben ohne Terminpflichten ertragen?

Zeit verging. Es mußten viele Dinge geordnet werden, für die Übergabe. Der Abschied mußte bedacht sein. Verabredungen waren nötig. So kamen die letzten Tage in Pfarramt und Stadt. Ich hatte die oft gestellte Frage nach dem Ruhestand, und wie das gehen sollte, unterdessen entschieden.

Ich wollte die Zeit nutzen, ich wollte aufschreiben, was gewesen war. Ich wollte nicht so sehr die Lebensgeschichte erzählen. Das erschien mir zu schmal , würde auch nicht von weiterreichendem Interesse sein. Ich wollte berichten, wie es einem Pastor in fast 40 Jahren Amt ergangen war und wie Kirche stattgefunden hatte unter den Verhältnissen, die ein anderer Chronistenkollege, der eben darüber einen Abschnitt schrieb, die „gottlosen Jahre" nannte.

Der Bergrader Dreikönigsaltar in St. Georgen / Parchim

Familiengottesdienst in St. Georgen Parchim
Seifenblasen in der Kirche, Thema: Phantasie

Mlt dem Fllmteam Gunter Geisler vor der Kirche
Dargelütz 1988

Der Kirchgemeinderat von St. Georgen Parchim 1993

G. Pilgrim am Schreibtisch 1989

5. Kapitel

STAAT UND KIRCHE

Wir haben uns die Sache mit Ihnen lange genug angesehen. Das Maß ist voll. Wir werden andere Saiten aufziehen müssen.
Der Mann hatte sich in Rage geredet und war laut geworden.
Schließlich sprang er ruckartig von seinem Stuhl auf, kam zu mir heran und sagte, ein wenig gefaßter wieder:
Betrachten Sie diese Unterredung als beendet. Sie hören von uns.
Auf Wiedersehen.
Der Mann gab mir flüchtig die Hand und weg war er, durch die hintere Tür war er gegangen.
Der Mann war der Vorsitzende des Rates des Kreises Teterow. Er hatte mich zu der Unterredung ins Amt bestellt und jetzt so abrupt nach einer Stunde wieder entlassen. Was war geschehen?
Der Anlaß für die Verstimmung bei den staatlichen Stellen lag etwas länger zurück. Er zeigte sich hier als ziemlich bedrohlich. Er war teils ernster und teils heiterer Natur. Und das war so gekommen:
Das Kirchdorf Boddin galt als Zentraldorf. Eine neue Zehnklassenschule war entstanden. Ein riesiger Bau an der Dorfstraße zwischen Kirche und Gaststätte. Man staunte, er war in kurzer Bauzeit entstanden. Boddin wurde etwas bedeutender, jedenfalls wollte man das von offizieller Seite gerne so sehen. Den Boddinern war das recht. Eine Zehnklassenschule mitten im Dorf! Die Direktorin der Schule kam sich wichtig vor, die Boddiner Führungsschicht auch. Zur Einweihung der Schule kam Margot Honecker nach Boddin.
Wochenlang warf dieses Ereignis seine Schatten voraus. Boddin sollte zur Musterschule getrimmt werden. Wenigstens für den Tag der Einweihung. Losungen wurden angebracht, Fähnchen aufgesteckt. Das Dorf glich einer bunten Jahrmarktsbude. Die Ministerin konnte zufrieden sein. Die Regierenden liebten Fähnchen und Losungen und Menschen, die Begeisterung vormachten. Für die neue Schule kamen eine Reihe neuer Lehrer nach Boddin. Einer davon ganz jung, eben von der Ausbildung. Aber er war bereit, für den Sozialismus an vorderster Front zu kämpfen, wie man das nannte.

114

Der Andere kam von einer Schule in der Nähe. Er war erfahren im soza-listischen Kampf, und machte diesen Kampf auf seine Weise.

Ich hatte als Ortspastor die Gewohnheit, jeden, der in der Gemeinde neu hinzuzog, sofort zu besuchen. Ich wollte mit solchen Besuchen deutlich machen, daß in der Gemeinde die Mehrzahl der Bewohner Christen waren. Ich wollte auch klarstellen, daß wir als Kirche für unsere Kinder eine gute Erziehungsatmosphäre wünschten. Hetze gegen Glauben und Kirche würden wir nicht hinnehmen. Wir hatten als Staatsbürger das Recht der Glaubens- und Gewissensfreiheit, und wir würden das auch durchsetzen.

Im großen und ganzen wurde das von der Schule und den Lehrern auch respektiert. Einzelne Ausfälle passierten. Ich ging ihnen nach und sprach mit den beteiligten Lehrern. Diese Praxis war staatlichen Stellen nicht geheuer. Was mischt sich die Kirche ein, sagten sie. Hausbesuche bei Lehrern, die Mitglied der Kirche waren, nun gut, das mochte angehen. Aber Besuche bei denen, die keiner Kirche angehörten, das nannte man Einmischung in schulische Angelegenheiten, das war Belästigung, das wollte man nicht hinnehmen. Nun war der neue Lehrer gekommen. Vierzehn Tage nach seinem Einzug ging ich zu ihm.

Ich wollte mich Ihnen vorstellen, denn wir unterrichten dieselben Kinder in der Schule und im Konfirmandenunterricht.

Der Neue stutzte. Sein Gesichtsausdruck zeigte die Frage: Was soll denn das, und was haben wir zu bereden?

Ich wollte mich nicht an der Tür abwimmeln lassen und fragte: Kann ich einen Moment mit Ihnen sprechen?

Na gut, wenn es sein muß. Er nahm mich mit in sein kleines Arbeitszimmer, widerwillig, wie man leicht bemerken konnte.

Nach einem kurzen floskelhaften Hin und Her von Neuzuzug und daß Boddin doch schön sei, erzählte ich ihm meine Ansicht zur Erziehungsarbeit an den Kindern und daß wir nicht erlauben würden, wenn der christli-che Glaube unserer Kinder verächtlich gemacht würde und daß wir fän-den, zur Jugendweihe dürfte nicht mit Druck geworben werden.

Das gefiel ihm nicht.

Ich werbe zur Jugendweihe so wie ich will und übrigens bin ich als Lehrer auch dazu dienstlich verpflichtet, und überhaupt, Sie werden doch nicht ernsthaft der Meinung sein, daß Kirche in zwanzig Jahren noch vorhan-den ist. Da werden die Menschen eingesehen haben, daß der Glaube ein Instrument der Ausbeutung war und daß Lenin endgültig bewiesen hat, daß wir dieses Überbleibsel aus der kapitalistischen Zeit nicht mehr brauchen. Es macht unsere Kinder und Jugendlichen zu geistigen Krüppeln. Das war deutlich! Ich wußte, woran ich war. Ich erkannte, dieser Lehrer ist eine Sondermeldung in unserm Dörfchen. Das konnte ja gut werden. Ihre Meinung wundert mich, begann ich wieder, oder ist Ihnen verborgen geblieben, daß wir große Wissenschaftler haben, die auch Christen sind? Kennen Sie Max Planck? Oder wir können auch andere nehmen. Meinen Sie im Ernst, daß diese Menschen durch den christlichen Glauben verdummt worden sind? Glaube und Wissen gehören zusammen. Der Mensch muß beides üben und in beidem wachsen.

Er hörte zu. Sein Gesichtsausdruck wurde abweisender.

Sie müssen das so sagen, Sie bekommen Geld dafür als Pastor. Aber unsern Kindern müssen wir helfen, von diesen mittelalterlichen Vorstellungen loszukommen.

Wir redeten uns in Eifer. Er ließ nicht locker, ich auch nicht. Aber zu machen war nichts, er betonte wiederholt: ich bin Genosse und ich halte es für meine Pflicht, für die Weltanschauung der Partei zu wirken, auch in der Schule. Und ich bin Christ, ich habe die Pflicht, in diesem Dorf als Pastor zu wirken. Ich werde mich darum mühen, daß in dieser Gemeinde auch von Lehrern die Glaubens- und Gewissensfreiheit beachtet wird. Das steht schließlich in der Verfassung, an die auch Sie sich halten müssen.

Sie wollen mir drohen! sagte er, und sein Gesicht nahm einen verbissenen Ausdruck an. Er stand auf und geleitete mich zur Tür.

Nicht drohen, sagte ich, aber von vornherein klarstellen, daß in dieser Gemeinde die Mehrzahl der Menschen zur Kirche gehört und auch hingeht.

Der Abschied war kurz. Ich wußte, hier hatte ich einen Feind.

Der andere Anlaß für die Einbestellung aufs Amt nach Teterow lag bereits etwas zurück. Ich war mir überhaupt nicht bewußt, gegen die staatlichen Stellen Negatives unternommen zu haben.

Ein Mann, so um die Vierzig, starb ganz plötzlich. Herzinfarkt. Er war Mitglied der Kirche, bekam eine kirchliche Bestattung. Anfang der sechziger Jahre kamen staatliche Bestattungen sehr selten vor. Man hatte weder richtig ausgebildete Redner dafür, noch war die Durchführung einer solchen Unternehmung grundsätzlich wünschenswert. Begraben werden wie ein Hund, nannten die Boddiner das. Außerdem wäre die Durchführung rein praktisch an Grenzen gestoßen. Es gab in Boddin zuerst keine Leichenhalle. Die Verstorbenen bahrte man in der südlichen Anbaukapelle der Kirche bis zur Beerdigung notdürftig auf. Von dort trug man den Sarg in die Kirche vor den Altar, wo die Grabrede stattfand. Schließlich folgte der Trauerzug dem Sarg ans Grab, wo er mit Schlußwort und Lied versenkt wurde.

Mit einem aus der Kirche ausgetreten Menschen wäre das schwierig geworden, denn man konnte seinen Sarg nicht gut vor den Altar stellen. Es gab damals in Boddin nur wenig Ausgetretene, vielleicht zehn Personen. Sie waren jung, so kam es zu keinen Problemen damit.

Der Mann um die vierzig, der plötzlich Verstorbene, hatte eine große Folge, wie es im Dorf hieß. Fast einhundert Trauergäste versammelten sich in der Kirche. Am Ausgang an der Kirchentür gab ich jedem die Hand. Die Angehörigen bedankten sich.

Am Schluß kam ein Mann mit Parteiabzeichen zu mir, ziemlich erregt und sagte: Das wird ein Nachspiel haben! Was Sie gesagt haben, das werden wir nicht ruhen lassen. Das war eine Provokation.

Was hat er nur gemeint? Ich überlegte. Ich besprach den Vorfall mit anderen aus der Gemeinde. Wir überlegten. Uns fiel nichts dazu ein.

Nach Monaten die Vorladung ins Ratsgebäude nach Teterow. Ich las: Zur Klärung eines Sachverhaltes bitten wir sie ...so lautete die bekannte Formel, die meistens, wie man wußte, mit einer Strafe endete.

Ich besprach mich mit Kollegen. Ich meldete den Umstand beim Landessuperintendenten. Wir kamen auch zusammen auf keinen plausiblen Grund für die Vorladung.

Nehmen Sie auf jeden Fall einen Nachbaramtsbruder mit zu dem Gespräch, riet der Superintendent. Auf keinen Fall allein hingehen.

Im Ratsgebäude in Teterow wurde ich sofort vorgelassen. Mein Kollege erhielt die Genehmigung, mit einzutreten, ausnahmsweise, wie der Pförtner betonte.

Im Büro des Vorsitzenden hatten der Mann von der Abteilung Inneres und eine Protokollantin bereits Platz genommen. Der Raum machte einen kahlen, kalten Eindruck. An der Stirnwand ein Bild von Walter Ulbricht. Quergestellt davor ein auffallend großer Schreibtisch mit mehreren Telefonapparaten. Der Vorsitzende trat ein. Wir erhoben uns, wie bei einer Gerichtsverhandlung. Kurze Begrüßung nur. Der Vorsitzende kam gleich zur Sache. Er plazierte vor sich einige Zettel und las ab: Herr Pilgrim, Sie haben Angehörige der pädagogischen Intelligenz bedroht und zweitens haben Sie unsere Sozialistische Einheitspartei beleidigt.

Dann erläuterte er den Sachverhalt. Er schilderte den Hausbesuch bei dem neu zugezogenen Lehrer in Boddin. Er zitierte Einzelheiten aus dem Gespräch. Der Lehrer mußte unser Gespräch irgendwie aufgeschrieben haben. Die Sätze schienen mir aus dem Zusammenhang gerissen, schlecht erinnert auf alle Fälle.

Und er sprach von der Beerdigung. Ich hätte dort gesagt: Wer in die Partei ginge, den bestraft Gott mit dem Tode.

Er nannte Ort und Datum der Verfehlungen. Er brachte seine Vorwürfe recht aufgeregt heraus. Er zeigte sich entschlossen, man werde sich das von mir nicht bieten lassen. Mit fanatischem Blick sah er mich an. Ich spürte, dies hier würde nicht gut ausgehen.

Ich schwieg eine Zeit, hörte zu. Ich überlegte. Mir fiel die Beerdigung ein. Wie waren die Anfangsworte gewesen? Die nur konnte er meinen. Ungefähr so: „So schnell ist alles gegangen. Wie man sagt: Heute rot und morgen tot."

Ich mußte lächeln. Sie haben die Worte in den falschen Hals bekommen, dachte ich.

Und da können Sie noch lächeln, Herr Pilgrim, sind Sie sich über den Ernst der Lage nicht im klaren?

Nur freundlich bleiben, dachte ich, nur ruhig.

Ich versuchte die Sache mit dem Besuch bei dem Lehrer zu erklären. Dann kam ich auf die Beerdigung.

Das ist eine Redensart, was ich zu Beginn gesagt habe. Heute rot und morgen tot, das sagt man so, wenn einer ganz schnell gestorben ist ... Ich wollte ausdrücken, wie fix der Tod kommen kann.

Nichts! Mit eisernem Gesicht saß der Mann vor mir. Er wollte nicht verstehen. Ein Wort gab das andere. Dann riß bei mir die Geduld.

Ja, wenn Sie bei allem, was ich sage, das Gras wachsen hören, dann kann man nichts machen. Ich wußte gar nicht, daß der Verstorbene in der Partei war, haben mir die Angehörigen nicht gesagt. Spielt bei einer christlichen Beerdigung auch keine Rolle.

Er hörte nur widerwillig zu, man spürte das. Sein Blick war stechend. Nach einer Pause stand er auf: Das Maß ist voll!

Nachdem er gegangen war, geleitete uns die Protokollantin zur Tür. Wir gingen zur Pforte zurück. Wir erhielten unsere Ausweise, die wir vorher abgegeben hatten. Wir standen auf der Straße wie verhagelte Hühner.

Ein Nachspiel hatte die Angelegenheit tatsächlich, ein recht übles sogar. Nach Monaten erreichte mich ein Brief des Landesbischofs aus Schwerin. Er teilte mit, daß der Rat des Kreises Teterow an den Oberkirchenrat die dringende Bitte herangetragen hätte, den Pastor Günter Pilgrim aus Boddin unverzüglich auf eine andere Pfarrstelle zu versetzen. Er sei auf Grund besonderer Vorkommnisse für die Gemeinde Boddin untragbar geworden.

Der Landesbischof hatte der Nachricht die Durchschrift seines Antwortbriefes beigefügt. Der Oberkirchenrat und speziell er als Landesbischof sehe keine Veranlassung, den Pastor Pilgrim aus Boddin zu versetzen, auch wäre eine solche Praxis kirchenrechtlich unmöglich und überhaupt könne man in dieser Beziehung auf die Wünsche staatlicher Stellen keine Rücksicht nehmen. Staat und Kirche seien getrennt und jeder ordne seine Angelegenheiten selbständig.

Der Landesbischof lud jährlich im Mai Pastoren aus Mecklenburg zu einer Rüstzeit nach Poserin bei Goldberg ein. Ich war mehrere Jahre hindurch dabei und mußte über Themen aus der modernen Literatur referieren.

Auf der Rüstzeit nach dem Teterower Vorfall nahm mich der Bischof in der Mittagspause für einen Moment beiseite.

Sie wissen, worum es geht, lieber Bruder Pilgrim? Er lächelte väterlich. Machen Sie sich wegen des Briefes aus Teterow keine Sorgen. Schließlich haben wir unsere eigenen kirchlichen Gesetze. Und wo kämen wir hin, wenn wir uns von den staatlichen Stellen in die Kirche hineinregieren lassen würden! Sie haben sich richtig verhalten. Wir haben die Vorfälle noch einmal geprüft, Sie hatten ja gleich einen Bericht an mich gegeben. Die Sache ist in Ordnung. Machen sie so mutig weiter. Mir fiel ein Stein vom Herzen.

Wie war dieses gespannte Verhältnis zum Staat entstanden? Denn das ließ sich deutlich erkennen, beliebt war ich bei denen nicht. Sie würden das nicht vergessen.

Lag der Grund für die Spannung in der Entwicklung der Kirche in den sechziger Jahren? Bewegte sich die Anschauung der jungen Pastoren in jener Zeit weg von der offiziellen Staatsanschauung?

Wie lagen die Dinge bei mir persönlich Ich wollte eigentlich kein Staatsfeind sein. Wir diskutierten mit den Nachbarkollegen.

Bei mir persönlich lagen Gründe womöglich in meiner Biographie. Es gab einige Punkte, die den Funktionären Sorgen machen mußten. Es begann in der Zeit der Oberschule und in den ersten Semestern des Studiums.

Meine Familie hatte mich für das Studium der Pädagogik ausersehen. Du wirst am besten Lehrer, hatte meine Mutter gesagt. Nein danke, war meine Antwort. Dann studierst du Medizin, entschied mein Vater. Ärzte werden immer gebraucht.

Ich konnte mich mit beiden Berufen nicht anfreunden. Das Abitur rückte näher. Ich hatte mich noch immer nicht entschieden.

In dieser Zeit kam ich durch Freunde in einen christlichen Jugendkreis. Wir diskutierten viel, wir unternahmen an den Wochenenden Fahrten, wir gingen gemeinsam ins Kino, wir redeten bis tief in die Nacht. Es war eine besondere Zeit. Wir waren eine große Gruppe ausgelassener junger Leute. Ein auswärtiger Pastor kam damals zu einer kirchlichen Woche in unsere Stadt. Ich war an jedem Abend dabei. Mich beeindruckte die Sache mit dem Glauben zum ersten Mal im Leben ganz tief. Ich war als Kind getauft, ja. Ich war auch mit 14 Jahren konfirmiert worden, selbstverständlich. Wir lebten in einer gutbürgerlichen Familie, da gehörte Christentum dazu. Aber nur ja nichts übertreiben, das gehörte auch dazu. Man ging zu Weihnachten in die Kirche. Vielleicht noch ein oder zweimal im Jahr, aber dann war das christliche Pensum geschafft.

Plötzlich ging ich zu jedem Abend dieser kirchlichen Woche. Unser Freundestrupp ging auch. Wir hörten die Auslegung des Glaubens ganz neu. Da war etwas, das in unser Leben hineinragte. Der Pastor verstand seine Sache ausgezeichnet. Das Wort Gottes hatte uns ergriffen, anders kann man das nicht bezeichnen.

An einem Abend der Woche legte der Pastor die Berufungsgeschichte aus dem 6. Kapitel des Jesajabuches so lebensnah aus, daß wir nicht mehr davon loskamen. Da hieß es in der Bibel bei Jesaja 6: „Ich sah den Herren sitzen auf einem hohen und erhabenen Stuhl und sein Saum füllte den Tempel und Engel standen über ihm und einer rief zum anderen und sprach: Heilig, heilig, heilig ist der Herr Zebaoth, alle Lande sind seiner Ehre voll! und die Schwellen bebten von der Stimme ihres Rufens und das Haus ward voll Rauch, und ich sprach: Weh mir, ich vergehe, denn ich bin unreiner Lippen ... Da flog einer der Engel zu mir und hatte eine glühende Kohle in der Hand, die er mit der Zange vom Altar nahm und rührte meinen Mund an ... und die Stimme des Herrn sprach: gehe hin und sprich zu diesem Volk."

Diese Berufungsgeschichte von der verbrannten Zunge hatte mich an jenem Abend so aufgewühlt, daß ich nur noch denken konnte: Du bist gemeint. Du bist der, der losgehen soll. Du mußt dein Leben ändern.

Ich bezog die Geschichte auf mich, da gab es gar nichts anderes. Von dem Augenblick an stand fest, felsenfest und unerschütterlich, ich werde Theologie studieren, ich werde Pastor werden.

Ich kann noch heute die Stelle, den Tag und die Stunde sagen, als dies an mir geschah. Es ging tief in der Seele vor sich.

Am Tag darauf verkündete ich meinen Entschluß in der Familie. Mein Vater war sprachlos.

Dann aber mußt Du Mitglied der FDJ werden, sagten meine Lehrer.
Sonst bekommst Du keinen Studienplatz. Ich wollte das nicht wahrhaben. Die FDJ ist der kommunistische Jugendverband der DDR und daher atheistisch, sagte ich, da kann ich nicht Mitglied werden. Aber ich mußte.
Sonst wird nichts aus dem Studium, sagten alle, die Bescheid wußten.
Ich wurde Mitglied der FDJ, schweren Herzens, aber es mußte sein. Wir waren drei Mann in der Klasse, die Theologie studieren wollten. Helmut und Winfried und ich. Helmut hatte bereits entschieden. Winfried und ich folgten. Wir können doch wieder austreten, sagten wir uns. Erst mal auf der Uni sein, dann raus aus dem Politladen. Und so geschah es. Am Ende des ersten Semesters in Rostock nahm ich meinen FDJ-Ausweis schrieb einen Austrittsbrief dazu und schickte beides an den ersten Sekretär der FDJ-Leitung der DDR nach Berlin. Sein Name war Erich Honecker.
Eine Antwort habe ich nie erhalten.
Meine Akte bei der Sicherheit hatte den ersten Minuspunkt. Der andere kam bald hinzu.
Es war Wahl in der DDR, wieder einmal. Eine von den Veranstaltungen, die mit der Erfüllung von 98 Prozent und mehr ausgingen. Da konnten die Demokratien in aller Welt neidisch werden. 98 Prozent Wahlergebnis, das war traumhaft. Der Sozialismus machte sich gern etwas vor. Und die Menschen machten mit. Sie gingen zur Wahl. Was sollte eine andere Meinung? Sie war unbequem und änderte nichts, sagten die meisten. Der Staat hatte beschlossen, das ganze Volk ist dafür. Und so war das ganze Volk dafür. Bis auf wenige Ausnahmen. Professor Gottfried Quell, in jenen Jahren zuständig für das Alte Testament an der Universität Rostock, ging nicht zur Wahl. Er war ein origineller Querkopf. Wir Studenten mochten ihn sehr.
Zur Wahl, die ich hier meine, ging Quell ebenfalls nicht aus dem Haus.
Abends, kurz vor Schließung der Wahllokale, besuchte man ihn. Wahlschlepper kamen. Sie sollten ihn überzeugen, doch noch zu kommen. Zur Wahl kommen, fragte Quell. Was soll ich da? Das ist doch gar keine Wahl! Die Wahlschlepper wurden böse: Wieso soll das keine Wahl sein? Das können Sie nicht sagen, unerhört!
Quell stand auf, begab sich, ohne ein Wort zu sagen, ins Nebenzimmer, kam zurück mit einem Teller, auf dem eine Birne lag, und hielt den verdutzt dreinschauenden Wahlspezialisten den Teller hin mit den Worten:
Bitte, meine Herren, wählen Sie!
Schweigen. Eisiges Schweigen. Der Sozialismus war humorlos.
Das wars denn wohl! Auf Wiedersehen, meine Herren, sagte Quell und drängte sie zur Tür.

In der Vorlesung hatte Quell dieses Erlebnis berichtet. Sein Beitrag zur Wahl! Trommelkonzert der Studenten. Das Erlebnis befreite uns und wirkte. Wir gehen nicht zur Wahl, ist doch klar, sagten wir in unserer Gruppe.

Der Wahltag kam heran. Wir wohnten zu zwölft im kirchlichen Studentenheim, dem „Krohneum". Wir gehen nicht, alle blieben sich einig.

Am Nachmittag kam ein anderer Professor. Er hatte von unserer Absicht gehört. Das können Sie nicht machen, redete er auf uns ein. Was wird aus Ihrem Stipendium? Wenn man es streicht, was werden Sie machen? Die erfinden irgendeinen Grund. Und außerdem ist es gar keine Wahl. Frisiert wird am Ende doch das ganze Ergebnis, ob Sie nun hingehen oder nicht. Ändern können Sie daran nichts. Ich bitte Sie, um unserer theologischen Fakultät willen, gehen Sie hin. Sie können ja alles durchstreichen, aber gehen Sie.

Wir schätzten auch diesen Professor. Er war anders als Quell, viel verbindlicher diplomatischer auch. Als Dekan der Theologischen Fakultät hatte er Verantwortung zu tragen, mußte er mit den staatlichen Stellen verhandeln. Wir hörten seine Argumente an dem Tag nicht gern, aber wir verstanden ihn. Wir gingen zur Wahl, und zwar fünfzehn Minuten vor dem Schließen der Wahllokale. Wir wählten alle mit „nein", die ganze Gruppe.

In der Nacht darauf warfen unbekannte Täter im „Krohneum" die Fenster ein. Tage später erfuhren wir von Beisitzern aus dem Wahllokal: Als das Lokal um 18 Uhr Schloß, öffnete man die Wahlurnen und fand oben auf dem Haufen der abgegebenen Wahlzettel unsere zwölf Zettel. Alles war durchgestrichen und mit großen Buchstaben stand „Nein" darauf. So wie wir das verabredet hatten. Kopfschütteln der Wahlbeisitzer. Da kannst Du mal sehen, wie die Theologen eingestellt sind! Und für sowas gibt unser Staat noch Geld, sagte der Chef des Wahllokals.

Meine Akte bekam den zweiten Minuspunkt.

Ich konnte machen, was ich wollte, mein Verhältnis zum Staat, so wie die Funktionäre in Gemeinde und Kreis das sahen, wurde immer problematischer.

Meine Gottesdienste wurden von Spitzeln besucht und abgehört. Mitarbeiter von der Staatssicherheit klingelten an der Pfarrhaustür, und immer gerade dann, wenn ich zu Hausbesuchen in der Gemeinde unterwegs war. Sie sprachen kurz mit meiner Frau. Nein, reinkommen wollten sie nicht. Sie wollten auch nicht mit mir sprechen. Sie wollten nur in geheimer Drohgebärde andeuten: Wir sind da. Wir können auch anders. Seht euch vor.

War mein Verhältnis zum Staat problematisch gewesen, belastet von der Schul- und Studentenzeit her, so wurde es in den ersten Jahren meiner Landpastorenzeit in Boddin total zerrüttet. Und das kam durch die Jugendweihe. Seit 1954 galt die Jugendweihe in der DDR als politischer Vorposten besonderer Art. Man führte sie ein als Veranstaltung für die Vierzehnjährigen. Der Abschluß der Schulzeit und die Aufnahme in das Leben der Erwachsenen sollte feierlich begangen werden. Vor allem aber plante man diese Feier als Ersatz für die Konfirmation bei den Kindern, die nicht getauft waren und deren Eltern nicht zur Kirche gehörten.

Mit der Wahl des Wortes „Jugendweihe" für diese zunächst verständliche Feier jedoch begann die Katastrophe. Der Staat knüpfte an die Praxis der Freidenkerbewegung aus dem Ende des 19. Jahrhunderts an. Damals entstand im Umkreis des frühen Marxismus diese Handlung, die zugleich eine Protestaktion sein sollte. Religion ist Opium für das Volk, stand bei Marx zu lesen. Und das Volk sollte der Kirche entrissen werden. Zunächst nicht mit Gewalt, sondern mit Alternativangeboten. Das klappte nicht so ganz. In der Zeit des Dritten Reiches verschwand diese Aktion wieder. Als sich die DDR konsolidiert hatte, kramte man sie wieder heraus. Jetzt wurde man deutlicher. Der Staat wurde in Dienst genommen. Die Jugendweihe wurde zum Bekenntnisakt. An der Teilnahme sollte abgelesen werden, wer ein guter und wer ein schlechter Staatsbürger war. Und sie mußte möglichst flächendeckend durchgesetzt werden. Mit staatlichen und schulischen Mitteln wurde daran gearbeitet. Es ging zögerlich. Die Menschen wollten lieber die alte bewährte Konfirmation. Nur ein paar Funktionärskinder erhielten Jugendweihe. Auf dem Lande war diese Weihe verpönt, am Anfang. Dann aber entschloß sich der Staat zu derberen Methoden. Die Erlangung einer Lehrstelle wurde davon abhängig gemacht und die Zulassung zur Oberschule.

Außerdem fand eine Werbekampagne großen Ausmaßes statt. In den Jahren 1956 bis 1960 wurde die Sache kritisch. Die Schule, die Betriebe, die Jugendorganisationen, kurz alle gesellschaftlichen Kräfte nahm man zur Hilfe. Der Erfolg auf dem Lande war gering. 1958 nahmen in der Kirchgemeinde Boddin 35 Jugendliche an der Konfirmation teil und zwei an der Jugendweihe. Die Fronten waren klar.

Bis 1957 legten die Jugendlichen in der Jugendweihe das Gelöbnis ab, „alle ihre Kräfte für den Fortschritt der Wissenschaft einzusetzen". Von 1958 an aber änderte man das Gelöbnis in „alle ihre Kräfte für die große und edle

Sache des Sozialismus einzusetzen". Kam hinzu, daß seit dem 1. September 1957 die Schule nicht mehr „demokratisch" sondern „sozialistisch" genannt wurde. Am 29. September 1957 forderte Walter Ulbricht bei der Eröffnung des Jugendweihejahres 1958 in Sonneberg, „daß nunmehr alle Jungen und Mädchen an der Jugendweihe teilnehmen sollten". Ab sofort war klar: Das Freiwilligkeitsprinzip, das zuerst noch galt, war aufgegeben.

Von da an wurde Gewissensdruck auf die Menschen ausgeübt. Und dieser Druck wurde immer stärker, immer massiver. Eltern und Kinder kamen in Not, mancher Lehrer auch.

Die Kirche stellte sich zunächst auf den einfachen und klaren Standpunkt: Die Jugendweihe ist ein Bekenntnis zum Sozialismus, und der ist in seinem Wesen als Weltanschauung atheistisch. Und die Konfirmation ist ein Bekenntnis zu Jesus Christus, dem Sohne Gottes und Erlöser. Somit sind beide Handlungen unvereinbar. Man nimmt entweder an dem einen oder an dem anderen teil. Das ging einige Jahre so durch.

Jedoch nach 1958 sollten alle Schüler mit 14 an der Jugendweihe teilnehmen. Ein Kampf entstand zwischen Staat und Kirche. Zunächst widerstanden viele Eltern dem Druck, jedoch mit der Zeit, vor allem in den Städten, fielen die Eltern um. Sie unterschrieben für die Jugendweihe.

In der Konfirmandenstunde hörten die Schüler, wer an der Jugendweihe teilnimmt, kann nicht konfirmiert werden. Ich kann nicht in der einen Woche sagen, ich gelobe dem Sozialismus, dem atheistischen, die Treue und in der nächsten Woche bekennen, ich gelobe Gott dem Herrn die Treue. Bei dem einen Bekenntnis wäre ich unredlich, denn beide beanspruchen „alle meine Kräfte".

Was also tun? Es kamen schwierige Jahre für die Eltern und die Schüler und für die Kirchengemeinden. Die staatlichen Werber arbeiteten mit Angst. Sie führten oft stundenlange Gespräche mit den Eltern. Es waren meist Lehrer, die ihr Soll erfüllen mußten. Sie bekamen Ärger, wenn sie wieder keinen überzeugt hatten. So ließen sie in die Gespräche einfließen: Ihr Kind wird es schwer haben ohne Jugendweihe, da wird es keine Lehrstelle kriegen, und auf die Oberschule? Na das wird gleich gar nichts! Welches Elternpaar will dem Kind den Weg in den Beruf versperren! Es gab scheußliche Gespräche.

Die Kirche sträubte sich und betonte, es müsse nach Leistung gehen. Christen hätten die gleichen staatsbürgerlichen Rechte, sie dürften nicht benachteiligt werden. In Tränen aufgelöst sind damals viele Eltern zu mir ins Pfarrhaus gekommen. Das darf es doch nicht geben! Machen Sie was, helfen Sie uns! Was konnten wir schon tun?

Wir sagten, der Staat mißbraucht seine Macht. Er setzt mit staatlichen Mitteln die Jugendweihe durch. Er stört die Glaubens- und Gewissensfreiheit in unserm Land. Er benachteiligt die Christen.

Die Kirche ist nur so stur und dogmatisch und will nicht Beides erlauben. Sie setzt die Kinder und Eltern unter Druck, sie arbeitet mit Gewissenszwang, sagten die Werber.

Wir sind für das Entweder-Oder, sagten die Pastoren. Wir sind für das Sowohl als Auch, sagten die Weber.

Berge von Papier erzeugten die Kirchen. Konferenzen befaßten sich damit. Synoden berieten darüber, tage- und wochenlang. Immer wieder kam heraus: Konfirmation und Jugendweihe sind ihrem Wesen nach unvereinbar. Es war eine schlimme Zeit! Der Konflikt trat auf der Stelle. Unerträglich für die Beteiligten.

Was sollen wir bloß tun, sagten manche frommen Eltern, unser Junge soll doch auch zur Oberschule. Er kann gut lernen, er soll einmal was werden. Was machen wir? Er soll aber auch konfirmiert werden, so wie alle unsere Vorfahren konfirmiert wurden.

Es ging soweit, daß Lehrer bei solchen, die nicht für die Jugendweihe unterschrieben, die Zensuren drückten. Sie bekamen keine Klassenämter und in manchen Unterrichtsstunden schikanierte man sie mit Nadelspitzenpolitik von der übelsten Sorte.

Die Kirche forderte wieder und wieder einen klaren Kurs und drang auf Entscheidung und Mut zum Risiko.

In einer offiziellen Schrift vom Oberkirchenrat vom 14. Januar 1956 heißt es am Schluß: „Die Kirche weiß, daß sie und ihre Kinder bei der Entscheidung, ob sie ihre Kinder zur Konfirmation oder zur Jugendweihe schicken sollen, in Bedrängnis und Sorge kommen. Sie kann ihnen diese Sorge nicht abnehmen, aber sie bittet Gott den Herrn, daß er ihnen helfen wolle, die richtige Entscheidung zu treffen ... In solcher Entscheidung sind sie auch durch die Verfassung der DDR geschützt, die ihnen im Artikel 41 volle Glaubens- und Gewissensfreiheit zusichert und ihre ungestörte Religionsausübung unter den Schutz der Republik stellt."

Große Worte! Wichtige Worte, natürlich, aber wo blieb die Barmherzigkeit? Im Winter 1958 luden wir zu einer grundsätzlichen Versammlung ins Boddiner Pfarrhaus. Eltern kamen und Konfirmanden, Lehrer und Funktionäre. Der Konfirmandensaal konnte die Besucher kaum fassen. Ich redete in Form eines Vortrages etwa eine Stunde. Ich versuchte, die Positionen klarzulegen. Ich wollte zeigen, man kann nicht einfach beides machen und so tun, als gäbe es in unserem Staat nur Friede, Freude,

Eierkuchen. Ich las aus einem Artikel der örtlichen Zeitung vor. Da hieß es: „Es ist längst bekannt, daß einigen kirchlichen Kreisen die Jugendweihe ein Dorn im Auge ist. Sie versuchen mit allen nur möglichen Argumenten den Wert und die Bedeutung der Weihe zu schmälern. So schreibt zum Beispiel Herr Superintenden Dr. Gasse in einem Brief: Die Jugendweihe setze den Menschen an die Stelle des lebendigen Gottes. Herr Superintendent, ich frage Sie: Wer hat die Atomkraft gebändigt, wer erobert mit Sputniks den Weltraum, wer entreißt dem lebendigen Gott′ nach und nach alle Geheimnisse? Ist es nicht an der Zeit, den wahren Schöpfer aller Dinge – den Menschen – in den Vordergrund zu rücken?" Das war deutlich. Man mußte nicht mehr soviel hinzufügen. Die Aussagen der DDR-Marxisten und die Aussagen der Bibel vertragen sich wie Feuer und Wasser.

Im Saal gab es eine knisternde Stimmung. Ich schloß mit den Worten: Man kann nicht Gott dienen und dem Sozialismus. Man kann nicht bekennen: Es gibt keinen Gott, und drei Wochen später sagen: Es gibt Gott. Man kann nicht zur gleichen Zeit nach Gnoien fahren und nach Teterow, man kann nicht in einer Person evangelisch und katholisch sein. Eines geht nur, man muß sich entscheiden.

In der darauffolgenden zwei Stunden langen Diskussion flogen die Fetzen. Die Funktionäre wollten die Jugendweihe damit durchsetzen, daß sie sagten, beides verträgt sich. Man kann sich jugendweihen lassen und drei Wochen später an der Konfirmation teilnehmen. Nur die Pastoren sind so stur. Sie wollen eines. Wir sind großzügig und erlauben beides.

Die Leidtragenden waren die Eltern. Sie wurden in eine Zerreißprobe ohnegleichen gestellt.

Trotzdem bekam die Jugendweihe in Boddin, auch in den Jahren darauf, keinen Zulauf. Einige wenige nahmen teil, die Masse der Schüler ging nur zur Konfirmation. Der stille Mut mancher Elternpaare hat hier ihren Kindern ein leuchtendes Vorbild hinterlassen.

In den Städten verlief die Entwicklung anders. Die Situation war nicht so übersichtlich. Die Konfirmandenzahlen waren größer und die Eltern unentschlossener. Es fehlte auch die mittragende Gemeinschaft, wie auf den Dörfern. So entstand von den Kirchgemeinden her die Bitte an die Kirchenleitungen, doch die strenge grundsätzliche Praxis aufzulockern. Jeder Fehler müsse wieder gutzumachen sein, jeder Abtrünnige müsse wieder zurückkehren können, machten sie geltend.

Kirche, sagten sie dringlich und bittend, hilf uns zu einer Praxis, die nicht alle Konfirmanden ins Heidentum treibt.

Die Bischöfe berieten, die Synoden tagten, die Pastoren suchten nach Lösungen. Grundsätzlich sollte an der Unvereinbarkeit beider Handlungen festgehalten werden, aber wer zur Jugendweihe ging, der sollte trotzdem eine Möglichkeit zur Konfirmation bekommen.

So entstand allmählich ein moderates „sowohl als auch" in dem Sinn, daß man in dem einen Jahr an der Jugendweihe teilnahm, dann ein oder zwei Jahre warten mußte, beweisen sollte, daß einem das erste Bekenntnis leid tue, man am Leben der Kirche teilnahm und schließlich als letztes Bekenntnis die Konfirmation gestellt wurde.

Die Kirche gab klein bei. Anders konnten wir auf dem Lande das nicht sehen. Erfolg: In den Jahren darauf nahmen fast alle Vierzehnjährigen an der Jugendweihe teil. Eltern und Kinder mußten sich kein Gewissen mehr machen. Der Staat wollte das so, die Kirche räumte die Möglichkeit ein, also war die Sache klar. Sie war es eigentlich nicht, aber was sollte die Kirche machen? Nur einige wenige Getreue aus den ländlichen Gemeinden, oder solche, die weder Lehrstelle noch Abitur brauchten und der größte Teil der Pastorenkinder nahm nicht teil. Sie blieben beim „Entweder-Oder".

Die Frage blieb ungelöst: War der Kompromiß der Kirche ein Sieg der Anpassung oder die notwendige seelsorgerliche Lösung?

Geholfen hat der Kirche das auf Dauer nicht. In den sechziger und siebziger Jahren blieben die Menschen auf eine ganz simple Weise von der Kirche weg. Sie traten nicht aus. Sie hörten auf, Kirchensteuer zu zahlen. Bis zum Jahr 1955 wurde die Kirchensteuer noch vom Staat eingezogen. Die Finanzämter behielten sie bei den Kirchenmitgliedern vom Gehalt zurück. Am 23. März 1955 kündigte der Staat diese Praxis. Die Kirche mußte von da ab die Summe der zu zahlenden Kirchensteuer selbst festsetzen. Sie mußte Kirchensteuerämter einrichten und das Geld einziehen. Das machten zuerst Kirchensteuereinzieher, die von Tür zu Tür gingen. Eine undankbare und noch dazu demütigende Aufgabe. Es fanden sich immer weniger Menschen dafür. Kirchensteuer war Bringepflicht. Die Mitglieder sollten die Summe in den Kirchensteuerämtern bezahlen oder überweisen. Das ging kurze Zeit gut. Dann erschienen die Menschen nicht mehr. Sie ließen auch nichts von sich hören. Hausbesuchsaktionen, von der Kirche eingerichtet, brachten Teilerfolge. Dann hörten auch diese auf.

Die Menschen, die eigentlich durch Taufe und Konfirmation Mitglieder der Kirche waren, setzten sich auf ganz lautlose Weise von der Kirche ab. Hunderte, Tausende wählten diesen Weg. Die Kirche konnte nichts machen. Die Kirchgemeinden von Mecklenburg schrumpften zusammen. „Gesundschrumpfen" nannte man in der Kirche diesen Vorgang für eine kleine Zeit. Wirklich nur für eine kleine Zeit, denn man sah sehr schnell ein, daß dieses Schrumpfen an die Substanz ging. Und hätte es die Hilfe der Westkirchen nicht gegeben, dann wären schon vor 20 Jahren Lösungen in der Kirchenstruktur fällig gewesen.

Die Kirchgemeinden verkleinerten sich automatisch. Die Zahlen sahen plötzlich erschreckend aus. Sie wurden zwar erhoben. In den kirchlichen Meldungen mußte jährlich angegeben werden, wie groß die Zahl der Mitglieder in den einzelnen Gemeinden war. Die Zahlen wurden oft geschönt. Oder es war ganz einfach auch nicht in den Gemeinden bekannt, wer noch dazu gehörte. Alarmierend konnte es nicht recht wirken, weil nichts davon abhing. Kirchensteueramt und Gemeinde waren getrennte Einrichtungen. Die Gemeinden kümmerte es nicht recht, warum weniger zusammenkam. Die Lücken im landeskirchlichen Haushalt füllten auf alle Fälle die Brüder und Schwestern von drüben auf. So lobenswert das war, und Kirche in der DDR hätte ja ohne diese Gelder nicht existieren können, so sehr hat es doch die wirkliche Lage der Kirche in unserem Ländchen verschleiert.

Ich kam an den Schweriner Dom. Gleich hieß es dort: Er ist ein Staatsfeind. Meine Akte war gewiß mitgegangen. Ich spürte das überall. Man ließ es mich auch spüren.

Meine Schwiegermutter lebte zu dieser Zeit in der Bundesrepublik. Wir durften sie nicht besuchen. Wie gern wäre ich mit den Enkeln nach drüben gefahren. Wir waren eingemauert. Es ging uns, wie es allen in der DDR ging. Aber die Westler durften kommen. Ein Visum war nötig. Lange vor dem geplanten Besuchstermin mußte es beantragt werden. Wir stellten den Antrag. Die Oma wollte die drei Enkelkinder sehen. Der Antrag wurde abgelehnt. Meine Frau ging aufs Amt. Sie bat um ein Gespräch mit dem Leiter der Visumsstelle. Wie ein Bittsteller mußte man warten. Endlich erschien der Visumsmächtige. Allgemeinplätze zuerst im Gespräch. Dann die Feststellung, kurz und lakonisch: Wir sind nicht verpflichtet, Ihnen die Gründe für die Ablehnung zu nennen.

Ja, aber andere dürfen doch einreisen. Warum meine Mutter nicht? Meine Frau gab nicht auf.

Sie darf eben nicht. Es besteht kein Rechtsanspruch darauf. Der Mann blieb trotz allem sachlich.

Aber es ist doch menschlich, daß die Oma ihre Enkelkinder sehen möchte. Warum bestraft man uns mit einer solch harten Ablehnung?

Der Visumsgewaltige blieb ruhig, aber streng. Das Gespräch war beendet. Beim Hinausgehen in der Tür blieb er stehen. Sagen Sie Ihrem Mann, er soll werden wie Pastor Kleinschmidt. Solange das nicht ist, werden Sie keine Einreisegenehmigung für Ihre Mutter bekommen. Sagte es und schloß die Tür.

Diese schreckliche kleinmachende Abhängigkeit! Nein, sagte meine Frau, Du gehst Deinen Weg so weiter, wie es nötig ist und wie Du es für richtig hälst. Am Nachmittag machten wir mehrere Runden um den Pfaffenteich. Frische Luft, spazierengehen, reden. Man mußte etwas tun, wo man nichts tun konnte.

Eine Aufgabe, die wir Ihnen anvertrauen, ist der Aufbau der Domgemeinde, sagte der Landesbischof, als er mir die Berufung an den Dom erklärte. Die andere Aufgabe, und sie ist nicht weniger wichtig, fügte er hinzu, ist die Begleitung der Domrestaurierung, die gerade in Angriff genommen wurde. Nun muß ein junger Bruder her, der mit der kirchlichen Baudienststelle zusammen das Angefangene weiterführt. Wir erhoffen uns von Ihnen eine gute Arbeit.

An einem Wochentag ging ich in den Dom allein. Ich schloß die Türen hinter mir zu. Ich setzte mich in die letzte Bank des Mittelschiffes. Es war ein stürmischer Oktobertag Am Vortag hatte es geregnet. Wasser stand im Gang des Mittelschiffes. Wind pfiff durch die Fenster, die große Löcher in der behelfsmäßigen Verglasung zeigten. Zwei von den Fenstern waren mit Hartfaserplatten notdürftig ausgeflickt. Die Bemalung im Gewölbe war überall verschmiert. Dunkelblau sollte sie eigentlich sein mit hellen Sternen darauf, aber die Wasserflecken vom Regen waren so auffällig, daß man vermuten mußte, demnächst löse sich der Putz und fiele herunter. Lieber Gott, wie soll das zu schaffen sein, daß hier wieder ein würdiger Gottesdienstraum entsteht.

Eine Taube flog auf, flatterte ängstlich durch den weiten Raum und entkam durch eine Fensterlücke nach draußen. Ein Windzug ging durch das Schiff. Wir müssen zuerst die Fenster schließen, dachte ich. So kann hier keiner im Gottesdienst mit Andacht sitzen.

Mit dem Leiter der kirchlichen Baudienststelle sprach ich noch am selben Abend. Was machen wir, so kann man das nicht lassen.

In Ordnung, sagte er, wir nehmen zunächst Fabrikglas und werden die freien Fensterfelder notdürftig verglasen. Ich besorge das Glas, Sie die Leute zum Helfen. Und selbstverständlich müssen wir beide mitmachen. Ich schlage vor, diesen Sonnabend fangen wir an.

Ein schöner Schreck! Ich hatte eigentlich keine Zeit. Ich mußte junge Leute besorgen, und war am Sonnabend um 7 Uhr zur Stelle. Er auch.

Es wurde ein Sonnabendprogramm für Monate. Glas holen, Gerüst bauen, Leute besorgen, Stullen schmieren, damit unsere fröhliche Fensterbrigade auch möglichst am Arbeitsort blieb.

Das Gerüst machte uns Sorge. Aus Leitern, Brettern und Draht wurde es notdürftig zusammengebaut. Der Arbeitsschutz hätte einen Schlag bekommen. Wir hatten die Fenster so einigermaßen geschlossen, aber da war sofort die nächste Arbeit, die uns anstarrte. Die Löcher im Dach.

Das ist komplizierter, sagte unser Bauchef. Das können wir nicht allein. Geld ist nötig dazu und Dachdecker. Beides war knapp. Es erschien uns fast aussichtslos, hier weiterzukommen. Aber wir wollten nicht aufgeben. Manchen Abend saßen wir in Zippendorf, dort wohnte der junge kirchliche Bauchef. Wir überlegten, planten, verwarfen Pläne wieder und kamen auf neue. Wir müssen an die staatlichen Stellen herantreten, sagte er, anders wird das nichts. Wir brauchen Handwerkerkapazität.

Man konnte zu der Zeit in der DDR nicht einen Handwerker bitten, etwas zu machen. Alle Handwerksbetriebe waren voll vom Staat verplant. Sie bekamen staatliche Auflagen und Anweisungen. Nur so war auch das Material vorhanden. Es wurde staatlich verwaltet und nur auf Grund der staatlichen Auflagen vergeben. Planwirtschaft nannte man das Ganze. Und wenn man von der staatlich verwalteten Handwerkerkapazität über die entsprechenden Stellen eine Zuteilung erhielt, dann konnte man bauen, sonst nicht.

Um eine Zuteilung zu bekommen, sagte mein Bauchef, brauchen wir einen Bauablaufplan.

Bauablaufplan, was ist denn das, fragte ich. Nie gehört.

Laß mich man machen, er lachte. Dazu habt Ihr ja mich. Ich stell so`n Ding auf. Du mußt nur für das entsprechende Geld sorgen. Am besten wird sein, Du rufst in der Gemeinde auf, daß sie für das Dach spenden möchten. Und damit das gut losgeht, machen wir Fotopostkarten, wir richten ein extra Domspendenkonto ein und dann wäre es gelacht, wenn nix zusammenkommt. Er hatte immer wieder neue Ideen.

Wir richteten bei einer Bank ein Domspendenkonto ein. Gar nicht so einfach. Wir mußten erst mit dem Bankleiter sprechen, wurden persönlich vorgelassen, trugen ihm unser Anliegen vor. Der Dom mit seinen schrecklich großen Löchern im Dach braucht die Hilfen aller Schweriner. Der Bankchef sah das ein. Ja, ich helfe Ihnen. Wir bekamen eine leicht zu merkende Kontonummer. Wir stellten Fotopostkarten mit dem Dombild und der Banknummer her. Jede Postkarte war ein Extraabzug. Ein Fotoamateur aus der Gemeinde half uns. Drucken wäre leichter gewesen. Nie hätten wir eine Druckgenehmigung bekommen.

Schön sahen die Postkarten aus. Großes Dombild und darunter: Helft uns bei der Domrenovierung. Spendenkonto 8000 – Bank für Handwerk und Gewerbe Schwerin.

Wir müssen noch sichtbarer werben, sagte unser Bauchef. Weißt was, wir nehmen eine große Tür und streichen sie an und malen denselben Text darauf und hängen sie von außen an den Dom.

Wir hängten die Tür in den offenen Turmraum zur Bischofstraße hin. Es sah gewaltig aus. Wir waren begeistert.

Wir rührten die Werbetrommel, wo immer das möglich war. Wir verteilten die Fotokarten, unser Amateur kam mit den Abzügen kaum nach. Alles lief gut. Nach vier Wochen zeigte das Konto den Stand von zehntausend Mark. Das war viel Geld, denn damals verdiente ein Arbeiter etwa sechshundert Mark, eine einfache Rentnerin bekam etwa dreihundertfünfzig Mark und ein Pastor etwa sechshundert. Unser Weg war richtig.

Dienstags klingelte bei mir das Telefon. Kommen Sie umgehend in das Ratsgebäude am Leninplatz. Der Stellvertreter des Oberbürgermeisters, der Leiter der Abteilung Inneres, will Sie sprechen. Ich ahnte Schlimmes.

Im Ratsgebäude mußte ich ein fürchterliches Donnerwetter über mich ergehen lassen. Was ich mir dabei gedacht hätte! Das ließe man sich nicht bieten! Daß ich staatsfeindliche Ideen verträte, das wüßte man ja, aber daß ich jetzt schon beim Klassenfeind Zuflucht suchte, das sei der Gipfel. Ich wußte nicht, was er meinte, wirklich nicht. Er hielt meine Ahnungslosigkeit für Taktik und gespielt und wurde noch lauter. Und nun hören Sie genau zu, Herr Pilgrim, die Tafel im Turmraum des Domes kommt sofort ab, das Konto mit dem Spendengeld ist hiermit beschlagnahmt, die Fotokarten werden eingezogen und Sie selbst müssen mit einem Strafverfahren rechnen.

Ich sah ihn mit großen Augen an. Ich blieb ruhig. Darum ging es also. Auch er wurde etwas ruhiger, ging an seinen Schreibtisch und holte einen Zeitungsartikel mit Bild heraus und gab ihn mir hin. Zu sehen war unsere Domtafel im Turm, groß und leuchtend. Daneben ein zweites Bild mit zerstörten Fenstern und weiten schadhaften Dachflächen. Darunter war zu lesen: „So läßt die DDR ein berühmtes Bauwerk des Nordens verfallen. Nun hat die Kirche selbst eine Aktion gestartet. Helft mit Spenden!" Der Artikel stand im Hamburger Abendblatt, er war groß und reißerisch aufgemacht.

Das hätten Sie nicht machen dürfen, begann er wieder. Wir lassen uns von Ihnen nicht erpressen. Aber es sieht Ihnen ähnlich.

Ich betonte, nichts von dem Artikel gewußt zu haben. Wirklich, ich sehe ihn hier zum ersten Mal.

Er glaubte mir nicht. Die Sache hatte zwei Nachspiele. Das eine war traurig und einschneidend. Ich bekam ein Ordnungsstrafverfahren und mußte 300 DM von meinem Gehalt als Strafe zahlen. Es hieß ausdrücklich: Von Ihrem eigenen Gehalt.

Dreihundert Mark sind viel, wenn man nur sechshundert verdient und Frau und drei Kinder hat.

Wir mußten die Tafel abnehmen, die Karten einziehen und das Geld vom Konto war weg. Vom Staat geschluckt?

Das andere Nachspiel war erfreulich. Es nahm seinen Lauf etwa ein viertel Jahr später. Das Konto mit dem Spendengeld wurde wieder freigegeben. Spender hatten sich mit Beschwerden an die zuständigen Stellen gewandt. Eine Menge Fürsprecher fand sich für unsere Aktion. Es ging um den Dom, der müßte uns allen am Herzen liegen. Warum macht Ihr solchen Zirkus um eine gute Aktion.

Eine Staatliche Kommission trat zusammen. Das Domanliegen sollte besprochen werden. Das Dach ist wirklich ein Schandfleck für ganz Schwerin. Wir müssen helfen.

Die Kommission wollte den Dom und seinen Bauzustand besichtigen. Es wurde ein Rundgang mit staatlichen und kirchlichen Leuten vereinbart. Und so geschah es tatsächlich.

Beim Rundgang im Dom war der politisch mächtigste Mann aus Schwerin dabei. Bernhard Quandt, Mitglied des Politbüros, und wie man oft scherzhaft sagte: Der Großherzog von Schwerin.

Er war ein Mann, der zuhören konnte, und ich denke gern an die Gespräche zurück, die wir anläßlich eines Domjubiläums hatten. Er genoß in Mecklenburg, aber auch darüber hinaus, eine ungewöhnliche Popularität, und wenn einer sich ungerecht behandelt fühlte oder eine gute Sache in der engen Bürokratie steckenblieb, dann hieß es im Lande, da mußt du zu Bernhard Quandt gehen, der kann helfen.

Das konnte er wirklich und tat es auch, am Dom haben wir es erlebt.

Wir gingen mit der Kommission durch den Dom, stiegen auf das Dach, schauten in Ecken und Winkel, kraxelten auf dem Gewölbe herum. Bernhard Quandt ließ sich alles genau erklären, fragte nach, schaute an, und die Kommission kam zu dem Schluß: Es muß wirklich dringend etwas gemacht werden. Der Staat wird sich einschalten und Kapazitäten freimachen.

Aber, sagte Bernhard Quandt, ein Bauablaufplan ist nötig, den legen Sie bitte bald vor.

Unser Bauchef grinste zu mir herüber. Geht klar, sagte er. Die Kommission ging befriedigt auseinander.

Wir schrieben das Jahr 1968. Im Frühjahr wurde ich von der Berliner Stelle, die dafür zuständig war, als Prediger für einen Rundfunkgottesdienst nominiert. Sonntag morgens gab es in Radio DDR eine kirchliche Sendung, die Evangelische Morgenfeier. Sie wurde als Gottesdienst gesendet, und Kranke und Alte, die den Gemeindegottesdienst nicht mehr besuchen konnten, hörten diese Sendung gern. Es gab darin eine kurze Liturgie, Chöre sangen und im Mittelpunkt stand die Predigt. Eine segensreiche Einrichtung. Man konnte staunen, daß der sozialistische Staat diese Sendung nicht angetastet hatte. Sie wurde von der Kirche verantwortet, aber natürlich staatlich streng kontrolliert.

Am 2.4.1968 schrieb der Deutsche Demokratische Rundfunk, Träger des Vaterländischen Verdienstordens in Gold, an mich: „In unserer Dienstbesprechung mit Prof. Dr. Wagner haben wir Sie für den Verkündigungsdienst in der Morgenfeier am 23.6.1968 vorgesehen." Als Aufnahmetermin wurde der l0.6. im Studio Schwerin mitgeteilt.

Ich arbeitete am Text. Ich schrieb die Predigt. Ich reichte sie ein. Am 22. Mai rief mich die Berliner Stelle des Rundfunks an und teilte mit, „man halte es gegenwärtig für ratsam, von Ihrer Beteiligung in einer Morgenfeier im beiderseitigem Interesse abzusehen".

Tut mir leid! Da kann man nichts machen!

Wo lag der Grund, erlaubte ich mir zu fragen. Warten Sie ein Schreiben ab. Am 17.6. kam das Schreiben. Professor Wagner aus Leipzig schrieb selbst.

Er entschuldigte sich. Es täte ihm leid. Pipapo, hin und her. Er habe die Nachricht bekommen, daß „Sie in einer Sendung des staatlichen Rundfunks nicht tragbar wären."

Da saß ich denn mit meiner Predigt. Wenigstens ein Abstandshonorar für mein Manuskript erhielt ich zugeschickt. Sonst war nicht zu erfahren, wo der wirkliche Grund lag, daß ich abgelehnt wurde.

Viel später erfuhr ich auf Umwegen, daß Protest aus Schwerin gegen mich gekommen sei. Und zwar nicht nur von einer staatlichen Stelle. In den Sprüchen Salomos heißt es einmal: „Neid ist Eiter in den Gebeinen."

Im Sommer 1968 gab es die schrecklichen Ereignisse in der CSSR, die in der ganzen Welt Erschütterung auslösten. Truppen des Ostblocks, zusammengefaßt im Warschauer Pakt, fielen in Prag ein und beendeten das verheißungsvolle Experiment, das den Namen „Prager Frühling" trug. Ein mutiger Demokratieversuch ging gewaltsam zu Ende. Sprachlosigkeit zuerst. Und dann der Aufschrei: Das trauen sich die Russen! Die Freiheit einfach mit Panzern zu überrollen? Kaputtmachen, was so ermutigend begann! Die politischen Depressionen schwappten zu uns herüber. Nie würde bei uns je Freiheit sein!

In den Kirchgemeinden rückte man noch mehr zusammen. In kleinen Gruppen, Hauskreisen und bei Mitarbeitern die bange Frage: Was können wir tun? Wie müssen wir uns verhalten?

Am schlimmsten waren die Kinder in den Schulen dran. Die Lehrer feierten den sowjetischen Überfall als Sieg gegen die Kriegstreiber, ein Warnschuß für alle Unbelehrbaren. Es gab Lehrer, die das gern taten und mit Lust. Es gab aber auch solche, die nur das Nötigste aussprachen und auch das noch voller Scham. Die Zeitungen überschlugen sich mit Sieg- aber auch mit Drohartikeln. Wir werden jeden, der sich gegen uns stellt, eine Lektion erteilen, hieß es und manchmal war das Drohen unerträglich. Wir in der Kirche wußten wohl, daß diese und ähnliche Worte auch uns galten, vielleicht besonders uns, weil in unsern Kreisen noch frei gesprochen werden konnte.

Am Dom konzentrierten wir uns verstärkt auf die Restaurierungsarbeiten am Dach. Auf Grund der Kommissionsbegehung hatte unser Bauchef den Bauablaufplan eingereicht. Handwerker rückten an. Dachsteine konnten eingeführt werden, geschenkt von den westlichen Kirchen. Die Gemeinde mußte aufgerufen werden, mitzuhelfen. Handlangerarbeiten, wie Dachsteintransport Aufräumung der Gewölbe, Abtransport des Schuttes, wurden von freiwilligen Helfern gemacht. Es war selbstverständlich, daß unser Bauchef, aber auch die Pastoren und Mitarbeiter des Domes dabei waren. Wir waren eine Dienstgemeinschaft für Jahre. Im Beten ebenso engagiert wie im Steine schleppen. Raum für Streit war damals nicht vorhanden.

Am l8.12.1970 feierten wir nach langer mühsamer Arbeit ein großes Fest, die „Aufrichtung des goldenen Hahnes auf dem Chorschluß des Schweriner Domes".

Der Landesbischof feierte mit, der Superintendent, die Domprediger, die Mitarbeiter, der Vorsitzende des Rates des Bezirkes, der Vorsitzende des Rates der Kreises, der Oberbürgermeister der Stadt und „der Großherzog von Schwerin" Bernhard Quandt. Natürlich auch die Handwerker: die

Klempner, Dachdecker, Schlosser, Zimmerer und Verzinker. Wir begannen das Fest oben im Gewölbe unter der Stelle, wo heute der goldene Hahn sich dreht. Wir setzten das Fest fort im Saal in der Apothekerstraße. Unser Laienvorsitzender des Domgemeinderates Martin Karsten sprach das Tischgebet, wie selbstverständlich. Reden wurden gehalten, eine Festschrift durfte erscheinen. Kollege Hebert hatte ein Gedicht für die Festschrift gemacht:

> „Du Hahn von Gold, du goldner Hahn,
> sieh dir das Land von oben an.
> Dreh fröhlich dich auf hohem Dach
> und halte uns im Glauben wach.“

Ich zeigte für die Gäste Farblichtbilder und erzählte von den Stationen der Restaurierung.

Am späten Abend, als die Gäste gegangen waren, saßen wir mit einigen Getreuen zusammen.

Weißt Du, was ich glaube, sagte unser Bauchef, ich habe den Eindruck, die sehen uns nun nicht mehr ganz so als Staatsfeinde.

Unterdessen war die Kupferdeckung des großen Domturmes im Gange. Es war die dritte Kupferdeckung. 1917 und 1943 war jeweils das Kupfer vom Turm entfernt worden und für Kriegszwecke benutzt worden. Nun also die dritte Deckung. Das Kupfer konnte als Geschenk der westlichen Kirchen eingeführt werden. Vorher war der Turm mit grün angestrichener Dachpappe gedeckt gewesen. Von 1943 bis 1969 hatte sie gehalten. Oder eben nicht gehalten. Risse überall. Feuchtigkeit drang ins mächtige Gebälk des 117,5 Meter hohen Turmes. Statiker untersuchten in den letzten Jahren den Turm immer wieder. Sie hatten eine kleine Neigung des Turmes festgestellt. Wieder mußten wir den Staat um Hilfe bitten. Handwerker waren nötig, Einfuhrgenehmigungen, Baulizenzen.

Der Turm wird auf die Stadt stürzen, argumentierten wir beim Staat. Könnte man das Problem nicht anders lösen, fragten die staatlichen Baufachleute, muß es unbedingt Kupfer sein?

Kupfer ist die haltbarste Dachdeckung, unser Bauchef konnte mit Zahlen aufwarten. Er nannte den Kirchturm einer westdeutschen Stadt und konnte nachweisen, daß dort das Dach bereits an die vierhundert Jahre hielt. Keine andere Dachdeckung kann solche stolzen Zahlen aufweisen. Das überzeugte.

Aber das Gerüst? Einen 117,5 Meter hohen Turm von unten einzurüsten, das war damals ein Ding der Unmöglichkeit. Es fehlte Rüstmaterial, es fehlte vor allem auch Geld. Man hätte für ein solches Gerüst auch Handwerkerkapazität gebunden, die woanders nötiger war. Was also machen? Unser Bauchef konstruierte ein Gerüst, das von oben zu handhaben war, eine Art bewegliche Doppelbühne, ein Arbeitsbalkon aus verschraubbarem Rohrgestänge. Lustig anzusehen, wenn auf diesem Gerüst die Männer am Turm arbeiteten, Dachpappe abrissen, Kupferplatten auftrugen. An Stahlseilen konnte dieser Arbeitsbalkon am Turm herauf- und herunter bewegt werden. Er hätte einen Preis dafür verdient, unser Baumann. Die staatlichen Fachleute staunten, die kirchlichen nahmen das als selbstverständlich hin. Sieben Jahre deckten wir an der Verkupferung des Domturmes. Am 14.12.1976 feierten wir den Abschluß der Kupferdeckung wieder mit einem Fest. Wieder luden wir staatliche und kirchliche Würdenträger, wie man das nannte, dazu ein.

Kurz vor der Fertigstellung gab es einen kniffligen Moment. An einem zweiten Weihnachtstag ging ein gewaltiger Sturm über Schwerin. Die Arbeitsbühne am Domturm wurde hin- und her gerüttelt und überschlug sich nach Stunden. Als umgekippte Supergefahr hing sie am Turm über der Stadt. Schlimmes schien sich anzubahnen.

Wer kann sofort helfen, rief unser Baumann per Telefon einige Leute an. Wir treffen uns in 20 Minuten am Dom, besorg` noch andere tatkräftige Leute. Mit zehn Mann stiegen wir nach oben. Die Stahlseile mußten geprüft werden. Die Bretter der Arbeitsbühne waren festzumachen. Oben faßten mehrere an und auf einen Befehl hin hoben sie das Gerüst hoch und drehten es wieder in die ursprüngliche Lage zurück. Es war eine gefährliche Aktion, aber sie gelang. Ingenieure, Pastoren, Jugendliche halfen mit. Zuerst waren wir skeptisch, aber dann hocherfreut und erleichtert.

Ein bißchen Angst hatte ich doch, sagte unser Bauchef nachher. Und bei den staatlichen Stellen muß es zu der Zeit eine Wende in der Beurteilung der Dompastoren gegeben haben. Staatsfeinde hätten das Gerüst hängen lassen, bis nach Neujahr wieder Handwerker zur Stelle wären.

Im neuen Jahr kam ein Abgeordneter der CDU zu mir. Hätten Sie nicht Lust, eine vierzehntägige Reise in die Sowjetunion zu machen? Die Reise wird über Moskau, Leningrad nach Sagorsk gehen. Dort haben Sie eine Führung im Kloster und im kirchlichen Seminar. Es wird eine kleine Delegation sein. Kosten entstehen Ihnen nicht.

Ich traute meinen Ohren nicht. Eine Traumreise, dachte ich.

Und was verlangen Sie dafür von mir, fragte ich ihn. Sie werden sowas doch nicht ohne Hintergedanken machen, oder?

Er war fast beleidigt: Wieso Hintergedanken?

Na ja, Sie haben dabei gewiß einen Plan. Warum kommen Sie gerade auf mich?

Er wollte nicht verstehen. Wir haben diese Reisen schon mehrmals gemacht. Jedesmal waren Kollegen von Ihnen mit dabei. Und wenn Sie nach der Reise einen Bericht für die Zeitung schreiben, dann ist das schon alles.

Ich wollte keinen Bericht für die Zeitung schreiben. Das fehlte gerade noch! Als Nächstes kam ein kleiner Aufruf zur Wahl oder die Bitte, über einen Kollegen ein Urteil abzugeben. Nein, ich wollte nicht mitreisen.

Solche Reise wäre schon sehr interessant, sagte ich. Aber wenn ich mitfahre, dann müßte mein anderer Kollege vom Dom mit dabei sein.

Er wurde amtlich. Nein, das ginge nicht. Es wäre nur ein Platz frei. Schade, sagte er, dann wird nichts daraus. Er ging wieder.

Der Platz an der Nordwestseite des Domes war mit Rasen angelegt. Er hob sich leicht von der Straße ab, lag ein wenig höher und in der Mitte wuchs eine mächtige alte Linde. Der Platz lud im Sommer zum Verweilen ein. Jugendliche lagerten an warmen Tagen darauf und tranken ihre Cola oder liebten ihre Freundinnen. Es waren die Jahre der Blumenkinder, als die Jugendlichen Hermann Hesse lasen wie eine Offenbarung. Sie trugen lange Haare und saloppe Kleidung. Und es war ihnen ziemlich egal, was die Erwachsenen sagten. Sie zogen an den Sommerabenden in Gruppen durch die Stadt und diskutierten sich um Kopf und Kragen.

Einmal machten sie auf dem Leninplatz eine Versammlung oder das, was sie dafür hielten. Sie saßen im Schneidersitz in einzelnen Kreisen. Sie sangen und ließen ihre Haare sehen. Diese eklig langen Haare, sagten die Erwachsenen, und gingen kopfschüttelnd weiter. Meine Haare sind meine Fahne, pflegten die Achtzehnjährigen zu rufen, und ihre Augen leuchteten.

Hier können Sie nicht sitzen, stellten die angerückten Polizisten mit amtlicher Miene fest. Mit Hunden und Schlagstöcken postierten sich die Hüter des Gesetzes vor den Jugendlichen auf.

Die strahlten: Sie sehen doch, daß wir das können. Wir tun keinem was. Warum lassen Sie uns nicht in Ruhe?

Die Polizisten ließen nicht locker. Dann trat einer von ihnen, der sehr amtlich dreinschaute, vor die anderen und schrie: Verlassen Sie sofort den Platz! Sonst zwingen Sie uns einzuschreiten.

Die Jugendlichen blieben. Einige lächelten still vor sich hin.

Die Polizisten schritten ein. Sie riefen ihre Kollegen. Sie kamen mit Lastwagen, sie rückten zu Hunderten an. Sie zerrten die Jugendlichen auf die Lastwagen. Die wehrten sich nicht. Sie frotzelten mit den Staatsorganen. Herr Polizei, kümmern Sie sich lieber um die Kriminellen, lassen Sie uns in Ruhe. Kennen Sie die Morgenlandfahrer? Nein, kennen Sie nicht! Die sind von Hermann Hesse und Hesse ist Nobelpreisträger, ist das nichts? Die Polizisten taten wütend ihre Arbeit. Sie zogen und schleppten, sie faßten zu und stießen, bis alle Jugendlichen auf die fünf Lastwagen verladen waren. Lachen und Singen der Jugendlichen begleitete die rauhe Arbeit der Staatsdiener. Eine Stunde später war wieder Ruhe auf dem Leninplatz, als wäre nichts gewesen.

Am nächsten Tag hörte man, sie haben die Jugendlichen für zwei Stunden in Polizeigewahrsam genommen. Sie haben sie verhört und wieder laufen lassen. Die mit den längsten Haaren verhörten sie besonders, und ehe sie diese laufen ließen, wären Friseure gekommen und hatten die Haare auf Normalmaß abgeschnitten.

Das lassen wir uns nicht gefallen, sagten die Jugendlichen. Das ist Eingriff in die persönlichsten Rechte.

Nun kamen sie erst recht zum Diskutieren zusammen, aber fortan auf dem Domplatz. Im Schatten des Domes lagerten sie unter der Linde. Das Rasenstück lud dazu ein. Sie diskutierten über die Eltern, über die Schule, den Staat. Sie waren gegen alles. Sie wollten in Ruhe gelassen werden. Sie sagten das laut und deutlich, einen Sommer lang. Dann ebbte die Blumenkinderwelle ab. In jenem Sommer war in meiner Nachtsprechstunde reger Betrieb. Sie kamen zu zweit, oft auch allein. Sie zeigten mir ihre Gedichte, die sie wie ein Kleinod hüteten und sie fragten, ob man nichts gegen die ganze Bevormundung machen könnte. Ich habe viel gelernt in jenen Monaten, auch daß man Einiges, das junge Leute vorbrachten, nicht so wahnsinnig wörtlich nehmen durfte. Sie wollten reden, sie wollten sich aussprechen, manche hörten sich auch gerne reden. Und sie waren zu allermeist in ihrer Naivität liebenswert.

Der Domplatz hatte schließlich sehr gelitten, nicht nur durch die Jugendlichen. Er mußte neu angelegt werden. Der Domgemeinde fehlte dafür das Geld. Der Rat der Stadt Schwerin verfügte: Die Anlage ist vom Eigentümer neu zu erstellen. Ich wurde zum Bürgermeister zitiert. Der Innereschef empfing mich freundlich. Er wollte mit mir beraten, was man tun könnte, um die Sache mit der Anlage gut zu lösen. Ich dachte, wie es noch gar nicht so lange her war, als mich sein Vorgänger angeschrieen hatte.

Er bot an: Wir machen einen ehrenamtlichen Einsatz. Wir, die Mitglieder meiner Abteilung, und, wenn Sie einverstanden sind, Sie mit den Mitgliedern Ihres Kreises. So müßten wir die Neuanlage gemeinsam schaffen. Außerdem spenden wir von der Stadt die Begrenzungssteine, die wir gemeinsam verlegen werden. Das war ein Wort!

An einem Sonnabend im Frühling machten wir diesen originellen Einsatz. Der Stellvertreter des Oberbürgermeisters von Schwerin, der zugleich als Inneresmann auch Stasimann war, zusammen mit den Dommitarbeitern, den Katechetinnen, dem Kantor, den Dompastoren, es war ein seltsames Gremium, das im Herzen von Schwerin mit Schaufel und Hacke im Einsatz war. Es gab Gespräche, Späße wurden gemacht. Die Pfarrfrau sorgte für Essen. Auch so konnte man in diesem Staat zusammenleben.

In jenen Jahren begann das, was man später die Falindoktrin nannte. Valentin Falin, der weltweit geachtete sowjetische Botschafter in der Bundesrepublik, war später Berater von Michail Gorbatschow. Dieser Falin hat entscheidend mitgewirkt, daß es im Ganzen zu einer Entspannung im Verhältnis von Staat und Kirche kam. Es galt im Lande Lenins immer noch die Theorie: Religion ist Opium für das Volk, Religion ist eine Waffe der Ausbeuter. Religion ist Menschenerfindung und sie wird mit der Zeit absterben. Je mehr die Menschen von der Wissenschaft und vom Sozialismus erfahren, desto eher wird die Religion von selbst in ihrem Leben verschwinden. Sie wird nicht mehr gebraucht, die Menschen lassen sich nicht mehr verdummen. Nun kam Falin und erklärte: Religion gehört nicht der Vergangenheit an, sie gehört grundsätzlich zu den Fakten des Lebens. „Solange Menschen Antworten auf bestimmte Sinnfragen suchen, wird es Religion geben." Solche Worte, und vor allem diese Einstellung, die dahinter stand, konnte nicht ohne Folgen bleiben. Auch in der DDR gab es Menschen, die das aufnahmen. Stefan Hermlin, einer der prominentesten DDR-Schriftsteller, erklärte:

„Ich habe nie geglaubt, daß das Christentum nur eine temporäre Erscheinung wäre oder daß die Religion im sozialistischen Staat absterben werde." Das Verhältnis von Staat und Kirche in der DDR wurde mit den Jahren fühlbar entspannt. Doch blieb es auch weiterhin nicht ohne Probleme. Es entwickelte sich mit der Zeit eine offizielle Linie und eine andere, untergründige, inoffizielle.

Am 6. März 1978 gab es das berühmte Spitzengespräch von Vertretern der Kirche, allen voran Bischof Schönherr, dem Leiter des Kirchenbundes, mit dem Staatsratsvorsitzenden Erich Honecker. Das gute vertrauensvolle Verhältnis wurde betont, wurde auch demonstriert. Vertrauen haben zur Friedenspolitik der DDR und Vertrauen haben zu den staatlichen Stellen das war oberstes Anliegen der Teilnehmer.

Konnte man dem Vertrauensangebot glauben? Die offizielle Linie wurde an vielen Stellen deutlich hervorgehoben. Es gab Gespräche, es gab Treffen, man ließ sich zusammen sehen. Seht mal, wie gut wir uns verstehen! Der Greifswalder Dom wurde mit Hilfe von Staatszuschüssen restauriert. Die Einweihung wurde groß gefeiert. Erich Honecker als Staatsratsvorsitzender war eingeladen und nahm am Festgottesdienst teil. Die Zeitungen zeigten das in Großaufmachung. Der Bischof und der Staatsmann in Eintracht beieinander, Aber warum nicht, könnte man fragen. Ließen sich nicht zu allen Zeiten und in vielen Reichen die Mächtigen hin und wieder gern mit den Frommen sehen?

Gut, wenn da nur nicht die Stasi gewesen wäre! Erst viel später würde man sehen, wie diese Schreckenseinrichtung versucht hat, auch die Kirche zu unterwandern, in ihr zu regieren. Ist es ihr gelungen?

Es war gegen Mittag. Eine Frau kam ins Pfarrhaus gelaufen. Sie war außer Atem. Der traut sich was, aber wie furchtbar ist es auch. Und sie berichtete:

Sie kannte den mutigen Pastor. Er war aus der Nachbargemeinde. Stellen Sie sich vor, er hat ein Plakat getragen und ist von der Mühlenstraße hergekommen. Dann vor dem Polizeigebäude sind Zivilisten auf ihn zugegangen und haben ihn festgenommen und abgeführt. Machen Sie hier kein Aufsehen, hatten sie gesagt. Und ihn dann abgeführt.

Die Polizei war ratlos. Die Staatssicherheit übernahm ihn. Er hatte mit seinem Plakat protestiert gegen die Unfreiheit in der DDR. Kurze Zeit später wurde er abgeschoben, in den Westen. Der Fall wurde totgeschwiegen in der Stadt. Hinter vorgehaltener Hand diskutierten wir die Gründe. Warum waren wir nicht mutiger? Wir wußten, wie die Staatssicherheit ihr Regiment des Schreckens überall ausübte. Hat uns das übermäßig eingeschüchtert?

Nach einem Gottesdienst kam ein Mann zu mir, Kirchenältester. Er war sehr aufgeregt, konnte zuerst kaum sprechen. Ich hatte in eine Festpredigt zu Weihnachten vorsichtig einfließen lassen, daß auch der Kaiser Augustus, ein mächtiger Mann zwar, nicht ewig an der Macht geblieben sei. Ich hatte mit deutlichen Worten Parallelen zu heute gezogen und von der Unternehmung aller Machthaber gesprochen, sich Spitzel zu halten, um das Volk kleinzuhalten.

Ich muß Sie unbedingt sprechen, sagte er, seine Hand, in der er die Zigarette hielt, zitterte. Sie dürfen das nicht machen, sagte er, in der vollen Kirche so offen sprechen. Das wird Ihnen negativ ausgelegt. Sie haben es unnötig schwer dadurch.

Er wollte nicht deutlicher werden. Warum sagen Sie mir das, fragte ich. Warum kommen Sie zu mir?

Das ist so eine Sache, sagte er zögerlich. Aber vielleicht sag ich es Ihnen doch. Sie werden ja nie meinen Namen nennen, oder?

Natürlich nicht, wenn Sie mir das anvertrauen, behalt ich Ihren Namen für mich. Er schaute mich ängstlich an und wartete.

Nun gut, er wurde etwas ruhiger, vor Jahren ist mir eine Sache passiert, so eine dumme Sache. Ich kam mit der Polizei zusammen. Ich wäre ins Gefängnis gekommen. Ich wollte nicht ins Gefängnis, auf gar keinen Fall. Dann gibt es nur Eines, Sie arbeiten für uns, sagte der Mann in Zivil, der noch dabei saß. Schweren Herzens hab ich eingewilligt. Ich weiß, es war falsch, aber was sollte ich machen. Ich bin zum Helden ungeeignet. Nun werden Sie mich sicher verachten, aber ich mag Ihre Predigten. Ich komme gern in Ihren Gottesdienst, ich mein` es gut mit Ihnen. Ich muß über Sie berichten, und ich berichte so, daß Sie keinen Ärger kriegen. Aber Sie müssen wissen, es gibt mehr Leute, die über Sie berichten müssen, und wenn nun die Berichte zu verschieden sind, dann können Sie sich denken ... wie ein Häufchen Elend saß er vor mir.

Heute nach Jahren, wenn ich mir diesen Vorfall überlege, will es mir scheinen, daß jener Mann vielleicht von seinem Führungsoffizier den Auftrag erhalten hatte, so mit mir zu sprechen.

Wie vertrackt ist das alles in jener Zeit gewesen!

Wir wußten natürlich, daß die Stasileute in unsere Veranstaltungen mit Aufträgen geschickt wurden. Man erkannte sie oft daran, daß sie in der Kirche in der letzten Reihe Platz nahmen und die Predigt mitschrieben. Sie hatten auch Mühe mit dem Aufstehen und Hinsetzen, waren eben ungeübt in der Liturgie und den kirchlichen Gewohnheiten.

Heute war wieder ein Aufpasser da, sagten oft die diensthabenden Kirchenältesten beim Geldzählen nach dem Gottesdienst in der Sakristei. Woran haben Sie das erkannt fragte ich.

Ganz einfach, der hat sich laufend mit dem Aufstehen vertüddert. Wir wußten, wir waren gut beobachtet.

Aber daß dann auch Leute aus den Reihen der hauptamtlichen kirchlichen Mitarbeiter sich bereit fanden, für die Stasi zu spionieren, das konnte ich immer nicht recht glauben. Und daß sich später sogar Pastoren von der Stasi anwerben ließen, das ging mir nicht in den Kopf. Wie sollte das gehen, Sonntags vor der Gemeinde stehen, seelsorgerische Gespräche führen, Menschen in Not anhören, und zugleich ein Mann der Stasi sein. Wie mag es im Innern solcher Seelsorger ausgesehen haben? Ich beneide sie nicht, auch wenn sie vor dem Umsturz mehr Geld zur Verfügung hatten. Judaslohn ist Verzweiflungslohn. In der Bibel steht ein deutliches Beispiel für ein solches Leben.

Nach dem Umsturz traten nicht wenige auf, die meinten, die ganze Kirche sei von der Stasi unterwandert gewesen. Ja, sie sei von dort womöglich gelenkt worden. Ich kann das nicht annehmen. Ich kann aus eigener Erfahrung sagen, daß die Eigenständigkeit der Kirche bis zum Umsturz hin in meinem Umfeld klar geblieben ist. Bischof, Superintendent und Pastoren, die ich kenne, waren zuverlässig und allein ihrem Gewissen vor Gott verpflichtet. Und bei den Kirchenältesten, die ich in meinem Amtsleben als ehrenamtliche Mitarbeiter hatte, gab es ganz wenige, die sich für diesen Dienst zur Verfügung stellten. Bei ihnen hatte es Gründe im menschlichen Bereich, und ich konnte darüber auch mit einigen sprechen.

Es ist bewegend, festzustellen, wie ähnlich die Erpressungsmuster gestrickt sind und wie erfolgreich zu allen Zeiten Macht und Angst zusammenarbeiten. Der Mensch blieb dabei auf der Strecke, und manche dieser Erpreßten haben Wunden bis heute behalten, Wunden, die bis in die Träume schmerzen und immer wieder aufbrechen. Ein trauriges Kapitel, das eher unserer Hilfe bedarf als unsere Verachtung nötig hat.

Wie war das Verhältnis von Staat und Kirche im Sozialismus? Man kann keine kurze schlüssige Antwort geben. Aus meiner Erfahrung ergibt sich: Es war normal, schlecht, katastrophal, gut, bedroht, abgekühlt, achtungsvoll, ehrlich bemüht, zutiefst verdorben, voller Aggressionen von beiden Seiten. Es entwickelte sich nicht stetig in eine Richtung, sondern es gab Wellenbewegungen, die vor allem auch von der Lage der beiden deutschen Staaten vor dem Umsturz und von der gesamten internationalen Lage abhängig waren. Aber man mußte schon immer auf der Hut sein, daß man sich nicht in die eine oder in die andere Ecke stellen ließ. Ich wollte kein Staatsfeind sein, aber ich wollte auch nicht zum leicht vereinnahmbaren Staatspartner werden. Ich hatte mit den andern Kollegen die Sache Jesu Christi auf dieser Welt an meinem Ort zu vertreten und ich wollte das so machen, daß ich unabhängig blieb von den Mächtigen dieser Erde und nicht zu ihrem Sprachrohr wurde. Das war nicht immer leicht.

Es war im September 1980.Unser Umzug von Schwerin nach Parchim war gerade geschehen. Kisten und Kasten standen überall im Parchimer Pfarrhaus. Wir mühten uns, mit unsern Kindern und Freunden, das Chaos schnell zu beenden. Es klingelte unten an der Tür. Durch die Scheibe in der Tür konnte man erkennen, dort stand ein Mann mit Schlips und Kragen und einem Riesenblumenstrauß, dazu ein freundliches Lächeln. Ich öffnete. Ich komme vom Rat des Kreises. Sie sind der neue Pastor hier. Ich wollte Sie in unserer Stadt begrüßen. Er hielt mir den Blumenstrauß entgegen.
Kommen Sie herein. Irgendwo finden wir einen Platz.
Wir fanden auch ein Glas Wein, zur Begrüßung. Danach erste vorsichtige Höflichkeiten, einige Fragen auch.
Wir freuen uns, daß Sie in Parchim sind. Sie haben von unsern Stellen aus Schwerin ein sehr gutes Zeugnis ausgestellt bekommen. Also auf gute Zusammenarbeit, er erhob sein Glas. Er meinte es ehrlich. Wir haben später oft lange gute Gespräche gehabt.

Die Wellenbewegungen sind auch in Parchim weitergegangen. Ich war manchmal angesehen, manchmal weniger. Ich wurde zum operativen Vorgang erklärt und sieben Jahre von der Stasi beobachtet. Alle Post kontrolliert, alle Telefonate abgehört, von mehreren Spitzeln ausgehorcht und abgehört. Es war widerlich, wenn man sich überlegte, wie man manchem vertraut hatte, der doch nur auf Geheiß seines Führungsoffiziers ankam und eine Falle stellen sollte.
Aber es war auch eine Frage von Personen. Es gab unter den Funktionären solche und solche und noch andere. Wo einer menschlich und umgänglich ankam, da ließ sich reden, aber wenn einer ein fanatisches Ekel war, dann spürte man die aggressive Macht, die nur gängeln wollte, besonders. Einmal in meiner Schweriner Zeit mußte ich zum Rat des Bezirkes. Ich hatte auf einer Familienveranstaltung einen Filmstreifen gezeigt, der die Treue eines Hundes zu seinem Herrn vorführte. Das Thema war ganz einfach Schöpfung und Liebe zu Tieren.

Herr W. vom Rat des Bezirkes hatte vorgeladen. Schon an der Tür, als er mich begrüßte, spürte ich, dies wird schwierig heute. Sein Gesicht war amtlich, aufgebracht, wütend. Er wollte mir was am Zeuge flicken, mich kleinmachen. Während ich meinen Mantel auszog, kam er bereits zur Sache. Sie haben in einer kirchlichen Veranstaltung einen Tierfilm gezeigt. Ihnen ist bekannt, Sie hätten die Veranstaltung anmelden müssen. Es handelt sich dabei nicht um rein biblische Dinge. Warum haben Sie die Anmeldung unterlassen?

Ich sehe das anders, sagte ich, Tierliebe geht nicht über die biblischen Dinge hinaus, sie gehört dazu.

Wie Sie das sehen, schrie er plötzlich los, das interessiert hier überhaupt nicht. Sie haben sich gefälligst an die staatlichen Richtlinien zu halten. Was glauben Sie, wer Sie sind!

Er war so laut geworden und ganz rot im Gesicht. Seine Stimme überschlug sich.

Ich ging zum Garderobenständer und holte meinen Mantel. Ich sagte zunächst kein Wort. An der Tür drehte ich mich um und versuchte ruhig zu sagen: Ich lasse mich von Ihnen nicht anschreien. Was glauben denn Sie, wer Sie sind! Auf Wiedersehen.

Er rächte sich. Er hatte die Macht. Ich bekam, wieder einmal, ein Ordnungsstrafverfahren. Ich mußte zahlen. Die Kirche protestierte, wollte mir beistehen, umsonst.

Manchmal war es unerträglich, als Christ in diesem Staat zu leben.

6. Kapitel

DER GOTTESDIENST

Es ist die älteste Veranstaltung der Welt. Sie ist oft angegriffen worden. Diktatoren wollten sie abschaffen. Sie wurde für unsinnig erklärt, für überholt, für entbehrlich.

Sie wird von vielen Menschen gemieden, sie wird verlacht und man sagt ihr in unseren Tagen voraus, daß sie bald vergehen werde, einfach nur so, und zwar aus Mangel an Beteiligung und auf Grund der Tatsache, daß die Rentner, die in der Mehrzahl daran teilnehmen, eines Tages nicht mehr leben werden. Aus, vorbei, gewesen, sagen die Verächter und die selbst ernannten Propheten. Es gibt Anhaltspunkte dafür, daß sie Recht bekommen könnten, und selbst in der Kirche kommen Panikgedanken auf, die diesen dunklen Weissagungen Vorschub leisten.

Und doch ist es eine Veranstaltung, die für manchen Zeitgenossen eine große Bedeutung hat. Sie führt Menschen auf der ganzen Welt zusammen, in Städten und Dörfern, in Metropolen und in der tiefsten Provinz. Gemeint ist der Gottesdienst, jene einmalige Versammlung, die seit zweitausend Jahren an jedem Sonntag stattfindet, an unzähligen Orten auf der ganzen Welt.

Ich rechne mir zusammen, wenn ich vierzig Jahre Pastor bin, wenn ich in jedem Dienstjahr etwa siebzig Gottesdienste hielt, so sind das, Urlaub und Krankheit abgezogen, Vertretung und Sondergottesdienste wieder hinzugezählt, so sind es zweitausendachthundert Gottesdienste, die allein ich in meinem Amtsleben gehalten habe.

Rechnet man in der Mecklenburgischen Landeskirche ungefähr mit dreihundert Pastoren, die jeden Sonntag Gottesdienst feiern, zählt man alle deutschen Pastoren dazu, alle in Europa, in der Welt, so kommt eine stattliche Gesamtzahl dieser Feiern für einen Sonntag in der Welt zusammen. Vielleicht ist es die Veranstaltung, die auf der Welt am meisten verbreitet ist.

Warum ich mir das einmal so vor Augen halte? Sehr einfach, ich finde, das Ergebnis kann sich sehen lassen. Ich will ein wenig darüber staunen, ich will mich wundern, daß im Wechsel der Zeiten diese Feier auch unter den verschiedensten Systemen erhalten geblieben ist.

Ein Zeitgenosse fragt, soll ich da teilnehmen? Mir kommt, was da geschieht, altmodisch vor, wie von gestern. Ich kann schon diese Programmfolge nicht gut aushalten. In stereotyper Weise wiederholt sich Sonntag für Sonntag die umständliche Reihenfolge. Sie nennen es Liturgie, und mich ermüdet das. Ich möchte dem Zeitgenossen zu bedenken geben, es gibt auch sonst Feiern im Leben, Geburtstag etwa oder Hochzeit oder Heiligabend, da tauchen bestimmte Elemente immer wieder auf. Zu Heiligabend gibt es den Tannenbaum und vielleicht ein bestimmtes Essen. Es gibt die Geschenke, die Lieder, und womöglich liest einer aus der Familie die Weihnachtsgeschichte aus Lukas zwei vor, und wenn man nicht ganz ohne Kirche leben möchte, dann nimmt man an der Christvesper in der Kirche teil. So finden wir eine Reihe von Elementen, die in jedem Jahr wiederkehren, ganz stereotyp. Auch an Geburtstagen kann man so was beobachten. Einer richtet den festlichen Geburtstagstisch, legt die Geschenke darauf, zündet eine Kerze an, und am Abend, wenn die Gäste versammelt sind, hält einer eine Rede auf das Geburtstagskind.

Ich könnte die Hochzeit nennen mit den dazugehörigen Bräuchen oder die Tauffeier oder die Geschäftseröffnung. Überall haben sich bestimmte Formen und Abläufe herausgebildet und werden akzeptiert.

Solche Formen sind gesunde Zeichen des Lebens, das zu bestimmten Anlässen einen festlichen Rhythmus ausbildet. Man hält an diesen Formen fest, sie bewähren sich. Sie werden weitergegeben vom Vater auf den Sohn, und von dem auf den Enkel.

Das war doch immer so, sagt unser siebzehnjähriger Enkel, an Heiligabend geht's zur Kirche und dann gehen wir alle zu Oma und Opa feiern.

Nein, wir haben keine Berührungsängste mit stereotypen Programmpunkten, auch nicht in der Liturgie, wenn wir uns das überlegen.

Was aber ist es dann, das den Gottesdienst für viele heute so abstoßend erscheinen läßt?

Vor kurzem, bei einem Besuch in Hamburg, nahmen wir an einem Gottesdienst teil. Es war eine große neugotische Kirche. Die Glocken läuteten förmlich um die Wette, als sei ein Kirchentag zu beginnen. Am Eingang im Turmvorraum begrüßte uns der Pfarrer. Ein junger Mann mit fröhlichem Gesicht und festem Händedruck. Wir fanden, das ist ein guter Auftakt. In der Kirche hatten vielleicht fünfunddreißig Besucher Platz genommen, ältere Damen mit Hut, einige Männer, die den Krückstock neben sich auf die Bank gelegt hatten. Platz war ausreichend vorhanden. Ein junges Liebespaar saß angekuschelt aneinander in der Reihe vor uns.

Die Orgel begann mit dem Vorspiel. Präludium von J. S. Bach, kräftig gespielt und fröhlich registriert. Wir sangen das Eingangslied, es folgten Lesungen und Gebete.

Der Pfarrer begab sich auf die Kanzel. Es war ein feierliches Gehen, langsam und würdig. Paßt nicht zu ihm, dachte ich. Sein Händedruck war ganz anders am Eingang. Er schlug die Bibel auf, las den Text vor, eine Stelle aus dem Epheserbrief. Es war der zweite Pfingsttag. Die Predigt begann.

Er sprach wie er ging: viel zu würdig, zu langsam auch, sehr monoton. Vielleicht ist das Absicht, überlegte ich, die Älteren sollten ihn gut verstehen können, er gab sich Mühe.

Aber es war eine Lautsprecheranlage vorhanden. Er hätte ganz normal sprechen können. Doch er sprach, wie einige Worte im Text lauteten, „etliche" und „zugerüstet", „jegliche" und „auferbaut". So redet heute kein Mensch mehr. Aber ich wollte zuhören, das Wichtigste kommt bestimmt noch, abwarten. Der junge Pfarrer erklärte uns den alten Text, jedoch er blieb im Text stecken. Er hatte sich im Text verfangen, so als wäre er in einem Dorngebüsch verhakt. Er erklärte die Zeit und die Probleme, die damals herrschten. Er brachte das vor, als hielte er eine Vorlesung aus dem Gebiet der Archäologie. Er machte das nicht schlecht, aber das Wichtigste kam nicht mehr.

Nach 14 Minuten sagte er: Amen, schlug die Bibel zu und begab sich von der Kanzel an das Lesepult unten im Altarraum. Er pries die Veranstaltungen der Woche an. Es gab Männerkreis und Frauenkreis, es gab den Dritte-Welt-Laden-Arbeitskreis und den Arbeitskreis für gesunde Ernährung. Er wies auf die Umweltgruppe hin und den Tanzkreis für Senioren. Mann, dachte ich, faul ist er nicht. Ich war froh, daß im Schlußgebet vom Altar her meine Probleme auftauchten. Gib unserm müden Glauben die Kraft deines Geistes und laß uns aufmerksam sein, wo Menschen in Not sind und ihnen beistehen. Wir sprachen alle gemeinsam: Herr erbarme dich.

Im Schlußlied sangen wir: Komm Herr, segne uns, daß wir uns nicht trennen. Gut, dachte ich, daß es in den Gottesdiensten auch Lieder und Gebete gibt. Auch sie können meine Seele anrühren.

Ich wollte dem Pfarrer eigentlich einen Brief schreiben. Ich tat es nicht. Vielleicht würde er nicht verstehen, was ich meine und womöglich würde er meine Darstellung und Wertung der Predigt für unerlaubte Kritik oder brüderliche Frechheit halten.

Kurze Zeit darauf besuchte ich einen Gottesdienst im Raum Bremen in einer sehr schönen kleinen Landkirche. Ein heller Raum, Renovierung eben abgeschlossen, konnte man denken. Wieder ein junger Pfarrer, wieder war ich voller Erwartung. Gottesdienst bedeutet mir sehr viel. Ich kann mit einer Gemeinde von Gleichgesinnten zusammensein. Ich kann mich still hinsetzen, ich kann meine Gedanken zur Ruhe kommen lassen. Ich richte mich ein, auf das, was mir heute klar wird, über mein Leben. Ich habe Zeit. Herr, rede Du zu mir, zeig mir, wo ich falsch lebe. Der Raum der Kirche wirkt auf mich. Ich mag diese Stunde am Sonntag. Ich brauche sie auch. Irgend etwas nehme ich immer mit.

In der Kirche bei Bremen waren 70 Personen versammelt. 70 Menschen mit mindestens 70 Problemen, vielleicht auch mit 140 Fragen nach einem Leben, das sinnvoll ist.

Der Pfarrer schlug auf der Kanzel die Bibel auf, las den Predigttext und schlug die Bibel wieder zu. Das ist schon mal schwierig, dachte ich. Warum schlägt er das Buch zu, aus dem er etwas erklären möchte, etwas für unsere Probleme, unsern Alltag.

Er langte nach einem kleinen Büchlein, legte es auf das Kanzelpult und las eine Geschichte vor. Eine Geschichte von einer Sklavin aus der Zeit der Christenverfolgungen. Die Geschichte war zeitfern und viel zu kitschig. Das Wichtigste kommt noch, hoffte ich wieder. Die Geschichte ist sicher die Einleitung. Ich hörte zu, ich wartete. Das Wichtigste kam nicht. Als die Geschichte nach zwölf Minuten zu Ende war, sagte der Pfarrer Amen und ging von der Kanzel.

So wird das Kapital einer zweitausend Jahre alten Veranstaltung billig vertan. Es ist sicher keine böse Absicht, aber so geht es nicht.

In der lutherischen Kirche ist die Predigt von jeher eine enorme Chance gewesen.

In den Jahren meines Amtes habe ich versucht, gerade für die Predigt viel Zeit aufzuwenden.

Die Vorbereitung begann für mich am Sonntag Abend. Ich las den Text, der für den darauffolgenden Sonntag von der Kirche zur Predigt empfohlen wurde. In den allermeisten Fällen schloß ich mich diesem Vorschlag an. Nur manchmal, bei großen Festen oder besonderen Anlässen, wählte ich einen anderen Text. Der Vorschlag der Kirche ist eine Hilfe und auch eine Gelegenheit zur guten Gemeinsamkeit.

In den Tagen nach dem Sonntag begleitete mich der Text. Ich hatte ihn im Hinterkopf auf den Wegen durch die Gemeinde, bei Hausbesuchen oder am Krankenbett. Die Frage, wie würdest du dem das klarmachen, der gerade vor mir stand, kam von selbst. Es ergab sich auch, daß ich meinem Gegenüber eine Frage aus dem Text stellen konnte. Ich spürte, man mußte das Anliegen des Textes umsprechen auf unsere Zeit, auf die Menschen.

Was muß ich sagen? Wie kann ich das ausdrücken? Nach guter lutherischer Art den Leuten aufs Maul und in die Seele schauen. Gar nicht so einfach! Am Freitagabend zog ich theologische Hilfsmittel hinzu. Ich las den Urtext, sah in die Kommentare, holte Predigtmeditationen zur Hilfe. Ich arbeitete mit Zetteln. Ich schrieb auf einzelne Zettel, was ich in der Woche herausgefunden und von Menschen gehört hatte. Ich notierte Verdeutlichungen, die mir eingefallen waren. Vier bis fünf Zettel lagen am Freitag vor. Aus den schriftlichen Hilfsmitteln kamen weitere Zettel dazu. Am Sonnabendnachmittag setzte ich mich einige Stunden still hin. Vor mir die Zettel ausgebreitet. Ich suchte einen Gedankenfaden zu finden, überlegte eine Einteilung der Predigt und suchte Beispiele aus der Zeit, aus der Literatur oder aus dem Leben. Das Anliegen der einzelnen Teile mußte deutlich zu machen sein. Es wurden noch mehr Zettel.

Abends hörte ich die Nachrichten und sah vielleicht noch einen Krimi im Fernsehen. Ich versuchte abzuschalten, zu entspannen. Im Hinterkopf arbeitete es weiter an der Predigt. Manchmal fiel mir jetzt eine griffige Einteilung der Predigt ein.

Um zweiundzwanzig Uhr mußte ich mich hinsetzen und ungestört die Predigt aufschreiben, in einem Zug. Vor mir ausgebreitet alle Vorbereitungszettel. Ich schrieb etwa drei bis vier Stunden hintereinander die Predigt wortwörtlich auf. Das hat sich sehr bewährt. Wenn ich in den schlimmen Zeiten der DDR mit einzelnen Aussagen in einer Predigt Ärger bekam, weil irgendein Spitzel die Sache wieder mal in den falschen Hals bekommen hatte oder aus dem Zusammenhang riß, dann konnte ich mein Manuskript herausholen und die Stelle zeigen und sagen: So ist der Wortlaut. So hab ich es gesagt. Das hat mir ein gutes Gefühl gegeben und mir öfter geholfen. Am Sonntag vor dem Gottesdienst war ich aufgeregt. Das ist in allen Jahren so geblieben, ist eher noch mehr geworden. Daß man Routine bekommt, wie ein älterer Kollege mir einmal gesagt hat, das kann ich nicht bestätigen. Am liebsten sprach ich nach der Fertigstellung der Predigt bis nach dem Gottesdienst kein Wort. Wenn ich zusammenzähle, wieviel Zeit ich für die Erstellung einer Predigt durchschnittlich gebraucht habe, so muß ich sagen, es waren mindestens jedesmal zwölf Stunden dafür nötig. Ich war froh, wenn der Gottesdienst geschafft war. Selten habe ich hinterher das Gefühl gehabt, so, das ist dir gut gelungen. Meistens war ich nicht zufrieden und nahm mir vor, es nächstes Mal besser zu machen.

Mein Ziel beim Predigen ist gewesen, textgemäß und zeitnah zu sein. Ich habe viel beim Neutestamentler Konrad Weiß gelernt, der uns im Studium gezeigt hat, daß die Texte der Bibel zu ihrer Zeit brandaktuell waren und direkt in das jeweilige Zeitgeschehen hinein reichten. Unsere Aufgabe ist, dies noch einmal zu versuchen. Wer nur den Text schildert und sei das noch so gut und noch so genau, und dazu einige Zeitbezüge für heute andeutet, der hat den Text verfehlt, sein Anliegen vertan. Die Texte waren packend zu ihrer Zeit, und der Prediger muß dafür sorgen, daß sie wieder packen können, in dieser Zeit.

Dabei ist die Sprache von Bedeutung. Sie muß zeitgemäß sein. Nicht Jargonsprache etwa „Jesus fetzt" oder „unser großer Boß" oder „Gott ist eine dufte Nummer", solche Sprache ist verbraucht, sie verwelkt allzu schnell. Die Sprache sei klar, durchsichtig, verständlich, sachgemäß.

Sie sollte auch nicht würdig sein oder hehr oder künstlich überhöht. Sie muß zeitgenössisch sein und passend, stimmig. Es sollte also, wenn es draußen regnet, nicht heißen: „Schau mal durch die Fenster, wir haben Niederschläge", sondern es könnte ganz einfach lauten: „Sieh mal raus, es regnet".

Für die' Klarheit der Sprache kann man viel tun, wenn man bei Schriftstellern nachliest und erlebt, wie sie das machen. Ich habe viel von ihnen gelernt. Und nicht nur für die Sprache. Sie haben das Ohr am Puls der Zeit. Sie sind sensibel für das Kranke einer Zeit, für das Gefährliche, und sie suchen nach Lösungen, damit die Menschen nicht vor die Hunde gehen. Es lohnt sich bei den Schriftstellern nachzusehen und Zeit für ihre Bücher zu opfern. Es lohnt innezuhalten und von ihnen zu lernen. Es kommt als Frucht der eigenen Arbeit zugute.

Bleibt die Frage nach der Länge der Predigt. Ein Fernsehmann hat einmal gesagt, eine Predigt ist dann gut, wenn das Ende nicht so weit vom Anfang entfernt ist. Andere sagen: Zwanzig Minuten sind ein gutes Mittelmaß. An zwanzig Minuten hab ich mich selten gehalten. Durch Beispiele aus der Zeit, durch das Einkehren bei Zeitgedanken, die auch dargestellt sein wollen und durch Beispielgeschichten sind meine Predigten meistens fünfundzwanzig Minuten lang gewesen. Ich hab immer gefunden, die Länge ist nicht das Störendste. Es gibt Predigten, die nur zwölf Minuten dauern, und die kommen einem lang, weil langweilig vor, und man seufzt nach dem Amen und sagt: Gut, daß der es geschafft hat. Ein Predigthörer einer Gemeinde erzählte vor kurzem: Mancher Pastor steht auf der Kanzel und gibt den Leuten vor allem zu verstehen, entschuldigen Sie, daß ich da bin, es wird auch nur zwölf Minuten dauern. Vielleicht ist das übertrieben, aber das Problem der Predigt ist nicht die Länge. Es gibt auch Predigten, ich denke an meinen Universitätslehrer Professor Martin Doerne, der konnte manchmal fünfundvierzig Minuten predigen, und es wurde nie langweilig. Da dachte man am Schluß: Ach, schon aus! Sicher ist das auch eine Frage der guten Rhetorik, die geübt und gelernt sein will. Und der Prediger sollte sich ruhig darauf einlassen, hier auch vom Schauspieler zu lernen.

Meine erste Predigt überhaupt habe ich über den 23. Psalm gemacht. Ich war zu der Zeit noch Student. Es ist über 40 Jahre her. Es war nicht gut, daß wir so früh mit dem Predigen begannen. Unser Professor warnte uns davor. Wir jedoch hatten, wie man damals sagte, einen richtigen Verkündigungsdrang und konnten nicht früh genug auf die Kanzel kommen. Es war in der Kirche in Klein Plasten, bei Waren-Müritz. Ein Pastor, den ich gut kannte, hatte mir die Möglichkeit gegeben, am Neujahrstag 1953 dort den Gottesdienst zu halten. Ich war in dem Gefühl, eine großartige Predigt abgeliefert zu haben. Dabei war es eine mäßige Anfängerleistung, weiß ich heute. Ich besitze das Manuskript noch und sehe eben nach und wundere mich, wie mutig die Kirche immer wieder ist, wenn sie Anfängern die Kanzel zur Verfügung stellt.

Ich schickte damals das Manuskript an den Warener Pastor A. F. Bard, dessen Predigten ich besonders schätzte. Er hatte eine bemerkenswerte Gabe, Menschen, die ihm zuhörten zu fesseln. Er predigte aktuell, sehr bildhaft und er flocht gute überzeugende Beispiele ein. Mit der Textbezogenheit haperte es ein wenig, er eilte über manche Besonderheit des Textes hinweg, bog sich die Aussagen mit galanter Rhetorik auch zurecht, aber wenn er redete, verging die Zeit, man wußte nicht wie.

Ich schickte ihm mein, wie ich meinte, glänzendes Opus und bat in einem Brief, könnten Sie etwas zur Predigt sagen und mir einige Hinweise geben? Ich würde gern von Ihnen lernen.

Er schrieb bald darauf zurück, er hätte meine Predigt gelesen, aber er befände sich in einer schwierigen Lage, denn er dächte mit Goethe: „Allein der Vortrag macht des Redners Glück." Er habe mich aber nicht gehört und könnte daher kaum etwas sagen.

Er zog sich geschickt aus der Affäre. Gut, daß er mir nicht sagte: Junge, Junge, lern erst noch mehr und tritt dann auf. Mit gutem Willen allein ist das eben nicht getan.

Viel später bei einem Besuch bei ihm sprachen wir noch einmal darüber. Ich nannte ihm die Fortsetzung des Goethezitates: „Es trägt Verstand und rechter Sinn mit wenig Kunst sich selber vor", und fragte, warum haben Sie in Ihrem Brief damals nichts zum Inhalt meiner Predigt gesagt? Er klopfte mir auf die Schulter und sagte: Junger Freund, ich durfte Ihnen doch nicht den Mut nehmen.

Er blieb mir in seiner lebendigen Predigtart ein bleibendes Vorbild.

Doch nicht die Predigt allein zählt im Gottesdienst. Luther hat einmal gesagt: Im Gottesdienst dient Gott uns mit Wort und Sakrament und wir dienen ihm mit Gebet und Lobgesang.

In unserer Arbeit spielte der Gottesdienst die wichtigste Rolle. Wir versuchten daher, ihn in vielfältigen Formen zu feiern. Wir probierten neue Formen, wir ließen bewährte bestehen.

Eine neue Form war der Familiengottesdienst, der in den siebziger Jahren zu einer tragfähigen und interessanten Veranstaltung wurde. Das Ziel war, junge Familien für die Sonntagsversammlung zu gewinnen.

In der Parchimer Zeit gab es viermal im Jahr einen solchen Familiengottesdienst.

Ausführliche Vorbereitungen waren notwendig. Ein Team mußte an der Thematik arbeiten. Ein Thema wurde gefunden, die Einladeform wollte gut überlegt sein.

Eines unserer Themen war „Burg". Wir schrieben vorher alle Burgen der DDR an. Es existierten ungefähr dreißig. Wir erzählten unser Vorhaben. Wir baten um freundliche Mithilfe.

Bitte schreiben Sie uns eine lustige Begebenheit aus der Geschichte ihrer Burg. Wie groß ist Ihre Burg? Was geschieht heute darin? Haben Sie ein Foto von Ihrer Burg?

Von den dreißig Burgen gaben uns fünfzehn eine Antwort. Bilder waren dabei und schöne Geschichten. Einige der Burgherrn hatten sich anstecken lassen von unserer Idee.

Eine Theatermalerin malte uns das Bild einer Burg, so groß wie eine Tür. Das Bild hängten wir im Altarraum unserer Kirche auf. Im „Burggottesdienst" lasen wir aus den Briefen vor, erzählten vom Erlebnis Martin Luthers auf der Wartburg und erklärten am Burgbild und seinen einzelnen Teilen etwa die Bedeutung des Fundamentes.

Wenn wir am Schluß das Lutherlied „ein feste Burg ist unser Gott" gemeinsam sangen, war auf vielfältige Weise deutlich, wie das Bild der Burg zum Glauben sprechen kann.

Der Gottesdienst mit dem Thema „Schöpfung und Tier" wurde zum Stadtgespräch. Das geht zu weit, meinten Leute, die davon hörten, nächstens werden Sie mit einem Traktor in die Kirche fahren!

Das muß man nicht so eng sehen, meinten andere, die dabei waren. Hat doch Spaß gemacht! Und unsere Kinder werden den Gottesdienst nie vergessen. Zu Beginn dieses Gottesdienstes zog ein Reiter auf einem Pferd vom Turmraum her durch den Mittelgang in die Kirche ein. Trapp! Trapp! der Klang der frisch beschlagenen Hufe des Pferdes tönte durch die Kirche. Spontan klatschten alle Kinder. Der Reiter stoppte das Pferd, stieg ab und erklärte uns, wie auch ein Tier ein Partner sein kann und daß man es liebhaben könnte.

Ein andermal entzündeten wir mit Holzscheiten ein Feuer in einem Zinkkessel, der vorn in der Kirche stand. Am hoch auflodernden Feuer ließ sich gut erklären, wie sehr der Mensch Licht und Wärme nötig hat.

Wir machten einen Baum, an den wir selbstgefertigte Blätter hängten, auf die jeder einen Wunsch für einen nahen Menschen sozusagen als Fürbitte schrieb.

Wir knüpften mit der versammelten Gemeinde ein Netz aus Bindfäden, das über den gesamten Kirchenraum reichte. Wir wollten Glaubensvorgänge sichtbar machen und gemeinsam entstehen lassen. Christsein mit „Herzen, Mund und Händen". Den Älteren hat das nicht so gut gefallen, es war so wirbelig in der Kirche und so unruhig in den Gottesdiensten, sagten sie. Die Kinder aber und die Familien waren fröhlich dabei.

Der Höhepunkt unserer Gemeindearbeit in jedem Jahr war der Gottesdienst zum Erntedankfest am ersten Sonntag im Oktober. Das war wie unser Gemeindefest, und Besucher von weit und breit nahmen teil.

Ein Jahr vorher begannen wir mit der Vorbereitung. Zuerst mußten wir das Thema finden. Wir suchten in der Bibel und nahmen eines der geeigneten Bildworte. Es galt zugleich als Text für die Predigt des Tages. Es mußte kurz sein und wurde, jeder Buchstabe einzeln, aus lebenden Blumen gebunden. Nach dem Thema richtete sich das Bild für den Altarraum. Es wurde aus Holz hergestellt und mit Blumen umwunden. So entstand eine aufeinander bezogene leuchtende Einheit von Bild und Schrift, schön anzusehen, aber auch einprägsam.

Wir hatten zum Beispiel eine Windmühle mit dem Wort „denn meine Kraft", oder ein Schiff mit dem Satz „auf dein Wort", oder einen Regenbogen, der sich über den gesamten Altarraum wölbte mit einem kleinen Wasserstrahl davor und der Schrift: „soll nicht aufhören" oder ein sich drehendes Rad mit der Schrift: „Danke".

Wir brauchten zu dem allen viel Blumen. Wir sprachen ein Jahr vorher mit Gartenbesitzern und baten sie: Bauen Sie diese Blumen für uns an? Wir brauchten große, leuchtend-kräftige Blumen wie Dahlien oder Astern oder Sonnenblumen.

Allein für das Altarbild mußten etwa fünftausend Blumen verarbeitet werden. Eine Gruppe von Gemeindegliedern unter der Leitung meiner Frau beriet über das Bild, bedachte Möglichkeiten und überlegte den Herstellungsweg. Sie arbeiteten zwei Tage daran. Alles ließ sich nur kurz vorher machen, weil die Blumen frisch sein mußten.

Fritz Klement aus unserer Gemeinde baute das Grundgerüst aus Holz. Da mußte mancher Spezialeinfall erarbeitet werden. Zwei Tage vorher begann die Arbeit mit dem Blumenumwinden. Oben im Altarraum wurde die Blumenschrift gehängt, darunter das Blumenbild gebaut und davor die vielen Erntedankfrüchte und Gaben gelegt. Alles mußte eine passende Einheit sein. Zwanzig Helfer arbeiteten emsig daran, bis der Altarraum und dann auch die ganze Kirche ausgeschmückt als Festraum für die vielen Besucher am Sonntag fertig war.

Die festlich geschmückte Kirche blieb den ganzen Tag über geöffnet. Für eine Stunde ist das zu schade, meinten unsere Helfer. Die ganze Arbeit! Gut, machen wir bis abends unsere Kirche auf. Das hat sich mit den Jahren fest eingebürgert, man ging am Nachmittag noch einmal los, die Erntedankkirche anzusehen. Man nahm Freunde mit. Das müßt Ihr unbedingt sehen! Man traf sich und erzählte noch ein bißchen.

Im Gottesdienst an diesem Tag spielten auch die Kinder eine große Rolle. Die Kindergabe, die jedes Kind erhielt, hatte eine Beziehung zu Bild und Thema des Tages. Das mußte vorher ausgesucht und abgestimmt werden. Eine Kunsttöpferei stellte uns einmal Sparschweinchen her oder einen Leuchter oder ein Stück, das irgendwie paßte.

Seht mal, sagten die Kritiker, die locken sich die Kinder an. Und es ist beinahe wie eine Gartenbauausstellung, meinten Andere.

Ist Glaube zum Anfassen, sagten die meisten.

Gut, der festliche Gottesdienst ist ein Höhepunkt. Da kommen dann auch Menschen. Aber der normale am Sonntag, da wirkt alles so verstaubt, so gewollt, so weit hergeholt. Da sitzt Ihr mit einigen Omis da und singt Oldies ab, sagte jemand.

Die Kirche hat in den letzten Jahrzehnten viel Mühe aufgewendet, um hier Änderungen zu schaffen. Es gibt Berge von Literatur über neue Gottesdienstmodelle. Das ist gut so.

Es hat mir in den Jahren meines Amtes nie Ruhe gelassen, immer wieder habe ich mich umgeschaut, wo ist Neues ausprobiert, wo kann man Anderes aufnehmen, wo muß geändert werden.

Die Gottesdienstordnung muß geändert werden. Drei Lesungen aus der Bibel, von denen zwei ohne Erklärungen vorgetragen werden, das geht nicht. Wir haben eine Lesung wegfallen lassen. Dabei muß die Ordnung der Kirche bedacht werden. Es kann nicht einfach jeder Pastor machen, was er will. Man muß darüber sprechen, Synoden müssen das neu bedenken. Eine Ordnung, die in großen Gebieten akzeptiert wird, ist hilfreich. Nur sie darf nicht einfrieren, man muß sich getrauen können, sie in einzelnen Fällen abzuändern.

Am Schweriner Dom führten wir den weißen Talar ein. Der Kampf, der damit verbunden war, ist mir unverständlich. Gewiß, die brüderliche verabredete Ordnung wurde durchkreuzt. Aber warum nicht? Die Ordnung ist nicht heilig. Wir brachten gute Argumente für das festliche Weiß der kirchlichen Gewänder bei. Und schwarz ist doch nun wirklich eine traurige Angelegenheit. Weiß kommt in der Bibel an vielen Stellen vor. Die Engel zu Ostern tragen weiße Kleider. In der Offenbarung des Johannes wird von weißen Kleidern gesprochen. Und in der Urchristenheit trugen die Täuflinge, die oft auch Erwachsene waren, weiße Taufkleider. Weiß ist bis heute die Farbe der Braut bei der Hochzeit. Weiß hat mit Freude zu tun, schwarz mit Trauer. Weiß ist das Lichtvolle, das Festliche, das Himmlische. Schwarz ist die Nacht und die Angst und das Problem.

Auch Martin Luther hat neben dem schwarzen Gelehrtengewand, das Unversitätssitte war, die damals in der Kirche üblichen farbigen Gewänder getragen. In Mecklenburg, so berichtet der Schlie in der Geschichte der Kunstdenkmäler, gab es noch 1636 in der Kirche zu Weitendorf ein farbiges Gewand und 1694 wird von einem solchen in der Kirche von Groß Brütz berichtet. Erst am 20.11.1811 in der Kabinettsorder des preußischen Königs Friedrich Wilhelm III. wurde der schwarze Talar für alle protestantischen Pfarrer, Richter und Rabbiner eingeführt. Zum Talar sei ein weißes Beffchen zu tragen, hieß es. Es symbolisiere die beiden mosaischen Gesetzestafeln.

So kam die Kirche neben der verhängnisvollen theologischen Entwicklung in jener Zeit auch über die Gewandung in die peinliche Nähe einer moralischen Anstalt. Die Überbewertung der zehn Gebote drängte das Evangelium zurück. Und was wir heute zu wenig haben, das hatte Kirche damals zu viel.

Ich hatte den weißen Talar einmal bei einem lutherischen Missionar gesehen. Er kam zu Gast in unsere Gemeinde. Er berichtete und feierte den Gottesdienst mit uns in Weiß.

Ich hörte, daß bei den Christen in der schwedischen Kirche und auch bei der Brüdergemeinde der weiße Talar üblich war.

Was spricht dagegen? Eine lange Tradition für schwarz gab es nun wahrlich nicht! Seit 1811! Und eingeführt von einem König! Ich fand, eine Neubesinnung war nötig.

Die Wogen um unsern „Talarkampf" am Dom ebbten ab. Er wurde etwa fünf Jahre nach unserm Antrag von der Kirchenleitung offiziell genehmigt, und die Pastoren tragen ihn dort bis heute.

In Parchim fand der weiße Talar keine Freunde. Ich versuchte ihn einzuführen. Ich stellte ihn vor. Ich machte einen Ostergottesdienst in weiß und eine Trauung, auch eine Tauffeier, das geschah sozusagen heimlich. Aber die Gemeinde mußte einmal weiß gesehen haben.

In einer Gemeindeversammlung stimmten wir über weiß oder schwarz im Gottesdienst ab. Die Mehrheit wählte Weiß. Der Kirchgemeinderat jedoch war zögerlich. Vielleicht empfindet man das nachher als zu katholisch? Obwohl, ist katholisch schlimm?

Auch die Kollegen der Umgebung, die nicht hätten dagegen sein dürfen, waren vorsichtig. Ach, lieber nicht! Könnte Menschen zurückstoßen! So blieb der weiße Talar, den mir die Schweriner beim Abschied geschenkt hatten, im Schrank.

Ich möchte Sie besuchen, rief eines Tages der Beauftragte für kirchliche Femseharbeit aus Frankfurt am Main bei mir an. Es war schon nach dem Umsturz von 1989.

Gern, besuchen Sie mich. Aber worum handelt es sich? Das werden Sie sehen, wenn ich bei Ihnen bin.

Ein freundlicher junger Mann erschien in Parchim. Würden Sie mir von Ihrer Gemeindearbeit erzählen? Und mir die Kirche zeigen?

Klar. Er fragte, ich erzählte. Er war ein Mensch, der zuhören konnte. Eine Eigenschaft, die nicht gerade weit verbreitet ist. Und was möchten Sie noch wissen? Naja, was Sie vom Predigen halten, erzählen Sie davon.

Zwei Stunden fragen, zwei Stunden erzählen, die Zeit verging. Ich zeigte ihm die St. Georgenkirche. Ich schwärmte von diesem einmalig schönen gotischen Raum. Und die Akustik! Wenn hier einhundert Menschen singen, das klingt voll und rund, als sängen fünfhundert. Die Bilder von den verschiedenen Erntedankfesten schaute er an. Das Altarbild mit der Schrift darüber. Die ganze geschmückte Kirche, überall Blumen und Früchte und Ähren. Er hatte einen Blick dafür. Wer vom Fernsehen kommt, sieht genauer hin. Der Glaube, der über die Augen geht. Wir waren uns einig, Kirche muß viel mehr auch für die Augen machen. Der Mensch von heute will hinsehen. Die im Mittelalter wußten, warum sie Fresken an die Wände malten und Altäre mit Bildern aufstellten. Wir tranken gemeinsam Kaffee. Er war unermüdlich im Fragen und im Zuhören. Schließlich zog er seinen Terminplaner heraus. Wir machen es, sagte er.

Was machen wir, fragte ich.

Wenn Sie einverstanden sind, findet ein Sonntagsgottesdienst vom ZDF hier in Ihrer schönen Kirche statt. Wir haben ein dreiviertel Jahr Zeit. Da können wir alles gut vorbereiten.

Ich hatte sowas geahnt. Jetzt war die Entscheidung gefallen. Ich sagte gern zu. Wir begannen mit ersten Überlegungen.

Das wird die größte Zuhörerschaft, die Sie je hatten, sagte er. Wir rechnen pro Fernsehgottesdienst mit mehr als einer halben Million Menschen, die zuschauen.

Wir überlegten, wir planten, wir verwarfen Gedanken wieder und fanden neue. Es machte Spaß mit ihm zu sprechen.

Wollen wir nicht einmal was ganz Ungewöhnliches machen, fragte ich.

Ich bin dabei, wenn es gut ist, sagte er, schießen Sie los. Machen wir einen literarischen Gottesdienst. Wir suchen uns einen zeitgenössischen Schriftsteller. Ein Pastor ist vorhanden. Suchen wir ein gutes Thema und lassen wir die beiden zum Thema diskutieren.

Mein Gedanke gefiel ihm. Aber wo ist ein Schriftsteller, der das mitmacht? In einem Gottesdienst? Wenn Sie einen finden?

Ich werde mich bemühen, sagte ich. Wir finden einen, keine Angst. Als der Fernsehmann abfuhr, hatten wir ein Grobgerüst fertig. Wir hatten den Sonntagstext angesehen und gemeinsam meditiert. Der Text berichtet die Berufung des Jeremia. Wir waren uns einig, der Text ist gut geeignet. Der Prophet hat Bedenken bei dem Ruf. Ich bin zu jung, wendet er ein. Gott gibt nicht auf, er rührt seine Zunge an. Da hat Jeremia die Kraft, mutig loszugehen.

Ich hab ein Thema, rief der Fernsehmann: Verbrannte Zungen. Wie finden Sie das?

Gut, sagte ich, sehr gut. Das nehmen wir.

Als Schriftsteller, den wir einladen wollten, schlug ich Erich Loest vor. Der Mann ist gut, der weiß Bescheid. Er hat sieben Jahre im DDR-

Gefängnis verbracht. Wenn wir den bekommen, läuft unser Plan gut.

Ich schätzte seine Bücher. Ich hatte vor einiger Zeit einen Autorenabend mit ihm gemacht. Er hatte keine Berührungsängste mit Kirche. Er selbst nannte sich Atheist, aber einer seiner Söhne ist evangelischer Pfarrer, und so ganz nehm ich ihm das mit dem Atheisten nicht ab.

Ich schrieb an Erich Loest. Ich nannte Einzelheiten unseres Planes. Hätten Sie Lust, mitzumachen?

Er schrieb umgehend zurück: Eine phantastische Idee! Ein literarischer Gottesdienst, ich mache mit.

Ich schrieb nach Frankfurt. Der Fernsehmann fragte darauf bei mir an: Gut, daß Loest zugesagt hat. Wir müssen uns bald treffen, zu dritt. Ein solcher literarischer Gottesdienst ist auch fürs Fernsehen Neuland.

Wir müssen uns vorher gar nicht treffen, schrieb Loest. Was denken sich die Leute vom Fernsehen. Wir haben nur begrenzte Lebenszeit, und die werden wir nicht mit solchen sinnlosen Sitzungen verbringen. Wir machen alles brieflich, das reicht aus.

So geschah es. Wir korrespondierten mehrmals hin und her.

Wir tauschten uns aus über den Text, über Jeremia, und darüber, daß wir unbedingt zeitbezogen sprechen wollten.

Dann schickte er seine fertige Predigt. Ein Manuskript von drei Seiten. Druckreif, sprachlich klar, politisch deutlich und auf unser Leben hier bezogen. Ich wußte, wir hatten den richtigen Mann.

Im Vorfeld des Gottesdienstes gab es viel Arbeit. Am Donnerstag vorher reiste ein Femsehteam an: Techniker, Aufnahmeleiter, Produzent. Ein ganzer Stab von Helfern war notwendig.

Eine Sendeanlage mußte aufgebaut werden. Eine fahrbare Station stand neben der Kirche. Der Sendeturm mußte höher sein als der Turm der Georgenkirche. Der Gottesdienst würde live übertragen werden, da war perfekte Vorarbeit ein Grundsatz.

Sitzung am Freitag. Besprechungen, Timingproben, Ausleuchten, Kabelverlegungen, unsere Kirche war umfunktioniert zum Fernsehstudio. Am Samstag erschien der Regisseur. Am Nachmittag Durchlauf des gesamten Gottesdienstes mit Liedern und Lesungen, mit den Gebeten, der Musik und der Predigt. Alles lief ab in der leeren Kirche, es war ein eigenartiges Gefühl. Und nun probieren wir das Gespräch, sagte der Regisseur. Herr Loest und Herr Pilgrim, bitte aufstellen hinter dem Pult.

Wir gehorchten. Ich denke, es soll ein spontanes Gespräch sein, fragte ich. Wir müssen alles probieren, sagte der Regisseur.

In Ordnung. Ich begann: Herr Loest, Sie haben von Mut gesprochen. Menschen müßten heute Mut haben. Aber ich habe den Eindruck, diesem Mut gibt es höchstens noch beim Zirkus, oder als Stuntman. Bei Zeitgenossen ist er selten. Woran mag das liegen?

Loest: Na, unter Hitler konnte Mut den Kopf kosten. In der DDR am Anfang die Freiheit und später die Karriere. Das war schlimm und heute ist es viel leichter. Pilgrim: Und wenn man Mut betätigt, dann verbrennt man sich die Zunge. Warum verbrennen sich heute so wenig Leute die Zunge?

Das Gespräch wirkte ein bißchen künstlich. Loest war dran. Ich hatte eine Frage gestellt.

Plötzlich drehte er sich um und ging an seinen Platz zurück. So, sagte er, den Rest hören Sie morgen. Die Fernsehleute stutzten.

Eigentlich geht das nicht, sagte der Regisseur.

Sie sehen doch, daß es geht, sagte Loest und freute sich. Zu anderem war er nicht zu bewegen.

Am Sonntag war in der Kirche lediglich das Mittelschiff gefüllt. Die Parchimer wollten offenbar den Gottesdienst am Fernsehen verfolgen. Es war der heißeste Tag des Jahres. Dreißig Grad im Schatten.

Die Mithelfer aus der Gemeinde, zwei Lektoren, ein Vorbeter, die Musiker waren an den Seiten im Altarraum plaziert. Es war fünf Minuten vor Beginn. Es herrschte absolute Ruhe. Die Techniker, die Aufnahmeleiter, der Regisseur, sie befanden sich in Aufnahmeposition.

Bei uns kroch die Aufregung ins Herz, in die Arme und Beine.

Der ruhigste von uns war Erich Loest. Er wandte sich zu mir: Was gibt's heute zum Mittag?

Ich weiß nicht, wir werden sehen.

Erich Loest lächelte. Die Spannung bei mir ging etwas zurück. Punkt 9.30 Uhr wurde zum Sender geschaltet. Die Ausstrahlung lief, unser Gottesdienst auch.

Nach Vorspiel der Orgel und der Begrüßung wurde die Berufungsszene aus dem Jeremia-Roman von Franz Werfel gelesen.

Das Thema „verbrannte Zungen" zog sich durch den ganzen Gottesdienst. So wie Gott die Zunge des Jeremia angerührt hatte, und der mutig in seine Zeit hineinsprechen konnte, deutlich und zupackend und ohne Scheu, so müßte man das heute wieder versuchen.

Die beiden Kurzpredigten folgten. Die eine mehr textbezogen, die andre mehr zeitbezogen.

Dann sprachen wir über die Predigtteile und das Thema, frei und ohne Ausarbeitung, ganz spontan.

159

Loest kam auf die DDR Zeit und das Verhalten der Menschen. Viele hätten sich der Partei gebeugt. Sie kamen in Konflikte, weil ihr Herz brannte. Aber sie beugten sich. Dieses Versäumnis bedrängt sie bis heute. Sie wollen das verdrängen, aber solches Verdrängen vergifte den Seelengrund. Auch Worte könnten schuldig werden, wenn man sie verschluckt. Wir berührten die Angst der Menschen. Wir waren einig, es müßte mehr Raum für Mut geschaffen werden. So wollte es Gott damals, so will er es heute. Das Gespräch war lebhaft. Es war nicht einfach. Aber Loest war die Ruhe selbst.

Die Fernsehleute vom ZDF meinten hinterher: Das Gespräch hätte noch länger sein können. Wir haben gespannt zugehört.

Für eine knappe Stunde wurde Parchim ein wenig zum Mittelpunkt Deutschlands. Eine halbe Million Menschen schaute zu. Sie sahen in die Georgenkirche, beteten mit und hörten den Gesang, achteten auf die Predigten.

Erich Loest schloß seine Predigt mit dem Hinweis auf Jeremia und auf unsere Lage heute: „Keiner ist zu jung für Mut, zu alt schon gar nicht!"

Es war ein literarischer Gottesdienst, und wir erinnerten am Schluß an den Tod eines großen europäischen zeitgenössischen Schriftstellers, der auf den Tag genau vor fünfzig Jahren, am 31. Juli 1944 bei einem Flugzeugabsturz ums Leben kam. In seinem nachgelassenen Werk fand sich der Satz, den wir jedem in die seelische Tasche stecken wollten: „Wenn dir etwas widerstrebt und dich peinigt, so laß es wachsen; es bedeutet, daß du Wurzeln schlägst und dich wandelst."

Nach der Sendung erreichten uns Anrufe aus der Schweiz, aus München, aus Lübeck. Das Telefon stand den Tag über nicht still. Ab Montag kamen die Briefe haufenweise. Unser Gemeindebüro hatte vierzehn Tage mit der Beantwortung zu tun.

Mit den Anrufen und den Schreiben kamen Dank und Zustimmung und natürlich auch kräftige Kritik.

Wir hätten zu politisch gepredigt, meinten einige. Wir hätten die Regierung beleidigt mit unserm „Zunge verbrennen" und den Beispielen dazu.

Wir hätten nicht ausreichend „Jesus" verkündigt, meinten andere. Wir hätten die Menschen zur Bekehrung aufrufen sollen, wir hätten Chancen verschenkt. Es hätte ihnen viel gegeben, sagten die meisten. Manche brachten sehr persönliche Fragen vor. Mit einigen hatten wir anschließend einen längeren Briefwechsel.

In vielen Briefen fanden sich Geldscheine und Schecks, als Kollekte für die Georgengemeinde, schrieben die Absender.

Und wer wollte bei dieser Erfahrung sagen, der Gottesdienst hat keine Chance, er stehe mit Omis und Oldies auf dem Abstellgleis? Wir haben es erlebt, einmal und öfter: Ein Gottesdienst kann Wirkungen haben an der Seele des Menschen, sehr fühlbare Wirkungen: Der Mensch ist angerührt, er ist getröstet, er geht fröhlich seinen Weg in die neue Woche. Und das ist viel in dieser Zeit.

Kapitel 7

KONFIRMANDENUNTERRICHT

Er betrat den Unterrichtsraum mit Mütze. Er richtete es so ein, daß er als Letzter der einundzwanzig Konfirmanden starken Gruppe ankam. Vorher im Flur ordnete er seine Sachen, die er mitbrachte. Ein teures Mountainbike-Fahrrad, einen reichlich auffälligen rotweißen Anorak und eine Cameltasche, in der seine Schreibutensilien verstaut waren.

Wenn die Anderen längst um den großen Mitteltisch Platz gefunden hatten, erschien er. Eigentlich mußte es heißen: Er gestaltete sein Kommen zu einem Auftritt. Die andern waren auf diese Weise angehalten, auf ihn zu achten und seine gezielt eingesetzten Verrenkungen als Einladung zum Grinsen zu verstehen.

Manchmal war sein Platz oben am Tisch besetzt. Dann schnipste er nur mit den Fingern und wies mit dem Daumen nach rechts. Das bedeutete unmißverständlich: Dies ist mein Thron, hier sitze ich. Hau ab, Gurke! Er nahm Platz, grabbelte umständlich in der Cameltasche herum und förderte sein Schreibzeug zutage. Dazu Bibel und Gesangbuch, legte alles vor sich auf den Tisch, Stück für Stück, und sehr nacheinander.

War das geschehen, nahm er Haltung an, legte die Hände auf die Tischplatte und saß wie ein Muster an vorbildlichem Verhalten. Die Mütze behielt er auf dem Kopf.

Ich begann den Unterricht mit der Feststellung der Anwesenheit. Ich rief die Namen auf. Die Reihe kam an ihn. Ich rief seinen Namen laut. Selbstsicher und in sich ruhend rief er, ebenfalls laut: Ist vorhanden.

Ich sah ihn an, freundlich, ruhig und sagte: Würdest Du bitte die Mütze abnehmen?

Er schaute auf die Bibel und stieß hervor: Die Mütze bleibt auf. Es war eine von jenen Mützen, die sie heute trugen, großer Schirm, auffällige Farben und vorn mit der Aufschrift: Jordan 23.

Gegen das Tragen dieser Mützen war nichts einzuwenden. Junge Leute trugen die Dinger gern. Wenn sie das schön fanden, okay. Nur Mütze im Unterricht, das wollte ich nicht dulden.

Es geht nicht, daß Du im Unterricht die Mütze auf behältst, also bitte nimm sie ab. Ich sagte es bestimmt und mit einem Unterton von Drohung. Er sah mich an. Blick und Gesichtszüge fast zynisch und sagte: Mein letztes Wort, die Mütze bleibt, wo sie ist, übrigens habe ich sie auch in der Schule auf.

Stille in der Gruppe. Die Vorstellung war gelungen, Zuschauer zufrieden. Ob er diese Vorstellung mit einigen vorher geplant und durchgesprochen hatte? Ich hielt das für möglich. Was sollte ich machen? Der Junge war kräftig und wirkte entschlossen. Sollte ich ihm die Mütze vom Kopf ziehen? Kräftig zufassen und ein Ruck, aus!

Die Gruppe war neu für mich. Wir hatten die dritte Konfirmandenstunde. Ich traute ihm zu, er würde mir auf die Hand schlagen, und ich hätte mich lächerlich gemacht.

Sollte ich einen neuen Befehl geben? Er würde als Sieger triumphieren. Andererseits wollte ich nicht Konfimanden mit Mütze unterrichten. Mit Mütze beten und singen? Ich war mir sicher, wenn ich heute das erlaubte, nächstes Mal würde die halbe Gruppe mit Mütze erscheinen. Ich war wütend: Dieser Bengel!

Aber mußte ich handeln? Konnte ich die Mütze nicht lassen, wo sie war? Was blieb mir übrig?

Ich könnte Dich jetzt rauswerfen, aber na ja, was soll`s! Behalt sie auf, Deine Mütze, wenn Du das schön findest. Mal was anderes. Unterricht mit Mütze. Vielleicht ziehst Du auch noch Deinen Anorak dazu an?

Ich hatte es kaum gesagt, da bewegte sich der Bursche auf den Flur, holte seinen Anorak und zog ihn genießerisch grinsend an und saß wieder am alten Platz. Auch die Vorstellung war gelungen. Er war der Held des Tages. Ich würde es schwer mit dieser Gruppe haben.

Beginnen wir mit dem Unterricht! Ich versuchte freundlich zu sein. Dann ging ich noch einmal darauf ein.

Sag mal, warum machst Du das?

Das ist ganz einfach, sagte er, meine Eltern haben mich gezwungen, hier in die Konfirmandenstunde zu gehen. Du wirst konfirmiert, hat mein Vater entschieden. Glauben mußt Du das nicht, was der Pastor Dir da vorerzählt, aber Du gehst hin und damit basta! hat mein Vater gesagt.

Eisige Stille in der Gruppe. Es war sein zweiter Sieg.

Gut, sagte ich, oder vielmehr nicht gut. Das mit dem Grund ist deine Sache. Du bist nun einmal hier, und wir wollen das beste daraus machen. Die Stunde lief nach diesem prickelnden Vorspiel recht gut ab.

Ich stellte die „Weiße Rose" vor, die Tat von Hans und Sophie Scholl in der Zeit des Dritten Reiches. Sie hatten gegen die Unmenschlichkeit pro-

163

testiert. Eine spannende Unternehmung. Der Plan sah ein anderes Gebiet vor, doch ich hatte den Eindruck, ich könnte die Gruppe heute nicht sehr belasten. Ich mußte mit einer spannenden Geschichte um sie werben.

Im ersten Teil der Stunde stellte ich dar, im zweiten wollte ich ein Gespräch mit den Konfirmanden versuchen. Ich leitete mit einer Frage ein. Das Gespräch kam gut in Gang. Man muß für etwas eintreten, war der Grundtenor. Die meisten verstanden, was an den Scholls zu sehen war. Es war diesmal gut gegangen.

Einmal in der Woche, montags von 19 bis 20 Uhr würden meine Spezies im Pfarrhaus erscheinen. Wir würden zwei Jahre zusammen sein. Und nach zwei Jahren mußte ich sie fragen, ob sie bereit wären, an Jesus Christus zu glauben.

Ich wußte, mein Mützenmann, der von den Eltern hierher gezwungen war, würde nicht aufgeben. Ich wußte auch, und bemerkte es je länger desto mehr, daß er Gefolgsleute in der Gruppe hatte, die ihn anstaunten, weil er so cool und so kräftig war.

Hätte ich ihn nicht doch rauswerfen müssen? In der Nacht lag ich wach und grübelte darüber nach. Einfach Gewalt anwenden? Aber darauf wartete er nur. Gewalt erzeugt Gegengewalt. Es wäre ihm gelegen gekommen, wenn ich ihn rausgeworfen hätte. Er wäre nach Hause gegangen, hätte den Leidenden heraushängen lassen und zum Vater gesagt: Der Pastor hat mich rausgeworfen, da kann ich nicht wieder hingehen. Ich besprach die Angelegenheit mit einigen Vertrauten.

Du hast eine Runde verloren, meinten sie, Du mußt aufpassen! Ich stellte wieder einmal meine gesamte Unterrichtsmethode in Frage.

Vielleicht habe ich zuwenig Mitbeteiligung angeboten? Sie wollen nicht nur dasitzen und zuhören müssen. Die frontale Unterrichtsmethode, wenn der Lehrer vor der Klasse steht und den Lehrstoff herunterdoziert, war endgültig vorbei. Das konnte man auch aus der Schulpraxis hören. Die jungen Leute wollten mittun, mitreden, kleine Pflichten übernehmen, eben dabei sein. Ich überlegte neue Möglichkeiten.

Ich hatte einen neuen Jugendkalender mit täglichen Andachten. Ich gab den Kalender eine Woche vorher einem Jugendlichen und bat ihn, im Unterricht die zuständige Seite vorzutragen.

Das ging schief. Das Lesen geschah dermaßen stockerig. Alle lachten los. Erneut entstand Unruhe, die schwer zu bändigen war.

Ich probierte Rollenspiele, das Darstellen von biblischen Geschichten. Ich versuchte eine Stunde als Prozeß zu gestalten. Das Gericht über den Fall Judas. Einer spielte den Judas, ein anderer den Anwalt, wieder ein anderer den Staatsanwalt, einige die Geschworenen und mehrere das Volk. Die Anklage lautete Hochverrat. Wir lasen den Text. Wir überlegten die Anklage, schließlich machten wir den Prozeß. Mehrere Stunden waren dazu nötig. Die Konfirmanden waren bei der Sache, es machte Spaß.

Aber die Unruhe in den Stunden war groß. Ducheinanderreden, Geschrei, auf von den Plätzen und zum anderen Platz rennen. Ich war mir im Zweifel, ob viel dabei herauskäme.

Aber Du hattest sie alle dabei, sagte ein Kollege, mit dem ich meine Misere besprach. Sie haben mitgedacht, haben Gründe gefunden und Gegengründe, sie waren mit der Bibel beschäftigt, was willst du mehr?

Ich war mir nicht so sicher. Das Getobe mußte immer wieder runtergeschraubt werden. Ermahnungen mußten gegeben werden. Nun wollen wir doch weitermachen. Seid doch mal still. Dann ging es wieder für eine kleine Zeit, bis die Lautstärke wieder größer wurde.

Ich war nach den Stunden total geschafft.

Einige Stunden später ließ ich Zettel schreiben. Jeder schrieb anonym auf einen Zettel: Was hat dir am Unterricht gefallen? Was hat dir nicht gefallen? Was schlägst du als Änderung vor?

Spitzenreiter war die Antwort: Die Prozeßstunden fand ich Klasse! Die haben gefetzt! Hätte ich nur nicht nachgefragt!

Da kann ich gleich Raubtierbändiger werden! Aber es half nichts, nach einigen Stunden der Darbietung mit Gespräch, in denen ich mit Notizen und Tafelbildern arbeitete, mußte ich mir Unterrichtsstunden mit größerer Beteiligung einfallen lassen.

Das Problem war die Größe der Gruppe. Etwa 20 junge Leute! War die Gruppe zu groß? In der Schule hatte man Klassen in eben dieser Größe. Aber die Schule war am Vormittag, und die konnten mit Zensuren arbeiten. Meine Konfirmanden kamen am Abend, sie waren durch ihre Tagespflichten bereits ausgelaugt, aufgedreht, eben am Ende. Was sollte da noch groß passieren?

Aber sie kamen. Ob es stürmte oder schneite, meine Truppe rückte an. Da war ja was los! Man traf sich, man quatschte, man haute auf den Putz, so nannten sie das und die Jugendlichen kamen aus verschiedenen Schulen, sie trafen sich sonst nicht. Hier war eine gute Gelegenheit, sich bekannt zu machen und anzugeben, was das Zeug hielt. Unterricht hätte gar nicht loszugehen brauchen. Es war sowieso interessant. Vor der Stunde waren sie voll mit sich beschäftigt, im Gespräch vertieft, im Austausch von kleinen und größeren Abenteuern und vor allem mit der

Hauptunternehmung jener Altersstufe: Lehrer ärgern. Da brachten sie es zu wahrer Meisterschaft, wenn man den Worten glauben konnte.

Hat doch unser Mathelehrer gestern den Sven an die Tafel geholt. Er sollte eine Formel erklären, schriftlich. Sven war der Kräftigste aus der Klasse und zu Mathe hatte er keine Lust. Null Bock! Er verbrachte die Zeit mit Karola, der Primadonna aus der Klasse. Die beiden waren unzertrennlich, das wußte jeder. Die gehen seit einigen Wochen miteinander, hieß es. Da ist alles schon gelaufen, wußten die Mädchen aus der Klasse zu berichten. Wir haben bei ihr in der Schultasche die Pille gefunden.

Na und, erwiderte Karola! Meine Mutter hat sie mir besorgt. Ist das vielleicht verboten? Ihr seid bloß neidisch!

Sven also mußte an die Tafel. Umständlich bemühte er sich von seinem Platz weg, nahm die Kreide und schrieb an die Tafel: Mathe is Scheiße! Stille in der Klasse. Was würde der Mathelehrer machen? Sven ging auf ihn zu, legte ihm das Stück Kreide aufs Pult, sah ihn an und sagte: Das machen Sie nicht noch einmal mit mir!

In dem Moment klingelte es zur Pause. Das wird ein Nachspiel haben, schrie der Mathelehrer den Schülern nach.

Manchmal machten wir zu Beginn der Unterrichtsstunde eine Viertelstunde Bericht zur Lage. Das war beliebt. Sie konnten erzählen. Sie konnten rauslassen, was sich bei ihnen innerlich angesammelt hatte, was sie ärgerte.

Ich hörte dabei nur zu. Sie steigerten sich im Berichten. Einer wollte den Andern übertreffen. Es ging auch mit ihnen durch.

Halt Du doch das Maul, schrie Sven, jetzt rede ich.

So war der Bericht über den Vorfall an der Tafel an mich gelangt. Sie hatten ihn mir fast vorgespielt. Sven schilderte das Zittern des Lehrers.

Der hat wirklich gezittert, aber der kann sich pensionieren lassen. Der hat bei allen ausgeschissen, meinte Sven.

Nach solchen Berichten war es nicht einfach, sie für eine Aufmerksamkeit im Unterricht zurückzugewinnen. Sie wirkten wie aufgedreht.

Das macht wenigstens Laune, meinten sie.

Ich empfand solche Stunden als sehr belastend. Ich hatte zu tun, mein seelisches Gleichgewicht wiederzufinden.

Das hat mir früher nichts ausgemacht, sagte ich zu meiner Frau.

Ja, wir sind eben älter geworden, und da steckt man die Aufregungen nicht so leicht weg, meinte sie. Wie recht sie hatte!

Wie kommt eine solche Unruhe in manche Stunde, fragte ich mich oft. Wieso waren die Jugendlichen so kribbelig. Und Glaubensfragen waren ihnen pottegal, so hatte es den Anschein.

Ich suchte nach Erklärungen. Vielleicht war die Zeit nach dem Umsturz 1989 daran schuld. Die jungen Leute mußten sich mit einer total neuen Unterrichtssituation anfreunden. Aus der pausenlosen Gängelung in der Zeit vorher in den Jungen Pionieren und der FDJ, im Gruppenrat und im Klassenkollektiv waren sie heute in eine neue Freiheit hineingeplumpst.

Sie konnten frei denken, konnten alles sagen. Sie konnten Kritik üben, sie konnten diskutieren. Sie konnten auch reisen, und an manchen Projekttagen erlebten sie ein Ungebundensein, von dem sie vorher nur träumen konnten. Da hätte der Klassenlehrer aber losgelegt, und der Parteisekretär wäre bei der geringsten Kleinigkeit im Betrieb des Vaters erschienen oder der fortschrittliche Elternbeirat hätte sich der Sache annehmen müssen. Diese Instrumentarien waren verschwunden. Nun mußten sich alle umorientieren, auch die Lehrer. Dabei hatte mancher Lehrer noch vor ein paar Jahren seinen Lenin in den Himmel gehoben. Und die politische Arroganz manches Lehrers konte nicht so schnell vergessen werden.

Lehrer P. war Klassenlehrer an der Martinschule. Unser Sohn ging in seine Klasse. Lehrer P. war ein guter Lehrer, sagten seine Schüler, er hatte Ordnung in seiner Klasse, ließ nichts durchgehen. Seinen Unterricht gestaltete er interessant.

Aber die Christen, die waren dem politischen Lehrer ein Störfaktor in der Klasse. Sie traten nicht in die Pioniere ein, sie nahmen nicht an der Jugendweihe teil. Sie äußerten sich nicht klassenbewußt.

So geriet das Bild der Klasse vor den Schuloberen in ein nur mäßiges Licht. Er konnte nicht voll überzeugen. Ihm fehlte die politische Überzeugungskraft. In den meisten Klassen der Schule konnten die Lehrer melden: Auftrag erfüllt. Alle nehmen an den Pionieren teil.

Lehrer P. mußte melden. Einer nimmt nicht teil, und da war auch nichts zu machen, denn sein Vater ist Pastor am Dom.

Lehrer P. ärgerte das nicht wenig. Ein Pastorenbengel vermanscht das ganze Klassenbild. Da mußte doch was zu machen sein?

Lehrer P. wählte eine andere Methode, eine unterirdische, kann man sagen. Er ließ von Zeit zu Zeit in den Unterricht einfließen, wie rückschrittlich das doch sei, an Gott zu glauben.

Eines Tages fragte er jeden in der Klasse nach seinem Berufswunsch. Für die Berufsberatung mußte ein Bericht erstellt werden. Unser Sohn war dran:

Was willst du werden?

Anwort: Pastor.

Was, du willst Pastor werden? In deine Predigt komm ich auch, da werd ich mich totlachen. Unser Sohn kam geknickt nach Hause. Warum spottet der über uns?

Immer wieder kam er auf Glaubensfragen zurück, in letzter Zeit verstärkt. Er sah dabei unsern Sohn an und legte los: Zum Beispiel Himmelfahrt, was ist denn das? Pilgrim, Du mußt es doch wissen? Haben sie Deinen Jesus da hochgeschossen?

Oder: Hör mal Pilgrim, mir ist doch neulich Petrus begegnet, aber der konnt' gar nicht auf dem Wasser gehen. Wie hat Dein Petrus sowas gemacht? Kann er wenigstens mal auf dem Pfaffenteich gehen?

Unser Junge war zu der Zeit zwölf Jahre alt und nahm am Konfirmandenunterricht teil. Er kam niedergeschlagen nach Hause und sagte: Warum macht der das? Es soll ein Witz sein, aber alle lachen und sehen mich an. Nun ist Schluß, sagte ich zu meiner Frau. Ich schrieb an Herrn P. einen Brief. Ich schickte eine Durchschrift an die Direktorin: „Hinter solchen Äußerungen steckt die Absicht, sich über Glaubensanschauungen lustig zu machen, und ich wundere mich, daß Sie als verantwortlicher Pädagoge so billig argumentieren. Ich habe von meinen Lehrern Respekt vor den Anschauungen anderer gelernt und Toleranz, und ich denke, daß dies heute noch gute und vertretbare pädagogische Grundsätze auch dann sind, wenn man selbst eine ganz andere Position hat. Oder glauben Sie, daß man so flache Argumente nicht auch ebenso kontern könnte?"

Die Direktorin erschien bei uns zum Hausbesuch. Ich erläuterte ihr noch einmal den Sachverhalt, und ich sagte: Wenn Herr P. sich nicht entschuldigt, dann werde ich mich über ihn beim Ministerium in Berlin beschweren. Nur das nicht, meinte die Direktorin, wir regeln das vor Ort. Eine Woche später kam die Nachricht, sie hätte mit dem Kollegen P. gesprochen, er sei bereit sich zu entschuldigen. Ich möchte zu einer Sitzung in die Schule kommen.

Im Direktorzimmer saßen noch andere Lehrer, Herr P. und die Direktorin. Er war ausgesprochen liebenswürdig, er sagte, das hätte er nicht so gemeint, es sollte ein Witz sein. Die Schüler lachen auch mal gern im Unterricht. Er wollte Glaubende nicht kränken.

Das haben Sie aber getan, sagte ich, und über den Glauben eines Anderen sollte man keine Witze machen, das müßte ein Lehrer wissen.

Nun gut, sagte Herr P., ich bitte um Entschuldigung. Es wird nicht wieder vorkommen.

Der wird sich bestimmt rächen, sagte mein Sohn.

Nein, Lehrer P. rächte sich nicht. Er gehörte zu den Lehrern, die auch mal was einsehen konnten und denen es in erster Linie um die Schüler ging. Es gab aber auch Lehrer, denen es in erster Linie um Politik ging. Mit denen hatten es christliche Schüler schwer, auch nach dem Umsturz, denn sie sahen nichts ein. Sie waren vorher genauso arrogant wie jetzt in der neuen Zeit.

Es gab noch andere Gründe für das komplizierte Unterrichtsklima heute. Früher kamen nur die Schüler zum Konfirmandenunterricht, die zum Glauben eine gewisse Nähe hatten. Sie stammten aus christlichen Familien. Sie mußten auch bereit sein, Nachteile oder sogar Spott für ihren Glauben auf sich zu nehmen.

Da mußte man seinen Glauben schon begründen können. Das schuf gute Voraussetzungen für den Unterricht. Man kam eben nicht, weil es Mode war oder weil alle kamen.

Nach dem Umsturz schickten Familien ihr Kind, weil sie die Konfirmation als ein bestimmtes Statussymbol brauchten. Der Chef aus dem Westen sah das gern, oder der Manager. Der fragte nach. Sie werden doch Ihren Sohn nicht zur Jugendweihe schicken. Diese Kommunisteneinrichtung müssen wir aushungern.

Es wurden mehr Kinder angemeldet. Die Gruppen wurden größer. Aber mancher so hinbeorderte junge Mensch durchschaute den Vorgang und machte auf Störfaktor. Er wußte genau, die Eltern halten selbst nicht viel davon, nahmen am Leben der Gemeinde kaum teil, aber er sollte gehen, in gewissen Kreisen war es wieder Mode geworden.

Die große Gruppe wurde für die Kirche in der neuen Zeit eine Herausforderung. Wenn Unterricht nicht nur ein stures Einpauken von Glaubensgrundsätzen werden sollte, mußte sich der Pastor schon was einfallen lassen.

Zuerst mußte man die Gruppe gewinnen, in ihr Fuß fassen. Ein wenig mußte man erreichen, daß sie gern kamen.

Ich habe in der Anfangsphase versucht, herauszubekommen, wer ist der Häuptling. Ich ließ die Dinge einige Male so laufen. Ich beobachtete. Auf wen achten sie, wen akzeptieren sie am meisten, wer hat das größte Mundwerk. Das konnte man nach vier oder fünf Stunden sehr schnell erkennen.

Dieses Bürschchen lud ich mir in der Woche an einem Abend ein und machte ihm klar, ich brauchte seine Hilfe. Er sollte der Vertrauenskonfirmand werden. Wir würden eine Wahl machen, und bestimmt würde er gewählt werden. Und was muß ich tun, war die prompte Frage.

Nicht viel. Zuerst am Beginn jeder Stunde die Pässe einsammeln und mir zur Unterschrift vorlegen. Wir arbeiteten mit einem Konfirmandenpaß, in dem der Besuch jeder Unterrichtsstunde quittiert wurde und jeder Gottesdienstbesuch.

Weiterhin sollte er mir berichten, was die Gruppe zum Unterricht für eine Meinung hatte. Ob er langweilig sei oder welche Themen wir behandeln sollten. Ein Vertrauensmann, hin und wieder auch ein Vertrauensmädchen, war die Brücke zum Pastor.

Die Wahl dieses Vertrauensmannes war interessant. Ich hatte meistens einen vorgeschlagen. Auch die Konfirmanden machten Vorschläge. Alle Namen setzten wir auf einen Wahlzettel. Gewählt wurde der Stärkste, der Ansehen in der Gruppe hatte. Oft war es der, den ich schon herausgesucht hatte. In einer Gruppe wurde das sehr kompliziert. Sie hatte fast 30 Konfirmanden. Wie sollte ich da Fuß fassen? Und fortwährend gegen die Gruppe zu unterrichten, das war schädlich. Wer also war der Häuptling? Manfred saß in der ersten Reihe. Wir konnten nicht an Tischen sitzen, die Gruppe war dafür zu groß. Manfred quatschte in einem fort, auch während des Unterrichtes. Er war unausstehlich. Manche Stunde hat er mit seinen dummen Bemerkungen aus den Angeln gehoben. War er der Häuptling? Es schien so, aber es gab auch andere, die kräftiger waren als er. Doch sein Mundwerk war größer.

Damals ließ ich noch einige Lieder auswendig lernen und Stücke aus dem Katechismus. Ich war der Meinung vieler Kollegen, die sagten, man muß eine eiserne Reserve im Kopf haben. Wenn man mal allein ist, oder im Gefängnis, dann zählt nur, was man auswendig hersagen kann, und das kann sehr tröstlich sein.

In den letzten Jahren des Amtes habe ich nichts mehr auswendig lernen lassen. Es elendet die jungen Leute, es macht ihnen den Unterricht und womöglich auch den Glauben mies. Das Gepauke ist Zeitvergeudung. Man kann alles nachschlagen und nachlesen, und auch im Gefängnis gibt es Bibel und Gesangbuch.

Manfred stand auf und mußte einen Psalm aufsagen. Seine Jackentaschen standen zur Seite hin ab, als wenn er darin Störmaterial verborgen hielt. Was hast Du in der Tasche, fragte ich ihn.

Gar nichts! Sehen Sie doch nach. Ablehnend war sein Gesichtsausdruck.

Wage es, in die Tasche zu langen, dann wirst Du was erleben.

Ich griff in die Tasche. Tat jedenfalls so. Nahm meine Hand wieder weg. Er kam zur Hilfe und beförderte die Sachen heraus. Ein Taschenmesser kam zum Vorschein, eine Trillerpfeife und noch einige andere bedeutungslose Sachen. Er legte alles auf seinen Stuhl und sah mich an. In der Klasse war es muxmäuschenstill.

Ein richtiger Junge, sagte ich, weißt Du, was der in der Tasche hat? Einen rostigen Nagel, ein Stück Strippe und einen toten Frosch. Die Konfirmanden lachten.

Nächstes Mal will ich das in Deiner Tasche sehen. Er setzte sich wieder. Die nächste Stunde kam. Ich nahm Manfred wieder zum Aufsagen ran. Er stand auf. Die Jackentasche beulte sich noch mehr zur Seite. Was mach ich, dachte ich, die Sache übergehen? Denn wenn er irgend etwas Blödes hineingetan hat in seine Tasche, kann ich einpacken.

Pack bitte den Tascheninhalt auf den Stuhl. Ich mußte handeln, hatte dies angefangen und mußte es zu Ende bringen.

Umständlich griff er in die Jackentasche und legte einen rostigen Nagel auf den Stuhl und ein dickes Knäuel Bindfaden.

Ist das alles fragte ich. Da fehlt doch noch was?

Ja, der tote Frosch. Wollte ich auch erst mitbringen, aber dann doch nicht. Ich mochte keinen Frosch töten.

Manfred wurde Vertrauenskonfirmand und hat mir geholfen, in dieser großen Gruppe ein gutes Unterrichtsklima zu behalten. Er fühlte sich mitverantwortlich. Heute ist er Pastor.

Zwei Jahre Konfirmandenunterricht, ich fand das zuviel. Man brauchte ein Jahr. Wenn man das intensiv ausfüllte, meinte ich, kam mehr dabei heraus. Ich ließ mir einmal erzählen, wie im Baltikum die Deutschen ihre Kinder in sogenannte Kurse schickten. Pro Kurs ein viertel Jahr. Und das geschah zwei oder dreimal. Die Kurse wurden intensiv gestaltet mit Wochenendtreffen, mit Fahrten und Besichtigungen. Ich glaube, da kommt mehr heraus. Bei uns will die Kirche zuviel. Und an der Länge der Zeit krankt die Gruppe. Soviel ist da nicht hineinzulegen, daß man zwei Jahre intensive Glaubenseinübung machen kann. Weniger wäre mehr.

Eine Einheit im Unterricht, auf die ich viel Wert legte, hieß: Glaubenserfahrungen. Die Erfahrungen anderer besehen, und zum Schluß von eigenen Erfahrungen berichten. Es erschien mir wichtig, weil in der Zeit des Unterrichtes, der ja mit der Pubertätszeit des Jugendlichen zusammenfällt, meistens der Kinderglaube zusammenfiel. Was die Eltern ihnen mitgegeben hatten, das Gebet und das kindliche Vertrauen, das wurde kritisch vom Jugendlichen selbst befragt und nicht selten weggeworfen.

Und neue Erfahrungen mußten an die Stelle der alten kommen. Wir versuchten in der Konfirmandenzeit solche neuen Erfahrungen zu pflanzen. Wir teilten die Jugendlichen mehreren Kirchenältesten für einen Abend zu, und baten die Kirchenältesten, von ihren eigenen Glaubenserfahrungen zu berichten. Die Konfirmanden fertigten über den Besuch ein Protokoll an, das wir auswerteten.

Oder ich ließ eine Hausarbeit über ein Thema anfertigen. Dazu mußten sie mit ihren Eltern sprechen und sich erzählen lassen, was als Kleinkind war. Das Thema hieß: Wie ich erlebt habe, daß Gott mich beschützt.

Es kam ein Gespräch mit den Eltern zustande, das schwierig war, sicher, aber hier und dort doch lebhaft geführt wurde.

Einige dieser Hausarbeiten lasen wir im Unterricht vor und sprachen gemeinsam darüber.

Horst M. hat mir einmal eine solche Hausarbeit geliefert, die für einen Vierzehnjährigen bemerkenswert ist. Er besprach sich deswegen mit seiner Mutter. Er ließ sich erzählen. Er hatte das Thema auch persönlich durchdrungen. Ich fragte ihn, können wir das vorlesen?

Ja können Sie. Horst war ein stiller in sich gekehrter Junge. Was mag heute aus ihm geworden sein?

Hier ist seine Hausarbeit:

„Ich war damals noch klein, erst zwei Jahre alt, und kann mich an nichts mehr erinnern. Aber Mutter hat mir alles erzählt.

Es war 1945, als meine Eltern mit mir und meinen Brüdern flüchten mußten. Kurz vor unserer Flucht war Vater noch zu uns gekommen, so waren wir alle zusammen. Mutter war sehr froh darüber.

Wir sind dann an einem Abend losgefahren. Ich saß mit meinen Brüdern gut verpackt in einem Wagen. Mutter sagte, wir waren ganz still, haben aber nicht geschlafen. Wir spürten wohl, daß es etwas anderes war als eine Spazierfahrt. Dann mußten wir übers Eis. An der Stelle, an der wir rüberfuhren, war es 10 km breit und schon sehr brüchig.

172

Aber Gott hat wohl seine Hände unter unsere Wagen gehalten, wir sind alle gut hinübergekommen. Wir waren dann noch 10 Tage und 10 Nächte unterwegs.

Später einmal, ich war noch nicht vier Jahre alt, wurde ich von einem Hund ins Gesicht gebissen. Blutüberströmt brachte man mich nach Hause. Mutter dachte, als sie mich sah, mein ganzes Gesicht wäre zerfetzt.

Es waren aber Gott sei Dank nur einige Kratzer.

In Großmutters Zimmer hing ein Bild, auf ihm war ein kleiner Junge, der an einem Bach spielte. Hinter ihm stand ein großer Engel, der ihn beschützte. Mutter sagte, als sie mich vom Blut gereinigt hatte, hinter mir haben wohl zwei Engel gestanden, denn wenn der Hund richtig zugebissen hätte, es wäre nicht auszudenken gewesen."

Die Zeit unmittelbar vor der Konfirmation war eine besondere Zeit. Ich wollte den jungen Leuten klarmachen, daß wir nicht nur für den Kopf etwas mitgeben, sondern für das Herz und die Seele, für den ganzen Menschen. Wir fuhren meist ein Wochenende auf eine Rüstzeit, mieteten ein Heim von Freitag bis Sonntag und hatten Schwerstarbeit zu tun. Denn mit 20 oder 30 jungen Leuten zwei Nächte außer Haus zu sein, das war ein Spezialvergnügen. Hier lernte man sie gut kennen, hier erst richtig. An Schlaf war in der ersten Nacht kaum zu denken. Programm war bis 22 Uhr. Manchmal gab es eine Nachtwanderung, die war lustig und sehr begehrt. Wir wollten unsere Leute müde machen, aber das gelang nicht. Die waren munter bis vier Uhr morgens. Sie diskutierten auf den Zimmern, sie besuchten sich gegenseitig, sie hörten Musik und tranken Cola in Massen. Die hätten wir ihnen doch wegnehmen müssen, die Cola, sagt vielleicht ein Außenstehender. Gewiß, aber wir wußten das gar nicht. Sie hatten sie besorgt und gut versteckt. Es war uns lieber, als wenn sie sich Alkohol besorgt hätten. Da hätten wir einschreiten müssen. Und wenn wir sie in den Wochen darauf fragten, wie war die Rüste? Geil, meinten sie, obergeil. Ob sie damit auch die Bibelarbeiten und die Glaubensgespräche bezeichneten, war nicht herauszuhören. Fragen mochten wir nicht.

Sie wären nicht junge Leute in der Pubertät, wenn sie sich nicht für all das interessierten, was mit Liebe, Treue und Sex zusammenhängt. Sie hatten da schon ihre Quellen, aus denen sie ihr Wissen zogen. Und das Wissen wurde mit den Jahren immer spezialisierter.

In den ersten Jahren boten wir Aufklärung an. Wir meinten, das könne man nicht ausklammern. Manche Eltern hatten ihre Kinder voll aufgeklärt, die meisten jedoch nicht. Das macht die Schule, sagten sie, was sollen wir uns da noch abquälen.

In den letzten Jahren ließen wir das Thema für den Unterricht fallen, weil tatsächlich die Schule hier gute Arbeit leistete.

In früheren Jahren aber war das Thema noch selten auf dem Lehrplan, und wenn es darauf stand, umgingen die Lehrer es. War auch nicht so einfach, mit Vierzehnjährigen in der Gruppe darüber zu sprechen.

Wir haben es versucht.

Kurz vor der Konfirmation richteten wir zwei Stunden dafür ein. Die Konfirmanden konnten Fragen stellen, schriftlich. Sie taten die Zettel mit den Fragen in einen weißen Umschlag, der Vertrauenskonfirmand sammelte die Briefe ein und gab sie uns. Meine Frau nahm die Mädchen, ich die Jungen. Zuerst gab es Kichern. Dann aufmerksames Zuhören und am Schluß meistens noch eine Menge Zusatzfragen, die sie einfach mündlich stellten. War es gelungen, ein gewisses Vertrauensklima herzustellen, faßten sie Mut und sprachen auch.

Und was sie alles fragten! Hier einiges davon. Die Zettel habe ich aufgehoben, und wenn man sie heute liest, könnte man denken, wie ähnlich sind die Zeiten!

Wie merkt man, daß man von jemanden geliebt wird? Warum verachten so viele Erwachsenen die Jugendliebe? Kann man sich jetzt schon eine Freundin anschaffen?

Wird der Samen beim Mann alle, wenn er öfters Geschlechtsverkehr hat? Ist es richtig, wenn ein Mädchen schon vor der Ehe mit einem Mann verkehrt? Wie entstehen Zwillinge?

Wie bildet sich ein Zwitter heraus? Wie lange dauert der Geschlechtsverkehr? Wieso bekommen manche Mädchen nach dem Küssen Ausschlag? Wie machen es die Männer, die gegenseitig Geschlechtsverkehr machen? Ab wieviel Jahren hält ein Mädchen die Geburt aus?

Wo kommt das Kind her, etwa vom Küssen?

Wenn der Mann beim Geschlechtsverkehr im Suff ist, werden die Kinder dumm? Wie oft kann man Verkehr haben?

Für Ehesachen und Liebe interessiere ich mich noch nicht, deshalb kann ich keine Fragen stellen.

Wir stellten uns die Frager vor. Wir sahen, sie waren in einer Zeit ihres Lebens, in der sie sich unsicher fühlten. Der rauhe Ton gefiel uns oft nicht, das Ungebärdige noch weniger und erst gar nicht diese kribbelige Mobilität.

Konfirmandenunterricht gab eine Chance, ihr Leben einen Augenblick zu begleiten. Und in dieser Begleitung konnte Glaubens- und Lebenshilfe geschehen. Wir wußten nicht, was hängenblieb, ob überhaupt etwas blieb. Ich habe in späteren Jahren öfter Menschen gefragt, die bei mir Konfirmandenunterricht hatten: Erinnert Ihr etwas aus dem Unterricht? Einige erinnerten sich, andre gar nicht.

Ich habe mich an meinen eigenen Konfirmandenunterricht erinnert und gefragt, was ist hängengeblieben? Ganz einfach nichts!

Ist deshalb der Unterricht bedeutungslos? Sollte man ihn aufgeben? Schriftsteller beschreiben ihre eigene Konfirmation, die meisten sagen, es war ein Geschenkefest. Einige berichten vom Treueversprechen vor dem Altar, wie ihnen das heilig war. Und Christa Wolf beschreibt in den Kindheitsmustern ihre Konfirmation, und daß sie gelacht hätten hinter dem Altar.

Die lutherische Kirche wird an der Konfirmation festhalten müssen, weil sie auf die Taufe bezogen ist. Von daher allein bekommt sie ihren Sinn.

Konfirmanden-Gruppe Parchim 1990

Aufrichtung des Osterbaumes – mit 500 angehängten Ostereiern – im
Familiengottesdienst der St. Georgenkirche

8. Kapitel

HUMOR IST EINE ERNSTE SACHE

Fragt der Lehrer in der Deutschstunde: Kennt ihr den Satz: Der Mensch denkt und Gott lenkt? Klar, rufen die Schüler, kennen wir.

Darauf der Lehrer: Dann setzt diesen Satz bitte einmal in die Vergangenheitsform. Fritzchen meldet sich, und vom Lehrer aufgerufen, kommt die Antwort wie ein Schuß: Der Mensch dachte und Gott lachte. Irgendwo habe ich diesen Spaß einmal gehört. Ist mehr ein Witz, und ein Witz ist Humor im Taschenformat.

Aber was da so selbstverständlich hingesagt wurde, das ist ein Riesenproblem. Ich habe den Humor in der Kirche oft vermißt. In Predigten und Bibelstunden, auch im Umgang der kirchlichen Leute untereinander, sogar in der Jugendstunde und im Unterricht habe ich beobachtet, der Humor kommt zu selten oder gar nicht vor.

Schade, dachte ich. Warum ist das so? Gibt es in der Kirche nichts zu lachen? Warum kann nicht in einer Predigt eine Stelle so zum Lachen sein, daß die versammelte Gemeinde spontan loslacht? Ich bin dafür, daß man am Schluß einer Predigt hin und wieder auch mal klatschen kann. Ich weiß, ich weiß, das ist nicht ganz in Ordnung! Das ist dem Ernst des Gottesdienstes nicht angemessen, höre ich die Altvorderen sagen. Denn sie wachen eifrig über die strenge Form.

Ich bin mir da nicht so sicher, ob es dem himmlischen Vater nicht auch gefällt, wenn mal richtig gelacht wird. Außerdem, Humor ist eine ernste Sache. Ich weiß, daß die Christen im Mittelalter sich sehr bewußt auf den Ernst der Passionszeit einstellten, und die Passionszeit ist ja auch Fastenzeit, aber wenn das Osterfest kam, dann brachen sie in Jubel aus. So kam es, daß in manchen Gegenden unseres Landes der Jubel in Ostergelächter überging. Dazu erzählte der Prediger, so wird berichtet, am ersten oder zweiten Ostertag in seiner Predigt auch Geschichten und Anekdoten, und er erzählte sie so, daß die Gottesdienstgemeinde in schallendes Gelächter ausbrach. Das nannte man das Ostergelächter. Es sollte zeigen, Tod und Teufel werden öffentlich ausgelacht.

Bis zur Reformation war dieser Brauch vielerorts üblich. Danach aber galt er als unangebracht. Warum eigentlich?

Ich habe zwei oder dreimal in einer Osterpredigt einen zaghaften Versuch gemacht, diese Sitte wieder zu beleben. Das ging völlig daneben. Eine fromme Gottesdienstbesucherin sagte nach dem Gottesdienst: Heute war nichts in der Kirche. Der Pastor hat von der Kanzel Witze erzählt. Und das zum Auferstehungsfest! Ob er sich nicht schämt?

Schade, dachte ich, aber man kann das heute nicht machen. Dabei hatte ich wirklich nur vorsichtig Humoriges mit eingeflochten wo es zum Gang der Predigt paßte.

Ich lese in der Bibel die Stelle in Psalm 126: „Dann wird euer Mund voll Lachens sein." Ich habe zusammengezählt, in der Bibel kommt das Wort lachen 26 Mal vor. Und in Psalm 2 heißt es: „Doch der Herr im Himmel lacht." Da muß auch erlaubt sein zu fragen, ob Jesus gelacht hat. Ich glaube, Jesus hat gelacht. Er hat in der Bergpredigt die Lilien auf dem Felde gerühmt und von den Vögeln unter dem Himmel gesprochen. Ich kann mir nicht denken, daß er dabei nicht gelächelt hat.

In der Geschichte vom verlorenen Sohn, dem der Vater nach seiner Rückkehr aus dem verpfuschten Leben ein großes Fest macht, heißt es: „Und sie fingen an fröhlich zu sein." Heißt nicht fröhlich sein auch Humor haben?

Doch was ist Humor? Ich habe im Wörterbuch nachgeschlagen. Da wird erklärt, daß der Begriff Humor aus dem Lateinischen kommt und dort „Feuchtigkeit" oder „Flüssigkeit" bedeutet. Und wenn es stimmt, daß sprachgeschichtlich Humor auch mit dem anderen Wort „Humus", und das meint Fruchtbarkeit, verwandt ist, dann scheint mir die Richtung klar zu sein. Dann hat Humor viel zu tun mit einem gesunden Leben, gesund an Leib und Seele. Um beides geht es im christlichen Glauben.

Im Laufe meiner Amtszeit habe ich mich bemüht, von Zeit zu Zeit Veranstaltungen mit dem Thema „Freude" oder „Humor" anzubieten. In den Themagottesdiensten im Schweriner Dom in den siebziger Jahren hieß das so: Sich freuen, wie macht man das. Oder: Der Christ und die Heiterkeit. Oder: Mit Humor geht alles besser, sogar das Glauben.

Zu derselben Zeit waren im Dom gerade die weißen Talare eingeführt. Die Gottesdienste fanden im Hohen Chor statt und der Raum bis zur Vierung war proppevoll. Nach einer solchen Predigt habe ich zum ersten Mal erlebt, daß nach dem Amen spontan geklatscht wurde. Mir hat das gut gefallen. Aber es gab auch Zuhörer, die den Kopf schüttelten: Wie kann man nur, haben sie gewiß gedacht. Der ehrwürdige Dom, und nun sowas!

Ich finde, zwei Dinge darf man im Leben nicht verlieren, den Glauben nicht und nicht den Humor.

Mit dieser Überzeugung habe ich manches Erlebnis, das mir zugestoßen ist, besser verarbeiten können. Und Ringelnatz hat schon recht, wenn er sagte: „Humor ist der Knopf, der verhindert, daß der Kragen platzt."

Der Superintendent rief mich an.

Ich bitte Sie, daß Sie die Cura der Nachbargemeinde übernehmen. Der dortige Pfarrstelleninhaber wird in Kürze die Stelle wechseln. Am besten wird sein, Sie setzen sich mit ihm gleich in Verbindung, noch ist er am Ort. Seine Frau wird bis zum Jahresende im Haus bleiben. Dann nach Weihnachten erfolgt der Umzug.

Seine Stimme klang amtlich und bestimmt. Ausreden, daß ich in der eigenen Gemeinde genug Arbeit hatte, würde er nicht gelten lassen.

Ich merkte, die Cura, die Verwaltung der anderen Gemeinde für eine Zeit, würde sich nicht umgehen lassen. Ich wußte außerdem, der Superintendent war mit dem schönsten Argument nicht zu überzeugen. Er war ein Mann, der brüderlichen Gehorsam schätzte. Im Krieg war er Offizier gewesen. Er hatte, wie man so sagt, sich den Wind um die Ohren wehen lassen. Er war, wie durch ein Wunder, dem Schreckenstod im Krieg entronnen. Wir jungen Pastoren des Kirchenkreises mochten ihn gern. Und der Name, den wir ihm gegeben hatten, der Name „Willi Stramm" war liebevoll gemeint.

Ich war plötzlich Pastor von zwei Gemeinden. Die eine Gemeinde zählte 1500 die andere 1300 Gemeindezugehörige. Ich war zuständig für die Gottesdienste und Amtshandlungen. Verwaltung und Unterricht nahm mir ein anderer Kollege ab.

Buß- und Bettag war der erste Gottesdienst in A. angesetzt. Ich mußte mit dem Fahrrad rüberfahren. Damals war dieser Feiertag noch gesetzlich geschützt, also arbeitsfrei für alle. Erst später wurde er von der sozialistischen DDR-Regierung wieder zum Arbeitstag erklärt, um dann 1989 nach dem Umsturz wieder zum arbeitsfreien Tag zu werden. Ab Bußtag 1995 wurde vom CDU-regierten Staat der arbeitsfreie Feiertagscharakter nochmals aufgegeben. Er mußte dem Anliegen der Pflegeversicherung geopfert werden. So kann ein Feiertag zum Spielball der Mächtigen werden.

Ich kam in A. gegen 14 Uhr an. Ich zog mich im Pfarrhaus um. Dort hatte mich Frau Propst, so mußte man damals sagen, mit den Gepflogenheiten vertraut gemacht.

Ich begab mich vom Pfarrhaus über den Friedhof in die für das kleine Dorf beachtliche Backsteinkirche aus dem 13. Jahrhundert. Ich nahm auf der ersten Bank Platz und erwartete die Gemeinde. Doch es geschah nichts. Um halb drei sollte der Gottesdienst beginnen, ich schaute mich um, in der Kirche war niemand vorhanden.

Die Küsterin hatte alle Bänke im Kirchenschiff frisch gesäubert. Man roch es noch. Die Gänge waren gewischt, neue Blumen auf dem Altar, aber Gemeindeglieder waren nicht gekommen.

Ich saß da und fühlte mich verloren. Was tun? Ich ging den langen Kirchenmittelgang hinunter nach draußen auf den Friedhof, der um die Kirche sich erstreckte. Zwei, drei Frauen harkten die Gräber ihrer Angehörigen.

Ob hier niemand zur Kirche kommt, sprach ich die eine der Frauen an. Ziemlich verlegen sah sie mich an, die Harke in der Hand. Doch, doch, ich wollte schon kommen, aber als ich in die Kirche sah, und kein Mensch dort saß, bekam ich einen Schreck und dachte, ne, mit dem Pastor allein den Gottesdienst erleben, ne, das bring ich nicht. Da bin ich fix wieder raus. Aber vielleicht macht die Frau Meier, die da hinten die Gräber harkt, ja auch noch mit, dann sieht das schon anders aus. Wir gingen zu Frau Meier. Wir fragten sie. Ja, eigentlich wollte sie auch in die Kirche gehen. Schön, wo wir sie jetzt so freundlich einladen, da kommt sie mit. Wir gewannen noch eine dritte Harkerin dazu, und endlich konnte der Gottesdienst mit uns vieren losgehen.

Drei Frauen und ein Pastor, zum Gottesdienst in der 300 Personen fassenden Kirche versammelt. Ich stand vorn am Altar, die Frauen saßen im Kirchenschiff. Eine Organistin war in der kleinen Gemeinde nicht vorhanden. So mußte ich „Mulköster" machen, wie das in Mecklenburg hieß.

Die Liturgie schrieb mehrere Lesungen vor, ein langes Fürbittengebet und die Predigt. Die Predigt von der Kanzel. Da waren die Frauen weit von mir ab. Ich fand, man brauchte schon einen Schuß Humor, um das alles durchzustehen. Und ich weiß nicht, was mehr zu bewundern war, meine wilde Entschlossenheit, die komplette Liturgie abzuleisten oder die freundliche Geduld der Frauen.

Mir ist das schwergefallen, aber ich tröstete mich mit der biblischen Verheißung, „wo zwei oder drei in meinem Namen versammelt sind, da will ich mitten unter ihnen sein."

Dabei kam mir immer wieder der Gedanke, ob diese starre Liturgieform denn unbedingt durchgehalten werden mußte, und mußte die Predigt von hoch oben von der Kanzel herunter einem Sturzbach gleich auf die vierköpfige Gemeinde gelenkt werden?

Doch damals als junge Pastoren hätten wir uns nicht getraut, die Agende 1, wie die Liturgieform genannt wurde, zu verändern. Auf Pastorenkonferenzen hatten wir das bereits angefragt, aber das Ergebnis blieb einhellig. Die Liturgie war abzuleisten. Kirche kann auch ganz schön stur sein. Unser Gottesdienst an jenem Bußtag war doch so gelungen, daß die drei zufrieden waren. Kommen Sie bald wieder, meinten sie.

War ich froh. Ich hörte das gern. Es blieb die bohrende Frage, was machen wir als Kirche falsch, daß an einem arbeitsfreien Feiertag nur drei Frauen zum Gottesdienst kommen.

Kurz darauf mußte ich wieder nach A. Eine kirchliche Trauung stand an. Das wird eine richtige Bauernhochzeit, sagten die Leute im Dorf. Mit allem Drum und Dran. Und der Brautvater, der alles auszurichten hatte, meinte bei der Anmeldung: Mit hundert Gästen müssen sie rechnen. Der Tag der Trauung war sonnig und klar, obgleich wir November hatten. Um die Kirche herum war ein reges Leben. Frauen harkten den Gang zur Kirche. Andere hängten Girlanden um die Kirchentür. Eine Gärtnerei hatte den Altar geschmückt. Er sah aus wie ein Blumenladen. An den Seitenwangen der Kirchbänke waren kleine Blumengestecke kunstvoll angebracht. Letzte Blumen aus den Gärten. Malven dazwischen und überall Herbstlaub. Auf dem Altar große Dahliensträuße.

Frau Propst im Pfarrhaus hatte mich bereits eingeweiht. Es ist der größte Bauer aus dem Nachbardorf, und er verheiratet heute seine einzige Tochter. Die Hochzeit muß ein Wahnsinnsgeld kosten, meinte sie. Aber die haben es ja, fünfzehn Kühe im Stall und Schweine die Masse und auch sonst sei alles in Hülle und Fülle vorhanden.

Die Hochzeit war schon Tage vorher das Gespräch in den Dörfern gewesen. Den Erfolg sah man auf dem Kirchenvorplatz. Dort bildeten die Zuschauer eine Art Festkompanie.

Der Pastor hatte das Paar am Eingang der Kirche zu erwarten. Glockengeläut und heute sogar Orgelspiel. Eine Musiklehrerin aus der Nachbargemeinde war eigens dafür angemietet worden. Geld spielte keine Rolle. Die gemietete Musiklehrerin spielte die Orgel gewaltig. Sie holte aus dem alten etwas müden Instrument eine Flut von Tönen heraus, die vor allem laut waren. Das Superfest nahm seinen Anfang.

Wir zogen vom Kircheneingang durch den Mittelgang zum Altarraum. Voran die – wie man schon vorher gehört hatte –"entzückenden"

Blumenmädchen in Kleidern, die nur aus Stoffkringeln zu bestehen schienen. Danach der Pastor, das Brautpaar und die mehr als hundert Gäste. In der Gemeinde war es seit langem üblich, daß das Brautpaar vor dem Altar stehend Aufstellung nahm. Jemand aus der Brautfamilie drapierte ausführlich den langen Schleier auf dem Boden des Altarraumes zurecht. Sie beorderte die Blumenmädchen neben das Brautpaar, ging ein wenig zurück, sah auf das Festbild, nickte mit dem Kopf, ja, so konnte alles bleiben. Alles schien vorher genau ausgetüftelt und in seinen Aufgaben genau verteilt worden zu sein. Das Paar hatte während der ganzen Zeremonie, die immerhin 50 Minuten dauerte, in kerzengerader Haltung würdig vor dem Altar zu stehen. Sie machten das auch vorbildlich, denn bei der kleinsten Bewegung der Braut wäre die drapierte Schleierkunst durcheinandergeraten. Auch der Bräutigam hatte zu spuren. Der Brautvater ging noch eben zu ihm heran und flüsterte ihm etwas ins Ohr. Es konnte vielleicht geheißen haben: Schön still stehen, reiß Dich zusammen.

Die Beiden hatten den Blick geradeaus so auf den Altar gerichtet, daß man denken konnte, sie hätten einen Stock verschluckt.

Die Hundertschaft der Gäste stand zum kleineren Teil im großen Halbkreis um das Paar herum, die meisten aber hatten im Kirchenschiff auf den ersten Bänken Platz gefunden.

Jeder der Gäste hatte eine rote Rose in der Hand. Frau Propst hatte recht, was mußte das alles gekostet haben. Rosen im November, es war sagenhaft. Die Orgel hörte mit dem Vorspiel auf. Wir sangen das Eingangslied. Alles verlief wie am Schnürchen, man hatte den Eindruck, der Großbauer hatte vorher alle seine Gäste eingeschworen, die Texte auswendig zu lernen. Ein vielkehliger starker Gesang tönte durch die Kirche. „Großer Gott, wir loben dich". Das Brautpaar stand immer noch wie eine Eins auf derselben Stelle. Man konnte denken, sie hätten in einem Schaufenster eines Hochzeitsausstatters Aufstellung genommen und es würde kontrolliert, ob sie sich von der Stelle rührten.

Fünfzehn Minuten waren bereits vergangen. Ich begann mit der Predigt. Erwartungsvolle Stille in der Kirche. Auch das war sicher angeordnet. Braut und Bräutigam sahen mich an.

Mit einem Mal bemerkte ich, wie der Bräutigam die Lippen aufeinander preßte, den Kopf noch ein wenig grader nach oben richtete und schon geschah das Malheur. Kreidebleich und gerade wie ein Pfahl stürzte der Bräutigam nach hinten weg. Er fiel der Länge nach auf den Boden des Altarraumes. Es machte „quok". Ein ganz dumpfer hohler Laut. Er lag still da. Das lange Stehen am Altar mußte ihn völlig verkrampft haben.

Die Braut, den Blick stur nach vorn gerichtet, bemerkte alles erst einen Moment später. In der Kirche war eine erschrockene Stille. Alle waren wie gelähmt vor Entsetzen.

Jetzt blickte die Braut zur Seite. Sie sah, neben ihr der Platz war leer. Sie lenkte den Blick automatisch nach unten. Ein gellender Schrei der Braut hallte durch die Kirche: Nu isser dod. Dann, die Schleierkunst völlig außer Acht lassend, stürzte sie sich über ihn, beklopfte sein Gesicht, riß an den Händen, rüttelte ihn und versuchte ihn aufzurichten.

Die ganze Hundertschaft stand wie angewurzelt. Ich fühlte, ich mußte tätig werden. Und während sie sich klopfend um ihn bemühte, ging ich aus dem Altarbereich heraus, beugte mich zu den beiden nieder und versuchte den Schleiersalat von den beiden abzudecken, und gemeinsam mit bräutlicher Hilfe richteten wir ihn auf. Wir setzten ihn auf die Seitenbank des Altarraumes. Endlich, er saß, das hatten wir geschafft! Ein wenig half der Gestürzte mit. Noch immer stand die Hochzeitsgesellschaft wie vom Donner gerührt. Ich rief zum Brautvater, der hinten in der Bank saß: Geht doch mal jemand rüber ins Pfarrhaus und holt ein Glas Wasser.

Die Brautmutter rannte los. In ihrer Aufregung ließ sie die Kirchentür offen. So konnten wir alle gut hören, wie sie in ihrer Panik zum Pfarrhaus hin rief: Fru Propst, Fru Propst, gäbens mal n' Glas Water, dor is ein dodbläben. Dann war wieder Stille, bedrückende Stille. Das Ganze hatte die geschmückte Hundertschaft handlungsunfähig gemacht.

Unterdessen hatten wir den Bräutigam wieder zu Verstand bekommen. Wir redeten ihm gut zu, die Braut und ich. Als schließlich auch das Glas Wasser am Ort des Geschehens war und er trank, da war er wieder verhandlungsfähig. Die normale Gesichtsfarbe war zurückgekehrt. Waren wir froh! Wir konnten die Trauung fortsetzen. Wir mußten nicht erst lange Platzanweisungen vornehmen. Alle waren auf ihren Posten geblieben. Ich bemühte mich, mit dem Rest meiner Rede beruhigend zu wirken. Es gelang offenbar ganz gut.

Ich stellte die Traufragen, wir machten den Ringwechsel. Er konnte sein Jawort sogar wieder vernehmlich in der Kirche bis hinten rüberbringen. Dann hatten wir alles geschafft. Das Paar war ein amtlich beglaubigtes und jetzt auch mit dem Segen der Kirche versehenes Ehepaar. Der Bauer hätte diese Kirche auch nicht verlassen, ohne daß die Sache mit der Amtlichkeit in Ordnung gewesen wäre. Er schaute seltsam unbeteiligt drein.

Zum Abmarsch aus der Kirche konnte der Bräutigam auch wieder seine Beine gebrauchen. Er wandelte zwar noch mehr als er schritt, aber er schaffte den Weg mit seiner Angetrauten aus dem Gotteshaus nach draußen.

Am Ausgang reichte ich allen die Hand, wie es üblich ist. Ich brachte zum Ausdruck, daß wir uns freuen könnten, daß doch noch alles gut zuende gegangen sei.

Der Bräutigamsvater war der Letzte, der die Kirche verließ. Er blieb einen Moment vor mir stehen. Ich fragte ihn: Was war bloß los mit Ihrem Sohn? Ich hatte schon große Sorge, ist er herzkrank?

Ach, machen Sie sich man keine Sorgen, Herr Paster, dat Schwien wir besapen.

Sagte es und ging.

Viel später kam die Sitte auf, daß der Polterabend mit seiner anstrengenden Feierei bereits zwei Tage vor der Hochzeit abgehalten wurde. Das war hilfreich und barmherzig war es auch.

Eine Hochzeit auf dem Lande war ein Dorfereignis. Nicht nur die Familie mit den Gästen nahm daran teil, indirekt feierten auch die Dorfbewohner mit. Sie stellten das Heer der Zuschauer. Im Brauthaus zählte man sie genau und wetteiferte im Dorf um die höchste Zahl.

Die Festlichkeit fand im Dorfgasthaus statt. Von dort zog die Feiergesellschaft die Dorfstraße entlang zur Kirche. Die Zuschauer, die an der Straße sich aufpostierten oder die, weil sie dort wohnten, aus den Fenstern hingen, sorgten dafür, daß Stimmung aufkam. Sie bewunderten auch die Garderobe der Gäste. Vor allem das Brautkleid war noch Tage später ein beliebter Gegenstand des Gespräches.

Man ging langsam im Hochzeitszug. Und es ist nicht übertrieben, wenn man sagt, sie schritten durchs Dorf. Schließlich mußte jeder der Zuschauer auch richtig hinsehen können.

Als Anführer des Zuges, noch vor dem Brautpaar agierte ein eigens dafür engagierter Musiker. Mit dem Schifferklavier, oder wie man im Dorf sagte, mit der Quetschkommode, sorgte er für die Lustbarkeit. Er spielte „Das Wandern ist des Müllers Lust" oder „Es war einmal ein treuer Husar", und er spielte vom Gasthaus bis zum Kirchplatz. Die Hochzeiter hatten ihren Spaß und die Zuschauer auch.

War der Kirchplatz erreicht, verstummte die Musik für einen Moment. Die Hochzeitsgesellschaft hielt inne. Man rückte der Braut den Schleier zurecht, sah nach der Fliege des Bräutigams, ist auch alles grade und im Schick? Dies und das wurde gerichtet, zurechtgezogen und glattgestrichen. So, nu is gut! Is die Braut nich hübsch? Olga, guck mal!

Dann gab sich die Gesellschaft einen Ruck. Das Zeichen dazu kam von der Brautmutter. Die Musik spielte jetzt langsam und innig: Jesu geh voran. So zog die eben noch ausgelassene Gesellschaft, in Würde getaucht, über den Kirchplatz in die Kirche ein. Die Glocken läuteten, die Orgel spielte. Da geht es einem immer durch und durch, meinten erfahrene Hochzeiter aus der Festgemeinde.

Mir ist als junger Pastor, aber auch noch später, diese leicht künstliche Würde bei den Trauungen als hinderlich aufgefallen. Man mußte mit der Begrüßung zu Beginn der Trauung und vor allem mit der Traurede diese Lackschicht durchstoßen. Dabei war ein normaler Tonfall in der Rede hilfreich. Und dann erst die Ansprache! Sie hatte die Aufgabe, das Segenswort der Bibel in das alltägliche Leben hineinzustellen. Je realistischer von der Ehe gesprochen wurde, desto eher verstanden die Zuhörer, was gemeint war und desto eher nahmen sie etwas mit.

Ich habe mir in dieser heiklen Lage nach der Auslegung des Bibelwortes meistens mit einer Beispielgeschichte geholfen. Eine eignete sich besonders. Ich habe sie öfter erzählt. Ihre Herkunft ist mir unbekannt, aber ich weiß, daß sie Wichtiges von der christlichen Auffassung der Ehe ausdrückt. Ein Paar hatte geheiratet. Der Brautvater hatte ihnen ein kleines Haus geschenkt. Freut euch daran und lebt euch ein. Wir, Mutter und ich, werden euch eine Zeit darin nicht besuchen. Ihr müßt erst einmal selbst mit allem klarkommen, sagte er.

Nach geraumer Zeit kamen die Brauteltern zum ersten Mal zu Besuch. Das glückliche junge Paar führte sie überall herum. Schön habt Ihr das gemacht, sagte der Brautvater. Aber sagt mal, warum habt Ihr im Vorgarten die Birke gepflanzt. Die war doch nicht da, als wir das Haus kauften. Stört sie nicht, denn sie wächst schnell und wird groß.

Die Birke, sagte der junge Ehemann, die haben wir gepflanzt, als wir den ersten Ehekrach hatten und uns dann wieder versöhnten.

Der Brautvater sah seine Frau an und sagte: Schade Mutter, daß es diese Sitte zu unserer Zeit noch nicht gab, sonst wären wir Besitzer eines stolzen Waldes.

Lachte die Hochzeitsgesellschaft bei dieser Geschichte, dann war ich zufrieden. Es war gelungen die feierliche Lackschicht, die sich leicht um die ganze Zeremonie legte und die Menschen unerreichbar machte, zu durchstoßen.

Lustiges, aber auch Peinliches ereignete sich bei Trauungen. Einmal fiel beim Ringwechsel der Braut der Ehering aus der Hand und rollte durch den Altarraum. Jähes Entsetzen! Keiner rührte sich. Mir war völlig unklar warum. Ich ging vom Altar weg, suchte den Ring, hob ihn auf und setzte die Handlung fort. Nach der Feier klärte mich jemand aus der Gesellschaft auf. Das bedeutet Unglück für die Ehe! Das war schlimm! Aberglaube war leider auf dem Lande weit verbreitet.

Eine andere originelle Trauung ist mir unvergessen.
Alle im Dorf nannten sie Lodka. Eigentlich hieß sie Leokardia Drewitz. Sie war etwa fünfzig Jahre alt, sah aber aus wie siebzig. Und das kam durch die Zähne, von denen sie nur hin und wieder einen im Mund plaziert gelassen hatte. Vielleicht kam daher auch ihre dunkle und reichlich harte Aussprache. Einen Zahnarzt lehnte sie ab. Wer weiß, was der mit mir macht, sagte sie. Schluß aus, dabei bleibt es. Zureden half nicht.
Ich war zu der Zeit junger Pastor in der Gemeinde, und meine Konfirmanden hatten immer großen Spaß, wenn Lodka in Richtung Konsum durchs Dorf marschierte. Weit ausholender Schritt. Blick nach vorn aufs Ziel gerichtet. Ihr könnt sie doch nicht pausenlos ärgern, versuchte ich den Dreizehnjährigen klarzumachen. Das haut nicht hin.
Aber sie regt sich so herrlich auf, behaupteten die Konfirmanden. Sie schimpft was das Zeug hält. Sie müßten mal sehen, wenn sie mit ihren knochigen langen Fingern uns droht, das sieht urkomisch aus. Sie ließen sich nicht von ihrem Spaß abbringen.
Sie sah aber auch sonst urkomisch aus. Das Haar ein wenig schütter schon, und doch zusammengekämmt und hinten zart angedeutet zu einer possierlichen reichlich zurückgebliebenen Zwiebel als Dutt zusammengewunden. Und vielleicht war sie Raucherin, ganz heimlich für sich im Kämmerlein. Öffentlich habe ich sie nie mit einer Zigarette gesehen.
Doch, sagten meine Konfirmanden, sie raucht wie ein Schlot. Wirklich! Aber ich fand, das war eine Erfindung zu ihren Ungunsten, wie überhaupt alles, was sie war und tat, zu ihren Ungunsten geriet. Das Leben hatte sie hart angepackt. Sie war Flüchtling, so nannte man das damals, und ein kleiner abschätziger Ton war schon dabei. Sie besaß keine Angehörigen und lebte mutterseelenallein in ihrem Zimmer, das mehr eine Kammer zu nennen war. In der schlief sie, kochte sie auch, und ein Kater hatte außerdem noch Platz darin.
Eine Zeit verging. Eine Tages kamen meine Konfirmanden ins Pfarrhaus und behaupteten stur und steif: Lodka hat einen Freund.
Nanu, wo hat sie denn den her?
Irgendwo aus einem verlassenen, weit entfernten Dorf sollte er sein. Er war klein, unscheinbar und außerdem schwerhörig. Zwei vom Leben arg gebeutelte Menschen hatten sich offenbar zusammengetan. Was sollte man dagegen haben?

187

Tage darauf kam Leokardia Drewitz ins Pfarrhaus. Sie klingelte an der Tür, war schon im Flur, und meine Frau ging auf sie zu.

Frau Pastor, setzen Sie sich nich auf den Arsch, ich will heiraten.

Also wenn es weiter nichts ist, Fräulein Drewitz, sagte meine Frau. Das ist doch schön für sie.

Also gut, heiraten! Warum nicht? Auch Lodka hatte ein Recht auf Glück. Wer wollte ihr das verwehren?

Sie mußte wiederkommen. Eine Trauungsanmeldung und ein Traugespräch wurden fällig. Lodka wollte wirklich heiraten. Kann ich das nicht hier fix bei Ihnen machen?

Nein, Sie müssen zu meinem Mann kommen, und Ihr zukünftiger Mann muß mitkommen.

O Gott, sagte sie. Warum muß der mit? Der versteht kein einziges Wort. Doch, er muß mit, sagte meine Frau.

Also gut, Tage später, zum vereinbarten Zeitpunkt, erschienen beide im Pfarrhaus. Es wurde eine ganz seriöse Trauungsanmeldung. Sie redete für ihn mit. Sie ließ ihn gar nicht zu Wort kommen. Offenbar hatte sie das schon auf dem Standesamt so geprobt und es hatte sich als für sie ganz nützlich erwiesen. Auch ging ihr alles gut von der Hand, das mit den Urkunden und mit den Namen. Und die Bezeichnung „Mein Bräutigam" genoß sie sichtlich, wiederholte es auch immer mal wieder.

Also mein Bräutigam und ich finden. Mein Bräutigam und ich meinen. Mein Bräutigam und ich. Sie genoß das mit sichtlichem Wohlwollen, wandte sich dann auch zu ihm hin, und er ließ sie geduldig weiterreden und nickte ihr liebevolle Zustimmung.

Der Tag der Trauung kam. Gäste waren nicht eingeladen. Die beiden hatten das Standesamt bereits gut hinter sich gebracht. Auch allein, wie der Dorffunk meldete.

Danach waren sie nach Hause gefahren und sie hatte sich das Brautkleid angezogen. Ein Nachbar hatte freundlicherweise sein kleines Autochen angespannt und fuhr die beiden zur Kirche.

Auf dem Platz vor der Kirche versammelte sich nicht nur meine vollständige Konfirmandenschar, sondern richtig eine Traube von Menschen, die Zuschauer vom Dienst. Das wollten die Dorfbewohner sich nicht entgehen lassen, Lodka im Brautstaat. Das mußten sie sehen.

Das Auto erreichte den Kirchplatz. Sie stieg zuerst aus. Sie ging um das Auto herum zur andern Tür und half ihm so liebevoll und vorsichtig aus dem Gefährt heraus, daß es rührend anzusehen war. Und da stand sie dann mit ihrem Glück am Arm auf dem Kirchplatz.

Ich ging ihr entgegen. So war es im Dorf Sitte. Der Pastor holte das Paar vor der Kirche ab. Ich staunte nicht schlecht, hatte auch Mühe es zu verbergen: Leokardia Drewitz, diese Mischung aus Herbstzeitlose und Stiefmütterchen, stand auf dem Kirchplatz im Vollgefühl ihrer bräutlichen Würde und tat gerade einen lebensentscheidenden Schritt.

Sie trug ein Seidenkleid, grauer Unterton mit großen roten Rosen darauf. Es war eng anliegend und ziemlich lang. Sie wirkte darin wie ein russische Emigrantin, und diese Würde aus Kleid und Freude sorgte dafür, daß die Dorfbengels, sonst überhaupt nicht zimperlich, hier aber nicht losgröhlten. Irgendwie mußten sie gespürt haben, daß Glück Ehrfurcht abverlangt. Sie schauten lediglich interessiert und mit großen Augen dem Geschehen zu und ließen Braut und Bräutigam unbehelligt in das Gotteshaus ziehen. Die beiden genossen ihren Gang. Sie schritten langsam und in Würde. In die Kirche ließen wir nur die Diensthabenden, Pastor, Küster, Organist. Das war besser so, das hatten wir schon vorher so geregelt.

Die Trauung begann. Ich sehe die beiden noch vor mir: Ganz Feier, ganz Würde. Ich freute mich für sie. Warum auch sollten sie, die es im Leben immer schwer gehabt hatten, es jetzt fortan nicht ein wenig besser haben. Sie waren ab jetzt zu zweit. Sie würden alles gemeinsam machen. Das war in Ordnung so. Auch für sie galt die Verheißung der Ehe.

Die Trauung ging gut vonstatten, oder fast gut. Einen Zwischenfall gab es bei den Traufragen. Sie wurden jedem gestellt, und sie mußten von jedem beantwortet werden. Wir hatten das ausführlich besprochen. Nicht alles konnte einer für den Anderen erledigen. Ich sehe sie an. Ich stelle die Frage, sie antworten mit Ja. Ich hatte vorher alles erklärt, mehrmals. Ich stellte die Frage: „Willst Du die hier anwesende Leokardia Drewitz als Deine Ehefrau…

Nichts. Stille. Er schaute versonnen vor sich hin. Was sollte ich machen? Also noch einmal: Willst Du die hier…

Wieder nichts. Ich ließ eine Pause. Pastor, Küster, Organist, alle warteten gespannt. Was wird das werden, dachte ich. Irgendwie müssen wir ihn dazu kriegen, daß er ja sagt. Aber die beiden waren wie gefangen in ihrem Glück. Ich fragte zum dritten Mal: Willst Du…

Da griff Lodka ein. Sie war aus dem Glück wieder aufgetaucht und bemerkte, hier stimmt was nicht. Ich muß handeln.

Sie schaute mich an. Sie schaute ihn an, der an ihrer Seite immer noch versonnen saß und sich offenbar freute wie ein Kind.

Sie gab ihm kurz entschlossen einen heftigen Rippenstoß und bölkte wie mit Sonderverstärker in die Kirche: Sag ja, Du Dussel!

Der fuhr wie aus tiefstem Traum zusammen und schrie automatisch: Ja! Da konnten wir uns nicht mehr halten. Wir, der Organist, der Küster und ich, lachten lauthals los. Ich weiß, es war unmöglich, es hätte nicht sein dürfen, aber es ging nicht anders. Es kam von selbst.

Die Braut blickte zu mir hin. Sie hatte Würde angenommen. Unmöglich, wird sie gedacht haben. Dann sprach sie kurz und vorwurfsvoll: Sie sollen hier nicht lachen, Sie sollen uns trauen.

Sie hatte Recht. Ich sammelte mich wieder zusammen und traute die beiden. Als sie die Kirche verließen, so würdig wie sie gekommen waren, da wurde auf eine anrührende Weise deutlich, daß Glück kein Privileg der Jugend ist.

Originale gab es öfter.

Emilie kam aus Litauen. Erst sehr allmählich hatte sie sich an das neue Leben in Mecklenburg gewöhnen können. Immer noch ertappte sie sich dabei, daß sie von zu Hause erzählte, vom Bauernhof und von den Tieren, die sie hatten. Die Einheimischen hörten das nicht gern.

Ja, ja sagten sie, wenn ihnen das Gespräch von der Heimat der Flüchtlinge mißfiel, bei Euch waren alle vermögend und Besitzer von Bauernhöfen! Emilie ärgerte das, aber sie wußte, da kann man nichts machen. Sie mußte den Beweis schuldig bleiben.

Doch sie hatte wirklich in der Heimat einen Hof besessen. Sie kannte Landarbeit, harte Landarbeit, und wenn es einen Beweis gebraucht hätte, sie hätte ihre Hände vorzeigen können. Sie waren von Rissen durchzogen und wiesen die Spuren schwerer Arbeit auf. Wenn im Sommer die Frauen am Morgen aufs Feld gingen und hinter den Mähern hergehen mußten, um den abgemähten Roggen in Bunde zu binden, dann kamen sie nicht eher nach Hause, bis abends die Kühe gemolken werden mußten. Essen wurde aufs Feld gebracht. Jede Stunde mußte genutzt werden.

Abends packten die Frauen die Essenkörbe zusammen. Sie mußten eilen, daß sie zur Zeit in den Kuhstall kamen. Die Tiere warteten. Ihre prallen Euter zeigten die Dringlichkeit an.

Emilie hatte keine Arbeit gescheut. Über Jahre hin war das so geblieben. Arbeit, solange der Tag Helligkeit gab. Nur am Sonntag, da hatten sie Ruhe auf den Höfen. Die Männer gingen morgens in die Kneipe und brachten eine Flasche Wodka mit. Emilie nahm einen kräftigen Hieb, wie sie das nannte.

Hätten wir nicht aushalten können ohne, sagte sie und lachte dabei. Kräftiger Schluck muß sein! Aber natirlich zu seiner Zeit! Alles zu seiner

Zeit, meinte sie und hob bestätigend den Kopf und rollte mit den Augen. Saufen heute zuviel die Kerls. Nei, bei uns jab einmal die Woche. Und dann kräftig! Aber dann Schluß! Sie hatte sich in Eifer geredet.

Heute, nei!

Es war der Tag ihres 70. Geburtstages. Ich war als ihr Pastor in das Dorf gegangen, wo sie seit 13 Jahren wohnte. Ich hörte ihr gern zu, wenn sie bei solchen Gelegenheiten aus ihrem Leben erzählte. Sie tat das ausführlich und urig. Missen sie wissen, sagte sie, hab ich es nicht leicht jehabt im Leben!

Hab ich jehatt einen Freind mit 13 Jahre. Und dann kam, was kommen mußte. Ich wurde mits hohe Leib jekonfirmiert.

O je, war das ein Unglick!

Sie hielt mit dem Erzählen inne und weinte erst einmal. Sie weinte laut und ausführlich.

O je, ein Unglick, sagte sie, und wiegte mit dem Kopf hin und her, ein großes Unglick! Mein Vater hätte mir grien und blau jehaut, aber konnte er nu nich! War das ein Unglick! Aber scheen war es auch!

Sie stand auf und ging an den Küchenschrank. Sie nahm zwei Kaffeetassen heraus, ziemlich große Kaffeetassen, so wie man sie früher aufs Feld mitgenommen hatte. Sie faßten die doppelte Menge einer gewöhnlichen Tasse, und sie hatten einen Henkel, der absolut zuverlässig wirkte.

Sie holte aus dem Nebenzimmer die Wodkaflasche und goß uns beiden davon in die Tassen ein.

Missen wir prosten, sagte sie.

Ich wußte nicht, was ich machen sollte. Das beträchtliche Maß an Alkohol in dieser Tasse hätte bei mir verheerend wirken können.

Ich bin es nicht gewohnt, so harte Sachen zu trinken, wandte ich schüchtern ein. Bitte, ich kann da nicht mithalten.

Sie ließ gar nicht mit sich reden. Sie bestand darauf, daß ich die Tasse ebenso wie sie leerte. Ich ahnte Schlimmes, würde ich den Wodka trinken. Sie würde nachgießen, sie würde ihren Spaß haben.

Ich trank nur einen Schluck und stellte wieder ab.

Emilie aber setzte die Tasse an den Mund und nahm genüßlich ihren Inhalt in sich auf. Man sah, sie hatte Übung in dieser Disziplin.

Danach schüttelte sie sich kurz und sagte: Scheen, nu sie kennen machen Bibelstunde. Sie sah mich an und war bereit.

Mit Bibelstunde meinte sie, daß ich ihr einen Psalm vorlas, mit ihr betete und mit ihr zusammen das Lied „harre meine Seele" sang.

So machte der Paster immer bei uns, wenn er kam zu Haus, sagte sie.
Sie saß am Küchentisch mir gegenüber und sang bei dem Lied kräftig
mit. Gottes Wort muß sein, meinte sie am Schluß, sonst is alles nuscht!

Wochen nach dem Geburtstag rief mich ihr Nachbar an. Emilie P. ist
schwer krank. Sie muß sterben, sagt sie. Der Pastor soll kommen, sie
wünscht es. Er möchte aber schnell kommen.
Ich eilte los. Ich wußte, Emilie hatte bestimmte Vorstellungen von der
Arbeit eines Pastors. Da konnte ich keine langen Einwendungen machen,
von keine Zeit und so. Ich mußte sofort handeln, das war mir klar.
Ich kam ins Zimmer. Emilie lag im Bett und jammerte. Sie krümmte sich
vor Schmerzen. Sie war nicht fähig, ein normales Gespräch zu führen.
Ich setzte mich an ihr Bett. Ich wartete. Sie würde gewiß die nötigen
Anordnungen geben. Ich mußte Zeit haben, Geduld aufbringen. Der
Schmerzanfall würde vorübergehen.
Wie ist das mit den Schmerzen gekommen, fragte ich.
Emilie jammerte lauter.
Hab ich Schmerzen, große Schmerzen, klagte sie. Ihre Gesichtszüge ver-
zogen sich krampfartig. Sie setzte sich aufrecht im Bett. Sie jammerte und
legte sich wieder nieder. Sie zog sich das Bett über den Kopf und jam-
merte unter der Bettdecke. Schmerzverzerrte Laute, wie aus einem tiefen
Tunnel. Es war kaum zu ertragen. Was sollte ich tun?
Ihr ein Lied vorsingen?
Aus der Bibel vorlesen?
Sie würde dem nicht folgen können. Sie legte die Bettdecke zurück. Große
Schmerzen! jammerte sie.
Soll ich auch wieder gehen, fragte ich?
Nei! Bleiben, bittescheen! Sie griff nach meiner Hand und drückte sie an
ihre Wange.
Bitte bleiben! Sie sah mich ängstlich an.
Wird kommen gleich der Doktor auch, sagte sie.
Der Doktor kam kurz darauf wirklich. Sie hatte beide bestellen lassen,
den Doktor und den Pastor.
Was soll denn das, dachte ich.
Ich kannte den Arzt. Er war erstaunt, mich hier zu sehen. Er ging zur
Kranken ans Bett und sprach kurz mit ihr.
Das Jammern der Kranken wurde lauter, intensiver. Sie wälzte sich im
Bett hin und her.
Doktor, sagte sie bettelnd, machen sie schnell, schnell!

Der Doktor öffnete seine Arzttasche, entnahm ihr eine Spritze samt Zubehör und zog die Spritze auf.

Emilie jammerte ohne aufzuhören.

Schnell, sagte sie immer wieder, bitte schnell!

Als der Arzt mit der Spritze ans Bett kam, faßte sie seine Hand und führte Hand und Spritze an ihren Körper.

Dem Sprietz macht glicklich, sagte sie zu mir hin und ließ den Arzt seine Pflicht tun.

Augenblicks war die Lage verändert. Emilie war ruhig geworden. Auf ihrem Gesicht entspannten sich die Züge, sie lächelte.

Macht glicklich, flüsterte sie.

Der Arzt winkte mir, wir gingen in die Küche.

Frau P. hat Krebs, sagte er. Das müssen sie wissen. Sie möchte unbedingt zu Hause bleiben. Da komme ich jeden Tag und gebe ihr eine Morphiumspritze. Das kann ich noch für sie tun.

Dann wird mir alles klar, sagte ich erleichtert, sie ist ja schon richtig süchtig. Ja, sagte der Arzt, das läßt sich manchmal nicht vermeiden. Aber wir können ihr auf diese Weise den letzten Weg erleichtern.

Wir gingen und ließen die Patientin in ihrem kleinen Glück allein. Unterwegs fiel mir die Szene ein, wie wir vor Jahren ihren Mann begraben hatten. Da war sie auf dem Friedhof am offenen Grab plötzlich der Länge nach auf die Erde gefallen und hatte fürchterlich geschrieen, geklagt und gejammert. Es hatte eine kleine Zeit gedauert. Sie hatte sich dabei von niemand stören lassen. Es war kaum mitanzuhören.

Als ich sie später besuchte und wir über die Beerdigung sprachen, sagte sie:

Klageweiber gibt es hier keine. mußte ich machen alles selbst. Es war eine Sitte in ihrer Heimat. Wer keine Klageweiber anheuerte, der trauerte gar nicht richtig.

Der schönste Besuch aber, den ich bei ihr erlebte, lag vor ihrer Krankheit und noch vor ihrem Geburtstag. Sie konnte nicht mehr zum Gottesdienst kommen. Sie hatte durch heftiges Rheuma Probleme mit dem Gehen. So schaute ich von Zeit zu Zeit bei ihr ein. Sie freute sich wie ein Kind darüber und wir hatten meistens ein gutes Gespräch.

In jenem Frühjahr vor der Krankheit klopfte ich bei ihr an. Niemand machte auf. Ich klopfte wieder und wieder. Nichts. Die Nachbarn sagten: Sie muß zu Hause sein. Klopfen sie nur heftiger.

Dann hörte ich aus dem hinteren Zimmer eine Stimme rufen: Eintreten! Es war Emiliens Stimme, aber was war mit ihr passiert? Ich trat ein und ging durch die Küche und fand sie im Bett liegend vor. Es war so gegen Mittag. Warum sind Sie im Bett, fragte ich, sind Sie krank?

I wo werd ich, sagte sie und schaute nur mit dem Gesicht aus den Bettkissen hervor. Sie gab mir nicht einmal die Hand. Die Hände blieben unter der Bettdecke. Sie sah mich so merkwürdig an.

Was ist los, fragte ich wieder.

Ist ganz einfach, sagte sie, hat die Gans im Stall ihr Nest verlassen. Da lagen die angebrüteten Gänseeier allein. Kam die Gans nicht wieder zurück, der Kräpel! Da ich die Eier genommen und sie in mein Bett gelegt. Nu muß ich bleiben solange im Bett, bis die Eier sind ausgebrietet.

Das ist ja ein Ding, sagte ich und lachte los. Ich konnte nicht anders. Sie kennen lachen, sagte sie. Bin ich jetzt die Gans, was soll ich machen! Sie war wirklich ein Original, die Emilie P. aus Litauen.

Die alte Grabkapelle war beinahe zugewachsen. Sie befand sich auf dem Westteil des Friedhofes und war umgeben von üppigen Sträuchern und dichten Büschen. Holunder, der im Frühjahr kräftig blühte und noch kräftiger duftete, und wilde Rosen rankten sich am Gemäuer hoch. Die zweiflügelige Tür war kaum zu sehen und die beiden Seitenfenster mußte man erst suchen. Familie Cremer, so wies die Schrift unter dem Dachansatz die Eigentumsverhältnisse aus. Familie Cremer war im 18. und 19. Jahrhundert Gutsherrschaft auf Dölitz gewesen und bis 1843 gehörten die Dörfer Dölitz, Boddin und Kranichshof unter einer Gutsherrschaft zusammen.

Die Kirchgemeinde besaß keine Friedhofskapelle. Das Aufbewahren der Verstorbenen bis zur Beerdigung geschah reichlich provisorisch und auch unwürdig im südlichen Anbau der Boddiner Kirche. Das mußte geändert werden, dringend. Pastor und Kirchgemeinderat stimmten darin überein. Aber wie? Geld für einen Neubau war nicht vorhanden, auch nicht aufzutreiben. Und wenn wir die Cremersche Kapelle in eine Friedhofskapelle umwandeln? Der Gedanke gefiel allen sofort.

Ja, aber da sind die Cremerschen Särge in der Kapelle. Ja, sind wirklich Särge drin? Keiner wußte es genau. Ist in den letzten zehn Jahren einer in der Kapelle gewesen?

Nein, sagten die Alteingesessenen. Bestimmt 20 Jahre war keiner mehr drin. Aber wo ist der Schlüssel?

Schlüssel gibt es nicht und Angehörige auch nicht.

Wir hörten uns im Dorf um, im Nachbardorf. Kein Erfolg. Niemand wußte, bis wann die Kapelle innen noch gepflegt wurde und wer zum letzten Mal drin war. Wir schrieben an den Oberkirchenrat. Wir möchten die Cremersche Kapelle zur Grabkapelle umfunktionieren, was müssen wir machen? Angehörige sind nicht aufzufinden.

Der Oberkirchenrat schrieb zurück, sehr amtlich und wichtig. Die Kapelle müsse zunächst einmal genau beschrieben werden, wie ihr Bauzustand sei, was sich darin befinde usw. Ein genauer Bericht würde umgehend erwartet. Wie sollten wir berichten, wenn kein Schlüssel vorhanden war und niemand sagen konnte, wie die Kapelle im Innern aussah.

Ich beschloß auf eigene Faust tätig zu werden. Ich schlug die Tür von Sträuchern frei. Ich sah durchs Schlüsselloch. Nichts war zu sehen. Mit einem Dietrich war die Tür nicht zu öffnen. Das Schloß war derb, völlig verrostet und hatte andere Stürme überstanden.

Ich mußte durch ein Fenster versuchen, in die Kapelle zu kommen. Doch das ging nur nachts. Hätte mich am Tage jemand auf diese Weise in die Grabstelle, denn das war sie ja immerhin, einsteigen sehen, es wäre mir übel bekommen. Pastor steigt ins Grab der Gutsherrn ein. Es war nicht auszudenken! Ich mußte meine Aktion nachts unternehmen. Nachts, wenn mit Sicherheit niemand sonst auf den Friedhof gehen würde. Aber allein? Ich bin kein ängstlicher Mensch, aber nachts allein in ein Grab einsteigen, das war mir zu viel. Ich war schließlich kein Held.

Heinz kam öfter ins Pfarrhaus. Er war der Sohn eines Kirchenältesten und besuchte in Teterow die Oberschule. Am Wochenende, wenn er nach Hause fuhr, ging sein Weg am Pfarrhaus vorbei. Er sah oft bei uns rein. Wir erzählten und wälzten Probleme, wir reformierten die Kirche und überlegten, wie die Welt zu verbessern ist. Heinz mußte bei meiner Aktion helfen. Ich eröffnete ihm meinen Plan. Wir brauchen das für einen Bericht und und und.

Heinz war einverstanden. Wir würden eines Nachts mit Leiter und Kerze in die Kapelle einsteigen. Wir würden der Sache auf den Grund gehen. Jedoch bröckelte unser Mut, je näher die verabredete Nacht kam. Wollt Ihr das wirklich machen, fragte meine Frau. Wenn Euch jemand sieht! Es kann bös werden! Es gibt keinen andern Weg, sagte ich. Sonst kommen wir nicht weiter. Wir zogen los, mit Talglicht und Leiter. Es war 23 Uhr in der Nacht. In den meisten Häusern des Dorfes war es dunkel. Die Bauern mußten früh aufstehen. Unser Plan hatte gute Bedingungen.

Das Ostfenster der Kapelle. Hohe Sträucher davor. Wir mußten sie entfernen. Es knisterte und knackte in die Nacht hinein. Laß uns schnell machen, denn um 24 Uhr kommen die Geister, und die packen uns am Kragen, witzelten wir. Ganz geheuer war uns unser Vorhaben nicht.

Wir lehnten die Leiter ans Fenster, griffen durch die zerstörten Scheiben und konnten ein Fensterteil von innen öffnen. Wer steigt zuerst hinein? Heinz opferte sich, ich kam hinterher. Wir zündeten das dicke Talglicht an, leuchteten in den Raum, wir flüsterten.

Lauter Särge, sieh mal, wie groß die sind. Und vorn, das sind Kindersärge. Oben auf den Särgen sah man eine Zinnplatte, kunstvoll verziert, mit den Namen. Leuchte mal. Uns war doch etwas beklommen.

Aber einen von den großen Särgen müssen wir aufmachen. Wir müssen feststellen, ob Zinksärge darin sind. Faß mal mit an.

Wir stellten die Kerze auf den anderen Sarg. Der Raum war notdürftig erleuchtet. Allmählich gewöhnten sich die Augen an das spärliche Licht. So, jetzt anfassen an den Sargdeckel und hochheben. Wir versuchten. Der Deckel löste sich nicht. Wir lösten die Seitenschrauben, die hundert Jahre nicht bewegt waren. Langsam kamen wir voran.

Findest du nicht, daß es komisch riecht, fragte ich.

Ich weiß nicht, ich rieche nichts, sagte Heinz. Mit einem Ruck hoben wir den Sargdeckel auf. Wir kippten ihn zur Seite und sahen hinein. Unten erkannte man die Füße des Leichnams, ganz vertrocknet. Und ... Plötzlich gab es einen fürchterlichen Knall. Wir zuckten zusammen. Was war das? Wir ließen den Sargdeckel fallen. Automatisch und in blitzartiger Schnelligkeit schossen wir durch das Fenster wieder nach draußen.

Mensch, hab ich mich erschrocken, und ich erst, sagte Heinz.

Hat jemand geschossen, oder was war das? Wir sahen uns um. Es war Mitternacht und wer sollte hier schießen? Wir horchten in die Nacht.

Man konnte nichts bemerken. Wir waren kreidebleich. Der Schreck saß uns in den Gliedern.

Schließlich hatten wir uns wieder besonnen. Da war nichts! Was soll auch sein? Es ist Nacht. Wir überlegten, was zu machen war.

Aber in der Kapelle brannte noch unsere Kerze. Oh Schreck! Wir mußten noch einmal zurück, die Kerze konnte unmöglich dort bleiben. Wir stiegen ein zweites Mal ein. Die Technik war uns bekannt, aber die Beklommenheit war größer geworden. Wir hoben den Sargdeckel auf, den wir einfach hatten fallen lassen. Wir flüsterten uns Mut zu. Wir sahen noch einmal hinein. Stoffetzen waren zu erkennen und der Schädel des Toten, der am Rand des Sarges lag.

Wir öffneten auch die anderen Särge. In einem erkannten wir einen Zinksarg im Innern. In den Kindersärgen sah man nichts mehr. Merk Dir alles, ich brauch das für meinen Bericht, sagte ich.

Es war nach Mitternacht als wir die Kapelle wieder verließen. Im Pfarrhaus überlegten wir: Woher war der Knall gekommen? Eine Lösung fanden wir nicht. Seltsam!

Später berichtete ich einem Friedhofsgärtner in der Stadt davon. Er hatte Erfahrung mit Grabkapellen. Er amüsierte sich. Das kann nur der Schädel des Toten gewesen sein, sagte er. Er ist das Härteste am Menschen, und wie ihr den Deckel angehoben habt, da ist Luft hineingekommen und der Kopf ist an die Sargwand gerollt. Dieser Aufprall ist durch Eure Schlotterangst so vergrößert worden, daß es Euch wie ein Knall vorkam. Möglich, daß es so zu deuten ist. Auf jeden Fall kann die sachgemäße Interpretation eines Ereignisses dem Ereignis die Fürchterlichkeit nehmen. Ein Jahr später, nach meinem Bericht, gab der Oberkirchenrat die Genehmigung, die sechs Särge der Kapelle in einem Grab auf dem Boddiner Friedhof beizusetzen. Die Kapelle wurde renoviert und dient bis zu diesem Tag der Gemeinde als Leichenhalle.

Manchmal liegt das Ernste und das Lustige nah beieinander. Da möchte man lachen, aber die Umstände bewirken, daß das Lachen im Halse stecken bleibt.

Ich wurde in das entfernteste Dorf der Landgemeinde gerufen. Eine Familie war vor kurzem zugezogen. Ich kannte sie nicht. Die Urgroßmutter, die zur Familie gehörte, war bettlägerig, schon seit langer Zeit.

Bitte kommen Sie, rief die Tochter an, unsere Oma ist schwerkrank, sie wird sterben. Bitte beeilen Sie sich.

Es würde schon eine Zeit dauern, sagte ich. Ich muß zu Fuß zu Ihnen kommen. Es war Winter, und die Wege zugeschneit. Sechs Kilometer zu Fuß, das brauchte seine Zeit.

Das Haus lag am Rand des Dorfes. Ich fand die ganze Familie am Bett der Urgroßmutter versammelt. Betretene Gesichter. Man sah, die Frauen hatten geweint.

Die Tochter der Kranken empfing mich und weihte mich ein. Der Arzt hat gesagt, die Oma lebt nicht mehr lange. Wir möchten gern, daß Sie mit der Oma sprechen und beten. Aber, Sie müssen wissen, sie ist fast taub. Aber wie soll ich dann mit ihr sprechen, fragte ich. Hat sie ein Hörgerät? Das hat sie immer abgelehnt. Sie müssen nur deutlich sprechen, sie kann vom Mund ablesen.

Das kann heiter werden, dachte ich. Fast taub, und ich soll mit ihr reden. Wünsche haben die Leute.

197

Teilnahmslos lag die Kranke im Bett inmitten fest gestopfter großer Feder-kissen. Sie bemerkte mich nicht. Die Tochter tippte auf den Arm der Kranken, Oma, der Pastor ist hier, der will mit dir reden.

Sie nickte, als wollte sie sagen, auch das noch, aber wenn Ihr meint. Ich war nicht sicher, ob sie verstanden hatte, wer ich war. Ich nahm auf dem Stuhl am Bett Platz. Die verschiedenen Generationen standen um uns herum. Männer, Frauen, Kinder, Enkel, mindestens acht Personen. Ich sah die Kranke an. Haben Sie Schmerzen, Frau M.? Sie verstand nichts. Sie wandte sich zur Tochter hin: Was hat er gesagt?

Ob du Schmerzen hast, Oma.

Sie schüttelte den Kopf. Nein, Schmerzen hatte sie nicht. Stille.

Alle warteten, daß ich tätig werden sollte. Offenbar erhofften sie von mir so was wie eine Patentrezeptur, die mit der Oma ins Gespräch kommen würde, oder was dachten sie sich?

Ich versuchte es erneut mit einer Frage: Haben Sie gut geschlafen in der Nacht? Wieder sah sie ihre Tochter an, er fragt, ob Du gut geschlafen hast. Sie schüttelte den Kopf.

Was sollte ich tun? Es konnte doch nicht so weiter gehen? Ich fand, ich machte eine traurige Figur.

Über dem Bett der Kranken hing ein einfaches Holzkreuz. Ich dach-te, es ist egal, du nimmst das Kreuz und machst ihr klar, wer du bist und worum es hier gehen soll, vielleicht kommen wir auf die Weise weiter.

Ich wies auf das Kreuz, ich fragte die Tochter, darf ich es nehmen? Ich nahm es von der Wand und hielt es der Kranken hin. Vom Kreuz zeigte ich auf mich und wollte ihr so bedeuten, ich bin Pastor. Ich faltete kurz die Hände und zeigte mit den gefalteten Händen zu ihr hin. Ich wollte sagen, daß wir zusammen beten wollen.

Aber wie sollte das gehen, wenn sie nichts verstand. Ich war am Ende meiner Einfälle. Das Kreuz lag zwischen uns auf der Bettdecke.

Plötzlich streckte mir die Kranke eine Hand entgegen. Ich gab ihr die Hand. Ihre Hand war rauh und abgearbeitet und trug die Zeichen har-ter Arbeit im Leben.

Sie wendete meine Hand hin und her, besah sie sich von allen Seiten und hielt einen Augenblick inne. Dann hielt sie meine Hand zu ihrer Tochter hin und sagte kurz und lakonisch: Ein feines Luder!

Wieder Stille im Raum. Sollte ich lachen oder weinen? Es war zwecklos. Sie hatte mich nun ganz durcheinandergebracht. Ich war jung und uner-fahren und fühlte, an dieser Situation bist du gescheitert.

Ich versuchte den erwarteten Dienst zu tun. Ich weiß nicht, ob er angenommen worden ist, ob sie überhaupt was begriffen hat. Doch darum ging es der Verwandtschaft offenbar nicht.

Die Kranke hat noch lange gelebt, und jedesmal, wenn ich ein Mitglied der Familie traf, strahlten sie und grüßten mich so überaus freundlich, als hätte ich an der Oma, der Stammutter der Familie, ein Wunder vollbracht. Irgendwie schrieben sie mir zu, ich hätte mit dem Kreuz auf dem Bett erreicht, daß die Oma noch lange lebte.

Das Boddiner Pfarrhaus, in das wir 1956 zogen, hatte ein Plumpsklo. Aus meinen Kinderjahren auf dem Lande war mir eine derartige Einrichtung bekannt. Doch war das lange her. Unterdessen hatten geordnete Spülkloverhältnisse uns verwöhnt.

Und nun diese mittelalterliche Umständlichkeit. Zwischen Küche und Gemeindesaal hatte man dieses kleine Extrahaus ans Pfarrhaus angebaut. Es gab einen Vorraum und eine schmucklose Tür mit einem Überhaken, die vom Flur in den Vorraum und schließlich ins Eigentliche führte. Zum Unglück war das Mauerwerk des kleinen Anbaus mit der Zeit rissig geworden und es zog von mehreren Seiten. Maurer, die wir mit der Beseitigung der unerwünschten Windverhältnisse befaßt hatten, versuchten ihr Glück, aber irgendwie war dem Raum kein Glück beschieden. Am besten abreißen, sagten unsere Maurer. Jedoch erlaubte die schmale Finanzbasis der Gemeinde eine solche Grunderneuerung in absehbarer Zeit nicht. So mußten wir mit den Gegebenheiten Vorlieb nehmen. Der Mensch ist anpassungsfähig, so auch hier.

Das größte Problem war nämlich gar nicht die Luftigkeit des speziellen Raumes, sondern die Tatsache, daß einmal im Monat das Auffangbehältnis der Tatsachen dieses Raumes herausgenommen und gereinigt werden mußte. Das war selbstverständlich von den Verursachern, also von uns zu unternehmen. Dieses Vorhaben kam jedesmal einem Sondereinsatz gleich, weil die Angelegenheit nur mit speziellen Mitteln zu schaffen war. Wir verfielen immer wieder in eine gewisse Aufregung, wenn der Zeitpunkt heranrückte. Es mußte, um Einzelheiten zu schildern, aber sie sind zum Verständnis des hier zu Berichtenden unumgänglich, es mußte jedesmal der Eimer aus seinem tiefergelegenen Platz herausgehoben werden. Es mußte ein derber Besenstiel durch den großen Henkel gesteckt werden und zwei Personen, einer faßte links, der andere rechts an, schleppten die dermaßen bezwungene Goldgrube durch den Flur und die Küche nach draußen, um den Inhalt im Pfarrgarten unter Haselsträuchern zu versenken. Besucher fragten uns immer wieder, sagt mal, warum wächst unter den Haselbüschen das Unkraut dermaßen üppig? Wir wußten die Ursache, gaben jedoch nur wenigen eine Erklärung.

Im Winter fand der Gottesdienst nicht in der Boddiner Kirche statt. Sie war unheizbar. Die Gemeinde versammelte sich in der kalten Zeit im Gemeindesaal im Pfarrhaus. Den erreichte man über den Flur an jener Tür mit dem Haken vorbei.

Einmal am Sonntag früh stand der Wind so ungünstig, daß wir uns veranlaßt sehen mußten, die Bereinigung des besagten Behältnisses sofort und auf der Stelle vorzunehmen. So konnte man keinen Christenmenschen über den geschilderten Weg in den Gemeindesaal hineingehen lassen.

Wir machen das noch fix, beschlossen wir beide eine Stunde vor dem Gottesdienst. Der dicke Besenstiel mußte her. Die Aktion konnte beginnen. Alles lief gut an. Wir schleppten die Ergebnisse eines Monats aus dem Anbau heraus über den Flur. Wir wollten uns beeilen. Mach schnell, dann ist es vorbei! In der Eile mußten wir die Sache wohl etwas ruckartig betrieben haben. Jedenfalls der Henkel riß ganz einfach ab. Unser Stock nützte nichts mehr. Die ganze Geschichte machte Klax und der solchermaßen abgestürzte Eimer entleerte sich frech und fröhlich auf dem Fußboden der eben gereinigten Pfarrküche.

Scheiße! Wir hielten beide den Hilfsknüppel in der Hand und suchten den Schuldigen. Paß doch auf! Die Entleerung des Gefäßes nahm ihren Lauf. Es war ein Obermalheur! Und während wir der Versuchung nicht widerstehen konnten, den Schuldigen auszumachen, sahen wir schließlich doch, daß es keinen Schuldigen gab, es war höhere Gewalt.

Als Dringlichstes mußte die Sache bereinigt werden. Denn der Gestank war fürchterlich und breitete sich fröhlich aus. Mach die Tür zu, rief meine Frau. Schadensbegrenzung. Aber es war nicht mehr viel zu machen. Die Spuren des Geschehens in Form von Düften waren längst überall hin verbreitet. Was machen wir? Wir suchten Schaufel und Schippe und beseitigten das Unglück, so gut es eben ging.

Ist was zu merken, fragten wir uns und gingen durch den Flur. Klar, es stinkt mörderisch!

Wir versprühten eine Flasche Toska, das teuerste Parfum, das wir besaßen. Und wir wischten viermal auf. Und als um kurz vor 10 Uhr die ersten Besucher erschienen, da fragte fast jeder: Was riecht denn hier so stark?

Also Parfum ist das nicht, sagte einer, es ist eher eine Mischung aus Holunderblüte und Zugsalbe.

Meine Frau und ich enthielten uns der Stimme.

Einige Jahre darauf erreichten wir, daß das Boddiner Pfarrhaus eine Spültoilette bekam.

Meine Schweriner Sekretärin, eine Frau, die das Leben kannte, deren Mutter noch Beschließerin und Wäscheverwalterin im Schweriner Schloß bei der letzten Großherzogin gewesen war, sagte immer, wenn irgend etwas querlief: Es is allens Schiet, wenn man mit Dreck handelt un kein Kundschaft hätt. Damit hat sie manches kleine Problem, das im Augenblick so groß erschien, auf eine hübsche Weise entspannt.

Vielleicht könnte man in erlaubter Übertreibung sagen: Humor ist ein blitzartig erscheinender Funke, der aus dem Himmel kommt. Denn Gott, der alles hat, hat auch Humor.

Und mit Humor geht alles besser, sogar das Glauben.

9. Kapitel

SEELSORGE, GESPRÄCHE

Ich möchte den Pfarrer sprechen. Der junge Mann, der eines Vormittages vor meiner Tür stand, sah etwas verwegen aus.
Lange Haare, noch längerer Mantel, dazu Dreitagebart und freundliche Augen. Er mochte so Anfang zwanzig sein.
Ich war zu der Zeit Pastor an der größten Kirche der Stadt. Sie lag zentral, und daher kam es öfter vor, daß Menschen mit ihren Problemen vor mir standen und ganz selbstverständlich erwarteten, daß ich sofort Zeit für sie hatte. Wenn es sich irgendwie einrichten ließ, nahm ich mir die Zeit und verschob Büroarbeit oder anderes auf später. Gespräche hatten Vorfahrt. Ich finde, daß einem Pastor nichts Besseres passieren kann, als daß jemand mit seinem Problem zu ihm kommt und um ein Gespräch bittet.

Die ersten Minuten eines Gespräches sind schwierig. Man muß Beklemmungen abbauen, Ruhe investieren und zeigen, daß man sich dem Gesprächspartner zuwendet. Er muß spüren, ich habe Zeit und höre zu. Und habe ich nur eine halbe Stunde Zeit, so muß ich ihm das Gefühl vermitteln, ich bin diese halbe Stunde für ihn da. Wir werden, wenn es nötig ist, uns ein zweites Mal verabreden. Die Weichen für Vertrauen und ein gelungenes Gespräch werden in den ersten Minuten gestellt.
Vielleicht hat der Gesprächspartner lange vorher überlegt, wie kann er das anstellen? Gehe ich zum Pfarrer, gehe ich nicht? Was wird er von mir denken, wenn er mein Problem hört? Wird er mich für sehr schlecht halten? Bestimmt! Und vielleicht hat er Wichtigeres zu tun? Ach, ich geh vielleicht doch nicht. Oder doch?
So hat er womöglich hin- und herüberlegt, bevor er auf den Klingelknopf gedrückt hat.
Ein Gesprächspartner hat mir erzählt, daß er bereits mehrere Male um das Pfarrhaus gegangen sei und sich mehrmals nicht getraut hätte. Erst nach dem dritten Anlauf sei er mutig genug gewesen.

Wir müssen bedenken, wenn ein Mensch zum Pfarrer geht, dann hat er schon eine seelische Vorarbeit geleistet, und sein Kommen ist Angebot von Vertrauen.

Der junge Mann, wir wollen ihn L. nennen, sah sich in meinem Dienstzimmer um. Sein Blick ging an den Bücherreihen entlang: Haben Sie die alle gelesen? Wir sprachen eine kurze Zeit über Bücher. Es war, als wenn wir zunächst einen kleinen Weg von einem zum andern treten mußten.

Und was haben Sie auf dem Herzen, fragte ich.

Ich bin bei der Müllabfuhr, berichtete L. Ich habe mich nach der Meinung von bestimmten Leuten politisch unzuverlässig verhalten, jetzt habe ich daher Basisbewährung. Das stinkt mich natürlich an. Aber da kann man nix machen. Sie haben die Macht, und sie können verfahren, wie sie wollen. Sie wollen mich kleinknüppeln, aber bei mir läuft das nicht.

Er hatte sich in Eifer geredet. Es folgte der Bericht eines ziemlich ungewöhnlichen Lebens. Sein Elternhaus war kommunistisch, Vater und Mutter linientreu und in gehobenen Positionen. Seine Erziehung war in dem Sinn eindeutig. Die Eltern unnachgiebig. Er mußte ein überzeugter Pionier sein und ein begeisterter FDJler. Alles mußte spuren. Überzeugte Eltern hatten überzeugte Kinder vorzuweisen. Umgebung formt den Menschen, was formt ihn denn sonst!

L. lernte in der Schulzeit Andersdenkende kennen, auch Christen. Die interessierten ihn besonders. Die Frage nach Gott ist nicht so einfach zu entscheiden, wie die Eltern das wollten. Gibt es nicht, hatten sie dem Jungen gesagt, als er eines Tages aus der Schule kam und sie fragte. Diesen Unsinn von früher haben wir wissenschaftlich beseitigt, sagten sie. Und das ist gut so. Nur Rückschrittliche und Dumme fangen damit wieder an. So war die Frage entschieden. Er fragte nie wieder.

Aber er fand den Quatsch interessant. Er suchte die Gesellschaft von Christen. Es war die Zeit der Blumenkinder. Sie lasen Hermann Hesse und sprachen oft von Gott. Und der Vater von Hermann Hesse war auch Pastor gewesen. Und Hesse selbst sagte von sich, daß er religiös sei.

Gott, was ist das, fragte L. Wer kann mir darüber Auskunft geben? Sogar in der FDJ-Versammlung gab L. keine Ruhe.

Gibt es denn einen Beweis, daß er nicht existiert?

Der Gruppenleiter war in seinem Konzept gestört und wehrte ab. Quengele hier nicht rum. Du störst die Gruppe.

Auch in der Berufsausbildung blieb die Frage für L. bestehen. Mit Müh und Not bestand er seinen Abschluß. Die Eltern überlegten Maßnahmen, weil er zu den Hippies neigte, wie sie sagten, und die arbeiten nur dem Klassenfeind zu. Und nun läuft er noch zu den Christen! Es muß etwas geschehen!

Die Eltern und die Gruppenleitung der FDJ taten sich zusammen. Wir müssen ihn auf andere Gedanken bringen. Er bekam die Auflage, eine Zeit bei der Müllabfuhr Dienst zu tun. Das ist nützliche Arbeit für die Gesellschaft und er hat Gelegenheit, sich zu bewähren. Die Eltern fanden die Maßnahme „sehr gut und passend für ihren Sohn". So kann er seinen Gesinnungsmüll loswerden.

L. bei der Müllabfuhr. Sein Leben zwischen Mülltonne, Müllwagen und Müllhalde. Ein tristes Leben.

Doch eines Tages fand er auf der Müllhalde ein kleines schwarzes Buch mit dem Namen „Das Neue Testament".

Ich putzte es schön sauber und las darin, immer wieder, bis heute hin. Er griff in die Tasche seines langen Mantels und zeigte es her. Ich finde es irgendwie doll, aber das meiste verstehe ich nicht. Sie haben das studiert. Können Sie mir eine Einführung geben? Ich möchte das kapieren. Da steht zum Beispiel im Philipperbrief. Der das schreibt, ist im Gefängnis. Und er schreibt, er hat Freude im Gefängnis und er möchte diese Freude andern mitteilen. Sagen sie mal, wie kann der sich freuen, wenn er im Knast sitzt. Der ist doch bekloppt oder? Irgendwie find ich das geil, nur, wie macht man das? L.s Bericht war zu Ende. Darf ich rauchen, fragte er?

Klar! Und in dem Moment fand ich, daß es schade war, daß ich nicht rauchte. Ich hätte gern mit ihm gemeinsam geraucht, um ihm zu zeigen, ich stelle mich zu dir und wir müssen weiter reden.

Wir verabredeten einen Abend in der Woche. Wir wollten uns treffen und weiter reden.

L. war pünktlich zur Stelle. Er brachte noch ein paar Kumpels mit. Die denken auch so wie ich, die hab ich aufgerissen, so nannte er das. Alle machten einen ähnlichen Eindruck wie L. Lange Haare und Jeans mit Flicken und sie rauchten wie die Schlote. Nach jedem Abend war mein Zimmer blau wie eine Räucherkammer.

Wir lasen jedesmal ein Stück aus dem Neuen Testament. Jeder sagte dazu seine Meinung. Drückte aus, was er verstanden hatte und was nicht. Nach einer Reihe von Abenden stand fest, sie wollten alle getauft werden.

Eines Abends erschien L. nicht zu unserm Taufkursus. Auch in der Woche darauf sahen wir ihn nicht. Keiner hatte ihn in der Stadt getroffen. Wir waren ratlos. Wir versuchten herauszubekommen, wo L. sich aufhielt. Umsonst. Jemand ging bei den Eltern vorbei und erfuhr die traurige Geschichte. L. hatte einen Brief an Walter Scheel, den damaligen Außenminister der Bundesrepublik, geschrieben und darin von den Zuständen in der DDR berichtet. Er bat den Minister, sich für die Durchsetzung der Menschenrechte auch in diesem Land einzusetzen.

Der Brief war nicht aus Schwerin herausgekommen. Er war auf dem Postamt abgefangen worden und an die Stasi gegangen, die L. umgehend abgeholt hatte.

Einige Wochen später erhielt ich einen Brief aus der Haftanstalt Cottbus. L. sei der Prozeß gemacht worden und er sei wegen Kontaktaufnahme mit westlichen Politikern und wegen versuchter Spionage und wegen Verächtlichmachung der DDR verurteilt worden.

In dem Prozeß hätten sich seine Eltern von ihm losgesagt. Sie wollten keine Verbindung mehr mit ihm. Er hätte eine Person seines Vertrauens angeben können, die zu ihm in der Haftanstalt Kontakt halten und Besuche machen könnte. Die Kontaktperson sei ich. Eine Besuchserlaubnis lag dem Brief bei.

Ich fuhr nach Cottbus. Im Warteraum der Haftanstalt mußte ich lange warten. Wir waren mehrere Besucher. Jeder trug ein kleines Päckchen mit etwas Obst, Zigaretten und Kosmetika. Mehr wurde nicht erlaubt. Auf der Besuchserlaubnis waren rückseitig die Dinge angegeben, die man mitbringen durfte.

Wir warteten über eine Stunde. Nichts geschah. Wir werden „weichgewartet", sagte eine Mitwarterin. Aufgeregt waren wir alle.

Jeder hatte eine halbe Stunde Sprechzeit. So war es genau auf dem Zettel vermerkt. Nur eine halbe Stunde.

War man nicht viel zu aufgeregt? Was würde man sagen können? Was mußte man unbedingt fragen?

Bloß nicht zuviel fragen, sagte die dicke Frau neben mir, die ihren Sohn sprechen wollte. Dann werden die Aufseher nur gereizt. Und dazu wird man noch mehr beobachtet. Am besten ist, man läßt die Häftlinge reden. Ich wollte das beherzigen.

Wir wurden hereingerufen. Ein Uniformierter mit einem großen Schlüsselbund rief unsere Namen auf. Wir folgten ihm.

Ich kam mir selbst wie ein Inhaftierter vor. Der Weg zum Sprechraum führte durch Türen und über lange Korridore, und immer wieder Türen, die er aufschloß und wieder zuschloß. Die Schlösser ratterten. Wir kamen über einen Hof mit einem Hundelaufraum. Zähnefletschend sausten die Schäferhunde an uns vorbei. Einer blieb vor mir stehen. „Aus" schrie der Wachtmeister. Der Hund lief weiter.

Unsere kleinen Geschenke wurden eingesammelt. Sind auch die Namen alle drauf? Ja, sind drauf. Man spurte in diesem Sicherheitrakt total. Der Raum zum Sprechen erschien mir groß. In der Mitte ein langer Tisch, mit Stuhlreihen links und rechts. Jedem wurde ein Platz angewiesen. Oben und unten nahm ein Wachtmeister Platz. In der Mitte des Tisches war mit Eisenwinkeln eine vierzig Zentimeter hohe Glasplatte angebracht. Man durfte sich mit dem Häftling nicht berühren.

Was sollte man hier in dieser scharfen Bewachung mit Leuten links und rechts neben sich nur reden? Würde nicht das Wort im Halse stecken bleiben? Der Wachhabende gab kurz und zackig letzte Anweisungen. Er redete wie eine Maschine und sein Gesicht wirkte wie das eines Scharfrichters. „Absolute Ruhe jetzt" schrie der Vollstrecker. Es war beklemmend. Es redete gar keiner.

Keiner berührt die Häftlinge, sagte er. Bitte kommen.

Das Türschloß ratterte erneut. Die Häftlinge wurden in den Raum geleitet. Sie nehmen jeweils dem Besucher gegenüber Platz. Scheinbar war alles vorher geprobt.

L. sah schlecht aus. Blaß und mit tiefen Ringen unter den Augen. Er wirkte jedoch fröhlich. Er fragte und fragte, etwas hektisch zwar, und so wie einer der der Zeit hinterher lief. Er fragte nach den Andern aus der Taufgruppe und was wir durchgenommen hatten und wie man die Apostelgeschichte verstehen könnte. Er hatte sich im Vollzug eine Bibel ausleihen können. Er las immer abends darin. Die Mithäftlinge spotten zwar, sagte er, aber das stört mich nicht weiter.

In den letzten zehn Minuten erklärte ich ihm die Geschichte von der Bekehrung des Paulus. Dann geschah noch kurz vor dem Ende der Besuchszeit ein Zwischenfall.

Eine Besucherin hatte heimlich etwas über die Glasscheibe gereicht. Die Wachen an beiden Tischseiten sprangen auf und schrien: Aus! Aus! Die Besuchzeit ist beendet. Bitte begeben Sie sich alle zum Eingang. Durch eine andere Tür kamen zwei Uniformierte und führten die Frau ab. Eine hektische Unruhe war entstanden. Man konnte denken, nun sperren sie uns alle ein. Eine der Wachen führte uns durch die Tür.

Auf dem Flur wurde jeder von uns einzeln verwarnt: Versuchen Sie sowas niemals! Das wird Konsequenzen haben.

Ein Vierteljahr darauf hatte ich den nächsten „Sprecher". Wieder fuhr ich nach Cottbus. Ich kam in einen anderen Besucherraum. Ich war ganz allein. Mitten im Raum befand sich eine helle Holzkabine, die sah aus wie ein Beichtstuhl. Hinten war der Platz für den Häftling mit einer Seitentür. Vorne mußte ich Platz nehmen, dazwischen eine Glasscheibe. In Mundhöhe war in die Scheibe eine Membran eingelassen.

Hier müssen sie hineinsprechen, belehrte mich der Wachhabende. Er wirkte wie aus Eisen. Sein Blick war fanatisch. Durch die hintere Tür wurde L. eingelassen. Wir sahen uns zwar, aber wir hörten uns nur durch die Membran. Unten, sah man, lief ein Tonband mit. Ich hatte das Gefühl, eingeklemmt zu sein. Trotzdem konnten wir uns unterhalten. Wir lachten sogar einige Male. Zuerst besprachen wir die privaten Dinge, die wir hin und her austauschten. Das sollte zehn Minuten dauern. Brieflich hatten wir das vorher festgelegt. In den letzten zwanzig Minuten sollte ich ihm eine Taufstunde geben. Sie erzählen mir über den Philipperbrief, hatte L. geschrieben.

Das war schon ein seltsames Gespräch, dort im Kasten im Cottbusser Knast. L. strahlte. Manchmal fragte er dazwischen. Und in zwanzig Minuten kann viel gesagt werden. Seit Cottbus weiß ich das genau.

Ein Jahr später wurde L. aus dem Gefängnis entlassen. In den Westen abgekauft, wie man das nannte, für vierzigtausend Mark.

Anläßlich einer Privatreise zum achtzigsten Geburtstag meines Vaters, der in Mönchen-Gladbach lebte, traf ich mich heimlich mit L. In einem Gasthof am Rande eines mitteldeutschen Klosters sahen wir uns wieder. Keine Stasi hat uns dabei beobachtet oder je davon gewußt. Es hätte mir tausend schwarze Punkte beschert.

L. hatte sich unterdessen taufen lassen und machte eine kirchliche Ausbildung. Unsere Gespräche, sagte er bei dem Schwarztreff, die persönlichen, aber auch die in den Briefen, hätten ihn über Wasser gehalten. „Ohne sie wäre ich untergegangen".

Gespräche sind lebensnotwendig für die Seele jedes Menschen. Wir sind auf Gespräch hin geschaffen. Unübertroffen hat der Philosoph Martin Buber in seinem Buch „Die Ich-Du-Beziehung" das dargelegt.
Wir haben Ohren zum Hören und einen Mund zum Sprechen.
Es geschieht soviel leeres Gerede unter den Menschen, und nicht ausreichend Gespräch. Das Gerede läßt die Seele verwelken. Gespräch jedoch rührt die Seele auf und stärkt sie neu. So ist er gerüstet für die Stürme, die das Leben über ihn hinweggehen läßt.

Oft bin ich in Gesprächen gefragt worden: Was soll ich tun? Welchen Rat geben Sie mir?

Manchmal ergab sich ein Rat im Verlauf des Gespräches. Oft aber war ein direkter Rat nicht möglich. Dann mußte man warten, bis es Zeit war für den Rat, der eines ferneren Tages im Fragesteller entstand. Im Augenblick des Gespräches sahen wir das Problem an. Wir überlegten, wie hat es dazu kommen können? Welche Bedingungen in der Seele hat das Problem vorgefunden, so daß es wuchern konnte wie eine Krebsgeschwulst;

Wir suchten nach Wegen, die einzuschlagen waren, damit Leben nicht weiter blockiert würde. Und wir sahen uns nach Kräften um, die angerufen werden mußten. Das konnte ein Nervenarzt sein oder die Liga für Menschenrechte oder gar der himmlische Vater.

Ein Patentrezept konnte nicht gegeben werden. Obwohl Ratsuchende es gern gesehen hätten, daß es ein solches gäbe. Es ist das alte Verlangen nach dem Wundermittel, oder wenn man es technischer ausdrücken soll, es ist die Suche nach einem Hebel, den man herumreißen müßte und ratzbatz wäre das Problem verschwunden.

Nein, die Wunden der Seele waren nicht mit einem Hebeldruck zu lösen. Auch nicht mit Tabletten, wie mancher das gerne hätte. Sie mußten heilen, und dafür brauchte man Zeit.

Die Verwundung der Seele geht manchmal plötzlich vor sich, aber meistens geschieht sie über einen längeren Zeitraum. Deshalb muß auch ein längerer Zeitraum für ihre Heilung angenommen werden. Dabei ist Geduld nötig. Es heißt nicht ohne Grund im letzten Buch der Bibel, das vom Leiden der Menschen spricht, hier „ist Geduld und Glaube der Heiligen". Auf solchem Weg der Geduld ist das wiederholte seelsorgerliche Gepräch die rechte Hilfe. Der Mensch kann sich aussprechen. Er kann das Quälende benennen und damit die Not aus sich heraus holen. Nun ist mir leichter, wie oft habe ich diesen Satz nach Gesprächen gehört.

Gespräche sind ein Segen, wenn sie aus dem Gerede herauskommen. Das aber geschieht durch Vertrauen. Vertrauen ist die Basis, auf der sich Menschen zu einem Gespräch begegnen können. Gerede passiert auf der Straße, dort gehört es hin. Gespräch aber braucht die verläßliche Basis. Das ist in der Freundschaft, in der Ehe und in der Seelsorge das gleiche.

Er war Chefarzt einer Klinik gewesen. Nach einem Leben der Arbeit, war er gern in den Ruhestand gegangen. Er nutzte die Zeit, die ihm jetzt in großer Menge zur Verfügung stand. Er las die Bücher, die er früher gekauft und für später hingestellt hatte. Endlich in Ruhe lesen!

Er besuchte Kollegen und sprach mit ihnen über neue medizinische Erkenntnisse. Er schrieb Artikel für Zeitungen und freute sich wie ein Kind, wenn der Artikel mit seinem Namen in der Wochenendausgabe zu lesen war. Und an jedem Sonntag besuchte er den Gottesdienst.

Er saß in der dritten Reihe. Ich sehe ihn noch vor mir. Er verfolgte die Predigt mit einer Aufmerksamkeit, die mich anspornte. Manchmal, bei der Vorbereitung meiner Arbeit, dachte ich an ihn. Seine verläßliche Anwesenheit, über Jahre hin, hat mir viel bedeutet.

In der Woche trafen wir uns in der Buchhandlung oder auf der Straße. Wir sprachen über die letzte Predigt. An einigen Stellen hatte er weitergedacht. Hier und dort bestätigte er mich, setzte eigene Erfahrungen hinzu. Manchmal formulierte er Fragen, bohrende und tiefe, die ihm gekommen waren. Eines Sonntags blieb sein Platz im Gottesdienst leer. Ich erkundigte mich bei seiner Ehefrau.

Mein Mann hatte einen schweren Herzanfall, sagte sie. Es steht schlecht um ihn. Und das Schlimmste ist, daß er seinen Hausarzt nur einmal kommen ließ. Nun möchte er keinen Arzt mehr. Er meint, die Ärzte würden ihn nur ins Krankenhaus bringen lassen und dann an ihm herumprobieren. Das will er nicht. Er will zu Hause sterben, hat er gesagt. Können Sie nicht einmal bei uns vorbei schauen?

Ich versprach zu kommen. Am nächsten Tag ging ich zu ihm.

Er fühlte sich nicht gut. Er war schwach. Er konnte nur noch liegen. Aber sein Geist war wach und hell, wie eh und je.

Wir sprachen lange miteinander. Er erzählte mir aus seinem Leben, von der Arbeit, von der Familie und manches, was sonst noch eine Rolle gespielt hatte. über allem stand der unerschütterliche Glaube an die Führungen Gottes.

In den letzten Tagen kamen ihm Zweifel. Sollte er doch einen Arzt rufen? Was meinen Sie? Stille zwischen uns.

Sie sind Arzt, sagte ich. Ich kann das nicht entscheiden. Was sagt denn Ihr ärztliches Gewissen?

Das sagt mir, ich muß einen Kollegen holen. Aber was kann der schon mit mir anstellen? Ins Krankenhaus, ab! Und genau das möchte ich nicht. Ich bin ja auch Christ, und deshalb muß ich auch fragen: Was sagt mein christliches Gewissen?

Es ist gut, erwiderte ich, seien Sie einverstanden mit Ihrer Entscheidung. Nach zwei Stunden war seine Kraft erschöpft. Ich machte Anstalten zum Gehen. Er sah mich an und sagte leise: Bitte segnen Sie mich! Einige Tage darauf ist er verstorben. Ganz ruhig, sagte seine Frau. Und sie sagte auch:

Jetzt bin ich dankbar, daß ich ihn zu Hause hatte und seine Hand halten konnte, als er einschlief, zu seiner letzten großen Ruhe.

Mich ließ seitdem die Frage nicht mehr los: Hätte ich ihm nicht raten müssen: Holen Sie den Arzt? Konnte man einen Schwerkranken bestätigen mit dem Satz, seien Sie einverstanden mit Ihrer Entscheidung. War das nicht eine Form von Sterbehilfe? Indirekte Sterbehilfe?

Das Problem der Sterbehilfe ist in den letzten Jahren viel bedacht worden. Es hat Beispiele gegeben, wo Ärzte sich das Recht nahmen, die Schmerzen zu lindern, obgleich sie wußten, die Schmerzmitteldosis würde den Tod beschleunigen. Es wurden sogar Beispiele bekannt, wo Ärzte beim Tod auf Verlangen sich nicht verweigerten, wenn der Patient ein hohes Alter erreicht hat und so krank war, daß mit einer Heilung medizinisch gesehen nicht mehr zu rechnen war.
Ich meine, daß es gut ist, daß endlich öffentlich darüber gesprochen wird. Der Tod muß nicht länger ein Tabu-Thema sein. Er war es viel zu lange. Ich neige den Gedanken zu, die in besonderen Fällen Sterbehilfe für denkbar halten. Ich weiß, es gibt biblisch gesehen, keine Chance für eine Verteidigung von Sterbehilfe. Auch kann noch kein Gesetzgeber hier wirksam werden. Wir leiden immer noch unter dem himmelschreienden Unrecht der zu billigen Euthanasieentscheidungen des Dritten Reiches.
Doch ich sehe die moderne Medizin an, als Laie, versteht sich, und ich bemerke die Verlängerung der Lebensjahre, die sie ermöglicht hat. Das ist gewiß beachtlich, ob es auch gottgewollt ist?
Und wenn die Qualität dieser so gewonnenen Lebensjahre so ist, wie man das etwa bei einem Alzheimer-Kranken feststellen kann, dann muß die Frage erlaubt sein, welchen Sinn hat dieses von der Medizin durch Chemie und Apparate erbeutete Leben?
Ich glaube, es muß möglich sein, daß der einzelne Mensch früh genug verfügen kann, daß er nicht weiter künstlich am Leben erhalten werden möchte, wenn bestimmte Umstände eingetreten sind, die das Leben auf einen unzumutbaren Rest reduziert haben.
Ich sehe ein, die Anwendung solcher Entscheidung kann zu einem unlösbaren Problem werden.
Wer darf die erlösende Entscheidung treffen? Wer darf letztlich die Monitore auf der Intensivstation abstellen? Und wer nimmt das Maß an Schuld auf sich, das für diesen Weg sich einstellt?

Womöglich sieht auch alles im Angesicht des Todes noch wieder anders aus! Vorsicht ist hier geboten. Nur lassen wir die Gedanken an das Sterben in Würde nicht total blockiert sein durch zu große Sensibilität und übergroße Verantwortung. Vor Jahren war zu hören, daß die bekannte Schauspielerin Inge Meysel für alle Fälle die Todespille immer bei sich trage und daß sie nicht gewillt sei, sich durch ein hinausgezögertes und dadurch unwürdiges Leben quälen zu lassen. Ich fand das bedenkenswert. Ein anderes Schicksal hat mir großen Eindruck gemacht. Vor einem Jahr berichteten die Zeitungen vom Ende des Fernsehpfarrers Adolf Sommerauer. Millionen Menschen kannten ihn, weil sie ihm über Jahre hin zugehört hatten, wenn er am Bildschirm die Fragen der Fernsehzuschauer beantwortete. Mit 85 Jahren brachte man ihn nach einem Anfall auf die Intensivstation der Unfallklinik in Murnau. Er lag unter der Sauerstoffmaske. In seinen Armen Infusionsnadeln. Er wurde künstlich ernährt. Als er nachts zu sich kam, berichtete die Presse, sah er die Schläuche, die Monitore und sagte: Ich will sterben. In der Meldung hieß es weiter: „In voller Absicht zog er die Schläuche aus seinem Körper und nahm die Sauerstoffmaske ab. Als er starb, drückte seine Frau ihm das Kruzifix in die Hand. Er starb im Frieden mit Gott."
Kann man nicht sagen, es war Sterbehilfe, die er und auch seine Frau gaben? Man kann das nicht in ein seelsorgerliches Lehrbuch als eine Empfehlung schreiben. Man kann es nicht leichtfertig als Patentrezept weitersagen. Aber man kann es respektieren und für sich sagen: Alle Achtung!

Die Ehefrau rief mich an. Können Sie sofort kommen, meinem Mann geht es schlecht. Er möchte noch unbedingt den Pastor sprechen.
Ja, ich komme.
Man muß den Pastor zum Hausbesuch bestellen können und das muß die gleiche Wichtigkeit haben wie der Hausbesuch eines Arztes. Der eine kümmert sich um den gefährdeten Leib und der andere um die bedrohte Seele. Ich kannte den Schwerkranken. Wir hatten oft miteinander gesprochen. Vor einiger Zeit hatte der Arzt ihm gesagt, Herr P., es steht schlecht um Sie. Wir können Ihnen nur noch Schmerzlinderung geben. Der Krebs ist zu weit fortgeschritten. Sie müssen auf alles gefaßt sein.
Er war auf alles gefaßt. Vorübergehend besserte sich sein Zustand. Er lebte gern. Er sagte: Der liebe Gott will mich noch nicht haben.
Jetzt dieser Anruf!
Die Ehefrau begrüßte mich an der Tür. Es geht ihm so schlecht wie noch nie. Sie war aufgeregt. Sie ließ mich mit ihm allein.

Er lag im Bett und war vom Tode angerührt, man mußte kein Arzt sein, um das zu erkennen.

Ich trat an sein Bett. Er schlief, vor Schwäche auch. Ich sollte ihn wecken, hatte die Ehefrau gesagt.

Herr P. Sie haben mich gerufen. Ich legte meine Hand auf seine. Herr Pastor! Gut, daß Sie da sind.

Eine Weile saß ich schweigend an seinem Bett. Der Atem ging schwer. Dann sprach er, sehr langsam: Herr Pastor, ich möchte beichten. Ohne Umschweife brachte er das vor.

Beichten, dachte ich, O Gott, ich hatte nicht soviel Zeit eingeplant. Ich war innerlich darauf nicht eingerichtet.

Ja, so sind wir Pastoren manchmal, die Zeit vorschieben und sagen, wir hätten sie nicht! Ich wußte, wenn dieser Mann das sagt, dann meint er das so. Ich fing mich wieder.

Gut, sagte ich. Herr P. ich bin da, ich höre zu.

Herr P. erzählte mir sein Leben. Er holte weit aus. Er brauchte das, um sich Mut zu machen. Er sprach langsam, mühevoll. Er mußte sich zwischendurch besinnen. Er schonte sich nicht. Er wollte keine Antwort von mir. Ich sollte Zeuge sein im Angesicht des Todes. Ein Mann überdachte sein Leben. Er stellte sich vor die letzte große Instanz und ich sollte neben ihm stehen, auf daß er nicht allein sei. Er wollte bereit sein und das ablegen, was auf dem letzten Weg an Last sich angesammelt hatte. Er wollte es los sein und glaubte, daß es dafür Vergebung gibt.

Dann sah er mich an. Sein Blick sagte: Ich bin so weit.

Ich las ihm aus der Bibel vor. Ich sprach das Beichtgebet. Er stimmte zu. Er empfing die Absolution.

Am nächsten Morgen rief mich seine Frau an. Mein Mann ist in der Nacht eingeschlafen. Nachdem Sie fort waren, hat er kein Wort mehr gesprochen, sagte sie.

Warum auch, dachte ich, es war alles gesagt. Er war mit seinem Gott im Frieden.

Mir fiel das Wort von Bernanos ein: „Oh, Wunder, daß man auf solche Weise etwas schenken kann, was man selbst nicht besitzt, o süßes Wunder unserer leeren Hände."

Schuld ist in diesem Jahrhundert zu einer Bagatelle geworden. Das ist ein tiefer Schade dieser Zeit.

Wie man sie ansieht, oder nicht ansieht, das ist bemerkenswert. Sie wird verniedlicht oder verdrängt oder ganz und gar als bedeutungslose Erfindung der Kirche angesehen, die damit den Menschen gängeln will. Dabei wirkt die Schuld und vergiftet das menschliche Leben. Kirche hat den Auftrag, an dieser Stelle erkennbar zu bleiben. Sie bringt ein, was von niemand anderem eingebracht werden kann. Sie tut das nicht im Sinne einer weit hergeholten Moral, von der sie nicht lassen kann. Sie erfüllt damit ein Grundanliegen des Göttlichen auf dieser Welt, das nicht will, daß der Mensch in Schuld verfault.

Schuld ist Treuebruch zu Gott und Menschen. Schuld ist kaputtmachen von Glaube, Liebe und Hoffnung.

Schuld ist Zerstörung der Lebensgesetze, nach denen wir alle angetreten sind. Daher braucht Schuld die Vergebung.

Dafür ist die Kirche zuständig.

In der katholischen Kirche gibt es Beichtstühle. Eine beneidenswerte Einrichtung!

In der protestantischen Kirche ist die Beichte heute fast ganz verloren. Man muß das bedauern.

Es gibt aber das seelsorgerliche Gespräch. Dort geschieht Entlastung von Schuld. Und das Abgeben von Last ist lebensrettend, glaubensrettend ist es auch.

Die Eltern kamen beide. Sie meldeten die Beerdigungsfeier für ihre sechzehnjährige Tochter an.

Die Feier wird nur im engsten Familienkreis stattfinden, sagte der Vater. Eine extra Rede müssen sie nicht halten, meinte er. Es sei alles schon schwer genug. Ich fragte nach, warum keine Rede?

Ich erfragte die Umstände des Todes, ich erkundigte mich nach dem Leben. Kann man das Leben nennen, fragte die Mutter, und ihre Stimme klang bitter. Es ist eigentlich kein Leben gewesen, sagte sie, und doch habe ich unsere Tochter lieb gehabt. Ihre Stimme wurde von Tränen erstickt. Danach berichtete der Vater die ausgefallen traurige Geschichte dieses sechzehnjährigen Lebens.

Wir haben uns sehr gefreut als sie geboren wurde. Ihre drei Geschwister haben sie verwöhnt und geliebt. Wie sie strampelte, und lachen konnte sie! Nach vier Wochen haben wir sie in der Kirche taufen lassen, unsere kleine Renate.

Nach fünf Monaten wurde unsere Renate krank. Zuerst wußten die Ärzte nicht, wie krank sie ist. Dann kam der Befund heraus: Eitrige Gehirnhautentzündung. Wir rechneten jede Minute mit dem Tod. Aber sie starb nicht. Sie blieb am Leben. Wir waren froh.

Sie mußte im Krankenhaus bleiben. Allmählich konnte man sehen: Renate trank nicht von allein. Sie mußte künstlich ernährt werden. Renate lernte nicht zu gehen, sie konnte nicht sehen, sie konnte nicht hören. Eine schreckliche Erkenntnis für uns. Wissen Sie, was das heißt, Jahr für Jahr das Kind im Krankenhaus besuchen und hoffen, es wird doch werden. Aber es wurde nicht.

Renate blieb im Krankenhaus, fünfzehn Jahre hindurch. Sie hat nie ein Wort gesprochen. Sie ist keinen Schritt gegangen. Sie hat nichts gesehen, nichts gehört. Sie mußte fünfzehn Jahre mit der Sonde ernährt werden. Und fünfzehn Jahre haben wir sie jede Woche besucht. Oft habe ich gedacht, wir schaffen das nicht. Das ist doch zum Wahnsinnig werden!

Wie hatte die Mutter gesagt: Und trotzdem habe ich sie lieb gehabt, unsere Renate!

Wenn es einen Gott gäbe! sagte die Mutter. Wie kann er das zulassen! Warum hat er sie nicht erlöst?

Manchmal ist das Leid übermächtig und alle Worte versagen. Wenn's einen Gott gäbe, sagte die Mutter. Wie sollte ich darauf reagieren? Fast hätte ich mitgeheult.

Die Mutter wollte eine christliche Beerdigung. Warum eigentlich? Ein Rest von Glauben war vielleicht stärker als aller Zweifel.

Ich predigte am Sarg über das Bibelwort: Mein Gott, mein Gott, warum hast du mich verlassen?

Auch eine Beerdigungsfeier kann ein Gespräch sein. Man stellt sich neben die Trauernden, damit sie nicht allein sind, und man harrt aus mit ihnen vor den Rätseln des Lebens.

Man muß nichts erklären, darf auch nicht mit Erklärungsformeln aufwarten. Auch der Pastor ist nicht der Regierungsrat Gottes, der für alles eine Deutung hersagen kann.

Sich neben den Leidenden stellen und mit ihm für eine Zeit stillestehen vor dem abgründigen Geheimnis des Göttlichen, das ist, was getan werden kann. Vielleicht geht das bezeugte Wort Gottes ganz leise in die Seele hinein und gibt die Kraft, die nötig zum Weitergehen ist.

Es war nur eine kleine Trauerversammlung, und als wir gemeinsam vom Grab gingen, gab mir die Mutter die Hand und sagte: War doch gut, daß Sie eine Rede gehalten haben.

Ein seltsames Gespräch hatte ich vor Jahren mit einem Menschen, der im DDR-Staat eine leitende Funktion auf der Bezirksebene bekleidete.

Wir hatten uns zufällig bei einer offiziellen Gelegenheit kennengelernt. Er nahm mich an die Seite und fragte: Ich möchte Sie einmal sprechen, aber das Gespräch darf nicht in Ihrem Haus stattfinden, auch nicht bei mir. Die Abhörinstrumente sind heute so gut, ich weiß damit Bescheid, können Sie mir glauben, daß man nirgends mehr sicher ist. Sie werden vielleicht lachen, aber ich möchte, daß wir uns an einem Samstag um 24 Uhr auf dem Schweriner Marktplatz treffen. Dort in der Mitte des Marktes ist fürs Abhören der tote Punkt. Und an der Stelle könnten Sie mich vielleicht anhören?

In der Nacht auf dem Marktplatz? Das hört sich merkwürdig an, sagte ich. Aber gut, ich werde kommen.

Am Samstag gegen 24 Uhr war ich auf dem Schweriner Markt. Kein Mensch zu sehen. Die Stadt wirkte wie ausgestorben. Ich suchte den Mittelpunkt des Platzes und blieb stehen. Komisch, dachte ich, oder will er einen Ulk mit mir machen?

Punkt vierundzwanzig Uhr kam aus dem Dunkel einer Nebenstraße mein Mann. Er ging auf mich zu, gab mir die Hand.

Ich freue mich, daß Sie mich anhören wollen. Das werde ich Ihnen nie vergessen!

Wir werden hier stehenbleiben, sagte er, hier sind wir sicher. Alle Peilungen reichen hier nicht her. Hier können wir reden.

Ich verstand nichts von Peilungen.

Er redete zunächst viel Allgemeines. Dann kam er auf Wichtiges. Er sprach von seinem Leben, von christlichen Großeltern, die ihn sehr beeindruckt hätten und berichtete schließlich persönliches Erleben, das mich erschrecken ließ. Er redete eine gute Stunde. Er wollte keinen Rat von mir. Er wollte lediglich, daß ich ihm zuhöre. Das täte ihm gut, sagte er. Und er wüßte alles bei mir sicher aufgehoben.

Das ist so, sagte ich.

Dann trennten wir uns. Er drückte mir herzlich die Hand, fuhr mit seiner Linken über meinen Arm und sagte: Sie haben mir sehr geholfen, sehr! Es war wirklich das seltsamste Gespräch, das ich je hatte.

Ich habe ihn nie wieder gesehen.

Ich hatte für die Dauer einer Stunde neben ihm gestanden. Das reichte ihm aus. Wer wollte eine Meßlatte anlegen und sagen, es wäre ein Versäumnis anzuzeigen.

Ein Mensch in seiner Not braucht das Gespräch, das wirkliche, das vertrauensvolle, das Gespräch mit Verständnis.

Er bedenkt seine Lage, er wird sich seiner selbst auf eine innerliche Weise bewußt. Er probiert, sich anzunehmen und arbeitet einen Teil seiner Not dadurch ab.

Wenn der andere mit der nötigen Geduld zuhört, geschieht ein großer Schritt nach innen. Vielleicht stellen sie dann auch die Warumfrage. Warum geschieht mir dieses Unglück? Warum habe gerade ich diese Krankheit? Warum habe ich mich so verhalten?

Diese Fragen zu stellen ist heilsam. Sie zeigen, daß die Seele arbeitet. Der Gesprächspartner muß keine Antworten suchen, weil es keine gibt. Er muß die Fragen zulassen und seine Zuwendung aushalten. Er ist stellvertretend der Adressat, für eine kleine Weile ist er der, der anhört und Zeuge wird. Zeuge eines Leides, das größer ist als daß es einer tragen kann. Wir erkennen im Leben, daß es nötig ist, nicht am Leid vorbeizugehen, sondern mitten hindurch. Wir möchten das nicht und suchen den Weg, um bequem am Leid vorbeizukommen. Aber die Seele braucht den Weg hindurch. In der Bibel wird von einem Mann berichtet, der in großes Leid kam. Es ist Hiob, und das gleichnamige Buch ist ein Nachschlagwerk für Kummer. Es heißt darin einmal, fast am Ende des Buches: „Von Mitternacht kommt Gold" Hiob 37,22. So steht es in der Lutherübersetzung der Bibel. In den neuen Bibelübersetzungen wird auf eine unerlaubte Weise der Text geglättet. Dort heißt es: „Ein heller Lichtschein kommt von Norden." Das mag als wörtlich übersetzt gelten können. Es ist jedoch viel zu flach. Im Urtext findet sich ein Wort, das tatsächlich, „Norden" heißt, es meint aber nicht die Himmelsrichtung, die man nach der neuen Übersetzung damit verbindet, sondern es meint die dunkle, finstere Weltgegend. Es meint den Norden, den man sich mit Bergen dachte und mit Felsmassiven, schwer zu erklimmen, noch schwerer hindurchzufinden.

Martin Luther ist in dichterischer Freiheit dem Ursinn näher gekommen. Er war eben ein Poet.

Mitternacht, das ist Schmerzerfahrung an der Seele. Mitternacht ist jene Dunkelheit, die uns das Leid wie durch ein Vergrößerungsglas sehen läßt, groß und unüberwindbar. Die Zeit scheint stillzustehen, wir haben uns festgegrübelt. Es ist die Erfahrung vieler Nachtstunden, wenn man älter wird. Und doch geht die Zeit weiter. Der Morgen wird kommen. Und mit ihm die Erkenntnis, daß alles Leben ein Weg ist, ein Prozeß.

Der biblische Hiob weiß um die Mitternachtsstunden. Und als die Freunde kommen, möchte er sein Leid durch Erklärungen überwinden. Die Freunde, wahre Philosophen, geben sich redlich Mühe. Jedoch es gelingt nicht.

216

In den letzten Kapiteln des Hiobbuches wird erzählt, Hiob muß lernen, daß Leid zum Leben gehört, wie die Mitternacht zum Tag. Er übt sich. Er möchte Leid annehmen. Und er wächst in die Erkenntnis hinein, daß Mitternacht kein Umweg ist.

Mitternacht ist ein Weg, auf dem die Seele erfährt, wie aus dem Dunkel neue Lebensenergie geschenkt wird, eben Gold. Aber nicht Gold nach Karaten zu messen, sondern das Gold der Hoffnung, des Glaubens und der Liebe.

So wächst auf geheimnisvolle Weise eine Kraft, die wir sonst vermissen würden. Die Seelsorge und das Gespräch machen unsere Seele bereit für die Erkenntnis, die Rainer Maria Rilke einmal so ausgedrückt hat:

> „Wolle nie irgendeine Beunruhigung,
> irgendein Weh, irgendeine Schwermut
> von deinem Leben ausschließen, da
> du doch nicht weißt, was diese Zustände
> an dir arbeiten."

10. Kapitel

EVANGELISCHE AKADEMIE

Die Tagung wird hiermit verboten!

Der das sagte, hatte die Macht, und er gefiel sich darin.

Der Rat des Bezirkes Schwerin hatte den Leiter der Evangelischen Akademie Mecklenburgs in sein Dienstgebäude bestellt.

Es war Anfang September 1969, und es war an einem Dienstag. Am Ende der Woche sollte die Tagung in Güstrow stattfinden. Das Thema hieß: Die Gottesfrage im Werk Dostojewskis, und der Leiter der Akademie war ich. Die Tagung war verboten! Ich konnte es nicht glauben.

Der Mitarbeiter der staatlichen Stelle teilte mir die Verfügung mit. Seine Stimme klang endgültig, ein wenig zu wohlgefällig, fand ich.

Ich nahm die Anweisung unter Protest entgegen. Ich versuchte einzuwenden, Staat und Kirche sind getrennt. Daher können sie nicht so ohne weiteres in kirchliches Handeln eingreifen.

Wir können, sagte er, und wie wir können!

Er sagte es ärgerlich, weil ich es wagte, von so etwas wie Protest zu sprechen. Ich wollte nicht aufgeben, obgleich ich wußte, daß wenig oder nichts zu machen war.

Wie stellen Sie sich das vor, fragte ich. Die Tagung ist seit Monaten ausgeschrieben. Zwei Universitätsprofessoren haben als Fachreferenten zugesagt. Die Anmeldungen zur Teilnahme sind bei uns eingegangen. Es werden mehr als fünfzig Teilnehmer kommen.

Wie soll das gehen? Heute ist Dienstag, und am Wochenende reisen die Teilnehmer in Güstrow in unserem Tagungshaus an.

Das wird sehr einfach gehen, sagte er lächelnd, Sie haben die Teilnehmer eingeladen, und Sie werden sie auch wieder ausladen, und zwar umgehend.

Darf ich fragen, mit welcher Begründung Sie die Tagung verbieten? Sie dürfen, und ich sage Ihnen das sogar. Dostojewski ist ein Mann, der sich zeitweise der Konterrevolution eines Petraschewski angeschlossen hatte. Und solche Gedanken können wir zur Zeit nun wirklich nicht gebrauchen. Außerdem haben wir Ihnen schon wiederholt gesagt, Sie möchten sich bei Ihrer Arbeit auf religiöse und kirchliche Themen beschränken. Dieses Thema,

so sehen wir das, gehörte in die Hände einer staatlichen Kulturbundver-
anstaltung. Bei Ihnen sehen wir leider nicht gewährleistet, daß Sie die
Gedanken des Schriftstellers Dostojewski sachgemäß einordnen.

Das war der Grund! Die Leute unseres Staates waren immer noch geschockt
von den Ereignissen des Prager Frühlings im letzten August. Mit Panzern
waren sie gegen Argumente vorgegangen. Und wenn ich die Tagung trotzdem durchführe?

Wir müssen das als einen Übergriff werten, und Sie werden die Macht
unseres sozialistischen Staates zu spüren bekommen.

Sie wollen mir drohen?

Ich habe alles gesagt und nun entschuldigen Sie mich. Er kam auf mich
zu und verabschiedete mich.

Ich war entlassen, oder besser gesagt, hinausgeworfen. Was sollte ich tun?
Konnte ich die Tagung trotzdem wagen?

Aber die Referenten waren Universitätsprofessoren in unserm Staat und
sie mußten in solchem Fall mit empfindlichen Maßnahmen rechnen.
Konnte ich das verantworten? Aber vielleicht war die Stasi längst bei den
beiden aufgetaucht und hatte sie vom Verbot unterrichtet.

Und die Teilnehmer? Waren sie nicht ebenso gefährdet, wenn sie anrei-
sten? Zum Teil arbeiteten sie in leitenden Positionen unseres Landes. Sie
waren Physiker, Mediziner, Germanisten und Angehörige der verschiedensten Berufsgruppen in staatlichen Einrichtungen. Pastoren und kirchliche Mitarbeiter waren nicht dabei. An ihnen lag uns in solchen Tagungen
weniger. Dafür gab es ausreichend kirchliche Mitarbeitertagungen.

Ich besprach mich mit dem Oberkirchenrat. Ich fragte Kollegen. Am
besten absagen, war ihr Rat. Da kommst du nicht gegen an! Ich ging mit
der Anmeldeliste aufs Postamt. Ich verschickte Telegramme, viele
Telegramme. „Dostojewski Tagung verboten. Brief folgt." Das Postfräulein
sah mich vielsagend an.

Ein Drittel der Telegramme erreichte die Adressaten nicht.

Ich fuhr zum Wochenende nach Güstrow, um die Nichtunterrichteten
angereisten Teilnehmer abzufangen.

Ein Telegramm? Nein, wir haben keins bekommen!

Am Freitagabend hielt ich im Tagungshaus für die Angereisten und für
Interessenten aus der Stadt einen Vortragsabend mit dem Thema:
„Unter der Sonne Satans, Gedanken zum Werk von George Bernanos."
In der Woche darauf protestierte ich beim Postamt. Folgende Telegramme,
von mir aufgegeben, haben die Empfänger nicht erreicht. Bitte können
Sie mir dafür eine Aufklärung geben?

Das Postfräulein, der ich die Sache vortrug, zuckte mit den Schultern. Sie wisse ja, bei ihr seien die Telegramme aufgegeben worden. Käme ja nicht alle Tage vor, daß einer so viele aufgäbe. Aber vielleicht gehen Sie zum Amtsleiter. Der Amtsleiter sah mich mit eiserner Amtsmine an. Da kann man nichts machen, meinte er.

Ich wußte, die Stasi mußte auf solche Staatsbürger achten, die ohnehin schon staatskonträr aufgetreten waren. Ihnen wollte man auf keinen Fall ein solches Beweismittel in die Hand geben.

Aus Erkenntnissen nach dem Umsturz wurde bekannt, daß in jedem größeren Postamt eine Abteilung eingerichtet war, die bestimmte Postsendungen herausstocherte und der Staatsicherheit übergab. Die entschied, ob weitergeschickt oder kopiert oder einbehalten wurde.

Wieder einmal war ich das rote Tuch für die Staatsaufseher. Am liebsten hätten sie die Arbeit der kirchlichen Akademie verboten. Nur wäre das zu aufwendig gewesen. Der Westen hätte davon Wind bekommen, und der Vorgang wäre in den Medien breitgetreten worden.

Der Staat sah in der Arbeit der Evangelischen Akademie eine staatsfeindliche Zusammenrottung, und schon das Wort war für die Funktionäre ein Reizwort.

Die Arbeit der Evangelischen Akademieen begann 1945, aber sie hatte Vorläufer. Die Arbeit der Studentengemeinden an den Universitäten, die Evangelischen Wochen des Dritten Reiches und auch die Wehrmachtsseelsorge haben Pate gestanden.

In den Monaten nach dem Zusammenbruch 1945 kam es in Deutschland zu einer Neubesinnung, bei der die Kirche eine wichtige Rolle spielte. Die Menschen versuchten, aus den Trümmern des Dritten Reiches herauszufinden. Viele sahen sich mit der braunen Ideologie getäuscht. Das Allmachtsgebaren der Führer des braunen Reiches war kläglich zusammengebrochen. Der Führer selbst hatte sich auf eine jämmerliche Weise im Reichskanzleibunker verschanzt und schließlich kurz vor dem Ende umgebracht. Seine Vasallen gaben traurige Figuren ab. Schuld wollte keiner haben. Und doch wurde überall deutlich, wie menschenverachtend und wie gefährlich das Reich dieser Wahnsinnigen gewesen war.

Deutschland glich einem Trümmerhaufen. Und die Menschen suchten Halt und Neuorientierung. Die Kirche wurde ein Anlaufpunkt. Fragen mußten irgendwo abgeladen werden.

In diesem Wirrwarr der Zeit überlegte Bischof Wurm zusammen mit dem Theologen Dr. Eberhard Müller, wie Kirche am besten reagieren könnte. Sie gründeten noch 1945 die erste Evangelische Akademie in Bad Boll.

Sie wollten die Herausforderung der Zeit annehmen. Sie wollten einen Ort bieten, der ein Freiraum zum Nachdenken sein konnte. Nicht gleich kirchlich vereinnahmt sollten sich die Menschen fühlen. Sie sollten ein Podium erleben zum Gespräch und einen Raum zur Begegnung. Tagungen wurden eingerichtet, am Wochenende und manchmal eine Woche hindurch. Kirche war präsent. An jedem Vormittag wurde für eine Stunde eine Bibelarbeit geboten.

In der übrigen Zeit wandte man sich den Themen zu, die in der Luft lagen. Die Frage nach dem Menschenbild spielte eine Rolle, die Frage nach dem Sinn und die Gottesfrage. Aber auch berufstypische Fragen nahm man auf. Die Tagungen gingen vor sich in einem Rhythmus von Vortrag, Gespräch, Meditation und Geselligkeit. Die steigenden Besucherzahlen zeigten an, hier war ein großer Bedarf vorhanden.

Im selben Jahr wurde die zweite Evangelische Akademie in Arnoldshain gegründet. Im Jahr darauf folgten die in Hamburg und in Kloster Loccum. Die Verantwortung nahm die jeweilige Landeskirche wahr. Sie gab auch das Geld dafür. Die Arbeit machte von sich reden. Das Interesse wurde größer. Im Laufe der nächsten Jahre wurden in Westdeutschland etwa fünfzehn solcher Einrichtungen gegründet und sechs in Ostdeutschland.

Zu den Lebens- und Glaubensfragen kamen mit der Zeit auch die politischen Fragen dazu. Man veranstaltete politische Foren in den Akademien, man diskutierte mit Politikern aller Parteien, man stellte neue politische Entwürfe vor. Und hier trennten sich die Akademien in Ost und West. Denn Politik im Raum der Kirche, das wollten die Machthaber der DDR nicht dulden, es sei denn die Politik der Einheitspartei wäre ausschließlich diskutiert worden. Aus der DDR kamen Einwände gegen die Arbeit der Akademieen. Hier wird die Politik des Klassenfeindes gemacht, sagten die Ostler. Das können wir nicht dulden! Die Akademieen im Osten mußten einen Weg finden, der ohne einseitige Politik dennoch die Fragen der Menschen aufnahm. Das war schwierig, manchmal unmöglich, weil Politik auch das Leben betrifft.

Am 18. Januar 1967 bat mich Oberkirchenrat Dr. Gasse zu einem Einzelgespräch. Ohne große Umstände kam er auf den Hauptpunkt.

Der Oberkirchenrat plant, Sie zum Leiter der Evangelischen Akademie von Mecklenburg zu berufen.

Er erläuterte, was damit zusammenhing. Er bat mich: Bitte überlegen Sie sich das und teilen Sie mir ihre Entscheidung mit.

Ich war ganz durcheinander. Akademie, gab es denn die auch in Mecklenburg? Ich hatte wenig davon gehört.

Akademie, das würde auch bedeuten, weg von Boddin, unserer Landpfarre bei Teterow, in die wir uns in zehn Jahren gut eingelebt hatten.

Ich hatte unruhige Nächte. Ich überlegte, grübelte, tagelang, allein und mit meiner Frau. Können wir das machen?

Am 30.1.1967 schrieb ich an den Oberkirchenrat. Ich sagte zu. Ich gab zu bedenken, daß dieser Auftrag aber zusammen mit einer Gemeinde vergeben werden müßte. Nur kein Spezialamt daraus machen! Ein Spezialpastor verliert leicht den Boden unter den Füßen und weiß nicht mehr, was an der Basis für die Menschen los ist. Denn wir wollen keinen kirchlichen Kulturbund daraus machen, sondern Menschen für die Gemeinde gewinnen.

Kurz danach berief mich der Oberkirchenrat zum Leiter der Evangelischen Akademie von Mecklenburg. Die Anfangsprobleme waren groß. Die Akademie bestand in Mecklenburg bereits 10 Jahre. Der Leiter war der damalige Rostocker Landessuperintendent Pflugk. Der befand sich kurz vor dem Ruhestand. Er gab das Akademieamt nicht gern ab. Es mußte diplomatisch mit ihm verhandelt werden. Gasse konnte diplomatisch verhandeln, so diplomatisch, daß man mittendrin nicht wußte, was er wollte, aber zum Schluß brachte er die Sache auf den Punkt und seinen Plan voran. Er machte das konziliant und zielbewußt und äußerst zäh.

Das größte Problem war die Ablehnung der staatlichen Stellen. Sie wünschten keine Einrichtung, die mit dem Westen verklammert war. Vor allem wollten sie keine Arbeit, die sich öffentlich darstellte und politische Fragen kontrovers diskutierte. Der Klassenfeind benutzt die Kirche, sagten sie, und über die Akademien wird revanchistische und kapitalistische Denkweise verbreitet. Eine kirchliche Arbeit mit einem Namen, der westlich besetzt war und ein solches Programm im Sinne hatte, nein, keineswegs, das wollten sie verhindern.

Und jetzt wurde in dem Zusammenhang mein Name genannt. Was, der? Der Staatsfeind Pilgrim in einer staatsfeindlichen Gruppierung! Mit allen möglichen Mitteln mußte das vereitelt werden.

Sie hatten aber nicht mit Niklot Beste gerechnet. Der Mecklenburgische Landesbischof Dr. Beste hatte einige Eigenschaften, die man nur bewundern konnte. Im Kirchenkampf in der Nazizeit war er als leitender Mann der Bekennenden Kirche das Durchhalten gewöhnt. Er war, so kann man sagen, „kampferprobt", und er hatte eine schöne mecklenburgische Eigenschaft vom Schöpfer mitbekommen, nämlich das nötige Maß an Sturheit. Ihm war zu verdanken, daß am Plan des Oberkirchenrates unerschütterlich festgehalten wurde.

Eine kleine Konzession mußten wir machen. Wir mußten die Arbeit ein wenig aus der direkten Schußlinie herausnehmen. Wir gaben ihr einen anderen Namen und organisierten alles ein klein wenig anders. Sie hieß fortan „Akademiearbeit der Evangelisch-Lutherischen Landeskirche Mecklenburgs" und sie wurde eingebunden in das Amt für Volksmission. Beide Änderungen konnte ich gut mittragen.

So wurde die Arbeit ins Versteck gebracht und die Bahn war frei. Problematisch war die finanzielle Grundlage. Die Landeskirche gab einen Teil des Geldes dazu. Der andere Teil jedoch kam aus westlichen Quellen. Ich fuhr in jedem Jahr persönlich nach Berlin und nahm das Geld dort in Empfang. Die Geldgeber mußten geheim bleiben. Offenbar haben die staatlichen Stellen diese Quelle aus dem Kapitalismus nicht zu unterbinden versucht, denn bekannt ist ihnen mein Geldgeber sicher gewesen. Dafür beobachteten sie unsere Arbeit sehr genau und wir mußten mit fortwährender Bespitzelung rechnen oder gar mit Maßnahmen, wie die Dostojewski-Tagung zeigte.

Als ich die Arbeit 1967 übernahm, fand ich wenig vor. Vorhanden war eine Summe Geld auf einem Konto, einige Bücher, die wir an Mitarbeiter verteilten, weil sie westlicher Herkunft waren, und kaum Tradition. Der Vorgänger in Rostock war durch sein Superintendentenamt so ausgefüllt, daß für diese Arbeit kaum Zeit verblieb.

Ich mußte der Arbeit ein neues Gesicht geben. Ich mußte dabei bedenken, wo wir lebten.

Ich reiste herum. Ich besuchte andere Akademien, im Osten und auch im Westen. Ich informierte mich vor allem in Meißen, in Thüringen, aber auch in Tutzing. Man konnte nichts kopieren, aber Anregungen waren angenehm. Ich wollte die Arbeit in einem Dreischritt machen, und zwar in Form von Vorträgen im ganzen Land, in Form von Studienkreisen in den größeren Städten und durch Tagungen. Zutritt mußte jeder haben, aber das Niveau sollte doch so sein, daß Freude am Nachdenken und Mitreden ebenso vorausgesetzt wurden wie kritische Zeitgenossenschaft in Kirche und Welt. Ich schrieb einen Rundbrief an Pastoren und Pröpste in unserer Kirche. Ich bot an, auf Pfarrerkonventen zu sprechen. Ich besuchte Akademiker und versuchte Studienkreise anzuzetteln.

Ich versammelte die Leiter dieser Kreise mehrmals im Jahr zu Arbeitstagen. Ich sprach Fachleute an und richtete Vortragsreisen ein. Ich reise selbst im Lande herum und nahm in jedem Jahr etwa 30 Vortragsabende an.

Ich sprach über das Menschenbild in der DDR-Literatur und über die zeitgenössischen Schriftsteller in der Sowjetunion, über Günter Grass und Heinrich Böll und viele andere. Die Abende waren gut besucht. Erreicht wurden vor allem Menschen, die nicht direkt im kirchlichen Leben verwurzelt waren. An ihnen lag uns besonders.

Die Kirchenchristen zeigten sich gelegentlich entrüstet, wenn Bücher von Grass oder Böll vorgestellt wurden.

Einmal, ich stellte im Studienkreis in Güstrow Bücher von Heinrich Böll vor und las daraus. Die besseren Damen waren schockiert. Muß man so deftig reden, fragten sie. Aber es ist die Wirklichkeit, meinten die anderen. Am Gespräch war uns gelegen, und das kam gut voran, wenn die Szenen provokant waren.

O je, sagten sie zu dem Studienkreisleiter nach einem solchen Abend. Was der Pilgrim auch alles vorliest, ist ja direkt peinlich, aber laden Sie ihn man ruhig wieder ein.

Ich hörte einmal von einer besseren Dame, die von Zeit zu Zeit ihre Buchhandlung aufsuchte und ein Buch kaufen wollte.

Haben Sie auch ein Buch „mit Stellen" fragte sie. Sie sagte „mit Stellen", und sagte es mit spitzer Zunge, so wie man von einem spitzen Stein spricht. Mancher ist hart im Nehmen. Nur pro forma und vor anderen schüttelt er den Kopf.

Mittelpunkt der Akademiearbeit in jener Zeit waren die Wochenendtagungen. Sie fanden in Güstrow statt, hin und wieder in Kühlungsborn. Vierzig bis achtzig Teilnehmer kamen zusammen, und es entstand eine eigengeprägte Atmosphäre.

Man kam zusammen, um zu reden, sich auszutauschen, und manche Tagung war wie ein Komplott gegen den finstern Stalinismus. Man fand Gleichgesinnte. Man diskutierte bis spät in die Nacht hinein. Oft saßen sie bei einem Glas Wein bis drei Uhr oder später. Ich gab mir Mühe, als Gastgeber der letzte in der Runde zu sein. Das war manchmal mühevoll, aber es war vor allem fröhlich und in einem besonderen Sinne hilfreich. Die Menschen öffneten sich im Gespräch und hatten Vertrauen. Und die Gespräche berührten Menschliches und Politisches und die ganze Misere in der DDR. Wir waren hinter einer grauenvollen Mauer eingesperrt, aber wir hielten zusammen. Es war wie eine geheimnisvolle Gruppenseelsorge am gequälten Menschen, und irgendwie hat uns das geholfen zu überleben.

Briefe, die ich nach solchen Gesprächsabenden erhielt, zeigten, daß es gelungen war, einen Raum des Vertrauens und der Hilfe anzubieten. Heute frage ich mich, wieso sind an diesen langen intensiven Abenden keine Spitzel dabei gewesen?

Jemand sagte einmal darüber: Die Spitzel haben das respektiert und verschwanden um 22 Uhr ins Bett.

Die Themen dieser Tagungen griffen Gegenwartsfragen auf. Aber auch die Fragen der Kultur und der Kunst. Es gab eine Tagung über den damals sehr aktuellen Philosophen Theilhard de Chardin. Eine andere über die Arbeit des Kinderbuchmalers Erich Gürtzig, eine über die Sexualität und die Protokolle von Masters und Johnson aus Amerika. Wir arbeiteten auf einer Tagung über das Thema Tod. Und auf einer anderen zum Werk von Saint-Exupery hatten wir eine Rezitatorin eingeladen, die uns mehrere Stunden hindurch das Buch „Der Kleine Prinz" auswendig vortrug.

Wir hatten Tagungen über und mit Schriftstellern unserer Zeit und eine zum Werk von Ernst Barlach. Dazu baten wir vorher die Schriftstellerin Renate Krüger aus Schwerin, eine Meditation zu schreiben und sie uns im Güstrower Dom unter dem Barlachengel vorzutragen. Unvergessen sind mir Sätze, die später in Zeitungen und Büchern als Frucht dieser Tagung zu finden waren:

„Engel. Wir denken an Geist, an körperlose Materie, an etwas ganz Leichtes. Aber gerade das stimmt nicht. Hier schwebt ein überschwerer Körper. Hier gibt es etwas, was es nicht gibt. Dieses Schweben spricht die Sprache der biblischen messianischen Paradoxa: Die Blinden sehen, die Lahmen gehen, die Berge werden abgetragen, die Unfruchtbare wird gebären ... und die Tonnen-schweren werden schweben.

Das Schweben ist der winzige, kaum wahrnehmbare Augenblick zwischen dem Auf und Ab ... Schweben ist das Gegenteil von Besitzen. Man sitzt auf nichts. Der Schwebende tut nichts, arbeitet nicht, denkt nicht angestrengt nach, reagiert nicht auf seine Umwelt. Er 'Ist' ..."

„Auch dieser Engel schwebt über Abgründen. Wie groß die Fallstrecke ist, ist belanglos. Jedes Schweben ist nur mit einem Glauben möglich, mit irgendeinem Glauben. Wenn dieser Engel den Glauben losläßt, wird er stürzen, so wie Petrus im Meer zu versinken drohte."

Eine Tagung über den Gottesdienst hatte eine weitreichende Wirkung. Wir verschickten vorher Fragebögen zum Thema:

Wie oft besuchen Sie den Gottesdienst?

Weshalb gehen Sie zum Gottesdienst?

Was erwarten Sie vom Gottesdienst?

Wie ist Ihre Situation während der Predigt?
Welche Rolle spielen Sie im Gottesdienst?
Was halten Sie von der Liturgie?
Sind Sie für die Erneuerung des Gottesdienstes?
Würden Sie nach einer Erneuerung des Gottesdienstes Ihre Praxis ändern?
Was müßte Ihrer Meinung nach unbedingt anders sein im Gottesdienst?

200 beantwortete Fragebögen erhielten wir zurück. Das Ergebnis war niederschmetternd und hoffnungsvoll zugleich.

Die meisten Beantworter gingen vom wirklichen Bedürfnis nach Gottesdienstteilnahme aus, sie seien hörbereit bei der Predigt, von der sie aber in jedem Fall Lebens- und Glaubenshilfe erwarteten.

Die Beantworter fragten: Warum wird gepredigt, als ob Glauben so leicht wäre und so selbstverständlich. Predigt müßte Seelsorge von der Kanzel sein, aber leider schaut sie oft gar nicht hin, welche Seelen unten versammelt sind.

Heiße Diskussionen brachten diese Fragebögen. Wir leiteten ihr Ergebnis an die Synode weiter und wir machten für Pastoren einen Akademiegesprächstag darüber.

Nach acht Jahren gab ich die Akademiearbeit auf. Sie hatte sich so ausgeweitet, daß eine gedeihliche Arbeit in der eigenen Kirchgemeinde fortan leiden würde. Ich wollte nicht kürzer treten, wie mir angeraten wurde. Ich wollte nicht an zwei Stellen mit der Zeit ein schlechtes Gewissen haben, und ich dachte, daß ein neuer Mann der Arbeit auch neue Impulse geben könnte. 1975 gab ich die Arbeit ab. Christoph Stier, der spätere Landesbischof, war der neue Mann für diese Aufgabe.

Er hat einiges so weitergeführt, anderes ausgebaut, Neues hinzugetan.

Akademiearbeit ist Vorpostenarbeit der Kirche und eine große Chance, auch in der Kirche von heute.

11. Kapitel

KIRCHE UND KUNST

Die Erzählung trug den etwas kitschigen Titel „Nacht ohne Sterne". Sie erzählte eine Studentenfreundschaft. Der eine war Theologe, der andere Germanist. Der eine wußte alles ganz genau. Er studierte, weil die Kirche diese Ausbildung verlangte. Gewiß, man mußte dazulernen, Argumente sammeln, das konnte er einsehen. Aber der Glaube war der Glaube. Und ihn besaß er in ausreichendem Maße, meinte er. Kein Studium könnte den Glauben vermehren, dachte er. Glaube könnte höchstens gefestigt und mit noch besseren Argumenten versehen werden. So war er sich seiner Sache sicher, zu sicher, wie sich herausstellen sollte.

Der andere studierte, weil er der Wahrheit auf die Spur kommen wollte. Nachsehen bei den Dichtern, hören auf die Künstler. Wo ist Sinn? Und wie kann er vermittelt werden? Er war sich seiner Sache keineswegs sicher. Er schwankte in seinem Entschluß. Er fragte sich auch grundsätzlich, was denn das Leben für einen Sinn hätte.

Der eine war ein fröhliches Kerlchen, ausgerüstet mit einem festen Glauben. Der andere war ein zur Schwermut neigender Junge voller Probleme. Die beiden taten sich zusammen. Spaziergänge, Gespräche, gemeinsame Abende. Man konnte sich denken, sie würden sich auf erfreuliche lebensbestärkende Weise ergänzen. Es kam anders.

Den Germanisten machten die Fragen zu schaffen. Ich sehe absolut keinen Sinn mehr, hatte er nach einem langen Nachtgespräch gesagt. Er sah das meiste im Leben negativ. Oder siehst Du, daß es mit den Menschen weitergeht?, sagte er. Sie jagen dem Geld nach und der Karriere und sie machen sich etwas vor. Sie fügen sich willig der herrschenden Ideologie, und aus der Geschichte wollen sie nichts lernen. Es hat wirklich keinen Sinn.

Der Theologe hörte sich das an. Er fand das unerlaubt pessimistisch. Wir müssen die Menschen dazu bringen, an Gott zu Glauben, sagte er, der Glaube gibt Kraft. Dann kann ich das Gute tun, und das Gute wird nicht ohne Wirkung bleiben. Doch, doch, die Menschen sind lernfähig, es kommt nur auf die richtige Methode an. Die muß man herausfinden. Und Du hast nie Zweifel an deinem Gott? fragte der Germanist.

227

Niemals, sagte der Theologe. Mit Zweifeln könnte ich einpacken. Im Jakobusbrief steht: – Warte mal, ich hole meine Bibel, ich muß Dir das vorlesen – „Denn wer da zweifelt, der ist wie die Meereswoge. Ein Zweifler ist unbeständig in allen seinen Wegen; er denkt nicht, daß er von dem Herrn etwas empfangen werde".

Der Germanist starrte den Theologen an. Das steht da drin? Und das glaubst du ? Ich versteh Dich nicht! Wie willst Du als Pastor so mit den Menschen reden? Aber lassen wir das.

Bald darauf nahm sich der Germanist das Leben. In seinem Abschiedsbrief an den Theologen hatte er geschrieben: Ich kann so nicht leben.

Das traf den Theologen wie ein Schlag. Der Brief und die Tat stürzte ihn in eine völlig unübersichtliche Situation. Der Glaube war plötzlich nicht mehr der Glaube. Er begann zu zweifeln, an der Kirche, auch an Gott. Die Frage: Wie kann man mit Zweifeln Pastor sein, ließ ihn nicht mehr los.

Die Geschichte war erfunden. Aber sie war eine Art Seelenprotokoll meiner ersten Studiensemester. Ich hatte sie aufgeschrieben. Ich wollte mir klarwerden über meine Lage. Ich hatte herausgefunden, wenn man ein Problem beschreibt, dann wird es erträglicher.

Ich schickte meine Geschichte an verschiedene Zeitungen. Sie kam zurück. Man bedankte sich. Man fand den Stoff interessant. Aber man mußte bedauern, man suchte Geschichten mit optimistischem Ausgang. Der arbeitende Mensch brauche Ermunterung, und nicht Berichte von Krisen.

Ich war in eine Krise geraten. Ich hatte das Studium mit Freuden begonnen und aus innerer Überzeugung. Mein Glaube aber war jung. Er gab mir eine Festigkeit im Denken und persönlichen Halt. Ich hatte die naive Vorstellung, es müsse allezeit so bleiben. Er müsse eher fester werden.

Aber dann prasselten die Erfahrungen der ersten theologischen Semester auf uns herunter : Hebräisch lernen. Vokabeln pauken, Formeln hersagen, an uralten Texten herumbuchstabieren und immer wieder pauken. Im zweiten Semester Griechisch lernen. Wieder pauken., Unregelmäßige Verben lernen, Grammatische Mammutgebilde von Sätzen aus der Antike ansehen und auseinandernehmen. Es war belastend. Kaum freie Zeit. Daneben Vorlesungen in Kirchengeschichte hören. Ödes Zahlen- und Faktenwissen. Luthers Tischreden lesen und ein Seminar über Augustinus' Gottesstaat. Kurz einmal lächeln können, wenn Professor Glawe Beispiele aus dem Zeitalter des Grobianismus darbot. Dazwischen Prüfungen ablegen, damit man Stipendium ergatterte. Wieder Pauken und Auswendiglernen.

Im dritten Semester Theologische Vorlesungen: Das erste Buch Mose ist eine „Sammlung von Sagen". Das Buch Ruth ist eine „Novelle" und an die neutestamentlichen Geschichten müsse man kritisch herangehen und die Bergpredigt ist überhaupt nicht so gehalten, wie sie bei Matthäus steht, sondern sie ist eine künstlich mit Jesusworten zusammengestellte literarische Einheit. Ich war fix und fertig! Ich wollte mit dem Studium aufhören. So hatte ich mir die Vorbereitung auf das Pastorendasein nicht gedacht. Und keine Kirche hatte in der Gemeinde darüber ein Wort verloren, was in der Theologie losgehen würde.

Ich sah mich bereits nach Vorlesungen in Germanistik um. In Rostock las zu der Zeit Hildegard Emmel mit großem Erfolg „Das Wort Welt bei Goethe". Wir waren begeistert. Bei Goethe war alles schön und übersichtlich und noch in Ordnung. In einem kleinen Kreis lasen wir Goethes Faust. Wir berauschten uns an der Literatur.

Bei mir war der Glaube nicht mehr der Glaube. Plötzlich war alles anders. Was vorher so selbstverständlich war, das geriet ins Wanken. Ich zweifelte. Wie konnte man damit leben? Ein zweifelnder Pastor – mir war das eine Horrorvorstellung, jedenfalls damals.

Jemand schenkte mir zu der Zeit einen kleinen Band Essays von Manfred Hausmann. Ich las. Ich kam nicht los davon. Was war das mit diesem Schriftsteller? Ich las bei ihm : „Wo kein Weg mehr ist, fängt der Weg erst an. Und Glaube ist immer zugleich auch Kampf mit dem Unglauben." Und „Verzweiflung ist eine notwendige Voraussetzung des Glaubens." Woher weiß der Mann sowas? Wo lebt er?

Eines Tages schrieb ich einen langen Brief an Manfred Hausmann, der in Bremen lebte. Ich schilderte meine Seelenlage. Ich bat um seinen Rat. Warum grade bei Manfred Hausmann? Warum bin ich nicht zu einem Theologen mit meinen Problemen gegangen? Warum habe ich lange alles fest in mir verschlossen und nur in jenem Brief darüber gesprochen?

Nicht einmal mein Tagebuch aus jener Zeit weist aus, wie mir zumute war. Warum nicht? Ich schämte mich meiner Zweifel. Sie waren wie ein Unwetter über mich gekommen. Ich fühlte mich damit ausgeschlossen von den Glaubenden. Denn überall in der kirchlichen Verkündigung, so wie ich sie hörte, sprach man von Glaubenskraft und von Glaubensgewißheit. Die Prediger , wenn man sie beobachtete, waren Menschen, die ihren Glauben lebten, unerschütterlich und gewiß. Sie waren scheinbar ohne jede Anfechtung.

Für uns junge Theologen las Martin Doerne „Einführung in das Studium der Theologie". Er gab sich Mühe mit uns Anfängern. Er verwies auf die

kritischen Punkte im Studium. Ein Satz, den er öfter wiederholte, lautete: „Theologe sein, heißt stellvertretend leiden". Aber was er meinte, drang
nicht ein bei mir. Der Glaube blieb naiv. Ich hatte die Vorstellung, das
Studium würde diesen Glauben auf eiserne Füße stellen.

Stattdessen war ich in diesen fürchterlichen, alles fragwürdig machenden
Zweifel geraten. Wie sollte es weitergehen? Ich wartete ab.

Dann schrieb Manfred Hausmann zurück. Sein Brief war liebevoll, seelsorgerlich und wie von einem Bruder. Ich erinnere mich an die Wochen
vor diesem Brief. Nach den Vorlesungen sauste ich ins Studentenheim,
aufgeregt, gespannt. Ist Post für mich da? Manfred Hausmann war ein
bekannter Schriftsteller jener Zeit. Er hatte in dem großen Verlag S. Fischer
eine ganze Reihe von Büchern veröffentlicht. Er hatte große Preise bekommen. Ein Buch war verfilmt worden. Ich besorgte mir alles von ihm, was
ich kriegen konnte. Gedichtbände. Romane. Erzählungen und seine Essays,
die zu den meist aufgelegtesten Büchern von ihm gehörten. Ich las bis
tief in die Nächte. Was ist bloß mit dir los, fragten die Freunde.

Dem ersten Brief lagen Gedichte bei. Das „Gebet um Verzweiflung" und
das andere, das mich bis heute nicht losgelassen hat: „So manches Mal."
Dieses Gedicht beschäftigt sich mit dem Zweifel und dem Zweifler. Wie
er diesen Sturz ins Nichts erlebt, wie es ihn bis ins Tiefste trifft und wie
er dasteht mit der Bitte: „Ich glaube, Herr, hilf meinem Unglauben".

Es gibt Zeiten im Leben, so meint Hausmann, da kommt man nicht weiter als an diese Bitte. Man muß sie durchleben und eines Tages ins Neue
hineinwachsen. Der Glaube ist ein Geschenk, ist Gnade. Keiner kann das
herstellen. Aber man kann es empfangen. Man kann sich bereithalten
dafür. Wer wegläuft, hält sich nicht bereit,. Wie hat Shakespeare gesagt:
„In Bereitschaft sein ist alles".

Mir kamen diese Gedanken vor wie das Licht am Ende eines Tunnels.
Ich konnte wieder sehen. Ich lernte zu bejahen, was sich in der Seele ereig-
net. Ich konnte mich mit dem Zweifel aussöhnen. Er gehört dazu. Alles
Große auf dieser Welt, das ist bei der Hoffnung so und bei der Liebe und
beim Glauben, alles Große ist auch bedroht. Wir haben es nicht zur
Verfügung, wie ein Brot auf Lebenszeit. Es rutscht auch weg, ist eines
Tages nur noch leise und wie ganz von ferne da.

Dann ist zu bedenken, daß es wiederkommen kann, wenn man sich richtig verhält. Und das richtige Verhalten ist eben die Bejahung der anderen
Seite der Dinge. Zweifel ist keine Schande, auch kein Glaubensmalheur.
Er ist die andere Seite des Glaubens, das Nachtgesicht sozusagen. Er gehört
zum Glauben dazu. Ist eine Art Fieber des Glaubens und zeigt an, daß

etwas an der Seele arbeitet. Ich lernte, wir sind verzweifelt und getrost. Glauben auf dieser Erde hat ein Doppelgesicht.

So konnte ich die Krise bejahen. Aber was ist mit dem Jakobusbrief und der Warnung vor dem Zweifel? Martin Luther hat recht gehabt. Er nannte den Jakobusbrief eine „stroherne Epistel" und aus der Geschichte des biblischen Kanons wissen wir, daß der Jakobusbrief lange auf seine volle kirchliche Anerkennung hat warten müssen. Er sei zu gesetzlich, haben die Kirchen von früher gesagt. Und damit meinen sie sicher auch, daß er in manchen Aussagen für den seelischen Bereich zu undifferenziert vorgeht.

Mir war ein Dichter zum Seelsorger geworden. Eine ganze Reihe von Briefen gingen im Lauf der Jahre hin und her. Ich bewahre sie auf wie einen kleinen Schatz.

Ich habe versucht, Dank abzustatten. Ich schrieb für Zeitungen und Zeitschriften Artikel über seine Bücher. Ich verfaßte Gedenkartikel zu seinem 60., 70. und 80. Geburtstag. Manfred Hausmann schrieb prompt zurück. In einem Dankbrief heißt es: „Besonders bewegt hat mich natürlich Ihre Abhandlung „Verzweifelt und Getrost". Sie gehört mit zu dem Schönsten und Bedeutsamsten, was ich aus diesem Anlaß über mich gelesen habe. Sie sind so tief in mein Werk eingedrungen, wie es nur jemand vermag, der auch die Zwischentöne und die unaufgehellten Hintergründe hört und sieht. Es geht mir nahe, daß dieser Beitrag gerade aus dem Teil unseres Vaterlandes kommt, der von einer dunklen Wolke überschattet ist. Dort scheint man für das reformatorische, das heißt, für das radikale und echte Christentum aufgeschlossener zu sein als anderswo in der Welt. Vielleicht schenkt Gott zur Stunde seine rätselhafte Gnade gerade den Christen in der DDR".

Jahre später, wieder zu einem runden Geburtstag, schrieb ich einen langen Artikel in der Mecklenburgischen Kirchenzeitung, die eine Seite dafür zur Verfügung stellte. Hausmann schrieb zurück: „Ihr Aufsatz über mich in der Mecklenburgischen Kirchenzeitung wurde mir schon von anderer Seite zugeschickt. Etwas Besseres ist in diesen Tagen nicht erschienen. Es hat sich ja Einiges zusammengefunden, Gutgemeintes und Schlechtes. Und das Gutgemeinte war meist schlechter als das Schlechte ... Da habe ich auf den Tisch geschlagen vor Freude, als ich Ihre Darlegungen las. Endlich einmal einer, der sich nicht windet und um die Sache herumredet, sondern sagt, was ist. Ich möchte Ihnen geradezu um den Hals fallen. Sie können sich gewiß denken, wie groß meine Dankbarkeit ist. Ein wunderschönes, weil tief bewegendes Geburtstagsgeschenk".

Manfred Hausmann starb 1986. Kurz vor seinem Tod erreichte mich das von ihm handschriftlich aufgeschriebene Gedicht:

Bin ein Jahr von achtzig nur entfernt
Herr, ich habe dies und das verlernt,
aber nicht das Danken.

Morgenglanz, der Liebe Übermacht,
Freundeshand, besternte, hohe Nacht,
Duft von Rosenranken,

Flockenfall mit lautlosem Gesang,
Wogen, die in sturmdurchwühltem Gang
ineinanderschwanken...

Was die Nähe, was die Ferne mir geschenkt,
was die Menschen in mein Herz gesenkt,
was die Augen tranken:

bin so reich und bin so hilflos doch,
kann nur eines, Herr, nur danken noch
ohne Maß und Schwanken.

Wenn ich das umfangreiche Werk dieses Schriftstellers bedenke, wenn ich die persönlichen Briefe lese, wenn ich unsere Begegnung auf einem Kirchentag überlege, dann muß ich aus dieser Erfahrung sagen, Kunst und Kirche haben nicht nur eine wesentliche Nähe, sondern sie gehören auch zusammen. Sieht man die Ursprünge von beiden an, soweit das möglich ist und nicht im geschichtlichen Dunkel verborgen liegt, so kann man sehen, sie waren von Beginn an aufeinander bezogen. Worte waren Gebete, Musik war kultischen Ursprungs und Bilder in den Höhlen enthielten religiöse Elemente.
Kunst und Kirche gehörten auf eine selbstverständliche Weise zusammen. Das blieb im Mittelalter unangefochten. Am Kirchbau der Romanik kann man es beobachten und erst recht an der zum Licht strebenden Gotik. Die Baumeister, die Maler, die Bildschnitzer, alle wollten vor allem die Größe Gottes rühmen. Am Ausgang des Mittelalters wurde es anders. Der Mensch stellte sich in den Mittelpunkt. Mit der Aufklärung kam die Säkularisation, und der Künstler setzte sich gewissermaßen an die Stelle

Gottes. Kunst wurde weithin zur Offenbarungsquelle und zur Erlösungshilfe.

Die Auffassung Ludwig van Beethovens etwa: „Wem sich meine Musik auftut, der muß freiwerden von all dem Elend", erzeugt im Evangelischen Raum heftige Diskussion und auch Ablehnung. Protestantische Theologie beginnt die Kunst in die Schranken zu weisen mit dem Erfolg, daß die Kirche Berührungsängste mit der Kunst bekommt.

Es entsteht die Frage, wo ist christlich gesehen, der Ort der Kunst und wie kann ihr Sinn beschrieben werden?

Ich meine, Kunst ist nicht eine Stimme aus der anderen Welt, im Sinne des dritten Artikels im christlichen Credo. Sie kann auch keine Form der Erlösung bieten, im Sinne des zweiten Artikels. Damit überfordert man sie heillos. Kunst gehört in den Bereich des ersten Artikels, der von der Schöpfung handelt. Insofern ist sie Schönheit und Ordnung. Aber wie die Schöpfung auch, ist sie das alles nur in gebrochener Form. Ihr haftet eine gewisse Vorläufigkeit an. Sie zeigt Sehnsucht und eine gute Portion Leiden an dieser Schöpfung. Wenn das so ist, dann können beide, die Kirche und die Kunst, von der Begegnung und dem Gespräch nachhaltig profitieren.

Ich habe mich im Lauf der Jahre meines Amtes auf vielfältige Weise bemüht, Kunst und Künstler in die Kirche zu holen. Manchmal ging es dabei dramatisch zu.

Wenn man von Schwerin nach Parchim fährt, kommt man etwa zehn Kilometer vor Parchim durch ein Dorf mit dem Namen Bergrade. Das Dorf hat eine kleine Kirche, die mehr eine Kapelle ist. Sie liegt direkt an der Hauptverkehrsstraße. Sie birgt seit vielen Jahren einen kostbaren Schatz, der zum Wertvollsten der ganzen Region gehört. Ich meine den spätmittelalterlichen Flügelaltar von Bergrade. Ein Kunstwerk von erlesener Schönheit. In den einschlägigen kunstgeschichtlichen Darstellungen wird er an hervorragender Stelle genannt.

Nun wäre alles in bester Ordnung, wenn nicht diese kleine Kirche seit vielen Jahren ziemlich verwaist dastehen würde. Höchstens einmal im Jahr, an Heiligabend oder selten bei einer Beerdigung, wurde sie genutzt. Sonst blieb sie verlassen und verschlossen. Ich fand das unverantwortlich. Hin und wieder, durch einen Kunstführer aufgescheucht, fand sich ein Besucher in Bergrade ein, der eine förmliche Suchjagd nach dem Schlüssel im Dorf anstellen mußte und sich dann unverrichteter Dinge wieder aus dem Dorf heraus begab.

Die Fenster der kleinen Kirche waren in den Jahren mangelhaft geworden. Um den Altar hatten Spinnen ihre Netze gespannt und Vögel, die durch die offenen Fenster eindrangen, hatten sich am Kunstwerk vergangen. Ich fand, das konnte man nicht so lassen. Ich überlegte einen Weg, wie der Sache beizukommen war. Mir kam eine Tatsache dabei zur Hilfe. In früheren Zeiten hatte das Dorf Bergrade, wie aus der Chronik zu ersehen war, zur St. Georgenkirche in Parchim gehört. Im Laufe der Geschichte wurde das Dorf abgetrennt. Eine eigene Gemeinde Frauenmark entstand. Bergrade wurde dazugeschlagen. Das ist Jahrhunderte her. Für mich war auch das ein Grund, den Altar von Bergrade für St. Georgen zu erbitten. Unterdessen meldete auch die St. Marienkirche in Parchim Interesse an. Eine gewisse Berechtigung ließ sich nachweisen. War sie größer, zwingender als die von St. Georgen?

Ich schrieb an die Kirchgemeinde Frauenmark, dazu gehörte Bergrade. Ich bat den Pfarrverwalter, der dort die Geschäfte führte, mit dem Frauenmarker Kirchenvorstand zu sprechen und unser Interesse vorzutragen. Wir würden den Altar in St. Georgen Parchim, im Chorumgang aufstellen. Wir würden ihn säubern und pfleglich behandeln. Wir würden mehrmals im Jahr vor dem Altar Gottesdienst halten, und die Touristen, die im Sommer während der regelmäßigen Öffnungszeiten der Kirche, in die Kirche kamen, würden ihn ansehen und sich daran freuen können. Der Kirchgemeinderat Frauenmark war zögerlich. Das Werk ist kostbar. Es macht Bergrade über die Grenzen hinaus bekannt. Die Ehre und der Altar. Mag sein, sagten wir, aber wenn die Kirche geschlossen ist und seit zehn Jahren kein regelmäßiger Gottesdienst darin stattfindet, dann ist es mit der Ehre nichts. Außerdem leidet das Kunstwerk durch die Vernachlässigung. Nach Monaten entschlossen sich die Kirchenvertreter zuzustimmen. Ihr könnt ihn abholen, war die Auskunft.

Wir baten die oberste Kirchenbehörde, uns die Umlagerung und damit die Sicherstellung zu genehmigen. Keine Antwort.

Wir riefen die Kirchenbehörde an.

Ja, wir wissen nicht, ob wir zustimmen können. Es muß erst noch geprüft werden.

Der Altar gammelte vor sich hin. Noch mehr Spinnen belegten ihn mit Beschlag. Wir hatten zu der Zeit an St. Georgen einen originellen Küster, einen jungen Mann mit Namen Uwe.

Uwe liebte seine Kirche und führte Besucher gern in der Kirche herum und erklärte ihnen die Kunstwerke. Uwe hörte von meiner Bemühung um den Altar. Einmal sagte ich: Die kommen da oben in Schwerin nicht aus dem Knick. Uwe hörte das, überlegte und reagierte schnell: Was meinen Sie, wenn wir den Altar einfach aus Bergrade abholen?

Ich hab einen Laster aufgetrieben und ein paar Männer verpflichtet. Alles ehrenhalber und umsonst. Und Sie haben doch die Genehmigung des Kirchenvorstandes. Also, was ist, wir fahren hin.

Aber so einfach geht das nicht. Wir brauchen erst die Zustimmung aus Schwerin, sonst kann das bös werden, wandte ich ein. Ich wußte längst, was Uwe anfing, das setzte er durch.

Uwes Entschlossenheit war augenscheinlich. Er kniff die Lippen zusammen und sah mich zielbewußt an. Sie müssen nicht mitkommen. Ich fahr mit den Jungs hin, und wir holen das Ding. Sie müssen nur ja sagen.

Ich wußte nicht so recht. Aber was wird, wenn wir Ärger kriegen, sagte ich. Uwes Blick wurde hart. Was heißt Ärger! Schiet Ärger! Sie haben öfter gesagt, man muß auch was wagen im Leben. Also wagen Sie!

Na gut sagte ich. Mulmig war mir doch.

Aber sehen Sie sich beim Aufladen vor, damit nichts geschieht. Das Ding, wie Sie sagen, ist Millionen wert.

Kriegen wir alles in' Griff. Uwe fuhr los, mit seinen Mannen. Ein Sondereinsatz in Sachen Kunst. Ohne höhere Genehmigung. Wenn das man gut geht, dachte ich.

Uwe meldete sich beim Pfarrverwalter. So und so, das haben wir vor. Mensch, das könnt Ihr doch nicht machen, sagte der, das gibt Ärger. Mein Chef hat befohlen, sagte Uwe, also los, wo ist der Schlüssel?

Der Pfarrverwalter fuhr mit. Schweren Herzens. Der Schlüssel war im Dorf, bei einer Familie.

Was wollen Sie, fragte der Schlüsselverwalter?

Wir wollen den goldenen Altar abholen und in die St. Georgenkirche transportieren, sagte Uwe, nahm ihm den Schlüssel aus der Hand und ging ab zur Kirche.

Dort erwies sich der Abtransport als ein doppeltes Problem.

Der Altar war mit Eisenstutzen fest in der Wand verankert. Er war total verdreckt und krachte in allen Fugen, als die Männer ihn aufheben wollten.

Vorsichtig gingen die Männer zu Werke. Mauerablösung, Altarsäuberung, Herabheben vom Sockel. Alles gestaltete sich komplizierter als gedacht. Die Männer kamen ins Schwitzen.

Aber wie das große Ding tragen?

Die Männer kamen auf einen Trick. Die Figuren des großen Altarmittelbildes waren so konstruiert, daß sie, vollplastisch wie sie waren, durch eine Schiebevorrichtung sich einzeln aus dem Bild herauslösen ließen.

Vorsichtig, bloß vorsichtig! Uwe war im Streß, wie er das nannte. Klar, wir sind vorsichtig, sagten die Männer. Es geht schließlich um Millionen! Endlich war der Altar zum Abtransport aus der Kirche bereit. Die Männer wollten ihn gerade nach draußen tragen und auf den LKW legen, da erschienen Dorfleute ganz aufgeregt an der Kirche. Leute mit grimmigen Gesichtern. Sie bildeten einen Halbkreis um die Kirchentür. Sechs bis acht kräftige Männer. Die Frauen standen hinter ihnen. Eine Art Altarschutztruppe im Einsatz. Hier geht nichts weg, sagte der Anführer. Also los, tragt den Altar wieder in die Kirche, wo Ihr ihn hergeholt habt. Das fehlt noch, Bergrade beklauen.

Die Truppe wirkte entschlossen. Uwe auch. Sie setzten den Altar erst einmal ab. Uwe ging auf den Anführer zu und stellte sich vor ihm auf. Uwe war groß und trug einen schwarzen Vollbart. Und wenn er seinen Entschlossenheitsblick aufsetzte, dann rollten sogar die Steine weg, konnte man denken.

Mit grimmigem Gesicht sagte Uwe: Das will ich Dir sagen Kumpel, dieser Altar ist ein großes Kunstwerk. Er ist in der Kirche hier nicht mehr sicher. Überall hört man, wird eingebrochen. Wir wollen ihn sichern und bringen ihn in die Georgenkirche. Also was ist daran falsch? Und nun laßt uns unsere Arbeit machen. Macht Platz!

Die Dorfmannschaft dachte nicht daran. Sie standen wie ein Mann. Sie blieben auch so.

Uwe nahm alle seine Kraft zusammen und trat ganz dicht vor den Anführer, faßte den an den Jackenaufschlag und sagte eindringlich und endgültig: Das will ich Dir sagen, wenn ihr den Altar hierbehaltet und ihm geschieht was, durch Einbruch oder so, dann mach ich Dich dafür persönlich haftbar. Das ist mein letztes Wort, Kumpel. Und ich werde dann sagen, Du hättest die Sicherstellung behindert. Ist das klar?

Uwe hatte so abschließend gesprochen. Und die mir den ganzen Vorgang später erzählten, sagten, Uwes Stimme habe vor Gewißheit gezittert, als von hinten eine von den Frauen begann: Na ja, das müssen Sie verstehen. Unsere Männer meinen es doch gut. Und wertvoll ist das Stück ja.

Versteh ich ja, sagte Uwe, und seine Stimmen entspannte sich wieder. Versteh ich total. Aber nun laßt uns weitermachen.

Uwe gab seinen Männern ein Zeichen zum Anfassen. Mit dem ganzen Arm winkte er nach hinten: Und wir fassen wieder an, Männer.

Das kostbare Stück hatte zum letzten Mal auf Bergrades Boden gestanden. Sie wuchteten es auf den LKW. Alles ging schnell, fast überstürzt.

Die Dorfleute waren unschlüssig, diskutierten nun untereinander und mit ihren Frauen. Und ehe sie sich recht besinnen konnten, war Uwe mit dem LKW und seinen Männern auf und davon.

In St. Georg bekam das kostbare Stück einen guten ausgesuchten Platz. Er wurde hinter dem Hauptaltar im Chorumgang in der mittleren Kapelle des Kapellenkranzes sorgsam aufgestellt.

Schön sah er dort aus. Er war entstaubt und vorsichtig gesäubert worden. Er gab dem Raum etwas Festliches.

Der Altar hatte eine Besonderheit, die jetzt erst richtig zur Geltung kam. Er war deshalb auch ein interessantes Gegenstück zum anderen St. Georgenaltar, dem Mittelalterlichen, der in der Taufkapelle am Westrand der Kirche stand. Die Figuren des Altars in der Taufkapelle, die zwölf Apostel, waren vom Künstler eng mit der Rückwand verbunden. Es waren Halbfiguren und typisch mittelalterlich.

Die Figuren des Bergrader Altars im Mittelteil zeigten die Anbetung der Heiligen Drei Könige vor der Weihnachtskrippe, und sie waren vollplastisch. Es schien, als wollten sie nach der Anbetung gleich wieder aus dem Bild heraustreten. Sie waren bereits nach dem Gedanken der Renaissance-Kunst empfunden, nach der der Mensch seine Eigenbedeutung bekam. Das Altarbild zeigte selbstbewußte Menschen in voller Pracht mit verschiedenen Gewändern der Zeit. Die Anbetung geschieht dort auch nicht in einem Stall, sondern in einer mächtigen Kathedrale, deren Gewölbe und Fenster golden angedeutet sind.

Man sieht, dieser wunderschöne Altar ist eine Arbeit des späten ausgehenden Mittelalters. Das Menschenbild hat sich gewandelt. Eine auch von daher wirklich bedeutende Arbeit.

Die Männer des Altarbesorgungstrupps hatten eine Meisterleistung vollbracht.

Für mich begann ein fürchterlicher Ärger.

Die Kirchenbehörde wurde tätig. Der Kurator von Frauenmark, ein Kollege, der die Oberaufsicht über die Verwaltung der Pfarre hatte, wurde böse. Das war verständlich, denn unser Vorgehen war ungewöhnlich gewesen. Es forderte den Protest heraus.

Wie können Sie es wagen, den Altar einfach abzuholen?

Wie können Sie ohne ausdrückliche Genehmigung handeln?

Sie werden nicht glimpflich davonkommen!

Das wird ein Nachspiel haben.

Ich fürchtete Schlimmes. Uwe hörte davon und sagte lakonisch: Also wenn die kommen und den Altar wieder abholen wollen, dann schließ ich vorher die Kirche ab. Ich laß keinen rein. Und wenn ich in der Kirche übernachten muß!

Der Ärger schlug Wellen. Aber die Wellen beruhigten sich wieder.

Bei Kirchenführungen sagten wir, wenn wir unser neues Stück zeigten: Und hier sehen sie einen wunderschönen Altar. Wir haben ihn geklaut. Einige Besucher lachten, andere schüttelten den Kopf. Geklaut? Man konnte es so sehen.

Ein Jahr nach der schlimmen Tat bekamen wir einen offiziellen Leihvertrag von der obersten Kirchenbehörde. Wir hatten in der Zwischenzeit wiederholt darum gebeten. Wir hatten darauf hingewiesen, daß der Altar jetzt gut gesichert sei. Eigentlich gebühre unserer Aktion ein Lob. Wir bäten, die Angelegenheit zu prüfen. Wir könnten einer womöglichen Herausgabe nicht zustimmen. Kommt überhaupt nicht in Frage, sagte Uwe, und wenn es Stakelforken regnet.

Die Kirchenbehörde antwortete kühl, der Leihvertrag war sachlich. Alles mußte seine Ordnung haben. Wir freuten uns über die Ordnung. Als ich Uwe den Leihvertrag zeigte, knurrte er und sagte: Was hätten die auch anders machen können?

Kunst und Kirche sollen ins Gespräch kommen. Das war ein grundsätzliches Anliegen meiner Arbeit. Ich fand, daß es beiden gut täte.

In jedem Jahr veranstalteten wir eine Kunstausstellung in der Kirche. Mindestens eine, in manchen Jahren auch mehrere. Schon in meiner Domzeit in Schwerin habe ich das gemacht.

Wir besuchten im Laufe des Jahres Kunstausstellungen in den verschiedensten Städten. Wir sprachen mit Künstlern. Dabei war uns nicht wichtig, ob sie Christen waren oder Kirchenmitglieder. Wir fragten, ob sie gute Bilder malten. Ob sie in der Form gekonnt waren. Kunst hat was mit Können zu tun. Hätte sie was mit Wollen zu tun, dann müßte sie Wunst heißen. Ich hatte den Satz einmal gehört. Er gefiel mir.

Hatten wir uns für einen Künstler entschieden, fuhren wir zu ihm ins Atelier. Die Auswahl der Bilder trafen wir meistens mit dem Künstler zusammen. So ergaben sich Gespräche über sein Anliegen, seine Formen. Der Staat sah das überhaupt nicht gern. Die jeweils zuständige Abteilung Kultur wachte mit Argusaugen über unsere Versuche. Sie können nicht einfach Kunst in der Kirche ausstellen, hieß es. Das ist keine Bibelstunde, kein Gottesdienst, das ist überhaupt nichts Religiöses.

Das sahen wir anders. Und schon war der Streit vom Zaun gebrochen. Die Aufpasser kamen. Wir können in den ausgestellten Bildern nichts Kirchliches erkenne, sie überschreiten ihre Kompetenzen. Ein Verbot drohte.

In Ordnung, dachte ich, dann gebrauchen wir eine List. Ich fragte den jeweiligen Künstler: Haben sie ein Bild mit religiösem oder kirchlichem Inhalt? So und so ist die Lage.

Haben wir nicht, sagten manche. Sie waren keinen Christen. Wo sollte ein religiöses Bild herkommen? Aber vielleicht haben Sie eine Landschaft mit einer Kirche darauf. Das würde schon genügen. Heiterkeit. Wir fanden ein Bild. Der Kunstaufsicht war Genüge getan.

Thea Kowar gehörte zu den bekanntesten Künstlerinnen Norddeutschlands. Ihre Bilder sind eigenwillig, die Themen oft zeitkritisch. Sie hatte Mut bewiesen. Auf einer Ausstellung vor Jahren hatten wir ein Blatt von ihr erworben, das im unteren Bereich ein Pferd in einem kleinen Pferch eingesperrt darstellte. Im oberen Bereich, sehr viel heller in der Farbgebung, eine Herde von Pferden in fliehendem Galopp. Der Kontrast zwischen dem eingesperrten einzelnen Pferd und den freien mobilen Pferden gefiel uns sehr. Das Bild hing in unserer Wohnung. Gästen zeigten wir es und sagten: Eingesperrt in der DDR, träumt man den Traum von der Freiheit. Ohne diesen Traum wäre es nicht auszuhalten.

Wir wollten ein Kowar-Ausstellung machen. Die Künstlerin lebt in Schwerin. Wir meldeten uns für ein Ateliergespräch an. Haben Sie Lust, bei uns auszustellen? Sie hatte. Wir sahen uns Bilder an. Immer noch mehr holte sie aus dem Fundus ihrer unerschöpflichen Mappen hervor. Die zeitkritischen gefielen uns besonders. Wir wählten aus. Wir besprachen die Modalitäten der Ausstellung. Es gehörte bei uns immer auch ein Ausstellungsgespräch dazu. Künstler der Umgebung und Interessierte würden wir einladen. Lassen Sie sich darauf ein? Thea Kowar ist ein sehr spontaner Mensch. Das Gespräch mit ihr ist anregend. Das wird eine schöne Ausstellung, sagten wir nach einigen Stunden. Aber da gibt es ein Problem, mußten wir sagen. Die Sache mit dem kirchlichen Bild. Wie können wir das machen?

Thea Kowar sah mich überrascht an. Kirchliche Bilder, warum denn das? Hab ich nicht! Wir wollten die Ausstellung unbedingt machen.

Können Sie nicht versuchen, Engel zu malen, fragte ich.

Thea Kowar lachte los. Engel! Sagte sie. Na, Sie machen ja was mit mir! Engel, wo soll ich die herkriegen?

Sie überlegte. Sie stand auf und ging hin und her im Atelier. Engel, Engel, überlegte sie laut, wie macht man denn sowas? Hab ich noch nie gemacht! Ich erklärte meine Gründe für die Engel. Ich bat: Überlegen Sie sich das. Ich kann mir gut vorstellen, daß Ihnen Engel gelingen.

Sie schmunzelte. Sie wollte es überlegen.

Monate später rief sie an. Stellen Sie sich vor, ich habe Engel gemalt. Ihre Stimme am Telefon klang fröhlich. Mir fiel ein Stein vom Herzen. Die Engel würden uns retten, wie so oft.

Die Engel von Thea Kowar wurden eine Attraktion. Große Handzeichnungen in Kohle. Auf dem einen Bild sah man den Engel, der einen Flügel vor dem Mund und den anderen vor das Ohr hält. Sein Gesichtsausdruck zeigt panisches Entsetzen. Es war Juli 1989, als das Bild in unserer Kirche zu sehen war. Wir konnten nicht wissen, was im November 1989 passieren würde.

Der Engel, kann man sagen, hat es damals schon gewußt.

Das Ausstellungsplakat, das vor der Kirche als Hinweis hing, mußte groß sein und einladend. Thea Kowar hatte es selbst gemalt. Es zeigte ein fröhliches Kind mit einer Fahne. Auf der Fahne war zu lesen: Ich liebe Gorbi! Was das im Juli 1989 bedeutete, konnte ich an den Stasileuten sehen, die eines Tages vor dem Plakat standen, und den Kopf schüttelten. Verboten haben sie die Ausstellung nicht. Aber ich weiß, daß sie es überlegten.

Das Buch war eben in der DDR erschienen. Sein Erfolg kam einer Sensation gleich. Die Menschen rissen es den Buchhändlern aus den Händen. Der Verlag mußte sich in kurzer Zeit zur 6. Auflage entschließen. Es wurde zum meistgelesensten Buch der ersten siebziger Jahre.

Zwei Jahre zuvor war es im Westen herausgekommen. Ein Freund hatte es mir im Paket über die Grenzen geschmuggelt. Bücher zu schicken war in jenen Jahren ein Wagnis in Deutschland. Die meisten wurden vom Zoll der DDR beschlagnahmt und ohne Ersatz eingezogen. Man bekam eine kurze Nachricht, einen Beschlagnahmebescheid, und das wars.

Mein Freund hatte einen Persilkarton genommen und das eingeschweißte Buch mitten unter das Waschpulver verstaut. Etwas Waschpulver mußte weichen, damit das Gewicht wieder stimmte, auch aus Platzgründen. Der Karton wurde wieder kunstvoll geschlossen und trug von außen die große Aufschrift: Inhalt, ein Karton Waschpulver. Das war manchmal gutgegangen. So gelangte der „König David Bericht" von Stefan Heym in meine Hände.

Eine Volksbuchhandlung in der Stadt wollte eine Lesung mit dem Schriftsteller machen. Das Interesse war groß. Der Termin war Stadtgespräch. Helga Krull, die Leiterin der Buchhandlung, war selig. Buchstäblich in letzter Minute kam die Nachricht: Die Lesung muß abgesagt werden. Es sei „nicht angebracht", den Schriftsteller einzuladen. Man fürchte um die Sicherheit.

Lächerlich, sagten wir. Typisch, sagten die Leute. Um welche Sicherheit war man besorgt? Unerhört, sagten viele. Wir überlegten, wie man Stefan Heym trotzdem nach Schwerin holen könnte.

Ich schrieb an ihn. Ich lud ihn zu einer Lesung mit Diskussion in den Schweriner Dom ein. Heym sagte umgehend zu. Er freue sich, er komme gern.

Heym kam mit der Bahn. Ich erwartete ihn um 17 Uhr am Bahnhof. Da waren gleich noch andere, die ihn erwarteten. In Ledermänteln drückten sie sich auf dem Bahnsteig irgendwo am Ende herum.

Ich kannte Stefan Heym aus dem Fernsehen. Auf der letzten Frankfurter Buchmesse hatte er mutig gesprochen. Uns so richtig aus dem Herzen. Mir gefiel der Mann. Ich teilte nicht seine sozialistische Anschauung, aber seine Zivilcourage war für uns ein Vorbild und wurde dringend gebraucht. Unser Land war arm an solchen Vorbildern. Viele, die es hätten sein können, waren in den Westen gegangen. Wer dennoch geblieben war, war uns doppelt wichtig.

Er trat aus der Bahnhofshalle heraus. Unverkennbar sein scharfgeschnittenes Gesicht, seine etwas gebückte Haltung, seine fröhlich-listigen Augen. Ich ging auf ihn zu. Herzlich willkommen in Schwerin.

Sie sind also der Dompastor! Ich freue mich auf unsern Abend, sagte er. Und darf ich Ihnen gleich meine beiden Begleiter vorstellen. Sie sind aus Berlin mitgereist. Sie werden überall dabei sein, wenn Sie nichts dagegen haben. Es sind zwei Reporter vom Stern.

Ach du Schreck, dachte ich. Zwei Westreporter! Wenn das nur gut geht! Heym sah mein erstauntes Gesicht.

Nur keine Angst, Pastor, sagte er. Wir werden im Schutz des Domes alles gut hinkriegen.

Sollen die Reporter auch öffentlich bei uns reden, fragte ich besorgt. Nein, das nicht. Aber sie werden dabeisein und eine Reportage über unsere Veranstaltung machen.

Wir hatten für den Abend 200 Eintrittskarten ausgegeben. Es sollten Menschen der verschiedensten Schichten kommen. Sie sollten mitreden können. Wir wollten eine lebhafte Diskussion. Je mehr reden würden, desto besser für alle. Man konnte nicht 200 Bürger einsperren.

Am Eingang standen Stasileute und wollten hinein. Leider nicht möglich, sagten wir. Kräftige Männer am Eingang halfen uns, unsern Worten Nachdruck zu verleihen.

Stefan Heym las aus dem „König David Bericht". 200 Zuhörer saßen wie ein Mann, Heym las dramatisch, mit Pausen. Man fühlte sich in die Zeit versetzt und jeder mußte merken, wie Elemente der biblischen Geschichte so erzählt wurden, als geschähe die Handlung in diesen Tagen.

Heym las eine gute Stunde. Es war keiner im Saal, der nicht wußte: Hier wird von der DDR gesprochen.

Als er mit der Lesung zuende war, sah man auf vielen Gesichtern eine Mischung aus Angst, Zustimmung und Begeisterung. Dann ging der Applaus los. Wie ein Sturm. Als wollte man die Beklemmung abarbeiten. Es wollte kein Ende nehmen.

Als wir Bilanz zogen über den Abend, sprachen wir über die Gefahren, die uns durch eine solche Veranstaltung gekommen waren. Sollte man sich dermaßen in das Sonderinteresse der Ledermäntel rücken? Was warf denn überhaupt ein solcher Abend für die Sache ab?

Müßige Fragen, dachte ich. Hier war eine Begegnung geschehen, und das war viel. Hier hatten wir reden können über das, was uns einengte und bedrückte. Und was man aussprechen konnte, das verlor seine vernichtende Kraft. Wir hatten sie dringend nötig, solche Räume zum Reden.

Die Kunst in die Kirche zu holen, haben wir auf vielfältige Weise in den Jahren versucht. Es war nicht der Wunsch, sich damit zu schmücken oder eine Form von Luxus zu haben, wie ja auch die mittelalterlichen Bilder und Figuren in den Kirchen nicht einem dekorativen Zweck dienten. Es war der Versuch, ein Fenster aufzustoßen, damit man besser in die Wahrheit hineinsehen konnte.

Ein Künstler ist einer, der die Wirklichkeit genauer sieht und der uns mit seinen Worten und Bildern, mit seinen Versen und Tönen ein Versteck für die Wahrheit zeigt. Er nimmt uns an die Hand, er lädt ein zur Besinnung, er hilft uns, Stellung zu beziehen. So werden wir zu Mitwissern und freier werden wir auch.

Eines Tages klingelte das Telefon. Es war schon nach dem Umsturz. Es meldete sich das Büro von Justus Frantz. Der Professor möchte für einige Kirchen in den neuen Bundesländern besondere Konzerte anbieten. Ob wir interessiert seien?

Wir waren interessiert. Wir hatten viel Gutes vom Schleswig-Holstein Festival gehört.

Wir vereinbarten einen Termin für einen Besuch. Justus Frantz kam. Wir hörten seine Vorschläge an. Das Schleswig-Holstein Festival sollte sich auf die neuen Länder ausdehnen. Musik in Schlössern und Kirchen, das war ein verlockendes Konzept, fanden wir. Außerdem würde der schwierige Prozeß des Zusammenwachsens der beiden Deutschland, der sich nach der Vereinigung problematisch gestaltete, einen Schub durch die Kunst bekommen. Er konnte das gebrauchen.

Wir gingen in die St Georgenkirche. Am Eingang unter der Empore blieb die Gruppe stehen. Der Blick in die weite dreischiffige Halle von Georgen ist für den, der das zum ersten Mal sieht, ein Erlebnis. Durch die Pfeileranlage und durch den üppigen Chorumgang wird der Eindruck bestärkt, vorne in der Kirche ginge es ins Unendliche weiter.

Justus Frantz schnippte mit zwei Fingern. Er sang kurz „lala" in den Raum hinein. Hier müssen wir unbedingt Konzerte machen, sagte er, wenn Sie einverstanden sind. Das ist eine hervorragende Akustik in dieser Kirche. Ich sprach mit dem Kirchgemeinderat von St. Georgen. Ich mußte keine lange Überzeugungsarbeit leisten. Es wird uns eine Ehre sein, sagten die Kirchenvertreter, wenn Festival-Konzerte in unserer Kirche stattfinden. Natürlich ist es uns recht.

Sie hatten auch Freude am probieren, die Ältesten von St. Georgen. Und so waren sie bei solchen Entscheidungen gern dabei.

Andere aber fragten: Konzerte mit klassischer Musik in einer gotischen Kirche, verträgt sich das? Kann man so etwas theologisch rechtfertigen? Es gab energische Kritik. Die Kirche ist doch kein Konzertsaal.

Wir vereinbarten mehrere Konzerte. Die Radiophilharmonie trat in St. Georgen auf und das Orchester des Mitteldeutschen Rundfunks, die Symfonia Varsovia und andere. Wir hörten Musik von Strawinsky und Mozart, von Haydn und Beethoven, dirigiert von Justus Frantz und Yehudi Menuhin.

Die Konzerte wurden zum künstlerischen Höhepunkt des Jahres und nicht nur für Parchim.

Nicht, daß wir nur klassische Musik anboten. Es gab in den Jahren auch andere große Konzerte. Wir hatten die Thomaner aus Leipzig zu Besuch und die Kruzianer aus Dresden. Wir erlebten bekannte Solisten wie Thomas Quasthoff, Christa Maier und Dietmar Unger. Wir hörten Orgelkonzerte und Musik von kleinen Instrumentalgruppen. Das ist gut so. Dafür ist die Kirche da. Musik zur Ehre Gottes.

Das wichigste Konzert in den Jahren in St. Georgen war das mit Yehudi Menuhin. Ich hatte mich sehr darum bemüht. Ich war damals Mitglied im Leitungskreis der Festspiele Mecklenburg-Vorpommern, die durch die Initiative von Professor Frantz in Hamburg gegründet worden waren. In der Leitungssitzung wurden die möglichen Konzerte verhandelt. Ich möchte unbedingt das Konzert mit Menuhin haben, sagte ich auf der Sitzung. Unsere Kirche ist groß und die Akustik einmalig.

Menuhin kam mittags in Parchim an. Wir begrüßten ihn in der Kirche. Studenten der Musik waren angereist und wollten ihn bei der Probe erleben. Wir saßen im Kirchenschiff und hörten zu. Konzentriertes Probieren. Ohne Pose, ganz sachbezogen und freundlich ging Menuhin mit den Musikern um. In der Sakristei saß er und genoß die Ruhe zwischen Probe und Konzert. Musikfreunde kamen in die Sakristei und ließen den Memoirenband vom Autor signieren. Der ließ sich gern auf Gespräche ein, erzählte von seinen Reisen durch die Welt, von Konzerten und von der völkerverbindenden Sprache der Musik.

Die Georgenkirche am Abend war überfüllt. Aus vielen Teilen Norddeutschlands waren die Zuhörer gekommen. Menuhin dirigierte Joseph Haydns Sinfonie Nr. 104, die „Salomon Sinfonie" wie sie auch genannt wird. Sie ist ein Höhepunkt im sinfonischen Werk Haydns. Und er dirigierte das Konzert für Violincello und Orchester C-Dur, das über 200 Jahre nach seiner Entstehung verschollen war und erst 1961 wiederentdeckt wurde. Man fand es in Prag als alte Handschrift, und es wurde im Mai 1962, im sogenannten „Prager Frühling", erstmals wieder aufgeführt. Ein selten gehörtes Stück Musik. Menuhin legte seine ganze Kraft in die Interpretation. Seine Persönlichkeit konnte die Musiker überzeugen. Er führte sie, er faszinierte sie, ebenso wie uns, seine Zuhörer.

Als die Musik geendet hatte, entstand eine Pause. Nach einer großen Musik ist auch die Stille danach noch wichtig. Dann erhoben sich die Zuhörer spontan von den Sitzen und klatschten und klatschten. Es wollte nicht aufhören. Menuhin verbeugte sich immer wieder. Die Menschen klatschten weiter. Zugaben waren nötig.

Es gab Leute, die hatten wirklich Probleme mit solchen Konzerten. Haydn und Beethoven in der Kirche. Das ist Menschenverherrlichung, sagten sie. Das ist Anbetung des Diesseits, meinten sie. In einer Kirche, wandten sie ein, sollte man allein Gott anbeten. Sie hatten gute theologische Gründe dafür. Und es gab manche, die hätten solche Konzerte gern verboten.

Mir waren diese Argumente fremd. Für mich war Musik, wenn sie zur Kunst zu zählen war, eine Botschaft des Guten und Wahren und Schönen, und sie war ein Dienst am Menschen.

Mir fällt eine Wort Manfred Hausmanns ein, der einmal gesagt hat: „Der Künstler ringt dem Chaos eine Ordnung ab", und diese Ordnung ist hilfreich und tröstlich in einer unordentlichen Welt.

In Schwerin hatte es mitten in der Stadt gebrannt. In dem Haus in der Schmiedestraße, in dem sich unten eine Drogerie befand, war eines Tages in der Mittagsstunde Feuer ausgebrochen. Die Flammen stiegen 20 Meter in die Höhe. Rauchschwaden zogen über die Dächer der benachbarten Häuser. Die Feuerwehr rückte an.

Es brennt, es brennt, riefen die Menschen in der Innenstadt. Die Angst, daß der Brand um sich greifen könnte, war groß. Die Häuser waren verwinkelt und ineinander gebaut. Leicht hätte ein Großbrand entstehen können.

Unser Haus lag ganz in der Nähe. Ich war auf den Domturm gestiegen. Man sah die züngelnde und qualmende Masse aus den Häusern aufsteigen. Im Vorratslager der Drogerie, so hörte man, befanden sich Berge von Feueranzündern. Die Flammen hatten eine ideale Nahrung. Das Feuer entwickelte sich vom Vorratsraum über den Flur in das Treppenhaus. Die Einwohner konnten nicht mehr entkommen. Aus den Obergeschossen sprangen einige auf die bereitgehaltenen Tücher der Feuerwehr. Mehrere verbrannten. Sie hatten in der Mittagsstunde geschlafen.

In der Woche darauf mußte ich die im Feuer Umgekommenen beerdigen. Die Särge standen aufgereiht in der Friedhofskapelle. Es war ein bedrückendes Bild.

Vor der Trauerfeier erschien die Polizei bei mir. Was ich zu sagen gedächte, fragten sie. Ich möchte bei meiner Rede bedenken, daß in der Stadt keine Unruhe entstünde. Die Ursachen seien noch ungeklärt und die Feuerwehr sei doch recht spät angerückt. Aber das dürfte ich auf keinen Fall sagen. Ihre Gesichter zeigten Besorgnis.

Ich konnte sie beruhigen. Ich wollte keine Rede mit kriminalistischen Spurenelementen halten.

Monate später griff eine Schweriner Schriftstellerin diesen Stoff auf. Ihr Buch hieß „Die Brandstifter". Es erschien 1974. Unterdessen war bekannt geworden, daß Jugendliche mit Streichhölzern im Treppenhaus der Drogerie gespielt und dadurch das Feuer verursacht hatten. Die Autorin war diesen Spuren von Jugendlichen nachgegangen. Sie hatte die Gründe erforscht und das soziale Umfeld der Täter. Es hatte zu der Zeit im Staate eigentlich keine Asozialen zu geben. Der Staat hatte alles unter Kontrolle, so meinten die offiziellen Stellen, und so wollten sie es auch überall beschrieben haben.

Die Schriftstellerin löckte gegen den Stachel. In ihrem Jugendbuch unternahm sie den Versuch, den Ursachen von Brandstiftung nachzugehen. Vorsichtig zwar, aber doch ohne zu beschönigen. Sie lebte in Schwerin und konnte sich auf authentische Berichte stützen.

Ann-Charlott Settgast bewohnte eine Wohnung in der Goethestraße im 3. Stock. Kurz nach dem Brand besuchte ich sie.

Über den kahlen Flur eines typisch langweiligen Mietshauses betrat man das erste große Zimmer der Autorin und bekam zunächst so etwas wie einen Schock. Man blieb in der Tür stehen. Der Blick konnte die Fülle nicht fassen. Wohin zuerst schauen? Alle Wände des Zimmers voller Bücher, vom Fußboden bis unter die Decke. Vor den Büchern, die ein wenig tiefer in die Regale hineingerückt waren, lagerten die seltsamsten Gegenstände: Steine und Knochen, Vasen und Andenken, kostbare Stücke und allerlei Trödel. Eine bunte verwirrende Vielfalt aus aller Welt. Vor den Regalen befanden sich Sitzmöbel mit und ohne Polster, alle vollgeräumt mit Kästchen und Büchern. Auf den verschiedensten Kommoden befanden sich Kästen und Tierbehälter mit lebenden Tieren. An mehreren Stellen des Zimmers standen oder hingen Drahtkäfige mit lebenden Vögeln. Man sah eine Taube, Wellensittiche, Spatzen und in einem Käfig eine Tanzmaus, die fortwährend, wie aufgezogen, sich um sich selber drehte. Es quiekte und quakte, es zwitscherte und tirilierte. Wohin sollte man zuerst blicken? Niemand war zu sehen. Nur eine Stimme rief „Herein"! Freundlich und gleich noch einmal: Herein, kommen Sie nur!

Man trat einen Schritt vor. Das Gurren und Zirpen, das Zwitschern und Quieken nahm an Stärke zu. Offenbar spürten die Tiere, daß sich ein Fremder ihrem Hoheitsgebiet näherte.

Nun sah man schon in den zweiten Raum, durch eine weit geöffnete Tür. Das angrenzende Zimmer wirkte in seiner Bemöbelung noch eigenwilliger. Unter der gesamten Zimmerdecke befand sich ein Fischernetz, in dem getrocknete Fische und allerlei Strandgut zu sehen waren. Die Wände wieder voll mit Büchern. Auf den Borden vor den Büchern edles Porzellan und bronzene Figuren und bunte exotische Nippes-Figuren. In der Mitte des Zimmers ein Schreibtisch mit Schreibmaschine, umgeben von aufgeschlagenen Bücherstapeln und vollen Aktenordnern. Daneben ein Telefon.

Endlich eine fröhliche Stimme: Ich heiße Sie herzlich willkommen in meiner Zoobibliothek. Sehen Sie sich ruhig erst einmal um. Es gibt viel zu sehen.

Ann-Charlott Settgast thronte inmitten dieser wirbelnden Fülle auf einem alten Armsessel am Ofen. Sie streckte mir die Hand entgegen, ohne vom Platz aufzustehen, Tee war vorbereitet, und es begann ein langes Gespräch. Aus dem ersten Besuch wurde ein zweiter, dritter, vierter. Ich besuchte die Schriftstellerin fortan regelmäßig.

Ich hörte ihren Lebensweg, ich staunte, wie sie ihr schweres Schicksal annahm und bearbeitete.

Sie hatte in jungen Jahren eine schwere Krankheit gehabt und war fortan fast gelähmt. Bewegung in ihrer Wohnung ging nur mit großen Schmerzen vor sich. Sie verließ selten ihre Behausung, und dann nur mit großer Mühe. Tags empfing sie Gäste in dem vollgestopften Idyll und nachts schrieb sie ihre Bücher im zweiten Raum unter dem Seemannsnetz. Sie kommunizierte mit der Welt durch ihr Telefon. Sie kaufte telefonisch ein. Sie entlieh sich telefonisch in den verschiedensten wissenschaftlichen Bibliotheken die Bücher, die sie für ihre Recherchen brauchte. Sie schrieb vor allem historische Romane, gut recherchiert und spannend erzählt. Über Kepler hatte sie geschrieben und über Bertha von Suttner, über Hans Sachs und über Leben und Wirken der ersten deutschen Ärztin, Dorothea von Erxleben. Fleißig war sie und unermüdlich. Etwa zwanzig Bücher waren von ihr im Laufe der Jahre erschienen.

Woran arbeiten sie gerade, fragte ich.

Darüber spreche ich noch nicht, sagte sie und lachte schelmisch.

Wir wollen uns lieber unterhalten.

Und wie sie erzählen konnte! Geschichten, Erlebnisse, Schnaken und Schnurren. Ich habe immer wieder gestaunt. Wo weiß sie das bloß her, dachte ich, wo sie doch immer nur im Zimmer auf ihrem Stuhl sitzt.

Ihr unverwüstlicher Humor war unterhaltsam, ihre Fröhlichkeit wirkte ansteckend. Ihr Lebensmut teilte sich unmittelbar mit. Wer bei ihr Tee getrunken hatte, ging gestärkt von dannen.

Ich wollte sie immer überreden, ein Buch, wenigstens eine Erzählung über Ernst Barlach zu schreiben. Ich glaube sie hätte es gekonnt.

Überzeugen konnte ich sie, bei der Arbeit mit Konfirmanden mitzumachen. In jedem Jahr, mindestens einmal, solange sie lebte, kam ich mit der ganzen Konfirmandengruppe zu ihr. Sie hatte alles vorbereiten lassen, Stühle zusammengeschnurrt, Kuchen besorgt und Getränke, ganz nach dem Geschmack der Jugend. Dann saßen wir mit zwanzig oder mehr Leuten inmitten all der exotischen Pracht und hörten aus ihrem Leben. Wir konnten Fragen stellen. Sie erzählte, wie es ihr mit Menschen gegangen war und wie mit dem Glauben an Gott. Zum Erstaunen aller reichte sie die Kostbarkeiten aus den Regalen herum und erzählte von ihrem Mann, der ein Kapitän gewesen war auf allen Meeren der Welt und viele Jahre. Er hatte viele der lustigen Sachen mitgebracht. Alle hatten sie eine Geschichte. Da war der präparierte Kopf einer Python, ein Stück aus einem Korallenriff, ein Korb aus der Haut eines Gürteltiers, Straußenfedern und Kästchen aus Schildpatt und vieles mehr. Sie war unschlagbar im Fabulieren und testete mit ihren Berichten, wie gut oder wie schlecht die

Konfirmanden auf die verschiedenen Dinge reagierten. In ihren Stories war Lebensweisheit versteckt, und eine leise Pädagogik in allem wurde von ihr wie ein unaufdringlicher Trick gehandhabt.

Am Schluß einer solchen Jugendrunde erhielt jeder Konfirmand ein Buch mit einer persönlichen Widmung von ihr. Ich habe beobachtet, daß die Begegnungen junge Leute nachdenklich werden ließen. Einmal sagte der größte Raubauke der Gruppe: War echt Klasse heute! Was kann man mehr erreichen?

Am 5. September 1988 starb Ann-Charlott Settgast. Sie mußte nicht lange leiden. Das hatte sie bereits im Leben abgeleistet.

Kirche und Kunst, zwei eigengewichtige und eigensinnige Kraftfelder. Aber da, wo wir ihnen Gelegenheit geben, sich zu begegnen, ermöglichen sie uns einen Raum der Hoffnung. Und Hoffnung ist einer der Grundpfeiler der Seele.

Vorstellung des Parchim-Buches 1993
Eldebuchhandlung

Der erschrockene Engel – Thea Kowar
Ausstellung Parchim – St. Georgen 1989

Eröffnung einer Kunstausstellung in der Parchimer St. Georgenkirche

12. Kapitel

KRITIK AN DER KIRCHE

Die Kirche blutet aus. Ist das eine sachgemäße Feststellung oder ist es dramatisierte Medienauskunft?

Aber weisen die Austrittszahlen nicht daraufhin und die Gottesdienstbesucherzahlen, die überall in den Kirchen des Landes geringer werden? Und wie ist es mit dem Ansehen der Kirche in der Öffentlichkeit? Ist es nicht seit dem Umsturz von 1989 mehr und mehr gesunken?

Ist nicht doch ein verhängnisvoller Aderlaß im Gange? In Pastorenkonferenzen der letzten Jahre wurde darüber gesprochen. Jedoch immer so, als wenn man die Kanaldeckel, die sich um einen Spalt geöffnet hatten, fix wieder schließen mußte. Das Gespräch darüber galt als störender Pessimismus. Einige der Pastoren ließen sich nicht beeinflussen. Sie brachten die Fragen immer wieder vor. Sie mußten sich sagen lassen, sie verbreiteten Pleiteparolen. Ihr seid zu sehr auf die Mitgliederzahlen fixiert, hieß es. Wer Minderwertigkeitskomplexe hat, der kann nichts Ordentliches leisten, wurde gesagt.

Aber waren das Minderwertigkeitskomplexe oder zeigten sich darin Zeichen einer ernsten Krise?

Am 4.1.1985 schrieb ich an den Landesbischof von Mecklenburg einen Brief. Ich hatte eben die fällige Jahresstatistik der St. Georgengemeinde erstellt. Sie war als sogenannte Eilmeldung am Anfang eines neuen Jahres für das vorherige Jahr aufzustellen.

Die St. Georgengemeinde, in der ich zu der Zeit Pastor war, hatte 2350 eingetragene Mitglieder. Wir verfügten über eine gut geführte Kartei. Alle Veränderungsmeldungen wurden laufend eingearbeitet.

Ich schrieb in meinem Brief an den Landesbischof, daß jährlich etwa 100 Mitglieder der Kirche aufhören, Kirchensteuer zu zahlen, einfach so, weil ihnen das zu lästig war oder sie keine Lust mehr hatten oder es sonstwie nicht mehr einsahen.

Die Kirchensteuer wurde in der Zeit vor dem Umsturz von einem sogenannten Kirchensteueramt eingezogen. Dieses Amt war eine rein kirchliche Einrichtung. In jedem Kirchenkreis gab es eines davon. Die Höhe der Kirchensteuer wurde nach einer kirchlichen Tabelle eingeschätzt und jedem Mitglied in Form einer Zahlungsaufforderung mitgeteilt. Eine Durchschnittsfamilie zahlte danach etwa achtzig bis einhundert Mark Kirchensteuer im Jahr. Ein Arzt zahlte etwa einhundertachtzig bis zweihundert Mark im Jahr. War die Frau berufstätig, zahlte sie noch einmal das gleiche. Ein Rentner zahlte fünfzehn bis zwanzig Mark im Jahr.

Der Durchschnittsverdienst eines Facharbeiters im Monat betrug achthundert bis eintausend Mark Netto. Ein Pastor verdiente fünfhundert bis siebenhundert Mark Netto im Monat. Ein Rentner erhielt im Durchschnitt um vierhundert Mark.

Dieses Kirchensteueramt hatte außer wiederholter Anmahnung keine Möglichkeiten, die Kirchensteuer einzutreiben. Es teilte von Zeit zu Zeit die Schuldensumme dem Pfarramt mit. Das Pfarramt sollte sich kümmern. Manche Pastoren taten das und in den sogenanten „Aktionen" wurde manche rückständige Summe von Pastoren oder Kirchenältesten eingetrieben, was oft gut ging, aber wie man sich denken kann, öfter auch Minuspunkte für die Kirche brachte. Andere Pastoren trugen die Rückstandssumme nur in die Kartei ein und beließen es dabei. Sie seien keine verspäteten Finanzbeamten, argumentierten sie.

Zu den einhundert Personen, die jährlich mit der Zahlung der Kirchensteuer aufhörten, kamen ungefähr sechzig Gemeindeglieder, die jährlich beerdigt wurden.

Etwa zwanzig erklärten in jedem Jahr ihren Kirchenaustritt vor dem Standesamt oder dem staatlichen Notariat. Etwa dreißig Mitglieder zogen in jedem Jahr aus der Kirchgemeinde fort, gingen in Altersheime oder zogen weg. Da wir eine Innenstadtgemeinde waren, zogen nur wenige zu. Nehmen wir rund zehn Personen dafür an, so verloren wir durch Wegzug 20 Personen.

Das macht, in einer Aufstellung ausgedrückt:

100 Zahlungsunwillige

60 Beerdigungen

20 Austritte

20 Wegzüge

Es ist eine einfache Rechnung, schrieb ich. Geht das, was zehn Jahre so gegangen ist, noch zehn Jahre so weiter, dann hat St. Georgen in zehn Jahren dreihundertfünfzig Gemeindeglieder, in fünfzehn Jahren wäre sie leer.

Dazu kommt die Gegenrechnung, die aber nichts wesentlich verändern kann.

St. Georgen hatte 1973 fünf Taufen
1978 fünf Taufen
1980 neun Taufen
1981 vierzehn Taufen
1984 einundzwanzig Taufen

Eintritte gab es pro Jahr ein bis drei Personen.

Das ergibt kein entspanntes Bild. Das Problem wird nur um einige Jahre verschoben.

Die Zahlen stützen die Behauptung: Die Kirche blutet aus.

Ich fand, das ist eine alarmierende Feststellung. Sie müßte gründlich bedacht werden. Man müßte Konsequenzen daraus ziehen.

Der Landesbischof hat auf meinen Brief nicht reagiert. Ich weiß nicht, ob er meine Befürchtungen für gegenstandslos hielt oder die Entwicklung anders sah.

1989 kam der Umsturz. Die St. Georgengemeinde zählte zu der Zeit eintausendvierhundert Mitglieder. Durch die Umwälzungen von 1989 kamen plötzlich achthundert Gemeindeglieder dazu. Das geschah wie ein Wunder und über Nacht, sagten manche.

Menschen entdeckten, daß sie fortan zur Kirche gehören wollten und gaben auf den Lohnsteuerkarten an. Kirchenzugehörigkeit: Ja.

Manche versprachen sich vielleicht Vorteile davon. Das Land war CDU-regiert. Da mußte man mit der Zeit gehen, um nicht zu sagen, man mußte mit den Wölfen heulen.

Andere fanden es einfach schick, dabeizusein. Der Chef, in dessen Firma man arbeitete, war auch dabei. Mach keinen Quatsch, Fritz, hieß es am Arbeitsplatz. Der Alte sieht das nicht gern, wenn Du nicht auch kirchlich bist. Eine kleine Gruppe von Menschen wird es gegeben haben, die durch die Ereignisse von 1989 zum Nachdenken kam und aus ehrlicher Überzeugung zur Kirche zurückfand.

So war der Aderlaß der St. Georgenkirche ausgeglichen. Jedoch das Ergebnis war trügerisch, wie sich bald zeigen sollte. Die Kirchensteuer wurde jetzt durch das Finanzamt gleich vom Lohn einbehalten. Sie betrug neun Prozent von der Lohnsteuer. Das bedeutete, daß einem normalen Arbeiter ein stattliches Sümmchen vom Gehalt pro Monat einbehalten wurde. Er sah das auf seiner Lohnabrechnung. Er bekam einen Schreck. Nein, so hatte er das nicht gemeint mit der Kirche. Einhundert Mark im Monat, eintausendzweihundert Mark im Jahr, was konnte man dafür alles kaufen!

Die Leute traten reihenweise wieder aus der Kirche aus. Auf den Standesämtern, wo das ab sofort zu geschehen hatte, bildeten sich Schlangen. Ins Pfarramt kamen stoßweise die Austrittsmeldungen. Im Jahr 1994 hatte St. Georgen wieder nur eintausendneunhundert Mitglieder. Und monatlich kamen Austritte hinzu.

Der Ausblutungsvorgang war 1989 gestoppt, aber nach 1991 begann er aufs Neue und er hält bis heute an, wie zu hören ist. Die Prognose, daß die Menschen durch die Ereignisse um 1989 nachdenklicher würden, in sich gehen könnten, hat sich nicht bewahrheitet. Sie rannten mit einem Mal dem Geld hinterher, wie nie zuvor.

Meine Überlegung heißt: Die Zahlen bedenken! Sie sprechen eine deutliche Sprache.

Die Kirche wird kleiner werden, sehr viel kleiner. Die Austritte halten an. Die Arbeitslosigkeit ist hoch in Deutschland, und ich kann nicht sehen, daß sie sich in Kürze entscheidend verringern läßt. Das „Bündnis für Arbeit", von der Bundesregierung angeboten, kann nicht so greifen, wie man sich das wünscht. Das bedeutet: Das Geld wird knapper werden. Auch sonst stehen, und der unvoreingenommene Beobachter kann das leicht erkennen, die Zeichen auf Sturm. Wir werden einschneidend sparen müssen, hätten es eigentlich längst gemußt.

Und das führt dazu, daß mancher sich sagt, Kirche, was soll das noch, was hab ich davon? Und es sieht sowieso traurig aus, was ich von der Kirche sehe, also da spar ich die Kirchensteuer und trete aus. Heiligabend kann ich trotzdem zur Kirche gehen, wenn ich das will. Wird mich schon keiner rauswerfen. Ich habe meine Zweifel, ob Kirche die richtigen Überlegungen auf diese Herausforderungen der Zahlen und was hinter ihnen steht, auf den Weg bringt. Sie ist, wie so oft in der Geschichte, zu sehr mit der Bestandssicherung beschäftigt.

Ich habe Zweifel, das ist die eine Seite der Sache. Es gibt eine andere. Ich ärgere mich über das Fixiertsein auf Zahlen. Ich sehe, daß in der Volkskirche soviel Kraft steckt, daß wir mit dieser Kraft noch ein ganzes Stück weiter gehen können, wenn wir das geschickt anstellen und dafür Konzepte entwickeln.

Mit dem Wort Volkskirche ist eine Reizvokabel getroffen. Manche meinen, die Volkskirche sei längst tot. Andere sprechen schlecht von ihr und tun so, als müsse man ihr den Gnadenstoß geben, da sie ohnehin nur hinderlich und zu nichts nütze sei.

Ich bin nicht dieser Meinung. Gnadenstoß wäre leichtsinnig.

Die Volkskirche, scheint mir, ist eine Chance, die wir nutzen müssen und nicht beschimpfen.

Die Tatsache, daß der Staat Verträge mit der Kirche schließt und Geldzuwendungen im Rahmen solcher Verträge macht, ist von weitreichender Bedeutung. Sie drückt nach meiner Meinung auch aus, daß eine Partnerschaft besteht zwischen beiden in dem Sinn, daß Kirche mit der Arbeit an den Seelen der Menschen und an der Vermittlung von Werten in einem Volk einen nicht unerheblichen Dienst an eben diesem Volk unternimmt.

So haben beide Seiten einen Vorteil. Der Staat bietet Religionsunterricht in den Schulen an, dazu Militärseelsorge an jungen Leuten. Das sind Chancen, von denen Kirchen in anderen Ländern nur träumen. So kommt Kirche mit Kindern in Kontakt und mit Jugendlichen und kann das kräftig nutzen. Sie erreicht auf diese Weise auch Eltern und ganze Familien. Sie kann Frömmigkeit vermitteln und nicht nur magere Kenntnis von Religion. Sie kann Werte pflanzen und sich dieser Verantwortung voll bewußt sein.

Im letzten Jahr erlebte ich auf der Nordseeinsel Borkum, wo ich als Kurprediger tätig war, die Vereidigung junger Matrosen. Der Zeremonie ging ein Gottesdienst in der Inselkirche voraus. Es war bewegend zu sehen, wie die jungen Leute in die Kirche einzogen. Der Ortspastor hat nach Kräften diese Gelegenheit genutzt. Und ich bemerkte, wie eine mit Soldaten gefüllte Kirche und Hunderte von Matrosen mit ihren Offizieren am Schluß „Großer Gott, wir loben dich" sangen, das es nicht nur mich angerührt hat. Nein, ich falle nicht über die Volkskirche her. Sie ist eine bereitgestellte Möglichkeit, die mit Phantasie zu nutzen geht.

Ich habe nach dem Umsturz auf Bitten eines Lehrerkollegiums in einer Parchimer Schule vor Abiturienten Grundsätze des christlichen Glaubens entfalten können, und ich habe dabei gute Diskussionen mit den Schülern erlebt. Ich war damals dafür, daß alle Pastoren und Katecheten mit hätten antreten können, um den Religionsunterricht in allen Schulen abzusichern. Das hätte nicht nur den Schülern, das hätte auch den kirchlichen Mitarbeitern gut getan. In der bayrischen Landeskirche hätte es gute Vorbilder dafür gegeben. Leider hat man diese Chance verpaßt.

Die Volkskirche nutzen und pflegen, das wäre mein Konzept. Sie wird gewiß nicht für die Dauer zu erhalten sein, aber solange wir sie haben, solange der Staat uns die Hand hinhält, sollten wir das nicht nur abfällig quittieren. Was ich meine, sehe ich an den Beerdigungen auch. Sie waren eine feste Bastion der Volkskirche. Vor 20 Jahren war es gute Regel, daß eine richtige Beerdigung eine kirchliche war. Das andere nannte der mecklenburgische Volksmund: Sie wurde wie ein Hund begraben.

Heute werden in den neuen Bundesländern, zum Teil auch in den alten, über die Hälfte aller Beerdigungen von freien Trägern oder frei praktizierenden Rednern vorgenommen.

Ich finde, wir müssen als Kirche darüber traurig sein, und womöglich sind wir sogar mit schuld an dieser Entwicklung. Kirche hat in der Vergangenheit die Trauerfeier hier und dort als eine billige Missionsmöglichkeit gesehen, sie hat aber das rein menschliche Trösten dabei vergessen. Ich sage nicht, daß es überall so war, aber ich überlege, und finde Beispiele, die meinen Eindruck bestätigen. Die Kirche gefiel sich auch an theologisch reinen Grabreden im Sinne von Gottes Hoffnung am Sarge und einer strengen Auferstehungsverkündigung. Dagegen ist nichts zu sagen, natürlich nicht. Aber zu fragen ist doch, ob wir bereit waren, die Trauernden auch dort abzuholen, wo sie sich befanden. Und der Trauernde befindet sich im Gefängnis seiner Trauer, sehr oft. Da muß ich sehr menschlich und liebevoll mich neben ihn stellen, ihn verstehen und ihm dann das Wort, das Nötige zu sagen versuchen. Ich habe manche Beerdigungsrede gehört, die kam mir so vor, als ob der Kollege ein Wort der Todesdrohung losgelassen hatte in der Weise, wart´ nur, Du kommst auch noch dahin, und daß er daraufhin die Worte der Auferstehungshoffnung ausschüttete über die Menschen, und es war gar nicht klar, ob nicht die meisten dachten: Mit dem Tode ist sowieso alles aus. Dann prallen die Worte ab von der Zuhörern.

Es muß auch eine vorsichtige, liebevolle Verkündigung geben. Solange wir Volkskirche haben, müssen wir danach suchen.

Die Entwicklung, wenn nicht alles trügt, geht in Richtung Kernkirche Ich meine damit die Gruppe der Christen in unseren Gemeinden, die übrig bleiben, wenn die Austrittswellen vorüber sind. Das war der Rechenfehler in meinem Brief an den Bischof. Die Entwicklung der Kirche wird nicht so weiter gehen, wie man das aus den Zahlenreihen vermuten müßte. Irgendwann kommt es an den Kern der christlichen Gemeinde. Da werden dann Christen stehen, die dennoch ihre Kirchensteuern weiterzahlen, auch wenn der staatliche Trend Einkommensminderungen bringt. Da werden Glaubende sein, die sagen, mein Glaube ist mir das wert und ich brauche für meinen Glauben die Gemeinde. Denn man kann nicht gut für sich selbst, allein in einer Ecke, mit seiner Seele glauben üben wollen. Man braucht dazu die Gemeinsamkeit, die Anregung und vor allem, man braucht das zugesprochene Wort.

Kirche wird nicht untergehen. Die Soziologen sagen es. Die Kommunisten haben es am Schluß sogar erkannt, und die Zukunftsforscher wissen es. Und der Fernsehpfarrer Fliege hat vor kurzem gesagt: „Religion ist im Menschen nicht auszurotten."

Aber in Zukunft wird es die Kernkirche sein, wenn nicht alles trügt, die kleine Gruppe, die Mannschaft. In der DDR waren wir bereits auf dem Weg zu dieser gesunden Verkleinerung. Wir haben mit der neuen Zeit eine Pause, eine Chance mit der Volkskirche bekommen. Aber wir haben sie nur für eine Zeit, eine Übergangszeit.

Die Probleme dieser Übergangszeit sind riesig. Es müssen Fragen bedacht werden, die fast unlösbar sind. Eine Frage ist die nach den Finanzen, eine andere lautet: Was machen wir mit den großen Kirchen?

Die St. Georgengemeinde in Parchim hat die große mittelalterliche Kirche aus dem 13. Jahrhundert. Sie ist nicht nur zu groß, sie ist auch zu gewaltig. Fast zweitausend Menschen finden darin Platz, wenn der Chorumgang und die Emporen mit genutzt werden. Sie ist im Innenraum sechzig Meter lang. Sie hat fünfundzwanzig große Glasfenster und ein Dach so groß wie zehn Einfamilienhäuser. Sie hat zudem eine wertvolle Orgel mit einem großen Tonumfang. Sie ist ein Baudenkmal von herausragender Bedeutung, und sie ist, glatt heraus gesagt, für die Gemeinde von zur Zeit eintausendneunhundert Gemeindegliedern ein Raumluxus sondergleichen. Sie ist finanziell nicht zu bewältigen.

Die Ausmalung des Innenraumes müßte geschehen, dringend. Das macht mindestens Kosten von einer Million. Die Orgel müßte dringend saniert werden. Das macht noch einmal dreihundertfünfzigtausend Mark. Die Gemeinde müßte für die Veranstaltungen im Winter ein Gemeindezentrum bauen. Das macht noch einmal sechshunderttausend Mark. Wo soll das Geld herkommen? Dazu eine andere Überlegung: Die große Kirche ist nicht heizbar. In der neuen Zeit jetzt fände man Möglichkeiten, das zu ändern. Jedoch die Kosten sind immens, also nicht zu verantworten. So kommt es denn, daß dieses Riesenhaus Georgenkirche nur benutzt wird von Mai bis Oktober, das heißt, sechs Monate. In diesen sechs Monaten wird sie zum Gottesdienst sonntäglich für eine Stunde benutzt. Vielleicht kommt für andere Veranstaltungen pro Woche eine Stunde noch dazu. Das heißt, man leistet sich ein Haus mit herrlicher Kunst und riesigen Kosten und nutzt es nur zweimal pro Woche. Das sind pro Halbjahr 48 mal eine Stunde.

Die Frage muß erlaubt sein: Ist das zu verantworten? Die Volkskirche kann daran noch nichts ändern. Sie wird Übergangslösungen suchen müssen. Die Kernkirche aber wird andere Antworten geben müssen. Sie wird zu Überlegungen kommen müssen, die besagen: Wir geben das große Haus ab und mieten es zweimal im Jahr für die großen Gottesdienste, Weihnachten und Erntedankfest. Mit den anderen Veranstaltungen bleiben wir im Gemeindesaal.

Die Kernkirche hat viel vor sich.

Bedenken wir zu diesen äußerlichen Fragen die anderen, die das Innere angehen! Die Kernkirche wird sich um die Frömmigkeit sorgen müssen. Denn was dem Zeitgenossen auf dem Weg ins 21. Jahrhundert am meisten fehlt, das ist Orientierung für die Seele. Daß man wieder schweigen lernt und beten übt, daß man Vertrauen übt und Vergebung zuspricht, daß man sich aussprechen kann an einer Stelle und weiß, dort ist es gut aufgehoben, daß man gemeinsam betende Hände zu Gott aufhebt und Fürbitte tut für andere in Not, daß Seelsorge angeboten wird und Beichte, daß man einen Gottesdienst erlebt mit einer Predigt, die spannend ist und die Seele anrührt, weil sie zu der Seele spricht – das alles ist so bitter nötig wie Brot und Arbeit. Ich habe von der Kirche heute manchmal den Eindruck, daß sie mit ABM-Stellen gut umgehen kann und die Ökofragen voll im Blick hat. Daß Friedensinitiativen ausgearbeitet werden und man sich hervorragend in der Dritten Welt engagiert. Aber die Seele hungert.

Sollte der Einruck richtig sein – sicherlich ist er begrenzt –, dann wird man zusehen müssen, wie die suchenden Zeitgenossen zu den Sekten gehen, weil ihnen in der Kirche friert.

Die Kernkirche hat große Aufgaben, wenn sie Ausstrahlung haben will in dürrer Zeit.

Von den ersten Gemeinden berichtet die Apostelgeschichte. Sie waren klein, aber es heißt von ihnen, sie hatten ein gutes Zeugnis unter den Heiden. Heißt es vielleicht von uns: Die Gemeinde ist gern unter sich. Frau Müller, Frau Meier und Frau Schulze fühlen sich so wohl in ihren Kreisen, und der Herr Pfarrer hat keine Zeit. Er hat soviel Termine. Mein Gott, was hat er für viele Termine! Er hetzt von Sitzung zu Sitzung, von Geburtstag zu Geburtstag, und wer ihn sprechen will, der muß sich an die Sprechzeiten halten.

Ist das übertrieben? Natürlich! Aber Ausstrahlung ist wichtig. Mission in unserer Zeit ebenfalls. Mission in diesem Land, das weithin ohne Kenntnisse über Gott und Kirche ist.

Die Kernkirche hat eigene Zwänge. Man muß das sehen. Freikirchen und kleine Gemeinschaften haben Erfahrung in dieser Richtung. Da kann es kommen, daß Frau Müller, Frau Meier und Frau Schulze im Gottesdienst ihre Stammplätze haben und sich wundern, wenn sie eines Tages besetzt sind. Und in der Bibelstunde sind wieder Frau Müller, Frau Meier und Frau Schulze, die sich am Gespräch beteiligen, und im Missionskreis sind es wieder die drei, die sich engagieren. Sie wissen Bescheid und sie führen das Wort. Das ist eine Hilfe für den Pfarrer, aber es kann auch wie ein Stöpsel sein, der anderes nicht durchläßt.

Da kann es in der Kernkirche leicht zum Thermoskanneneffekt kommen. Heinz Zahrnt hat darüber einschlägige Erkenntnisse bereitgestellt. Sie besagen daß es innen heiß ist und außen kalt. Und das kann nicht im Sinne des Mannes sein, der gesagt hat: Gehet hin in alle Welt.

Ich denke mir, Kernkirche wird nicht einfach sein. Aber als Schreckgespenst sollte man sie nicht hinstellen. Meine Hoffnung für sie ist größer als meine Zweifel daran. Kernkirche wird kommen.

Sie wird wesentlich kleiner sein, und deshalb muß sie Verwaltung abbauen. Sie muß mit viel weniger Personal auskommen. Schon deshalb, weil die Finanzdecke kleiner sein wird.

Noch helfen die Kirchen aus den alten Bundesländern mit Finanzspritzen, wie zu hören ist. Aber die Kirchen im Westen werden soviel eigene Probleme bekommen, daß sie Zuschüsse stoppen müssen.

Es wird einschneidende Veränderungen geben. Überlegungen, die solche Veränderungen vorbereiten, sind auf Synoden und Konferenzen im Gange.

Komplizierter als die Personal- und Finanzfragen bei der Veränderung ist die Bereitschaft und die Offenheit für Neues. Da gibt es Scheu. Alles soll beim Alten bleiben, sagen die Älteren, und manche Jungen sagen es auch. Diese Scheu blockiert Überlegungen in Richtung Zukunft.

Es war im Sommer 1971. Mein Kollege am Dom und ich wir hatten den Plan: Wir führen in der Domgemeinde weiße Talare ein. Weiß ist sachgemäßer. Biblischer auch.

Katholische Freunde hatten uns geraten, fahrt ins Kloster der Benediktinerinnen nach Alexanderdorf bei Berlin. Sie nähen Talare. Ich hatte noch nie von Alexanderdorf gehört.

Wir fuhren ins Kloster und erlebten ein Stück Mittelalter in der Neuzeit. Alexanderdorf liegt im Märkischen zwischen Luckenwalde und Zossen. Es ist nur ein kleines unscheinbares Dorf.

1933 erwarb in diesem Dorf eine Gruppe von katholischen Schwestern ein heruntergekommenes Anwesen mit etwas Grund und Boden. Die

Schwestern waren vorher in einem Krankenhaus tätig gewesen. Jetzt wollten sie ein Kloster gründen. Niemand hatte sie ausgeschickt. Es war ein Wagnis. Aber Berufung war es auch. Die Regel des Heiligen Benedikt hatte sie bewogen, diesen Schritt zu tun.

Der Anfang war schwierig. Sie mußten Schutt wegräumen. Sie mußten im Gelände Ordnung schaffen. Sie mußten die alten Gebäude sanieren. Sie arbeiteten und arbeiteten.

Am 9. April 1934 konnte das Kloster gegründet und die Kapelle eingeweiht werden. Sie wollten ganz auf eigenen Füßen stehen. Sie wollten von ihrer Hände Arbeit leben. Sie errichteten Treibhäuser und kultivierten Gartenland. Sie gründeten eine Paramentenschneiderei und eine Hostienbäckerei. Ihr Grundsatz war: ora et labora, bete und arbeite.

Als sie 1984 ihre 50-Jahrfeier ausrichteten, da war Alexanderdorf ein angesehener Platz. 28 Schwestern lebten und wirkten dort und sechs bereiteten sich auf ihre Gelübde vor. Sie waren nur eine kleine Gruppe, aber sie hatten erreicht, sich in der Umgebung und in den Kirchen Ansehen zu verschaffen. Am 4. März 1984 empfing Schwester Gertrud die Äbtissinnenweihe, und das Kloster wurde durch ein vatikanisches Dekret in eine Abtei umgewandelt.

Wir besuchten das Kloster an einem Sommertag. Die großen Hoftore waren weit geöffnet. Wir konnten mit dem Auto direkt auf den Hof fahren. Wir hatten uns angemeldet. Freundliche Schwestern empfingen uns und führten uns überall herum. Wir standen vor einer Tür, die mit einem Vorhang verdeckt war. Hier beginnt der Schlaftrakt der Schwestern, sagte unsere Führerin, da können Sie nicht eintreten.

Es würde uns aber schon interessieren, wie eine Schwesternzelle eingerichtet ist, sagten wir. Die Schwester lächelte, nein, das geht nicht. Es ist Ordensgesetz, kein Mann betritt die Zellen der Schwestern.

Aber sie zeigte uns die Kapelle, die Empfangs- und Essenräume. Auch ein Gästehaus hatten sie gebaut, und sie freuen sich über jeden Gast, der für eine Zeit der Stille ins Kloster kommt. In jedem Sommer kommen viele Gäste, sagte sie. Einzelne und Familien mit Kindern, Randsiedler der Kirche und Fromme, evangelische und solche, die an gar nichts glauben. Wir sind für alle da, sagte sie, und man nahm es ihr ab.

Sie lud uns zum Mittagessen ein. Wir durften mit den Schwestern zusammen speisen, wie man hier sagte, und wir saßen am großen Tisch neben der „Mutter Priorin". Beim Essen wurde nicht gesprochen. Als wir am Nachmittag wieder nach Hause fuhren, da blieb ein unvergeßlicher

Eindruck bei uns. Was mich besonders interessierte war, daß die Schwestern weltoffen waren. Sie wußten, was vorgeht in unserer Zeit und sie bewegten die Probleme der Zeit in ihren Seelen. Diese Weltoffenheit jedoch war nur ein Pol ihres Daseins. Der andere war die Versenkung in Glaube und Gebet. Sie sind ein beschaulicher Orden, und deshalb nehmen die Eucharistie und das mehrmalige Gebet an jedem Tag den ersten Platz ein. Von diesen beiden Polen kommt eine überzeugende Spannung in ihr Leben und läßt sie ganz fromm und zugleich sehr weltlich sein.

Ich glaube, daß die Kernkirche kommt und die kleine Gruppe, und es schwebt mir diese Form als ein Modell vor. Im Innern so ernst verankert sein und so fröhlich an die Arbeit in der Welt gehen, das ist ein wirksames Programm. Das wirkt nach außen, das strahlt aus, so wie der Herr der Kirche es gewollt hat.

Der Theologe Heinz Zahrnt, von dem ich sehr viel gelernt habe, berichtet in einem seiner Bücher das Erlebnis Martin Luthers als der, in Stotternheim vom Blitzschlag zu Boden geschleudert, das Versprechen ablegt, Mönch zu werden. Er war davon überzeugt, daß in diesem Erlebnis Gott mit ihm geredet und ihm einen Fingerzeig gegeben hatte. Martin Luther gab sein gerade begonnenes Jurastudium auf und trat in das Kloster ein. Er tat das gegen den Willen seines Vaters. Sein Leben kam in eine total andere Richtung.

Zwei Jahre später erhielt Luther, wie es üblich war, die feierliche Priesterweihe. Sein Vater war eingeladen. Beim Festmahl versuchte Luther, seinem Vater die Entscheidung für den Mönchsstand zu erklären. Er kam dabei auf Stotternheim. Da fuhr der aufgeregte Vater Luther, der immer noch unter dem neuen Weg seines Sohnes litt, seinem Sohn vor den Brüdern und Vorgesetzten dazwischen und sagte erregt: „Und wenn's ein Gespenst gewesen wäre?"

Zahrnt folgert daraus die Zweideutigkeit aller menschlichen Gotteserfahrung.

Ich folge ihm gern. Zweifel bleibt in den Dingen, auch im Glauben allenthalben. Ich kann nicht erwarten, wenn ich Christ bin, daß ab dann alles sonnenklar ist und ein Moralkatalog ist mitgeliefert, ich muß nur nachschlagen und schon habe ich die Lösung. Man kann Lebenssituationen verschieden auslegen und Lebenswege so oder anders wählen.

Da ist die Frage des Armeedienstes, den junge Menschen ableisten müssen. Wir hatten zwei Söhne, die vor dieser Entscheidung standen. Der eine wählte den Wehrersatzdienst, der in der DDR-Zeit beschwerlich war.

Er war möglich, aber wer ihn ging, mußte mit beruflichen Einbußen rechnen. Er blieb unter besonderer Beobachtung der Staatssicherheit. Er mußte mit dem Spaten oft harte Arbeit ableisten.

Der andere unserer Söhne wählte den normalen Armeedienst. Er hat unter großem persönlichen Einsatz in dieser Armeezeit ein individuelles Leben im Rahmen des Möglichen versucht. Es war ebenso schwer. Man wollte ihn kleinkriegen, hat ihn schikaniert und versucht, ihn anzupassen. Nach Kräften mußte er dagegen angehen.

Welcher Weg war der Richtige? Sollte ein Pfarrer nicht für seine Söhne den einzig richtigen Weg heraussuchen können? Geht nicht. Das eigene Gewissen ist gefragt, und immer bleibt nach jeder Gewissensentscheidung auch der Zweifel mit dabei. Er ist für den Christen zum Leben dazugehörig und bleibt ein Begleiter auf den Wegen des Lebens.

Ich muß daher die Zweifel annehmen. Zweimal in meiner Amtszeit habe ich versucht, das sichtbar zu machen.

In der Schweriner Zeit mußte die Gedächtniskapelle des Domes, ein Anbau im Ostteil des Domes und die Winterkirche für die Gemeinde, renoviert werden. Wir suchten einen Architekten, der uns dabei beraten konnte. Wir fanden dafür den Dresdner Bildhauer Friedrich Press. Wir reisten herum und sahen uns fertige Arbeiten von Friedrich Press an. In der kleinen Dorfkirche Consrade bei Schwerin hatte Press die Altarzone gestaltet, und in der Dresdner Hofkirche gab es von ihm die trauernde Maria mit dem Gekreuzigten, die Pieta. Sie gefiel mir sehr. Sie sprach mich an. Trauer ist klobig, eckig, schwer. Man sieht nicht gut dabei aus. Davon war in der Pieta in Dresden Wichtiges eingefangen. In der Nähe von Dresden besichtigten wir eine Kirche, in der Press den Altarraum sehr eigenwillig gestaltet hatte. Thema war das himmlische Jerusalem und man sah zwölf große weiße Postamente, die über den Raum verstreut waren und wie eine Geheimversammlung des Ku-Klux-Klan wirkten. Ich war hin- und her gerissen. Wir fuhren zu Friedrich Press und diskutierten eine ganze Nacht mit ihm. Wir wollten eine Thomasfigur für unsere Winterkirche. Sie sollte in Zukunft Thomaskapelle heißen. Press machte Vorschläge. Ich war nicht einverstanden. Es muß ein Thomas sein, vor dem man keine Angst bekommt. Denn was er erlebt, das ist ein Stück von uns. Zweifel als zweite Stimme des Glaubens, die immer mitklingt, das wollten wir dargestellt haben. Ich muß mich darin erkennen, wenn ich davor stehe, sagte ich. Press überlegte. Er war ein freundlicher, liebevoller Mensch. Er machte eine Reihe von Vorschlägen. Ich wollte die

Plastik gern gegenständlich haben. Nein, sagte Press, das geht nicht. Zweifel ist kein Gegenstand, er ist immer dabei. Er ist tief im Innern, er ist vorneweg, er macht Mühe und er tut weh.

Weil er weh tut, durfte der Dom-Zweifler nicht lieblich sein. Zweifel ist schon ein Bedrohtsein, ein Darniederliegen oft. Er macht Sorge, er ist eine Krise. Das muß herauskommen, sagte Press.

Und doch gehört er zu uns, sagte ich, deshalb muß er beides zeigen. Wir verkünden nicht den Christen, der immer gut drauf ist. Das wäre ein spießiger Gartenzwergchrist. Wir haben als Vorbild den, der am Kreuz gesagt hat: Mein Gott, mein Gott, warum hast du mich verlassen?

Dieser Schrei gehört auch zum Menschen, wenn er ehrlich ist gegen sich selbst.

Press verstand, was wir meinten. Er schuf eine Plastik, die in der Winterkirche des Domes steht und von der ich glaube, daß sie gelungen ist.

In der Parchimer Zeit wollte ich den Zweifler ein zweites Mal gestalten lassen. Wir brauchten für die Taufkapelle im südwestlichen Teil der St. Georgenkirche ein gutes sichtbares Beispiel für die Taufen, die in dem Raum stattfanden. Ich sprach mit dem jungen Bildhauer Bernhard Kremser, der zu der Zeit in Parchim lebte. Wir diskutierten lange um die Erfahrung des Zweifels. Er war einer, der den katholischen Glauben praktizierte und hatte bald Zugang zu meiner Vorstellung. Ich wollte diesmal eine gegenständliche, in ihrer Körperlichkeit erkennbare menschliche Figur. Der Zweifler von Press abstrahierte vom Körperlichen. Kremser sollte den Zweifel auch körperlich zeigen. Kremser entwarf ein Modell. Wir besorgten einen Eichenblock. Fast ein viertel Jahr hat er an der Plastik gearbeitet. Alles mußte aus dem Holzblock herausgeschlagen werden. Die Beine waren mir besonders wichtig. Sie zeigen, wie man in Mecklenburg sagt, eine „verdwatschte" Stellung und drücken schon den Zweifel aus. Die Arme wehren ab. Das Gesicht, vorsichtig prüfend. Ob ich das glauben kann, das mit Gott?

Kremser arbeitete in der Taufkapelle der Georgenkirche. Einmal am Tag besuchte ich ihn bei der Arbeit. Wir sprachen lange und ausführlich, immer wieder. Die Figur sollte bezogen sein auf den Altar in der Taufkapelle. Dort sieht man den gekreuzigten Jesus Christus. Der Mann sieht zu ihm hin. Ob ich das glauben kann, das mit diesem, der auferstanden ist? Zweifel! Und wenn man die Figur anschaut, das Gesicht vor allem, dann scheint es, als sei der Thomas blind. Er sieht die Dinge nicht, wie sie sind. Er steht am Rande. Man muß ihn an die Hand nehmen und weiterführen, und das geht über Taufe hin zum Altar, dem Tisch des Herrn. Dort findet er Gleichgesinnte. Dort kommt er auch zur Ruhe. Der Zweifel wird überwältigt. Und wenn man auf den Flügelaltar schaut, dann erkennt man rechts am Rand den Thomas wieder. Er steht unter den Zwölfen und kann sehen und ist gelöst. Er ist einen Weg gegangen. Er hat Glauben gefunden. Zweifel ist kein Endstadium. Man geht hindurch, immer mal wieder, so lange man auf dieser Erde ist.

Am 10. Juli 1983 weihten wir den Parchimer Thomas ein. Er hatte Heimat in unserer Kirche gefunden. Die Christenheit hat ihn nicht so oft herausgestellt, den Thomas. Den Glaubensvorderen war er immer ein wenig verdächtig. Aber es gibt Entwicklungen in der Kirche, und vielleicht kann man sagen, der Thomas ist der Heilige des modernen Menschen.

Trotzdem blieb es schwierig mit dem Zweifel. An der Kirche durfte man offenbar nicht zweifeln, oder?
Zwei frühere Konfirmandinnen kamen und wollten Krankenschwestern in einem kirchlichen Krankenhaus werden. Ich möchte ihnen behilflich sein bei der Lehrstelle. Sie brachten ihre Unterlagen. Wir schrieben an die Leitung des Krankenhauses. Ich befürwortete das gern, denn die beiden waren nach der Konfirmation regelmäßig im Jugendkreis unserer Gemeinde gewesen.
Das Krankenhaus, in dem sie lernten, gehörte der Kirche. Es war groß. Es machte ihnen Spaß, zu lernen. Jedesmal, wenn sie nach Hause kamen, schauten sie bei mir ein und berichteten.
Ein halbes Jahr später machte es keinen Spaß mehr. Sie wollten weg von dem Krankenhaus.
Aber Ihr werdet doch nicht eine so wertvolle Lehrstelle aufgeben! Denkt daran, andere sind froh, wenn sie eine feste Stelle haben.
Wenn Sie wüßten, sagten die Mädchen. Natürlich wollte ich wissen, was vorgefallen war.
Die Mädchen erzählten. Die Ausbildungsschwester ist blöd, sagten sie. Sie ist auch gemein. Und unsere Hausmutter zieht einige vor. Die Kinder von den kirchlichen Funktionären zum Beispiel. Der Vater muß nur Oberkirchenrat sein, dann ist alles anders. Ist was vorgefallen, das Oberkirchenratstöchterlein ist der reinste Engel. Und wir sind schuld, egal was passiert ist. Ne, sagten sie, das hätten wir nicht gedacht, daß in einem kirchlichen Haus soviel Ungerechtigkeit herrscht. Das wollen Christen sein? Nein, danke! Das sind Heuchler.

Nun mal langsam, beruhigte ich die beiden. Was habt Ihr denn gedacht? Es wurde ein langes Abendgespräch. Ich mußte ihnen etwas Grundsätzliches erklären. Das war nicht so einfach. Die beiden waren sehr geknickt. Aber ich dachte, daß sie am Schluß unseres Gespräches eine andere Sicht bekommen hatten. Jedenfalls blieben sie in der Ausbildung und sind heute gute Krankenschwestern.

Ich hatte ihnen klargemacht: Wißt Ihr, wenn ich die Kirche satt habe, dieses total irdische Unternehmen, und das kommt schön öfter vor, dann denke ich an den Stall von Bethlehem.

Die Hauptsache in dem Stall ist Jesus Christus, der Heiland und Erlöser. Auf ihn ist unser Glaube bezogen. Nach ihm nennen wir uns Christen. Das ist die Hauptsache.

Daneben gibt es in dem Stall Hirten, die erst lernen müssen, was Glaube an den Erlöser heißt. Sie sind ja noch ganz frisch dabei, eben dazugekommen, muß man sagen. Waren grad noch auf den Feldern von Bethlehem bei ihren Herden. Es würde ein Zeitchen dauern, bis sie das mit dem Jesus verstanden. Und es gibt die Krippe mit eckigen Seiten und mit rostigen Nägeln und vielleicht wackeligen Ständern. Und es gibt im Stall den Mist. Das ist nun mal so in einem Stall. Der Mist stinkt. Kann nicht anders sein. Und um die Krippe herum stehen Ochs' und Esel und sind einfach dabei.

Ich denke mir, in der Kirche, die auch so eine Art Stall ist, da gibt es eben Mist, und Ochs und Esel gibt es auch. Das alles hält der Stall aus. Sagen wir uns doch, wir glauben nicht an Ochs und Esel, wir machen uns auch nicht fertig über den Mist oder den Gestank, der davon ausgeht.

Wir glauben an das Wunder in der Krippe, an das Kind, in dem uns Gott begegnet.

Die Mädchen lachten über meine Stalltheologie. Aber sie konnten alles ein wenig besser einordnen.

Wenn ich über die Kirche nachdenke, dann fällt mir ein: es kann gar nicht anders sein, als daß sie ausblutet. Sie macht zu viele Fehler. Sie erkennt so schwer, was heute dran ist. Sie hängt zu sehr am Alten. Sie kümmert sich um alles Mögliche, aber um diesen Jesus Christus?

Sie duldet es, daß langweilige Predigten gehalten werden. Sie kann sich nicht lösen von den vielen Immobilien, die sie besitzt, obgleich sie bei der Erhaltung überfordert ist. Sie gibt Millionengelder für die alten Kirchen aus, und was stellt sie für die Missionsarbeit an den modernen Heiden zur Verfügung? Sie läßt zu, daß Engstirnigkeit da ist und Fanatismus. Daß es die Toleranz schwer hat und Konflikte unter den Teppich gekehrt werden. Und mir fallen immer wieder neue Argumente gegen die Kirche ein. Ich habe meine Zweifel an dieser Kirche, große Zweifel.

Und manchmal hatte ich Zeiten, da hätte ich auf der Stelle sagen mögen: Ich hab es satt, Ihr müßt fortan auf mich verzichten, ich trete aus diesem Verein aus.

Aber dann höre ich am Sonntag eine Predigt, die mich anspricht und bewegt, und ich lerne einen Kollegen kennen, der so lebendig mit uns den Gottesdienst feiert und vom Glauben spricht, daß ich nach der Predigt am liebsten geklatscht hätte, weil er das Leben so schildert, wie es wirklich ist, und den Glauben stellt er in dieses wirkliche Leben hinein. Und ich trete an den Abendmahlstisch und strecke meine Hand aus und das Wunder geschieht, tief in meinem Innern, daß ich spüre, ich bin angenommen mit meinem großen Packen von Schuld. Ich kann die Zweifel über Bord werfen und ich sage mir, Kirche mit ihren Mitgliedern, Mitarbeitern und Pfarrern, da gehörst du mit dazu und du hast im Sinne des Gleichnisses vom Stall im Lauf der Jahre dein Stücklein Mist dazugelegt und keiner ist gekommen und hat gesagt, so, jetzt ist aber Schluß mit dir, wir müssen uns von dir trennen. Und wenn auch die Zweifel wiederkamen, so stand doch fest: Wir brauchen diese Kirche. Wir können sie nicht aufgeben. Wir haben nichts Besseres zur Zeit.

Und ich dachte, mit der Kirche ist es ein wenig auch so, wie mit meinem Körper. Er ärgert mich oft, weil er nicht so will, wie ich möchte, und weil er mit den Jahren diese und jene Gebrechlichkeit aufweist und weil er hier und dort schon mit Ersatzteilen leben muß. Und wenn ich auch gelegentlich gedacht hatte: weg mit ihm! Man hat nur Ärger mit ihm!

Aber einstweilen habe ich keinen Besseren. Da behalt´ ich ihn eben und versuche mit ihm zu leben.

Martin Luther sagte einmal von der Kirche: „Ich hab' sie lieb, die werte Magd." Ich will nichts gegen Martin Luther sagen, nur liebhaben kann ich sie nicht, die Kirche, aber achten kann ich sie und einsehen, daß es manches Große auf dieser Erde nur so gibt: In behelfsmäßiger Verpackung.

Konzert der Festspiele Mecklenburg-Vorpommern
mit Yehudi Menuhin in der
St. Georgen Kirche Parchim 1994

Mit dem weißen Talar in St. Georgen

13. Kapitel

DER UMSTURZ VON 1989

Es geschah in den Herbsttagen 1989. Die Ereignisse überschlugen sich. In den Köpfen standen die Gedanken Schlange. Die Wucht eines einmaligen geschichtlichen Augenblicks traf auf die Menschen in Osteuropa. Politik wurde auf der Straße gemacht. Demokratie ereignete sich pur. Das Modewort dieser aufregenden Wochen lautete: Es ist Wahnsinn!

Das Volk ging in die Kirchen und betete um Frieden. Danach zogen sie mit Kerzen in den Händen vor die Machtzentralen und zeigten, wer der Herr im Hause ist.

Das Volk befreite sich von einer Gewaltherrschaft, deren verbrecherische Ausmaße erst nach und nach deutlich wurden.

Es war wie ein millionenfacher Aufschrei: Wir sind belogen und betrogen worden! Eine kleine Gruppe von alten, verkalkten und gefährlich verblendeten Politikern hatte es über Jahre hin geschafft, so zu tun, als handelten sie im Interesse des Volkes. In Wirklichkeit wollten sie ihre Macht sichern. Was war den Menschen jahrelang übriggeblieben? Was hätten sie tun sollen? Es sagt sich heute leicht, daß sie sich sowas nicht hätten gefallen lassen müssen. Aber die Machthaber waren je länger desto mehr entschlossen, ihr Zerrbild von Demokratie und Sozialismus durchzusetzen. Und zur Absicherung stand die Staatssicherheit bereit, die zugeschlagen hätte, wo einer aus der Reihe tanzte. Am 22. Januar 1989 erklärte Erich Honecker in voller Herrscherpose: „der Sozialismus in der DDR ist die einmalige historische Leistung, und die Berliner Mauer steht noch l00 Jahre".

Neun Monate später, am 18. Oktober, wurde er aus der Regierung verjagt. Seitdem war er ein starrsinniger, herumirrender alter Mann. Und drei Wochen danach, am 9. November, wurde die Berliner Mauer geöffnet.

Was war geschehen?

Wie war ein solcher Umsturz möglich? Wer oder was hatte ihn letztlich bewirkt?

Historische Ereignisse fallen nicht plötzlich wie ein Hagelwetter vom Himmel. Sie haben Wurzeln und bereiten sich vor.

Es war ein ganz normaler Sommer. Das Korn stand auf den Feldern. Ende Juli ging der Bauer ans Feld, nahm eine Ähre und zerrieb sie in der Hand. Ja, es ist gut, wir können mit der Mahd beginnen.

Es gab eine gute Ernte. Der Bauer brachte das Korn nach dem Dreschen auf den geräumigen Hausboden. Er hatte vor Jahren den Boden so eingerichtet, daß er eine große Ernte dort lagern konnte. Die Körner mußten trocknen. Die Berge, zu denen sie aufgeschüttet waren, durften nicht zu groß sein. Luft mußte herankommen können. Der Bauer schippte von Zeit zu Zeit die Kornberge um.

Eines Tages, als ich ihn besuchen wollte, fand ich ihn auf dem Kornboden. Es roch angenehm und fruchtig in dieser Vorratskammer eines Reichtums, der von jeher der Stolz des Landmannes war.

Der Bauer war ein tätiges Mitglied unserer Kirchgemeinde. Wir sprachen öfter miteinander. Wir gingen in den Stall, und er zeigte mir seine kleinen Ferkel, die vor Tagen das Licht der Welt erblickt hatten. Er war Landmann mit Leib und Seele, der Bauer. Er sprach gern von seinen Tieren. Er führte sie vor. Jedes hatte seinen Namen, und er wußte sie alle auf Anhieb.

Der Herbst kam, Der Bauer rief mich an. Er müßte mich unbedingt sprechen. Es eilte. Ob ich noch gleich am Abend kommen könne?

Es war spät geworden, als ich auf dem Hof des Bauern ankam. Er hatte bereits gewartet. Er war aufgeregt. Ich kannte ihn so nicht. Es mußte ein triftiger Grund vorliegen, sonst war er nicht aus der Ruhe zu bringen.

Wir werden in den Westen gehen, sagte er ohne Umschweife. Bitte behalten Sie das noch ganz für sich. Es soll in den nächsten Wochen geschehen. Das wollen Sie machen? fragte ich. Sie haben die Wirtschaft und das Vieh, und Sie haben alles mühsam hier aufgebaut.

Es hat keinen Zweck mehr, sagte er. Überall ist zu hören, sie wollen die Bauern in die LPG zwingen, in diese russische Genossenschaftsform. Es wird nicht mehr lange dauern, dann werden sie Gewalt anwenden. Ich kenne die Brüder. Und wehe, wer dann nicht in die LPG will, den werden sie trietzen und ihm das Wasser abgraben. Und am Schluß, wenn sie alle in der LPG sind, werden sie sagen: Sind alle freiwillig 'reingegangen. Aber nicht mit mir!

Er wurde aufgeregt. Er ging im Zimmer hin und her.

Sie können mir glauben, begann er wieder, es fällt mir nicht leicht, alles hier aufzugeben. Aber es muß sein. Und wenn Sie uns helfen, so können wir noch Einiges an die Seite bringen.

Wie an die Seite bringen, fragte ich, wie meinen Sie das?

Ich denke mir das so, sagte er nach einer Pause. Sie suchen einen anderen freien Bauern des Vertrauens und machen mit ihm ab, daß er sich nachts mein Korn vom Boden holen kann, zu einem günstigen Preis. Aber absolut zuverlässig muß er sein. Es darf niemand wissen, wo das Korn hingegangen ist. Sie wissen ja, das würde als Fluchtbeihilfe ausgelegt, als Mitwisserei und unter harte Strafe gestellt.

Zweitens bitte ich Sie, fuhr er fort, für mich nach Westberlin zu fahren, mit einer Aktentasche voll Bargeld, es umzutauschen und sofort an eine Adresse im Westen zu schicken. Selbstverständlich fällt eine Spende für die Kirche dabei ab. Und Sie werden schweigen wie ein Grab, bis wir drüben sind und eine Zeit darüber hingegangen ist. Aber das können Sie ohnehin als Pastor.

Ich mußte erst einmal Luft holen. Eine schöne Bescherung! Getreideschmuggel und unerlaubter Geldtransport, was würde das als Strafmaß bringen? Mindestens drei Jahre Haft im DDR-Knast! Kann ich das machen? Ich bin Pastor, nicht Schmuggler! Ich überlegte krampfhaft. Ich mußte auch meine Frau einweihen. Sie war mitbetroffen. Wir verabredeten, daß ich am nächsten Tag eine Nachricht geben würde.

In der Nacht lag ich lange wach. Wir sprachen am Morgen darüber. Ja, ich wollte es machen. Ich weihte einen anderen Bauern ein. In der Nacht darauf sollte die Getreideaktion geschehen. Wir fuhren mit dem größten Gummiwagen, den der Bauer hatte, zu dem Fluchtwilligen. Der hatte das Korn bereits in Säcke geschippt. Soviel der Wagen fassen und die Pferde ziehen konnten, luden wir auf. Alles mußte still und unauffällig geschehen. Es war nachts um zwei Uhr als wir mit dem Kornwagen abfuhren. Der Bauer nahm Umwege übers Feld, fuhr Seitenstraßen und erreichte den Bestimmungshof eine Stunde später. Es war eine Fahrt mit Herzklopfen. Einige Tage später fuhr ich mit der Aktentasche voller Geld nach Berlin. Alles ging gut. Ich hatte Angst, und die Frage, ob ein Pastor bei diesen Transaktionen mitmachen darf ließ mich nicht los.

In der Nacht darauf reiste der Bauer mit seiner Frau nach Berlin und kam nicht wieder ins Dorf zurück. Jeder hatte einen Koffer mit Sachen bei sich. Alles andere mußte auf dem Hof verbleiben. Später schrieben sie uns auf Umwegen einen Brief, in dem stand: Wir haben beide geweint, als wir in Westberlin ankamen.

Nächsten Tag wurde bekannt, der Bauer P. ist in den Westen abgehauen. Hat alles stehen und liegenlassen. Das wurde sofort vom Staat beschlagnahmt und kassiert, ohne jede Entschädigung.

Die Beschlagnahmekommission ging durch die Ställe, durchs Haus, Keller und Boden und schrieb auf, jedes Stück Vieh, jeden Zentner Kartoffeln und die Möbel und die Maschinen, die vorhanden waren. Ab sofort ist alles Staatseigentum. Als die Kommission auf den Boden kam und das Korn besichtigen wollte, strahlten sie alle. Berge von Korn! Von allem ausreichend vorhanden! Da kannst mal sehen, sagte der Leiter der Kommission, der ein Stadtrat aus der Nachbarstadt war, und als fanatischer Parteigenosse bekannt, sieh mal, was die dicken Bauern zusammengerafft haben! Er ging an den ersten großen Roggenkornhaufen und wollte mit beiden Händen im duftigen Korn wühlen. Aber, da! Oh Schreck! Das Korn war nur eine kleine Schicht von Körnern, die auf Zeltbahnen aufgeschüttet war. Unter den Zeltbahnen befanden sich Berge von Heu und Stroh. Der Stadtrat rannte zum nächsten Haufen. Er faßte rein und schrie: Verdammte Bauernbrut! Alles auf die Seite geschafft! Aber das will ich Euch sagen, da steckt bestimmt dieses Aas von Boddiner Pastor dahinter. Der soll sich vorsehen, den kriegen wir auch noch mal.

Die Nachbarbauern, die mir den Kommissionsvorfall Wochen später berichteten, taten unschuldig und machten sich eine Gaudi daraus.

Hat er richtig gemacht, der Emil, sagten sie. Das gönnen wir dem dicken Stadtrat. Mich brachten sie mit keinem Wort mit der Sache in Verbindung. Ich habe nicht herausbekommen, ob sie nicht doch etwas ahnten.

Ein halbes Jahr später etwa wurden alle Bauern in die LPG gezwungen. Dazu wurden sie wochenlang von zwei Werbern besucht. Zuerst klärten sie auf und sagten: Überlegt euch das. Tretet ein! Wenn die Bauern nein sagten, kamen sie wieder, mehrmals, und redeten und redeten. Ihr bekommt keinen Dünger, sagten sie. Ihr werdet große Probleme kriegen, drohten sie. Die Bauern waren aufgeregt, kopflos und schließlich gaben sie ihre Unterschrift, gezwungen, erschöpft von den Diskussionen und bedrängt von den Drohungen. Sie unterschrieben alle, ohne Ausnahme. Es war eine Zeit der Unruhe auf den Dörfern. Ich habe noch nie so viele Männer weinen sehen wie in dieser Zeit, die man die Zeit der Kollektivierung der Landwirtschaft nannte.

Ich sehe in einem alten DDR-Lexikon nach und finde über die LPG den Satz: „Im Frühjahr 1960 hatten sich alle Bauern zur LPG zusammengeschlossen". Gut ein Jahr später, am 13. August 1961, wurde die Berliner Mauer gebaut.

Das Unrecht der Zwangskollektivierung mußte weiterwirken. Eine negative Saat war gesät. Sie würde aufgehen. Die Bauern hatten zu einem Teil fünfzehn Jahre vorher das Land bekommen. Die Gutsherrn, denen es gehörte, waren enteignet worden. Viele , eben aus dem Krieg zurück, begannen mit einem Ochsen oder einem lahmen Gaul das Land zu beackern. Sie bauten sich eine neue Existenz auf. Sie arbeiteten, solange wie der Tag hell war. Sie kannten keinen Sonntag, keinen Feierabend. Sie schufteten wie die Sklaven. Man hatte ihnen gesagt, es ist Euer Grund und Boden. Sie kümmerten sich. Die Familie sprang voll mit ein. Sie schleppten die Kartoffeln zum Pflanzen aufs Feld. Sie hackten die Rüben, Reihe für Reihe in der sengenden Sonne. Sie mähten das Korn mit der Sense zuerst oder mit dem Loppenmäher. Sie stakten es tagelang auf die Wagen, bauten Mieten, von denen gedroschen wurde, bis spät in die Nacht. Sie haben sich wirklich viel versucht!

Eben sahen sie etwas Erfolg! Da kam die Zwangskampagne, und über Nacht waren sie wieder wie Leibeigene, auch wenn man ihnen anderes vorerzählte. Sie mußten in der Folgezeit mit ansehen, wie in vielen Genossenschaften die Eigeninitiative zerbröselte und eine vernünftige Ökonomie nicht zum Zuge kam.

Es gab Mustergenossenschaften, ja, aber auch sie würden den wirtschaftlichen Ruin des Landes nicht aufhalten können. Er war schleichend und breitete sich über Jahre hin aus. Und wenn in den achtziger Jahren die Bundesrepublik nicht mit Milliardenkrediten geholfen hätte, wäre der Bankrott der DDR viel früher sichtbar geworden.

Zu dem wirtschaftlichen kam das andere Unrecht. Und vielleicht war es noch größer als das erste.

Die Berliner Mauer, über 40 Kilometer lang durch eine Weltstadt gezogen, wurde in einer Nacht errichtet. Man glaubt es kaum, daß es ging, aber es war geschehen. Eine Stadt mitten durchgeschnitten!

Das war die grausame Erfindung einer Politik, die sich schon damals in einer Sackgasse befand. Tausende waren dem Staat in den Jahren davongelaufen. Viele Tausende. Jetzt sollte die rigorose Maßnahme den bedenklichen Aderlaß verhindern. Zudem sollte der Freiheitswille eines Volkes gebrochen werden.

Wir wissen aus der Pädagogik, wenn man einem jungen Menschen den Willen bricht, dann wird er zur angepaßten ideenlosen Kreatur. Allerdings nur für eine Zeit. Er würde irgendwann die geraubte Freiheit wiedersuchen. Und weil er durch die Einmauerung auch noch gedemütigt worden war, würde er für die Freiheit kämpfen.

Die Partei wußte das. Sie baute die Stasi aus. Sie gab der Armee eine politische Bedeutung. Die Mauer, der demokratische Schutzwall des Friedens, wie man ihn nannte, mußte verteidigt werden. Gegen wen? Gegen die Staatsfeinde natürlich. Nur, wer waren das, die Staatsfeinde?

Waren es nicht die arbeitenden fleißigen Bürger, die im Land geblieben waren? Der Kampf ging gegen die eigenen Leute. Das machte nichts. Das Volk mußte bewacht und geführt werden.

Die Elternversammlung fand im Unterrichtsraum der Schule statt. Unser jüngster Sohn besuchte die neunte Klasse. Meine Frau und ich gingen zusammen in den Ort der Qual. Auch dort wurde kräftig politisch berieselt. Keine Gelegenheit durfte verpaßt werden. Und so konnte es kommen, daß mündige Menschen, die Eltern der Schulkinder, in den Bänken saßen und das über sich ergießen lassen mußten, was täglich ohnehin in den Zeitungen stand.

Diesmal sollte die Ferienschülerfahrt ausgewertet werden.

Zuerst folgte wie üblich die sozialistische Predigt der Klassenleiterin. Die Errungenschaften unseres Staates, der Kampf gegen den Klassenfeind, und am Schluß die erbetenen Vorschläge, wie dem Klassenfeind noch besser beizukommen war, damit er unsere wertvollen jungen Menschen nicht durcheinanderbringe, so daß sie Ausreiseanträge stellen.

Sie ging zur Ferienfahrt über. Sie schwärmte, wie schön die gewesen sei und wie lehrreich! Und die Stimmung sei ideal gewesen. Und alle hätten sich wohlgefühlt.

Nicht alle, sagte ich in die Schwärmerei hinein. Ich meldete mich. Ich konnte es nicht mehr aushalten. Nicht alle, und ich möchte, daß wir hier darüber sprechen und das auswerten.

Die Lehrerin schnappte zuerst nach Luft. Da hatte doch jemand etwas gegen eine sozialistische Unternehmung einzuwenden! Unerhört! Sie tat erschrocken und beleidigt, so als hätte ich ihr Kleid mit Honig beschmiert. Ich erklärte, daß unser Sohn erzählt hätte, auf der Ferienfahrt mußten sie abends noch lange Läufe unternehmen. Zackig durch die Landschaft rennen. Auch am Tage mußten sie eine Art vormilitärisches Training über sich ergehen lassen.

Ich finde das nicht angebracht, sagte ich. Es sind Schulkinder, und keine Soldaten. Außerdem sollen die Ferien Spaß machen. Hier hätten sich die Kinder geschliffen gefühlt. Ich hätte auch von anderen Eltern Kritik daran gehört.

Das war so. Unser Sohn hatte es berichtet. Wir hatten es auch selbst von seinem Schulfreund gehört.

Aber da war was los! Die Lehrerin schüttelte entrüstet den Kopf und sah mich an wie einen, der sich eben mit einer dußligen Bemerkung daneben benommen hatte. Ich armer Irrer! Wie konnte ich die hohe Kunst der sozialistischen Erziehung nur so unterbelichtet darstellen? Wie konnte ich das wagen?

Stimmt das, ist das auch Ihre Meinung? fragte sie zu den Eltern hin.

Stille. Dann ein Vater, er arbeitete irgendwo im Staatsapparat: Das könne er nun überhaupt nicht verstehen. Er hätte nur Gutes gehört. Und übrigens, ein bißchen Ordnung täte der Jugend schon gut. Ob die andern Eltern nicht auch dieser Meinung seien? Sein Ton war bissig und drohend. Keiner meinte etwas anderes, alle nickten. Auch die, von denen wir vorher gehört hatten, daß sie unserer Meinung seien. Einer, der in der letzten Reihe saß, meldete sich zu Wort. Die Lehrerin atmete sichtlich auf.

Also das sei ja ein Ding, meinte er. Wie der Vater eines Schülers hier sowas ablassen könne! Und er solle gefälligst sagen, genau sagen, was er meine. Der Mann von hinten war der für die Wehrerziehung zuständige Offizier an der Schule. Er hatte heute keine Uniform an. Ich kannte ihn nicht. Aber ich wußte von einigen Schülern, daß er, wie die Schüler sagten, eine „miese Ratte" war. Die Eltern saßen eingeschüchtert in den viel zu engen Schulbänken. Keiner wagte, gegen den Vater etwas zu sagen.

Ich sagte abschließend, daß ich es nicht hinnehmen werde, daß unser Sohn in der Schulzeit militärische Übungen machen muß. Es gibt in unserm Staat den Weg der Bausoldaten. Die seien zugelassen, und ich bäte den Herrn Wehroffizier, für meinen Sohn darauf Rücksicht zu nehmen. Ich sagte es deutlich. Ich war aufgeregt dabei.

Das Schweigen wurde so kalt wie eine Wand. Alle schauten uns an, als seien wir Aussätzige. Ich sagte mir, das war das letzte Mal, daß ich eine Elternversammlung besuchte.

Manche Wehrbeauftragten waren vom gleichen Schlage. Den meisten Schülern waren sie verhaßt. Lediglich die Schüler, die von ihnen als zukünftige Offiziersanwärter gechartert wurden, hatten es gut und sangen ihr Loblied. Auch später in Parchim hatten wir wieder einen Wehrbeauftragen, der stolzierte in Uniform durch die Straßen, als sei er gerade vorhin zum Stadtkommandanten ernannt worden und Einheimische, die ihn von früher her kannten, sprachen nur von ihm als: Der alte Wichtigtuer.

Im November 1980 fand die erste Friedensdekade in der Kirche statt. Sie wurde von einem kirchlichen Gremium in Berlin für alle Kirchen in der DDR vorbereitet. Material wurde angeboten. Die Themen waren überall gleich. Es leuchtet ein, daß die staatlichen Stellen höchst unglücklich über diese Einrichtung waren. Nur verbieten konnten sie sie nicht.

So trafen sich alljährlich zehn Tage lang im November, junge und glaubensbewußte Christen. Sie wollten nachdenken über den Frieden. Auch darüber, wie unsere Welt ohne Waffen auskommen könne.

Dieses Nachdenken mündete in Gruppenunternehmungen. Oder es brachte Einzelaktionen in Gang.

Die erste Friedensdekade hatte das Thema: „Frieden schaffen ohne Waffen". Die zweite: „Schwerter zu Pflugscharen". Sie führte zu staatlichen Gegenmaßnahmen. Die Aufnäher, die wir in der Zeit verteilten, fanden die deutlichste Mißbilligung des Staates. In vielen Städten wurden die Aufnäher von Polizisten eingezogen.

Die Georgengemeinde machte die Friedensdekade mit. Wir versammelten uns jeweils um 18 Uhr in der Kirche. Einer in der Gruppe legte ein Bibelwort aus. Es mußte ein Laie sein. Wir machten eine Gebetsgemeinschaft. Jeder trug sein Anliegen vor. Wir beteten um Versöhnung unter den Völkern, um Friedensbemühungen in den Kriegsgebieten, um Gerechtigkeit unter den Menschen. Wir beteten um Schutz für die Verfolgten und für die Flüchtlinge überall auf der Welt. Wir nannten die Anliegen mit Ort und Namen. Jedesmal schickten sie uns Spitzel in die Veranstaltung. Die versuchten unauffällig mitzumachen, aber spätestens beim Gebet merkten wir, daß Beten für sie ungewohnt war. In einer Nachbesprechung unter Getreuen tauschten wir unsere Eindrücke aus. Hättest du gedacht, daß der ..., es folgte ein Name, sich für sowas hergibt?

1988 hatte die Friedensdekade einen besonderen eigenen Sinn. Fünfzig Jahre zuvor hatte es die Reichskristallnacht gegeben. Juden waren angeprangert und gequält worden. Häuser von Juden demoliert und Synagogen waren geschändet worden.

Auch in Parchim hatte man die Synagoge, die sich bis dahin in der Rosenstraße befand, ausgeräumt und zerstört. Die heiligen Gegenstände waren öffentlich verbrannt, und die für eine kleine Stadt einmalige Schandtat geschah, daß man den Juden Ascher, der das große Geschäft in der Lindenstraße besaß, aus dem Haus zerrte, ihm aus Spottlust einen Topf auf den Kopf setzte und ihn unter dem Gegröhle von Parteileuten durch die Straßen Parchims jagte.

Ich hatte in den Parchimer Jahren einen alten Kaufmann begraben, der war Geschäftsführer bei dem Juden gewesen. Seine Frau hat mir den Vorfall ausführlich berichtet. Sie weinte, als sie davon erzählte. Und sie sagte immer wieder, es war furchtbar! Wir haben den Juden kennengelernt, sagte sie, als einen fleißigen Kaufmann, als netten Herren, der keinem etwas zuleide getan hat. Wir können den gequälten Blick in seinen Augen nicht vergessen, als man ihn so verhöhnte. Es war furchtbar.

Mir ist bis heute unerklärlich geblieben, warum damals kein Parchimer herausgekommen und eingeschritten ist. Auch warum Kirchenleute, die doch ganz in der Nähe wohnten, still waren.

Aber vielleicht ist es die gleiche Überforderung, wie bei der Frage, warum haben wir in der DDR-Zeit geschwiegen, als sie die Parole ausgaben: „Der Friede muß bewaffnet sein."

An einem Abend in der Friedensdekade 1988 verabredeten wir mit unserer Gruppe den nächsten Abendtreff am Eingang des Parchimer Friedhofs. Der Abend kam. Es war dunkel. Jeder hatte ein Marmeladenglas mitgebracht, in das wir eine Kerze stellten. Die Glocken von St. Georgen läuteten. Wir waren 50 Frauen, Männer und Jugendliche. In einer Lichterprozession zogen wir über den Friedhof zu dem Teil hin, der vor Jahren die Reste des alten Parchimer jüdischen Friedhofs aufgenommen hatte. Er lag früher am Westrand des Wockersees, wo sich heute die Badeanstalt befindet. Die Nazis hatten den Friedhof verwüstet. Erst nach 1945 hatten Parchimer Bürger die Reste dieses Friedhofs sichergestellt, um auf dem offiziellen Friedhof eine stille Gedenkstätte einzurichten. So standen jüdische Grabsteine auf dieser Stelle, von einigen nur die verbliebenen Reste. Andere waren noch heil. Man hatte sie in den Boden eingelassen. Die Stelle war mit einer Hecke umgeben, alles einfach, aber würdig. Wir machten auf diesem jüdischen Friedhof unsere Feier. Wir gedachten der Schreckenstaten, die man dem jüdischen Volk angetan hatte. Wir nannten besonders die Parchimer Geschehnisse. Wir wollten erinnern, uns des Unrechts bewußt werden und wir wollten versprechen, uns nie wieder so verblenden zu lassen.

Die Gebetsgemeinschaft, die wie üblich diesmal auf dem Friedhof stattfand, lag uns am Herzen. Im Dunkel des Friedhofs standen wir um die jüdischen Grabsteine herum, nur erleuchtet durch die 50 Glaslichter. Es war ein Erlebnis, das uns verband und tief anrührte.

Viel später erfuhren wir, daß auch an diesem Abend mehrere Aufpasser dabei waren. Aber sie hatten sich gut getarnt. Einer von ihnen war ein Mitglied der Kampfgruppen der DDR. Er hätte uns schon damals auffallen müssen. Ich sehe ihn noch vor mir, wie ängstlich er dreinschaute im Schein seines Glaslichtes, als wir vom Friedhof nach Hause gingen. Er mußte haargenau berichten.

Denn vor Kerzen und Betern hatten sie besondere Angst, die Leute von der Sicherheit des Staates.

Am 1. Januar hatte der Landesbischof der Mecklenburgischen Landeskirche in seiner Predigt im Dom wörtlich gesagt: „daß wir von Geheimdiensten umgeben sind, die eine tödliche Angst verbreiten."

So habe ich es mir damals sofort in mein Tagebuch geschrieben. Wir Eingemauerten hatten Angst. Das war so. Und wenn man am Telefon auf etwas Politisches kam, dann hieß es sofort: Das kann ich Dir am Telefon jetzt nicht sagen.

Wenn man im Geschäft kräftig geschimpft hatte, weil es schon wieder mal was nicht gab, dann sah man sich um, ob einer mitgehört hatte. Keine Angst, sagte die Verkäuferin, die Luft ist rein, wenn sie eine von uns war. Es war schon belastend, daß man immer mit diesen Schnüfflern rechnen mußte.

Er arbeitete seit einigen Jahren als Krankenpfleger in der Bezirksklinik. Er hatte sich für das Wochenende bei uns angemeldet. Es sei dringend, sagte er, wieder mal. Seine Verlobte wollte dabei sein.

Er gehörte zu denen, die am 1. Mai keine rote Nelke kauften. Die wurde zum Kampftag der Werktätigen im Betrieb angeboten. Man hatte sie zu kaufen. Sonst fiel man unangenehm auf.

Kannst doch ruhig nehmen, hatte der BGLer gesagt. Da ist doch nun wirklich nichts dabei. Behalt sie, sagte der Krankenpfleger, ich bin kein Heuchler. Er nahm auch nicht an der Maidemonstration teil. Obgleich sein Chef sagen mußte, da sollte man mitmachen, sonst fallen wir unangenehm auf. Einmal mußte einer aus der Abteilung die Fahne zum Maiumzug tragen. Nein, sagte der Krankenpfleger. Ich nicht, damit das klar ist. Ich mach´ mich doch nicht zum Heinz der Woche. So war er immer wieder aufgefallen. Das war genauestens vermerkt worden.

Sie kamen zum Wochenende. Seine Verlobte war mit dabei. Abends saßen wir zusammen. Er machte ein bedenkliches Gesicht. Was ist? fragte ich. Also damit Du es gleich weißt, wir, meine Verlobte und ich, wir werden einen Ausreiseantrag stellen.

Nun war es ´raus. Ich bekam einen Schreck. Ausreisenantrag? Was sollte werden? Ich war eigentlich dafür, hierzubleiben, in dem Staat seinen Posten zu halten. Es mußte Leute geben, die ihre berufliche und menschliche Pflicht hier zu tun versuchten. Auch wenn sie politisch anderer Meinung waren. Wir konnten nicht alle weggehen. Viel zu viele, und oft die Besten in den Betrieben und Abteilungen, waren in den Jahren nach der Mauer gegangen. Man sollte in der Öffentlichkeit darüber nicht sprechen. Dennoch fiel es auf. Manche gingen mit Ausreiseantrag. Andere kamen von genehmigten Westreisen nicht zurück. Einige schafften es unter großer Gefahr und unsäglichen Mühen übers Ausland. Anderen gelang die Flucht über Berlin oder über dunkle diplomatische Kanäle.

Ich versuchte Einwände vorzubringen. Die beiden jedoch waren entschlossen. Aber es wird eine schwere Zeit für Euch werden, sagte ich. Es geht nicht so schnell mit einem Ausreiseantrag. Im Betrieb werden sie Euch schneiden. Vielleicht werden sie Euch sogar entlassen. Man hat davon gehört.

Das ist uns egal, sagten die beiden. Hier wollen wir nicht bleiben. In einem Land, in dem Menschen gegängelt und wir mit unserer Anschauung pausenlos benachteiligt werden, da wollen wir nicht leben. Sie erzählten, sie hatten schon wieder die Prämie nicht bekommen, die für gute Arbeit der Abteilung ausgegeben worden war. Wir sind nicht in der Partei, auch nicht in anderen Organisationen, da hätten wir keinen Anspruch darauf, haben sie gesagt. Sind doch alles Verbrecher, sagte der Krankenpfleger. Nein, hier hält mich nichts! Wir wollen weg. Sie waren wirklich entschlossen.

Ich sah, sie hatten alles bedacht. Wir überlegten gemeinsam. Meine Frau lenkte zuerst ein. Wenn sie doch alles überlegt haben! Sie sind alt genug! Gut, sagte ich, ich helfe Euch bei dem Antrag.

Deshalb sind wir hier, sagten sie. Etwas Erfahrung gehört ja doch dazu. Man merkte, ihnen fiel ein Stein vom Herzen.

Wir formulierten den Antrag auf Entlassung aus der Staatsbürgerschaft. Er mußte deutlich sein, aber nicht unhöflich. Er mußte die eigentlichen Gründe benennen. Herumreden half nichts.

„Wir sehen hier keine berufliche Perspektive, ohne uns in gesellschaftspolitische Zwänge zu begeben. Ich wollte eine berufliche Qualifizierung machen und mußte davor angeben, ob ich Mitglied in der Freien Deutschen Jugend, in der Deutsch-Sowjetischen Freundschaft und im FDGB bin. Ohne diese Mitgliedschaften ständen meine beruflichen Chancen schlecht. Wir lehnen solche Praktik als Bevormundung ab. Jeder Bürger muß gemäß seinem Wissen und Können seine Chance haben.

Vor zwei Jahren starb in der Bundesrepublik mein leiblicher Großvater. Mein Antrag, zusammen mit meinem Vater an das Sterbebett meines Großvaters zu fahren und kurz darauf an der Beerdigung teilnehmen zu können, wurde abgelehnt. Ich habe mich beschwert und erneut beantragt. Nichts.

Ein Staat, der auf diese Weise familiäre Selbstverständlichkeiten regelt, ist für mich nicht akzeptabel. Ich habe in meiner Schulzeit in Schwerin Verspottung meiner christlichen Überzeugung erlebt in einer Weise, die mich gekränkt hat. Erst durch massive Beschwerden konnte diese Unmöglichkeit abgestellt werden. Aber in meinem Bildungsweg wurde ich dennoch bis heute behindert. Ich konnte kein Abitur machen und auch sonst nicht weiterkommen. In einem Staat, der Glaubensfreiheit zwar in der Verfassung verspricht, aber Christen dann benachteiligt und dabei selbst vor Kindern nicht zurückschreckt, mag ich nicht sein.

In den Gesprächen in der Abteilung Inneres wurde uns mehrmals erklärt, daß wir keine Chance hätten, jemals aus diesem Lande herauszukommen. Wir müssen darin eine unerlaubte Einschüchterung sehen.

Wir können und wollen hier nicht mehr leben, und bitten Sie, uns ausreisen zu lassen."

Am 8. Februar 1988 heiratete der Krankenpfleger seine Verlobte. Die Trauung fand im Standesamt am Pfaffenteich in Schwerin statt, eine Treppe hoch. Die beiden erledigten das ohne Publikum. Unmittelbar nach der standesamtlichen Zusammenschreibung gaben sie eine Treppe tiefer bei der Abteilung für Innere Angelegenheiten ihren Ausreiseantrag ab. Die Damen in der berüchtigten Abteilung nahmen ihn wortlos entgegen. Sie waren gestählt in ihrer Arbeit. Kommentare gaben sie nicht mehr ab. Dazu waren zu viele ausgereist.

Der Krankenpfleger und seine Frau mußten in den Wochen danach feststellen, wie sie beobachtet wurden. In der Klinik gab es extra dafür Eingesetzte, die alle Einzelheiten notierten. An jedem Dienstag fragten sie bei der Abteilung Inneres nach. Man mußte dranbleiben. Sie waren Bittsteller, und sie wurden als solche behandelt.

Es hat keinen Zweck, sagten die gestählten Damen, Sie brauchen nicht zu kommen. Aber man mußte zeigen, daß man auch weiterhin entschlossen war. Jede Nachfrage wurde in den Akten vermerkt. Es wurde politisch bewertet. In dem Staat wurde fast alles politisch bewertet.

An einem Dienstag waren sie verhindert, aufs Amt zu gehen. Am Dienstag darauf waren sie wieder da. Ich möchte uns entschuldigen, daß wir letzten Dienstag nicht hier waren, sagte der Krankenpfleger. Die Dame sah ihn verdutzt an, und sagte darauf mürrisch: Sie brauchen sich hier nicht zu entschuldigen.

Eines Abends kamen sie überraschend und wollten reden. Aber so, daß garantiert keiner mithören kann, sagten sie.

In solchen Fällen hatte ich eine Methode ausgedacht, und zwar ging ich mit den Beteiligten einmal um den Wockersee. In letzter Zeit hatte ich das öfter machen müssen. Da waren wir sicher. Abhörgeräte und Anpeilanlagen erreichten uns bei dem Spaziergang nicht.

Die beiden waren aufgeregt. Wir haben jetzt eine gute Möglichkeit, erklärten sie. Da kommen wir schneller raus. Ein Bekannter von uns kennt einen Diplomaten in Berlin, und der will uns beide im Kofferraum mit über die Grenze schmuggeln. Es ist zwar gefährlich, aber es ist schon mehrmals gut gegangen. Im Kofferraum, fragte ich, und das habt ihr Euch gründlich überlegt? Wir haben die Schnauze voll, sagte der Krankenpfleger, wir müssen uns jeden Dienstag auf dieser Abteilung Inneres wie der letzte Dreck behandeln lassen. Wer weiß, wie lange das noch so geht. Wir setzen alles auf eine Karte. Es weiß sonst keiner davon. Es kann schon in Kürze passieren. Wir verabredeten, wie wir ein Zeichen von drüben erhalten würden und was wir mit ihrer Wohnung machen sollten. Sie würden nur jeder mit einer Tasche 'rübergehen können. Der Kofferraum sei nicht so groß.

Wir entließen die beiden ungern. Es könnte vorerst das letzte Gespräch mit ihnen gewesen sein.

Wochen später kamen sie wieder. Sie waren ganz geknickt. Es ließ sich nicht machen. Das Diplomatenauto wurde bei einer der letzten Fahrten geschnappt. Wir waren froh, wenn auch das demütigende Warten weiterging.

Im Frühjahr 1989, sie hatten über ein Jahr gewartet, wollten sie ihre Ausreiseentschlossenheit erneut bekräftigen. Sie fuhren mit ihrem kleinen Auto, dem Trabant, nach Prag. Dort meldeten sie sich beide in der Bundesdeutschen Botschaft. Botschaftsberührung war strafbar, kostete womöglich Gefängnis. Es wurde als versuchte Spionage gewertet.

Der Botschaftsangestellte schrieb ihre Namen auf. Sie sollten gleich wieder gehen.

Nein, sie wollten nicht wieder gehen. Sie wollten sich nicht abwimmeln lassen. Ehe der Botschaftsmensch sich versah, zwängten sich die beiden durch die Pforte und waren im Gebäude.

Hallo, rief der Mensch, was wollen Sie? Das geht so nicht!

Das muß so gehen, meinten die beiden. Hauptsache, wir sind drin. Sie werden uns nicht rauswerfen. Denn, wenn wir jetzt gehen, dann wird man uns zu Hause einsperren, und wollen Sie daran schuld sein?

Sie wurden nicht 'rausgeworfen. Sie wurden zum Botschaftschef gebracht, sie erklärten ihr Anliegen. Sie verbrachten drei Tage in der Botschaft.

Botschaftsbesetzung, nannte man die Aktion, und man hatte gehört, daß ein solches Unternehmen bei den DDR-Behörden äußerst ungern gesehen wurde und wie das rote Tuch für den Stier wirkte.

Auf dem Boden der Botschaft gab es einen Warteraum mit einfacher Schlafmöglichkeit. Säfte und leichte Nahrung wurden zur Verfügung gestellt. Sie wohnten mit anderen zusammen, Gleichgesinnten und ebenso Entschlossenen. Sie waren jung, es hatte auch etwas von Abenteuer. Nach Tagen kam ein Mitarbeiter der Botschaft in den Warteraum und verkündete, jetzt könnten sie wieder nach Hause zurückgehen. Sie seien registriert. In ihrer Heimatstadt habe man sich mit den Behörden verständigt. Ihnen werde nichts geschehen. Das würden sich die Behörden jetzt nicht mehr trauen. Warten Sie ruhig ab, in spätestens einem Vierteljahr werden Sie ausreisen können.

Kurz nach dem Schweriner Krankenpfleger kam ein Ludwigsluster Krankenpfleger mit seiner Frau. Es kamen viele in jenen Monaten ins Pfarrhaus. Manchmal zwei oder drei an einem Tag. Einige hatten die sonderbarsten Vorstellungen und dachten, die Pastoren hätten einen heißen Draht zum Westen und könnten innerhalb von wenigen Tagen die Ausreise bewerkstelligen. Ich sagte jedem Besucher zunächst: Eigentlich bin ich dafür, daß wir hierbleiben. Sie müßten bedenken, ob sie das wirklich wollten. Und sie müßten bedenken, daß Ausreisewilligkeit Probleme bringt. Manche warten bereits zwei Jahre, andere länger. Wollen Sie das durchstehen?
Nein, sie wollten keine Schwierigkeiten, bloß das nicht. Und wenn es nicht schneller ginge...
Einige der Bewerber waren Spitzel und sollten auskundschaften, wie der Pastor das macht. Man erkannte sie meist daran, daß sie wie geschmiert redeten und so klebrig untertänig reagierten. Natürlich, Herr Pastor! Und Sie haben da sicher eine große Erfahrung, Herr Pastor. Und wir wissen, Sie haben ein sicheres Urteil, Herr Pastor. Und wenn ich gesagt hätte, Sie müßten mir jetzt die Füße küssen, sie hätten es getan. Nur, um nicht aufzufallen!
Wenn aber die Besucher fest blieben und gute Gründe hatten, so mußte man sie anhören und ihnen zu helfen versuchen. Es ging meist darum, den Antrag abzufassen. Außerdem mußte man Verhaltensformen für die Wartezeit mit ihnen gemeinsam überlegen. Sie waren hilflos und sprachen offen über ihre Angst, und sie sagten meist nicht „Herr Pastor".
Ich benutzte für diese Gespräche nicht das Büro im unteren Teil des Pfarrhauses, sondern mein Studierzimmer im ersten Stock. Es war durchgesickert, daß Pastorenkollegen in ihren Büros Abhörwanzen montiert bekommen hatten. Und ich hatte beobachtet, daß von Zeit zu Zeit vor unserer Haustür ein merkwürdiges Auto parkte. Darin saß ein Mann und tat so, als ob er wartete und schlief vor sich hin.

Von einem Pastorenfreund aus der Großstadt hörte ich, daß seine Wohnung rund um die Uhr bewacht wurde. Er hatte uns vor einiger Zeit zu sich eingeladen, weil er einen Gesprächsabend mit Walter Jens und seiner Frau Inge aus der Bundesrepublik machen wollte. Ein kleiner Kreis handverlesener Leute kam zusammen. Nach unserer Ankunft auf dem Flur seiner Wohnung nahm uns der Freund an die Seite und sagte flüsternd, und hielt dabei den Finger auf den Mund: Wir müssen davon ausgehen, daß alles beobachtet und abgehört wird. Also sei bitte vorsichtig. Ich fand das damals reichlich übertrieben und lachte. Später, nach dem Umsturz, erfuhren wir, daß diese Wohnung tatsächlich überwacht worden war, und zwar durch eine konspirative Wohnung der Stasi im Haus gegenüber. Unser Freund hatte beobachtet, daß bei bestimmten Besuchen in der Wohnung gegenüber die Gardinen zurückgezogen wurden und daß bei offiziellen Treffen dort ein reges Treiben einsetzte.

Der Ludwigsluster Krankenpfleger also kam und wollte ebenfalls einen Ausreiseantrag stellen. Bei ihm war jedoch alles viel komplizierter. Er hatte Frau und drei Kinder. Er hatte vor einiger Zeit ein Haus gekauft.

Habt Ihr Euch das gut überlegt? fragte ich.

Haben wir, sagte er. Daran ist nichts zu ändern. In diesem Staat, in dem wir bereits nach Strich und Faden benachteiligt wurden, werden jetzt auch unsere Kinder politisch indoktriniert. Nein, da bleiben wir nicht. Auf gar keinen Fall.

Er wußte, wovon er redete. Als Schüler durfte er kein Abitur machen, wegen seiner christlichen Anschauung. Als Bausoldat, wofür er sich entschied, hatte er für seine Überzeugung geschippt. Er war gebrandmarkt. Bausoldat war Endbahnhof.

Wir setzten den Antrag gemeinsam auf. Er wollte seinen Antrag bekräftigen. Er sprach von einer dicken Tat, die er vorhatte.

Was für eine Tat, fragte ich, mach bloß keinen Mist. Die lassen nicht mit sich spaßen.

Er hörte von der Botschaftsbesetzung des Schweriner Krankenpflegers. Jetzt wollte er loslegen. Zum 1. Mai sollte die Tat starten.

Was für eine Tat?

Na ja, ich werd ein Plakat malen, und bei der Demo am 1. Mai werde ich das Plakat entrollen.

Wir verabredeten, daß er das Plakat auf einer Waldlichtung weit ab von der Stadt malen sollte, damit nicht alles schon vorher auffliegen konnte. Im Hause kann das einer beobachten. Im Wald sieht Dich keiner.

Er fuhr mit seinem Trabant in den Wald. Das Plakat mußte zum Einrollen sein, es mußte im Ärmel verschwinden können. Bei der Demo erst sollte es zum Vorschein kommen. Nur seine Frau und wir wußten davon. Am 1. Mai 1989 reihte er sich mit seinen zwei kleinen Kindern in die Demonstration ein. Den Ärmel hielt er sorgsam fest.

Nach einer kurzen Zeit, in der Nähe des Ludwigsluster Krankenhauses, riß er das Plakat aus dem Ärmel und hielt es so hoch er konnte. Da stand deutlich zu lesen: „Wir fordern Freiheit und Gleichheit für Andersdenkende."

O Schreck, was geschieht denn hier? Den Mitdemonstrierenden mag der Atem gestockt haben. Das ist gefährlich. Und wie gefährlich! Was denkt der sich!

Dann kamen zwei Zivilbeamte, stürzten zu ihm heran und rissen ihm das Plakat aus der Hand.

Kommen Sie sofort mit, fauchte der eine der Beamten. Sie packten ihn beide am Arm, griffen fest zu und führten ihn ab.

Erschrocken blickten die Mitmarschierenden auf das, was geschah. Ich muß erst meine Kinder nach Hause schicken, sagte der Festgenommene. Der kleine Sohn weinte, der größere war stumm vor Schreck. Ein Schreck, der sich tief in die Seele des Zehnjährigen einrammte. Er hatte vor ein paar Tagen eine neue Jacke bekommen. Die Jacke hatte ihm gut gefallen, er zog sie zum Maiumzug das erste Mal an. Staunen sollten die Kumpels über die schöne Jacke. Nach diesem Maischreck würde er die Jacke nie wieder anziehen. Er würde sie die „schreckliche Maijacke" nennen, und sie war für ihn erledigt, für alle Zeit.

Der Krankenpfleger wurde abgeführt, ins Auto geladen und von der Staatssicherheit stundenlang verhört.

Wer sind ihre Hintermänner? Haben Sie Verbindung zu der Rosa-Luxemburg-Demonstration vor Monaten in Berlin? Wie können sie Ihre Kinder so gefährden und so weiter.

Lassen Sie uns ausreisen, sagte der Krankenpfleger immer wieder. Wir warten ein Jahr, das dürfte reichen. Lassen Sie uns ´raus, dann haben Sie vor uns Ruhe. Am selben Abend hörten wir vom Schweriner Krankenpfleger, er war am Morgen des 1. Mai von der Staatssicherheit abgeholt worden. Einfach nur so, ohne Anlaß. Sie verhörten ihn, sie fragten, ob er etwas plane und wie er den Tag zu verbringen dächte.

Das Gespräch war sachlich. Nach Stunden entließen sie ihn wieder. Ein Wagen der Staatssicherheit brachte ihn in seine Wohnung zurück. Unterwegs sprach er mit dem Fahrer des Wagens: Kennen Sie den neusten Stasiwitz? fragte er. Der sagte kein Wort. Von wegen hier noch Witze machen! Eisig, dienstbeflissen und eifrig tat er seinen Dienst.

Der Krankenpfleger sagte schließlich: Na, der Witz geht so: Treffen sich zwei Frauen. Sagt die eine zur anderen: Du, mein Mann ist bei der Stasi. Oh, sagte die andere, da wird er aber viel Geld verdienen.

Weiß ich nicht, sagte die eine, sie haben ihn erst vor zwei Stunden abgeholt. Der Eisfahrer sagte kein Wort.

Drei Wochen später durfte der Witzerzähler-Krankenpfleger mit seiner Frau ausreisen. Die Nachricht kam am Morgen und lautete, in fünf Stunden müssen Sie die DDR verlassen haben.

14 Tage später bekam der Demonstrierer-Krankenpfleger die Genehmigung zur Ausreise. In zwei Wochen standen wir zweimal auf dem Bahnhof und verabschiedeten zuerst das junge Ehepaar und darauf das Ludwigsluster mit den drei Kindern, die zehn, sechs und anderthalb Jahre alt waren. Der kleinste weinte die ganze Zeit. Er hat auch noch im Zug geweint, bis sie im Westen ankamen. Der Abschied war schwer. Wir konnten nicht wissen, wann wir sie alle wiedersehen würden. Die beiden Krankenpfleger waren unsere Söhne.

Die Ausreisen waren nicht mehr geheimzuhalten, so wie die DDR-Behörden das wollten. Sie wurden überall diskutiert. Im Jahr 1989 sprach man von einer Ausreisewelle. In den ersten sechs Monaten das Jahres 1989 sollen fünfundvierzigtausend Menschen aus der DDR ausgereist sein.

1983 war im Radio gemeldet worden, daß insgesamt eine halbe Million einen Antrag gestellt hätten, 1989 war es bereits eine Million.

Die Ausreisen wurden als Abstimmung mit den Füßen gewertet. Ein dicker politischer Tatbestand! Er war nicht mehr zu verschweigen.

Dazu kam der wirtschaftliche Niedergang, der immer sichtbarer wurde. Man erzählte sich den Witz: Gorbatschow schenkt Honecker ein Auto, einen Samara. Der schaut unter die Motorhaube: kein Motor drin!

Den brauchst Du nicht, sagt Gorbatschow, in der DDR geht es sowieso bergab. Und wenn es wieder bergauf geht? fragt Honecker.

Gorbatschow: Dann sitzt Du nicht mehr am Steuer.

Der Staat kam immer tiefer in die Krise.

Dann passierte die Sache mit Biermann. Der Ostberliner Liedermacher, von Haus aus Kommunist, war im Laufe der Zeit immer mehr zum Kritiker des real existierenden Sozialismus geworden. Er bekam Auftrittsverbot. Von seiner Berliner Wohnung aus wirkte er fröhlich weiter. Seine Texte, künstlerisch wertvoll und politisch frech, wurden begeistert gehört, abgeschrieben und weitergegeben. Im November 1976 reiste er zu einer Großveranstaltung in den Westen. Nach dem Auftritt durfte er nicht wieder in die DDR zurück.

Ein Sturm der Kritik ging los. Fast die gesamte Prominenz der DDR-Literatur protestierte öffentlich. Es gab einen Riß im Vertrauen der Schriftsteller zu ihrem Staat. Er hatte sich leise vorher angezeigt. Autoren, die einst als überzeugte Kommunisten angetreten waren, die tatsächlich meinten, sie könnten Veränderungen mitbewirken, verloren mehr und mehr die naive Kraft einer Überzeugung, die ihren Arbeiten selbstverständliche Staatsnähe gab.

Einige gingen in den Westen, wie Sarah Kirsch, Rainer Kunze, Jurek Becker, Erich Loest. Und die zurückblieben, begannen anders zu schreiben. Christa Wolf schrieb 1976 „Kindheitsmuster", Erich Loest 1977, "Es geht seinen Gang" und 1979 wurden die „Tagebücher und Briefe" Maxi Wanders herausgegeben. Alle diese Bücher wurden heiß diskutiert. Sie zeigten eine neue Sichtweise, brachten Erfahrungen zu Wort, die bisher nur geheim gedacht worden waren. Die Literatur in den Jahren bekam einen Stellenwert im Volk, den sie bisher nicht hatte und auch nicht wieder bekommen würde. Literatur als Vorbereitung auf ein Neues, ich kann es durchaus so sehen. Der Gang in die Buchhandlung wurde zum Abenteuer. Man war glücklich, wenn man eins von diesen neuen Büchern ergattert hatte! Und im Westen wurden die Neuen ebenso intensiv in den Medien dargeboten. Es war eine literaturfreudige Zeit!

Heute wird rückblickend manchmal gesagt, die Literatur dieser Jahre nach 1976 hätte mitgeholfen, den Umsturz vorzubereiten. Ist übertrieben, sagen Historiker. Literatur kann solche Wirkung nicht haben, niemals! Ist genau sachgemäß, sagen Insider, und solche, die in dieser Zeit mittendrin lebten, ist richtig beobachtet, sagen die vielen, die in die Autorenlesungen von Christa Wolf und Stefan Heym strömten. Literatur machte kritische Zeitgenossenschaft deutlich und war eine leise Form von Widerstand.

Im Sommer 1989 fand in Parchim in der St. Georgenkirche ein literarischer Sommerabend statt. Wir machten mehrmals im Jahr solche Abende. Bücher haben in meinem Leben bis heute eine Rolle gespielt. Ich weiß noch genau, als ich das erste Mal mit l0 Jahren und meinem gesamten Monatstaschengeld vor dem Schaufenster einer großen Buchhandlung stand. Im Fenster hatte ich ein Buch entdeckt, das wollte ich unbedingt besitzen. Es war ein dickes blaues in Leinen gebundenes Märchenbuch. Die „Kinder- und Hausmärchen" der Gebrüder Grimm. Es sollte drei Mark kosten. Das war 1941 für einen Zehnjährigen viel Geld. Ich ging am Fenster der Buchhandlung auf und ab. Kann ich das wagen? Was würden die Eltern sagen? Ich stand wieder am Schaufenster. Ein wunderschönes Buch! Ja, mein Geld würde reichen. Ich hielt es vor mir in der Hand.

Ich hatte Herzklopfen als ich die Buchhändlerin ansprach. Das blaue Buch aus dem Schaufenster hätte ich gern. Sie beugte sich zu mir hin, was möchtest Du? Komm, zeig es mir im Fenster, dann hol ich es für Dich heraus. Hast Du auch genug Geld dabei? Klar! Wie konnte sie fragen. Ich zeigte es.

Es war mein erster Buchkauf überhaupt. Es war wirklich ein schönes Buch. Mit Bildern von Ludwig Richter. Ich besitze es bis heute, fünfundfünfzig Jahre danach. Ich lese oft darin. Märchen sind zu meinen ständigen Begleitern geworden. Im Konfirmandenunterricht habe ich regelmäßig Märchen vorgelesen und ausgelegt. Das Rotkäppchen, das vom Wege abkommt, vom Bösen übergeschluckt wird und sich nicht selbst befreien kann. Der Jäger muß kommen. Und dann geschieht Erlösung.

Seit jenem Buchhandlungsbesuch gehören Bücher zu meinem Leben. Ich wollte mich nicht nur selber daran freuen. Ich wollte von meiner Freude weitererzählen. So kam ich auf meine Büchervorträge. Seit dreißig Jahren habe ich sie veranstaltet, immer mehrmals im Jahr. Ich stellte aktuelle Bücher vor. Ich las Passagen daraus. Ich erzählte aus dem Leben der Autoren. Es wurde sehr gut angenommen. Ich reiste mit solchen Vorträgen durch verschiedene große Städte. Überall gab es Zuhörer in großer Zahl. Ich staunte selbst, aber es gab offenbar ein Bedürfnis dafür.

In der DDR-Zeit galten diese Vorträge als staatsfeindlich. Vielleicht mit einigem Recht, weil ich solche Autoren mit ihren Büchern auswählte, die zu Themen der Zeit sprachen. Die Stasi interessierte sich für die Abende. Sie schickte regelmäßig mehrere Spitzel zum Abhören. Sie kamen vorher und fotografierten das Einladungsplakat, das wir nicht drucken lassen konnten. Eine Theatermalerin fertigte es für uns an. Die Stasihüter kamen mit dem Zollstock und schrieben die Maße auf. In meinen Stasiakten finden sich Berichte und Mitschriften aus den Vorträgen. Oft mußten zwei Spitzel Berichte von einem Abend anlegen.

Im Literaturabend im Sommer 1989 sprach ich über die sowjetische Literatur der Gegenwart. Es gab unter ihnen hervorragende Autoren. Da waren Granin, Aitmatow, Bulgakow, Rasputin, Solschenizyn und viele andere. Sie trauten sich viel, diese Männer in Rußland. Sie sparten keine

Themen aus. Sie fanden eigene Formen für ihre Erfahrungen. Die Bücher waren rare Artikel in unseren Buchhandlungen. Obwohl die Auflagen hoch waren, fanden sie reißend Absatz. Die Russen waren frei und offen, ihre Themen aktuell.

Es gab das Buch „Abschied von Matjora", das von einem Dorf erzählt, in dem die achtzigjährige Großmutter gegen den platten Materialismus unter der Jugend kämpft. Sie sagt zu ihrem Enkel: „Bloß daß ihr eure Seele verplempert habt, das kümmert euch nicht. Hast du wenigstens mal davon gehört, daß der Mensch eine Seele hat?

Andrej mußte lächeln. Die soll es geben, sagt man.

Spotte nicht, es gibt sie. Bloß habt ihr euch selber eingebleut, was man nicht begucken und betasten kann, das gibt's auch nicht. Ein Mensch, in dem eine Seele steckt, hat Gott in sich, mein Junge. Du brauchst's nicht zu glauben, wenn du nicht willst; kratz allen Glauben aus dir raus – hilft nichts, auch in dir ist er drin. Und er segnet dich und beschützt dich und weist dir den rechten Weg. Und noch mehr tut er: hält das Menschliche in dir wert und teuer. Damit du als Mensch geboren wirst und Mensch bleibst."

Der Abend war sehr gut besucht. Er fand in der Kirche statt. Über zweihundert Menschen waren gekommen. Es war eine eigene Atmosphäre. Meine Beispiele aus den Büchern, die ich ausgewählt hatte, gingen mit der offiziellen DDR-Linie nicht zimperlich um. Sie hatten starke zeitkritische Elemente. Die Spitzel hatten viel zu tun. Sie schrieben mit oder sie legten die Aktentasche mit dem Aufnahmegerät neben sich auf die Bank und mußten fortwährend hin und herschalten. Die Zuhörer bemerkten das. Es steigerte die Dichte der Atmosphäre.

Nach dem Abend sagte eine Zuhörerin: Haben Sie das auch gespürt, so sehr hat es noch bei keinem Vortrag geknistert!

Die Berichterstatter hatten geschrieben, wie jetzt aus den Akten zu entnehmen ist: „Er hält provokatorische Vorträge." „Er hetzt unter dem Deckmantel der Kirche."

1979 hatten wir Christa Wolf zu einem Abend in die Kirche eingeladen. Würde sie kommen? Sie hatte manchen Angriff in letzter Zeit über sich ergehen lassen müssen. Es gab andere Kollegen, die wegen solcher Lesungen bereits Strafe hatten zahlen müssen. Autorenlesungen in Kirchen sollten angemeldet werden, so forderte der Staat. Wir meldeten nicht an, denn die Gefahr war groß, daß die Anmeldestellen vorher sagen würden, das geht leider nicht, die Anmeldung können wir nicht annehmen, ist keine religiöse Veranstaltung. Christa Wolf kam in unsere Kirche. Sie las aus dem neuen Text „Kindheitsmuster". Bis tief in die Nacht haben wir danach mit ihr gesprochen.

Sie hat großen Eindruck auf uns gemacht, auch deshalb, weil sie offen war für alle Fragen der Zeit, die man mit ihr diskutieren konnte, bis zur eigenen Schmerzgrenze. Bücher waren für viele Menschen Lebenshilfe, auch Durchhaltehilfe in dieser mageren Zeit unseres Landes.

Christa Wolf war nach Alt Meteln bei Schwerin aufs Land gezogen. Dort in dem alten Bauernhaus, das später abbrannte, versuchte sie zu sich selbst zu finden. In dem Buch „Sommerstück", das ich für ihr bestes halte, spricht sie davon. Sie überprüft ihren geistigen Lebensraum in dieser Zeit und will versuchen, „diese undurchdringliche Generation zu verstehen, ihre frühere Begeisterung, ihre heutige Enttäuschung. Die alle Plätze besetzt halte. Ihnen alle Türen vor der Nase zuschlage. Alle Privilegien mit Beschlag belege, auch das, Widerstand zu leisten ... Die Unfähigkeit zu handeln als Schuld."

Die Leser, und es waren sehr viele, haben sie geliebt für diese mutige Selbstklärung. Denn wir ahnten wohl alle, daß 1989 die Dinge auf dem Prüfstand waren und nur der würde bestehen können, der sich nicht durch „Selbstaufgabe verfehlt", wie sie ein Stück weiter sagt.

Was also hat zum Umsturz, oder wie manche sagen, zur friedlichen Revolution geführt? Man wird mehrere Gründe und tiefliegende Ursachen angeben müssen. Da ist das frühe Unrecht an den Bauern ebenso wie die zunehmende Militarisierung der Gesellschaft. Die Ausreisewelle und der kritische Mut der Literatur. Gorbatschow mit seiner Perestroika und die Kirche auch. In einem Weihnachtsbrief von 1989 schrieb ein Parchimer Arzt an einen Freund: „Der Pokal geht dieses Jahr an die Kirche."

Sie hat den Demonstrierenden einen Raum gegeben. Viele ihrer besten Leute haben beim Umsturz mitgemacht. Die Friedensgebete haben dafür gesorgt, daß der Umsturz friedlich geschehen und friedlich geblieben ist. Oft genug hat die Gefahr bestanden, daß unbelehrbare Fanatiker den Befehl zum Schießen gaben.

Aber das alles hätte nicht ausgereicht, wenn die Gruppen nicht gewesen wären, die Oppositionsgruppen, die vielgescholtenen, aber dringend notwendigen. Sie haben wesentlich die Gedanken befördert, die als Informationen auslösend für die ersten Schritte beim Umsturz waren. Man kann ihre Verdienste gar nicht hoch genug ansetzen.

Es gab den Aufruf einer Dresdner Initiativgruppe zur Einführung eines „Sozialen Friedensdienstes" von 1981. Es gab das Friedensforum in Dresden von 1982 anläßlich des Jahrestages der Zerstörung der Stadt. Es fand seit 1982 jährlich statt. 1982 wurde im Juli in der Erlöserkirche in Ostberlin die erste „Friedenswerkstatt" mit fünftausend Teilnehmern gegründet. 1986 wurde die „Umweltbiliothek" in der Zionskirche gegründet. Die Umweltblätter erschienen regelmäßig. Sie haben uns in den Gemeinden geholfen, von den Aktivitäten zu hören. Ihre hektographierten Nachrichten wurden durch Boten in die Gemeinden gebracht. Heimlich und im Flüsterton geschah die Übergabe, und jedesmal mit Herzklopfen. Am Abend zog man sich zurück und studierte die Blätter und versteckte sie danach wie einen heißen Schatz. Es gab die verschiedenen Ökologiegruppen, wie die „Arche", die Umweltseminare und Friedensgruppen im ganzen Land. Sie bündelten erste Wahrnehmungen von Umweltzerstörung im Land und sie blieben mit ihren Hinweisen bis zum Schluß streng tabu. Sie alle fanden Unterschlupf in den Kirchen. Mutige Amtsträger der Kirche haben das zu ihrer eigenen Sache gemacht. Dabei fehlte es nicht an Kritik aus den eigenen Reihen. Sie seien Trittbrettfahrer, hieß es. Sie entfremdeten die Kirche von ihrer Verkündigung. Sie brächten Zerstörerisches in die Gemeinden und stifteten Verwirrung, so konnte man hören. Und einmal hörte ich von einem Kirchengetreuen, als die Friedensgebete in den Kirchen von den Tausenden besucht wurden und sich die Kirchen füllten, die sollten doch gefälligst erst einmal die Kirchensteuer entrichten, ehe sie über die Kirchenschwelle träten.

So muß man sagen: Unser Respekt gebührt den Gruppen und ihren Leuten. Sie haben Zivilcourage bewiesen und in unserem Land dafür gesorgt, daß es nicht mit Ängstlichen und Angepaßten sein Bewenden hatte.

Im Frühjahr 1989 schrieb Christa Wolf: „Die Luft ist zum Zerreißen gespannt." Niemand konnte zu der Zeit wissen, daß uns eine große politische Umwälzung bevorstand. Aber daß dramatische Ereignisse vor sich gingen, das sahen wir.

Am 7. Mai bei der Kommunalwahl in Berlin kamen Proteste von den Basisgruppen. Sie hatten Differenzen zwischen den bekanntgegebenen und den tatsächlichen Wahlergebnissen festgestellt. Sie sprachen ausdrücklich von „Wahlfälschung". Ein ungeheuerlicher Vorgang! Einmalig in der Geschichte der DDR.

Am 4. Juni wurde in Peking eine Massenkundgebung auf dem Platz des Himmlischen Friedens mit Waffengewalt brutal niedergeschlagen. Man schätzte, daß es bis zu zehntausend Tote gab. DDR-Regierungsmitglieder zeigten sich zustimmend und sprachen von der Kraft des Sozialismus.

Am 7. Juni demonstrierten in Ostberlin über einhundert Personen gegen den Wahlbetrug. Die Menschen schienen mutiger zu werden. Man sprach offener. Man getraute sich mehr. Thema eins waren überall die Ausreiseanträge. Man saß abends vorm Fernseher und hörte die Berichte von den Botschaftsbesetzungen. In Prag mußte im August die bundesdeutsche Botschaft wegen Überfüllung geschlossen werden. In Budapest durften die DDR-Bürger, die in die Botschaft geflüchtet waren, am 24. August ausreisen. Am 11. September geschah etwas Niedagewesenes: Es bildete sich in der DDR eine politische Plattform mit dem Namen „Das Neue Forum". .Das wirkte wie ein Paukenschlag! Eine neue Partei, oder sowas Ähnliches, es ist ungeheuerlich! Wie werden die staatlichen Stellen reagieren?

Die Malerin Bärbel Bohley in Berlin war die Erstunterzeichnerin. 26 weitere Namen standen darunter. Ihr Aufruf war deutlich: „In unserem Land ist die Kommunikation zwischen Staat und Gesellschaft offensichtlich gestört. Belege dafür sind die weitverbreitete Verdrossenheit bis hin zum Rückzug in die private Nische oder zur massenhaften Auswanderung", so begann der Aufruf. Und er schloß: „Wir rufen alle Bürgerinnen und Bürger der DDR, die an einer Umgestaltung teilnehmen wollen, dazu auf, Mitglieder des Neuen Forums zu werden. Die Zeit ist reif."

Gewollt war ein öffentlicher Dialog und gesellschaftliche Reformen. Nur wie sollte das gehen? Würde der Staat sich das bieten lassen?

Der Aufruf wurde in Windeseile im ganzen Land verbreitet. Er hatte eine Wirkung von bisher nie dagewesenem Ausmaß.

Wir schrieben ihn ab, voller Aufregung und mit heißem Herzen. Wir gaben ihn weiter. Wir redeten nächtelang über seine Anliegen. Zunächst war es noch gefährlich, den Namen „Neues Forum" öffentlich zu nennen, aber er war bereits in aller Munde. Die Sicherheitsorgane bemühten sich, die Zettel einzuziehen. Vergeblich, denn die meisten hatten sie bereits für Freunde abgeschrieben und weitergegeben.

In jenen aufregenden Tagen fuhr ich mit einem meiner Söhne nach Schwerin. In der Semmelweißtraße wohnte Martin Klähn. Er war in Berlin bei der Gründung des Neuen Forums dabeigewesen. Er hatte den Aufruf mitunterschrieben. Wir wollten von ihm Genaueres über diese Gründung hören. Wir wollten mitmachen, unterschreiben.

Wir parkten mit dem Auto in der Nähe der Semmelweißtraße. Wir suchten die Wohnung des norddeutschen Forummannes. Aber was war das? Sieh mal Papa, uns folgen diese Männer. Die grauen Ledermäntel blieben hinter uns, ohne sich wegzuschleichen. Wir sollten das bemerken. Wir kamen uns vor wie Akteure in einem Spähtrupp.

Ja, unsere Wohnung wird rund um die Uhr bewacht, sagte Martin Klähn. Er machte trotz allem einen ruhigen Eindruck. Wir waren aufgeregter als er. Er berichtete von der Gründung in Berlin und von Aktivitäten, die geplant waren. Es sollte versucht werden, das Neue Forum auf gesetzliche Grundlagen zu stellen. Noch war es illegal.

Wir verabredeten einen Termin. Martin Klähn sollte nach Parchim in unsere Gemeinde kommen, er sollte über das Neue Forum sprechen. In den nächsten Wochen überschlugen sich die Ereignisse.

In Parchim war die „Interessengemeinschaft Umgestaltung" gegründet worden. Mittwochs kam sie zusammen. Sie ging von der Jugendarbeit der Stadt aus. Einige Erwachsene hatten sich angeschlossen. Es war ein kleiner Kreis. Es war Ende Oktober. Morgens kam der Jugenddiakon der Stadt zu mir. Wir möchten eine Demonstration durch Parchim machen, sagte er. Die Interessengemeinschaft Umgestaltung muß deutlicher werden. Wir wollen die Anliegen des Neuen Forum aufnehmen. Wir möchten alle Parchimer damit bekannt machen. Das geht am besten durch eine Demo. Machen Sie mit, fragte er. Und würden Sie den Demonstrationszug anführen? Sie sind in der Stadt bekannt und wir möchten, daß sich viele Parchimer anschließen. Ich überlegte. Ich mache mit, sagte ich. Aber etwas bänglich ist mir schon. Was ist, wenn die Stasi dazwischenschlägt?

Die Stasiaktionen haben wir schon hinter uns, sagte er. Am 4. Oktober haben wir die Interessengemeinschaft in meiner Wohnung gegründet. Wir waren dreißig Leutchen. In der Woche darauf kamen fünfzig Teilnehmer in meine Wohnung. Da begann die Stasi, sich danach umzusehen. Sie schmuggelten ihre Spitzel bei uns ein.

Aber am 18. Oktober konnten wir die Menschen nicht mehr unterbringen. Wir mußten in die Marienkirche gehen. Es kamen zweihundert. Die Stasi war dabei. Aber sie hat nur zugeschaut. Sie trauen sich nicht, Maßnahmen zu ergreifen. Er war sich seiner Sache sicher.

Ich war mir nicht so sicher. Vor drei Wochen, am 6. Oktober, hatte ich auf dem Alten Markt in Parchim die Kundgebung zum 40. Jahrestag der DDR gehört. Vom Fenster an meinem Schreibtisch konnte ich das Rathaus und einen Teil des Marktes sehen. Eine Tribühne war aufgebaut und ungefähr eintausend Jugendliche in blauen FDJ-Uniformen hatte man auf den Platz beordert. Der Schalmeienzug spielte laut und schrill und scharf, als wollten sie die Gegner zerschreien. Vom Rat des Kreises sprach der Genosse Biel. Das heißt, er brüllte über den Marktplatz, von den Phonstärken der Lautsprecheranlage wirksam unterstützt. Er wiederholte die alten Parolen. Der Sozialismus siegt und die Feinde der DDR werden sich wundern und die Freie Deutsche Jugend ist das hoffnungsträchtige Kapital der Partei. Die Brüllrede wirkte abstoßend. Die Begeisterung der Jugendlichen schien unecht und wie bestellt.

Am Tag darauf fand in Berlin die Zentralveranstaltung zum 40. Jahrestag statt. Gorbatschow war dabei und sprach das Wort, das von hier aus um die Welt ging: „Wer zu spät kommt, den bestraft das Leben."

Ihm jubelten die Massen zu, und die Rufe „Gorbi, Gorbi" wollten nicht enden. Aber Honecker verstand nichts. Mit versteinerter Miene standen die Greise vom Politbüro auf der Ehrentribüne und ließen die fackeltragende Menge an sich vorbeiziehen. Es war der letzte Auftritt der alten Garde. Honecker schrie mit heiserer Stimme die alten Kampfparolen in die Menge.

Am 18. Oktober wurde er aus seinen Ämtern verjagt. Krenz wurde sein Nachfolger. Aber immer noch gab es die Stasi. In vielen Städten kam es zu Demonstrationen. Bis zum 9. Oktober wurden sie noch gewaltsam aufgelöst. Es kam dabei zu Verhaftungen, Zuführungen und rüden Vernehmungen. Jugendliche wurden unter unwürdigsten Umständen eine Nacht festgehalten. Man fragte sie stundenlang aus. Sie wurden beschimpft, es gab sogar Gewaltakte. Einer schwangeren Frau hatten die Politschergen in die Seite gestoßen. Das hatte es so oder ähnlich in Berlin, Leipzig und Dresden gegeben.

Wir luden Augenzeugen dieser Maßnahmen nach Parchim ein. An einem Abend unserer jährlichen Friedensdekade hörten wir den Berichten zu. Wut kam auf und der Wille, das lassen wir uns nicht länger gefallen. Vor allem viele junge Leute waren zum Handeln entschlossen.

In der Diskussion nach dem Berichtsabend sprachen viele. Ihre Beiträge bewegten sich auf dem schmalen Grat zwischen Wut und Hoffnung. Aber immer spielte die Angst noch eine Rolle.

Der Demonstrationszug der Interessengemeinschaft „Umgestaltung in Parchim" kam zustande. Trotz der Angst.

Hier spricht die Interessengemeinschaft Umgestaltung! Der das sagte, hielt eine Papiertüte am Mund. Sie sah aus wie eine Trompete. Sie war aus Pappbögen trichterförmig gefaltet. Sie sollte lautverstärkend wirken. Hier spricht die Interessengemeinschaft Umgestaltung! Er wurde immer lauter. Er ging vor einer Gruppe von Parchimern her, die sich von der Marienkirche durch die Hauptstraße auf die Georgenkirche zu bewegte. Zwei Männer trugen ein großes Plakat. Und immer wieder kam aus den Reihen der Mitdemonstranten der Ruf: Schließt Euch an. Schließt Euch an!

Ich ging hinter dem Mann mit der Papiertüte. Neben mir der Pfarrer der katholischen Stadtgemeinde. Wir sprachen nicht viel. Man sah auf die Häuser.

In den Fenstern hinter der Gardine sah man Leute stehen. Kam unser Zug in die Nähe des Hauses, traten die hinter der Gardine zurück. Man konnte nur noch ihre Umrisse erkennen. Unten in manchen Fluren standen wie Gipsbilder die Männer der Stasi.

Plötzlich schrie einer aus dem Demonstrationszug: Stasi in die Produktion. Andere fielen ein: Stasi in die Produktion! Noch lauter: Stasi in die Produktion! Unser Zug war stärker geworden. Es hatten sich tatsächlich andere Parchimer angeschlossen. Ich blickte mich um, als wir kurz vor der Georgenkirche waren. Der Zug der Demonstranten reichte bis unten an die Buchhandlung und ans Kinderkaufhaus. Einige Hundert waren wir, vermutlich. Als der Zug sich auflöste waren alle sehr zufrieden. Etwas Wichtiges war durchgestanden. Nächstes Treffen sollte eine Woche später sein.

Am Mittwoch, dem 25. Oktober war die Marienkirche bereits um 19 Uhr heillos überfüllt. Es sollte diskutiert werden. Die neue Lage nach Honeckers Sturz beschäftigte alle.

In meinen Tagebuchaufzeichnungen vom 25. Oktober ist zu lesen:

Die Marienkirche war überfüllt. Es mußte überlegt werden, was zu machen ist. Als kurz vor 19.30 Uhr mehrere Tausend Menschen vor der Kirche standen, die auch in einer zweiten Gesprächsrunde am Abend nicht Platz gefunden hätten, entschloß man sich spontan, die Menschen, die nicht in die Marienkirche hineinkönnten, auf die Georgenkirche zu verweisen. Zunächst war der Gedanke, daß sie dort bei Orgelmusik warten, bis in der Marienkirche eine zweite oder dritte Runde möglich würde.

Die Menschen zogen von der Marienkirche los. Es waren mehrere Tausend. Es kam auf der Straße zu ersten Anzeichen von demonstrationsähnlichem Verhalten. Parolen wurden skandiert. Gruppen formierten sich. Als ich gegen 20 Uhr die Georgenkirche öffnete, war deutlich zu erkennen, daß die Menschen sich auf keinen Fall mit Warten und Orgelmusik würden zufrieden geben. Es mußte schon eine richtige Veranstaltung mit Aussprache usw. versucht werden.

Der einzige Ort für Diskussionsbeiträge war die Kanzel. Eine Lautsprecheranlage war damals in Georgen nicht vorhanden. Die Kirche hatte sich schnell gefüllt. Die Atmosphäre war erwartungsvoll und emotional sehr geladen. Durch den Gang von der Marienkirche und durch das Warten hatte sich ein Erwartungsdruck gebildet. Wir mußten han-

deln. Zuerst wurde der Aufruf des Neuen Forum verlesen. Wir mußten informieren und eine Gesprächsgrundlage schaffen. Nach der Verlesung kamen die Wortmeldungen. Ich nahm die Beiträge entgegen und mußte sie von der Kanzel laut sagen. Denn kaum einer konnte von der Kanzel so sprechen, daß es überall in der Kirche zu verstehen war.
Es waren alle Sitzplätze in der Georgenkirche besetzt. Die Menschen saßen oben und unten. In den Seitengängen standen sie. Sie standen im Turmraum und lagerten im Altarraum. Man wird mit über zweitausend rechnen können. Es haben 25 Redner gesprochen. Die Beiträge wurden durch starkes Klatschen unterbrochen oder sie wurden von Buh-Rufen begleitet, wenn einer sprach, der die Sache politisch hindrehen wollte.
Gesprochen wurde über die Zulassung des Neuen Forum, über die verfehlte Schulpolitik der DDR. Unsere Kinder wurden zu Angepaßten und zu Duckmäusern erzogen. Es ging um die Ausreisewelle, die Übermilitarisierung der Schule, um die Privilegien der Funktionäre, um den Bürokratismus im Bauwesen der DDR, um freie Meinungsäußerungsmöglichkeiten, um politische Phrasen, um freie Wahlen, einfach um alles, was sich über Jahre hin angestaut hatte. Jemand sagte nach dem Abend, es war so, als wenn ein Pferd nach allen Seiten hin ausschlägt.
Daß trotz allem die Situation diszipliniert blieb, aufgeregt schon und spannend in jeder Weise, aber doch geordnet, das grenzt an ein Wunder. Nach vielen Jahren der Bevormundung war hier, wie der Mecklenburger sagt, der Proppen raus, und er würde auch nicht einfach wieder reinzustecken gehen. Demokratie war in Gang gekommen. Die Menschen wollten nicht mehr kuschen. Sie hatten es lange genug getan.

Die Interessengemeinschaft Umgestaltung ging über in das Neue Forum. In den Kirchen lagen Listen aus, in die man sich als Forumsmitglied eintragen konnte.
Tagelang drehten sich die Gespräche in der Stadt um die überfüllten Kirchen, um die heftigen Diskussionen und um die Offenheit, in der geredet worden war. Mensch, sagten sie, hast Du das gehört! Die Genossen können einpacken! Und dem Offizier, dessen Sohn da gesprochen hat, dem haben sie's aber gegeben! Und wir werden nicht mehr dulden, daß unsere Kinder in der Schule von den Lehrern politisch für dumm verkauft werden! Mensch, da mußt Du mal mitkommen, in die Kirche, da ist was los!
Am 30. Oktober kam es in Leipzig zur größten Demo, die es in der Stadt je gegeben hatte. Dreihunderttausend zogen durch Leipzig. Und sie rie-

fen: Wir sind das Volk! und Neues Forum zulassen, und Stasi in die Produktion und immer wieder: Wir sind das Volk.

Wir nahmen über das Fernsehen an den Ereignissen teil. Die Menschen faßten Mut. Es war ein Aufbruch wie noch nie. Im ganzen Land wurden die Kirchen der Ort für die Treffen. Sie boten die größten Räume. Allabendlich saßen wir an den Fernsehern und fieberten mit den Ereignissen, die aus dem ganzen Land gemeldet wurden.

Am 1. November war zum Gesprächsabend in die St. Georgenkirche geladen. Eine Lautsprecheranlage hatten wir auftreiben können. Eine frühere Tanzkapelle hatte sie uns verkauft. Tanzen, jetzt dachte niemand daran. Demonstrieren und diskutieren, das war dran. Die Anlage war ein monströses Vehikel mit vier großen Lautsprechern, die über die Kirche verteilt waren.

Um 18 Uhr sollte die Veranstaltung beginnen. Eine halbe Stunde vorher war die Kirche überfüllt. Die Menschen saßen überall, wo man nur sitzen konnte, im Schiff, auf den Emporen, in den Gängen, auf den Stufen und an den Seiten. Es war bereits novemberkühl in der Kirche, aber die Menge harrte aus.

In der Mitte des Hauptganges hatten wir ein Mikrofon aufgestellt. Jeder konnte sagen, was er auf dem Herzen hatte. Die Liste der Redner war endlos. Jeder mußte kurz sprechen, denn es wartete bereits der Nächste. Im Gang hatte sich eine lange Schlange formiert. Geduldig warteten die Diskutierer, bis sie an der Reihe waren. Es war, als ob man vorher geprobt hatte. Wer schließlich am Mikro stand, sprach aufgeregt, deutlich und vom Herzen kommend.

Es ging um die Schulpolitik, um die Neubildung von Verwaltungen, um neue demokratische Parteien, um die Privilegien der Genossen und immer wieder um die Stasi, die damals noch arbeitete. Es kam alles vor, was die Menschen beschäftigte. Es gab Applausstürme, wenn einer den Nerv getroffen hatte. Es war wie ein Dammbruch. Ein Sturzbach von 40 Jahre Zurückgehaltenem brach sich Bahn. Es war befreiend! Aufregend war es auch. Aufgewühlt waren alle in der Kirche. Manchen saß der Schreck in den Gliedern. In der letzten Bank sah ich einen der Männer sitzen, der mich all die Jahre bespitzelt hatte.

Um 20 Uhr entließen wir die Menge. Die Kirche füllte sich ein zweites Mal. Wieder waren alle Plätze besetzt. Wieder Diskussion und Applaus, Offenheit und reden, reden, reden.

Um 22 Uhr geschah dasselbe zum dritten Mal.

Die drei Großveranstaltungen in Parchim hatten klargemacht, die Menschen wollten das Neue.

Das war längst fällig, sagten sie. Endlich ist die Freiheit da. Das mußte mal gesagt werden. Es war nicht nur Dampfablassen. Es ergab sich aus den Beiträgen, Arbeitsgruppen sollten gebildet werden und neue Parteien. Das Volk machte Politik, endlich.

Beim Herausgehen aus der Kirche zündeten die Menschen Kerzen an und hielten sie in den Händen. Vor der Kirche stand man noch und sprach mit Bekannten. Du auch hier? War das nicht doll in der Kirche? Wahnsinn! Das wird man nie im Leben vergessen, sagte einer, und wir können sagen, wir sind dabei gewesen.

Sie stellten die brennenden Kerzen vor der Kirche ab. An die Bordsteinkante, auf den Aushangkasten. Es war eine sanfte Aufregung unter den Menschen. Als ich die Kirchentüren abschloß, sah ich überall die brennenden Kerzen. Ein leichter Wind ließ sie unruhig hin- und herflackern.

Drei Tage später kam es in Berlin zur größten Protestdemonstration, die es in Deutschland gegeben hat. Auf dem Alexanderplatz kamen eine Million Menschen zusammen. Markus Wolf, der ehemalige Geheimdienstchef der DDR, wurde ausgepfiffen, Christa Wolf sprach die Worte vom Wendehals, „die am meisten die Glaubwürdigkeit einer neuen Politik blockieren." Und der Bürgerrechtler Pastor Schorlemmer sagte: „Es ist wahr, unser Land ist kaputt, ziemlich kaputt. Es ist wahr, dumpf, geduckt und bevormundet haben wir gelebt – so viele Jahre. Heute sind wir hergekommen, offener, aufrechter, selbstbewußter. Wir finden zu uns selbst. Wir werden aus Objekten zu Subjekten des politischen Handelns. Wir können stolz sein."

Abends saßen wir am Fernseher und sogen die Reden ein. Sie sprachen uns aus dem Herzen. Es war ein Aufbruch, wie wir ihn noch nie erlebt hatten.

Am 5. November kam es in Parchim zur größten Demonstration, die die Stadt je erlebte. An die zehntausend Menschen versammelten sich an der Kirche und gingen in einem langen Zug durch die Innenstadt zum Platz vor dem Hydraulikwerk. Mitglieder des Neuen Forums hatten auf dem Platz einen LKW mit einer Lautsprecheranlage aufgestellt.

Niemand hätte sonst zu der fast unübersehbaren Menge auf dem Platz sprechen können. Dr. Witte nahm das Wort und der Jugenddiakon Wolfgang von Rechenberg, und als Pastor hatten sie mich dafür gewonnen. Herbert, ein Parchimer Arbeiter aus einem der Werke, hatte ein Lied komponiert und sang es zur Gitarre: „Christen und Marxisten sind dabei, hier auszumisten." Der Text meiner Rede, einer hatte sie auf Tonband mitgeschnitten, zeigt, wie aufgewühlt wir alle waren und wie einfach unser Reden.

Es ging um den Mut, den wir nötig hatten, auch darum, die Entartungen des bisherigen Systems beim Namen zu nennen. Es sollte ein Neues beginnen, da mußte man den alten Dreck, der alles verstopft hatte, hinauswerfen. Ich lese in meiner Rede von damals: Wir brauchen Mut in den nächsten Wochen. Und manche Politiker müssen sich Buh-Rufe gefallen lassen, und ein Herr Möller und ein Herr Biel müssen sich fragen lassen, was sie für die Demokratie und die Freiheit wirklich getan haben... eine selbstherrliche Bürokratie hat viele von uns zu Bittstellern gemacht ... und es gibt Direktoren, die in den Schulen ihre Lehrer vergattert haben zum Anschwärzen von Schülern und die Machtstrukturen waren so, daß sie uns Angst eingejagt haben, wir brauchen Mut und müssen sagen, was wir meinen und meinen, was wir sagen...

Die Rede wurde immer wieder von stürmischem Beifall unterbrochen.

Für Parchim war diese Versammlung der Höhepunkt der Umsturzzeit.

In der Folge war viel Kleinarbeit nötig. Parteien wurden gegründet. Der Runde Tisch tagte. Die Verwaltung wurde umgebildet. Politisch unverdächtige Personen mußten gefunden werden. Das war nicht einfach. Mancher Notlösung mußte zugestimmt werden. Proteste setzten ein: Wie konntet Ihr den nehmen? Und den anderen erst? Der ist belastet durch seine Vergangenheit. Es wurde deutlich, daß die Personaldecke unverdächtiger Personen reichlich dünn war.

Dennoch ging Demokratie vor sich.

Das schwerste Stück Arbeit im ganzen Land war die Abschaffung der Organe der Staatssicherheit. Sie waren mit den Jahren zu einem allumfassenden und nahezu perfekten System von Totalüberwachung des ganzen Volkes geworden. Die Angst, die sie verbreiteten war gewollt. Sie war auch berechtigt. Viele Bürger hatten damit Bekanntschaft gemacht, denn die Stasi war unersättlich im Anwerben von Mittätern und noch unersättlicher in der Suche nach Informationen. Heerscharen von Spitzeln, sogenannte IM's, stöberten überall herum. In Verwaltungen und Parteien, Schulen und Organisationen bis hin zum Privatleben des einzelnen Bürgers. Alles war interessant und alle. Die Firma „Horch und Guck", wie der Volksmund sie nannte, war allgegenwärtig. Sie war bei den meisten verhaßt. Nur durfte man das keinesfalls benennen. Machte ein Mitarbeiter der Staatssicherheit Besuch bei einem Bürger, dann fiel dem das Herz in die

Hose, er erschrak bis tief im Innersten. Man wollte mit diesen Kunden nichts zu tun haben.

Am 9. November wurde die Mauer geöffnet. Es ist aus Versehen geschehen, sagte man später. Egal, die Mauer hatte über Nacht ihre Kraft verloren. In Berlin herrschte Volksfeststimmung.
„Dies ist der Tag, auf den wir 28 Jahre gewartet haben", sagte der Westberliner Bürgermeister Momper.
Die Bilder im Fernsehen an diesem Abend waren überwältigend. Die Menschen aus Ost und West begegneten sich. Viele lagen sich in den Armen. Tränen waren keine Seltenheit in jener Nacht.
Ein Parchimer fuhr mit seinem Trabi nachts um ein Uhr los und kam morgens um 10 Uhr zurück. „Es ist Wahnsinn," sagte er zu seinen Kumpels. Daß wir das noch erleben!
Morgens rief unser Sohn aus Hamburg an.
Ich war um 12 Uhr an der Grenze, sagte er, ich habe auf Euch gewartet. Wo wart Ihr denn? Ich hab viele Parchimer getroffen und wir haben mit Kaffee und Kuchen an der Grenze gefeiert.

Es war ein ganz normaler Montag, soweit man in diesem Jahr 1989 noch von ganz normal sprechen konnte.
Morgens war viel im Pfarramtsbüro zu tun. Beerdigungen wurden angemeldet. Der Wochenplan mußte stehen. Unterricht war vorzubereiten.
Es klopfte. Der Jugenddiakon wollte mich sprechen. Er tat sehr geheimnisvoll. Geht es allein?
Klar geht es allein. Geht es auch sofort? Auch das, kommen Sie mit in mein Zimmer.
Der Jugenddiakon war ein Glücksfall für unsere Stadt in den Monaten des Umsturzes. Er setzte sich voll ein für die Beförderung des Neuen. Er bewies Mut und Durchhaltevermögen. Er hielt Verbindung mit den Gleichgesinnten in anderen Städten. Er tat das alles mit Herz und vielen Einfällen. Ohne ihn wäre Parchim in jener Zeit eine tumbe Kleinstadt geblieben, ohne Anschluß an die große Linie des Umbruchs. Er hielt Verbindung mit den Bürgerrechtsgruppen. Er organisierte Versammlungen und moderierte die Diskussionen. Er machte das jugendlich und pfiffig und so, daß sich die Dinge entwickeln konnten. Wir sind seinen Vorschlägen in vielem gern gefolgt.
Am 4. Dezember mit seinem geheimnisvollen Anliegen war er anders als sonst. Aufgeregt, bedenklich auch.

Wir wollen heute abend die Parchimer Stasizentrale stürmen, sagte er ohne Umschweife. Machen Sie mit?

Was wollen Sie, fragte ich, und war doch mehr als sonst erschrocken.

Wir wollen, fuhr er fort, im Gebäude der Parchimer Staatssicherheit in der Brunnenstraße mit einigen Personen aus der Stadt eine Bürgerkontrolle machen. Es ist ein ausgewählter Kreis. In anderen Städten hat es das bereits gegeben. In Parchim müssen wir das auch machen. Es muß Schluß sein mit dieser unseligen Behörde. Außerdem müssen wir die Stasiakten sichern, denn wir haben Hinweise darauf, daß sie die Akten vernichten wollen. Wir treffen uns um 18 Uhr. Wir sind zehn Mann. Wir gehen gemeinsam ins Stasigebäude und werden uns Einlaß verschaffen.

Er sah mich an. Sie machen mit; fragte er.

Na, wenn das man gut geht, dachte ich. Die Stasi stürmen. Und dann mit zehn Mann! Und die waren bis an die Zähne bewaffnet! Es kann doch keiner garantieren, daß sie sich nicht wehren, sagte ich. Garantieren kann man nichts, sagte der Diakon.

Ich überlegte. Ich besprach mich mit meiner Frau. Ich erfragte die Namen der anderen Personen. Schließlich meine Antwort:

Ja, ich mache mit.

Aber bitte sprechen sie mit niemand darüber. Wir möchten den Überraschungseffekt ausnutzen, sagte er.

Klar sagte ich. Ich bin zur Zeit da.

Um 18 Uhr trafen wir uns. Eine konspirative Truppe! Oder was waren wir? Und wie legitimiert?

Die Damen und Herren unserer geheimen Zehnerriege fühlten sich alle etwas mulmig.

Kurzes Gespräch. Der Diakon erklärte, wie er sich das Vorgehen gedacht hatte. Wir setzten uns in Gang. Man kann nicht gerade sagen, daß Begeisterung auf den Gesichtern gestanden hätte. Wir wirkten eher wie eine zufällig zusammengewürfelte Mannschaft mit einem Vorhaben ohne jede Übung. Gesprochen wurde wenig auf dem Weg ins Hauptquartier der Sicherheit von Parchim.

Das Gebäude in der Brunnenstraße, erst vor einigen Jahren neu erstellt, wirkte wie die moderne Burg einer gegen das Volk gerichteten Verschwörung. Sie war umgeben mit einem hohen Metallzaun. Im Hof freilaufende Schäferhunde und hinten im Hof weitere kleine Gebäude.

Wir klingelten am Hoftor. Aus der Wechselsprechanlage ertönte die eckige Stimme: Was wollen sie?

Unser Häuptling ging an die Membran der Sprechanlage und sagte, Gelassenheit vortäuschend: Wir sind eine Gruppe des Neuen Forums und wir machen eine Bürgerkontrolle in Ihrem Objekt. Lassen Sie uns eintreten!

Die Anlage wurde mit einem Klick ausgeschaltet. Stille. Wir warteten. Wir warteten lange.

Schließlich kam ein Uniformierter aus dem Hauptgebäude und kam auf die Pforte zu. Er öffnete.

Einer darf eintreten, sagte er. Die andern warten hier.

Er verschwand mit unserm Häuptling ins Haupthaus. Es dauerte wieder lange. Es war gegen 19 Uhr. Unser Diakon kam heraus und winkte uns heran. Die Pforte öffnete sich automatisch. Wir gingen zu zehnt in die Sicherheitsburg. Drinnen endlose Verhandlungen. Wieso überhaupt, und es liege keine Anweisung von der vorgesetzten Dienststelle vor, und Sie könnten es nicht machen, und so immer wieder.

Unser Diakon wurde deutlicher. Wenn Sie uns an der Kontrolle hindern, dann werden die Parchimer das Gebäude stürmen, so wie es andern Orts bereits geschehen ist. Er sagte es klar und so, als dulde er keinen Widerspruch. Sehen Sie mal nach draußen, sagte der Diakon. Da versammeln sich die Parchimer Bürger. Wenn Sie uns an unserer Arbeit hindern, dann braucht es nur einen Wink von mir.

Der Offizier sah durchs Fenster. Tatsächlich, vor dem Eingangstor sah man eine große Menge Parchimer, und es wurden immer mehr.

Der Stasimann wurde unsicher. Was soll das, fragte er, wollen Sie uns drohen? Drohen nicht, sagte der Diakon, aber ansagen, was Sache ist!

Er müsse erst mit seiner Dienststelle in Schwerin sprechen, entschied der Stasimann. Die müßten entscheiden, was gemacht wird.

Wir bezogen Wartestellung im Klubraum des Objektes. Wir harrten der Dinge, die da kommen würden. Ich kann nicht sagen, daß uns sehr fröhlich zumute war.

Ich koch′ erstmal Kaffee, sagte das weibliche Mitglied unserer Mannschaft. Die Küche in der Stasizentrale war mit allem ausgerüstet. Es hatte sie keiner dazu ermächtigt, aber es wurde was gemacht, wo es nicht gut gewesen wäre, wenn nichts gemacht worden wäre.

Nach einer Stunde kam der Mann aus Schwerin. Er war ein finsterer Geselle. Dagegen waren unsere Ansprechpartner hier Kindergartenniveau. Er kam gewaltig und mit einer Einstellung, als wollte er sagen: Na, was wollen die Jungs hier, schafft sie raus!.

Wir mußten ihm klarmachen, daß dies kein Kinderspiel sei und wir entschlossen waren, hier zu bleiben.

Sie werden sich mit der Realität befassen müssen, sagten wir. Ihre Macht ist zuende, falls Sie das noch nicht bemerkt haben sollten. Behindern Sie uns hier nicht bei unserer Arbeit.

Wir hatten in der Wartestunde Kraft geschöpft. Er lenkte ein. Draußen vor dem Gebäude hatten sich unterdessen noch mehr Menschen eingefunden. Es wurden belegte Brötchen an die Wartenden ausgegeben und heißer Kaffee, denn es war aasig kalt. Ein Parchimer Restaurant hatte sich zur Verfügung gestellt und hatte beherzt die Situation erfaßt. Eine Art Kirmesstimmung kam durch den heißen Kaffee auf. Zwischendurch waren Sprechchöre zu hören. Wir sind das Volk. Und „Wir wollen rein."

Der Bezirksoffizier wurde sichtlich nervöser.

Wir verlangen, sagte einer von uns, daß sie uns alle Räume dieses Objektes aufschließen und zeigen. Wir müssen die Akten sicherstellen.

Das geht nicht, sagte der Offizier. Die Räume sind verschlossen und wir haben keine Schlüssel.

Es war die albernste Ausrede, die ihm eingefallen war. Wir gingen in die Räume, die zugänglich waren.

Wo war die Abhörzentrale? Wo lagerten die Akten? Gab es Waffen? Ich ging auf eigene Faust in den Keller. Große Räume, vorbildlich sauber. In der Ecke des einen Raumes standen gefüllte Säcke. Ich öffnete den ersten, nahm Papiere heraus. Ich las, Abhörprotokolle aus dem Hydraulikwerk. Kollege A sagt, Kollege B antwortet. Genosse C gibt die Anordnung. Alle namentlich aufgeführt.

Kommt mal her, ruft einer aus unserer Gruppe, da hinten in der Heizung, da brennen Papiere, ganz frisch, als wären sie grade hineingeworfen. Wir sahen nach. Tatsächlich Postsachen. Postkarten aus dem Westen, halb angekohlt. Diese Schnüffler, haben die Post zur Kontrolle nach hier gebracht! Unser Diakon gab nicht auf. Für die wichtigen Räume sind keine Schlüssel vorhanden? Gut, dann werden wir den Staatsanwalt holen, und wir werden die Türen der wichtigen Räume versiegeln lassen, unter Zeugen.

Von draußen hörte man erneut Sprechchöre: Wir sind das Volk! Wir wollen rein! Sie ballerten mit Fäusten an die verschlossenen Türen.

Zwei von uns mußten nach draußen gehen und mit dem Volk reden. Sie wollten alle in das Gebäude kommen.

Ihr laßt euch nur hinhalten! sagte einer. Ein anderer schrie: Wir müssen es diesen Ganoven zeigen. Haben lange genug die Herrschaft gehabt und das Volk gequält! Los, alle rein!

Das geht nicht, ich ging auf den Schreihals zu. Er hatte ja recht, aber so ging es nicht. Bleibt vor dem Gebäude. Das ist wichtig hier, daß Ihr da seid. Da drinnen, das machen wir.

Sie bescheißen euch, schrie er wieder.

Langsam, sagte ich, es ist besser, wenn wir ruhig vorgehen, auch wenn es länger dauert.

Wir gingen wieder ins Gebäude zurück. Der Schweriner Offizier stand an der Tür. Er hatte die Situation auf dem Hof beobachtet.

Schönes Volk haben Sie da, sagte er, und es klang zynisch.

Mit diesem Volk werden Sie rechnen müssen, sagte ich zu ihm. Sie haben Ihre Zeit gehabt. Aus, vorbei, auch wenn es Ihnen nicht paßt!

Die Stunden gingen hin. Der Staatsanwalt war gekommen und der Leiter der Parchimer Polizei. Die interessanten Räume, die alle geschlossen waren, wurden versiegelt. Die Schriftstücke in der Heizung wurden sichergestellt. Gegen 24 Uhr ging ich nach Hause. Eine Kontrollgruppe blieb im Objekt, die ganze Nacht hindurch und noch am nächsten Tag. Unter Zeugen wurden die Aktenräume geöffnet und die Akten sichergestellt. Sie wurden bewacht und man brachte sie unter Bewachung in ein Zentralarchiv der Bürgerrechtler nach Schwerin.

Beim Aufladen, erzählte mir einer aus unserer Gruppe, hatte ich deine Akte in der Hand. Aufschrift: Domprediger Pilgrim. Ich wollte nachsehen. Aber es war nichts drin. Es erwies sich, die Aktenvernichter waren Tage zuvor eifrig am Werk gewesen und hatten ganze Aktenreihen in der Heizung vernichtet. Es war höchste Zeit gewesen, daß wir gekommen waren. So konnte das Verwischen der Spuren gestoppt werden.

Solche Stasibesetzungen gab es an vielen Stellen im Land. Sie machten deutlich: Jetzt ist dem Untier der Kopf abgeschlagen. Ein Aufatmen ging durch das Land.

Es ist auch deutlich geworden, daß die wohlgerüsteten Mielkemannen, die sonst nicht zimperlich gewesen waren, bei diesen Volkskontrollen der Bürgerrechtler wie gelähmt danebenstanden.

Erich Loest wird später in seinem Roman „Nikolaikirche" das Erlebnis dieser Lähmung von sonst skrupellosen Stasileuten so ausdrücken: „Wir waren für alles gerüstet, wir waren auf alles gefaßt, nur nicht auf Kerzen und Gebete."

In den Dezemberwochen des Jahres 1989 blieb es aufregend. Ende November hatte eine Gruppe von Intellektuellen, Schriftstellern und Kulturschaffenden aus der DDR, auch einige Kirchenmänner dabei, einen Aufruf erlassen, der den Namen trug: „Für unser Land".

Sie wollten auf der Eigenständigkeit der DDR bestehen. Sie schlugen vor, eine sozialistische Alternative zur Bundesrepublik zu entwickeln. Es war das aufgekommen, was man später „den dritten Weg" nennen wird. Unterschrieben hatten unter anderen: Stefan Heym, Christa Wolf, Pfarrer Schorlemmer.

Der Vorschlag sowie das ganze Projekt war ein Irrtum. Es wurde durch die Ereignisse überholt.

Längst riefen die Menschen auf den Demos, die noch bis kurz vor Weihnachten weitergingen, nicht mehr „Wir sind das Volk", sondern sie riefen „Wir sind ein Volk". Der Wunsch zur Einheit war so stark vorhanden, und er wurde immer stärker, daß die Intellektuellen mit ihrem dritten Weg nun vollends ins Abseits gerieten. Sie hatten in einer Art von Verliebtheit in eine alte Utopie nicht richtig eingeschätzt, daß schon das Wort Sozialismus zum negativen Reizwort geworden war.

Dieser Sozialismus hatte die Menschen betrogen. Er war zum grauenvollen Zerrbild des Stalinismus entartet. Er hatte ein ganzes Volk in die Katastrophe geführt. Er hatte Unterdrückung produziert und Angst und er hätte über kurz oder lang den wirtschaftlichen Ruin eines ganzen Landes hervorgebracht. Nein, damit war nun nichts mehr zu machen. Immer stärker wurde der Wille, ein Volk zu sein.

In den Dezembertagen flatterte mir ein Blatt ins Haus. Beherzte Schweriner hatten sich zusammengetan und einen Gegenaufruf verfaßt. „Für unser Volk – ein neues Angebot".

Darin schrieben sie: „Wir können den Schritt zur Einheit mit aufrechtem Gang tun. Unsere Rückständigkeit ist nicht die Folge unserer Unfähigkeit, sondern das Ergebnis des untauglichen Sozialismusmodells. Wir müssen und können unsere unbegründete Angst ablegen, daß der andere Teil der deutschen Nation fähiger ist als wir und uns bevormunden will."

So ungefähr war die Stimmung unter den meisten Menschen im Osten. Die kleine Gruppe der Verfechter des Dritten Weges blieb ohne nennenswerte Resonanz. Allerdings hat sie viel später in der Diskussion unter Intellektuellen manchen Frust bestärkt. Manche können bis heute nicht verstehen, daß vom Sozialismus erst einmal nichts zu erwarten ist.

Die Mittwochsdiskussion in der Georgenkirche fand noch bis kurz vor Weihnachten statt. Allerdings muß man sagen, sie hatte ihre Kraft verloren. Die Menschen waren anderweitig beschäftigt. Ein Teil arbeitete in den Gruppen und probierte demokratische Kommunalpolitik. Ein ande-

rer Teil hatte zu tun, Tante Anna im Westen zu besuchen und nachzu-
schauen, was es bei Aldi gab.

Heiligabend 1989. Die Georgenkirche war zur Christvesper überfüllt.
Ich hatte das Bibelwort gewählt: „Fürchtet euch nicht.“
Es schien mir passend, denn neben der Freude war auch Furcht vorhan-
den. Gegen diese Furcht mußten wir antreten. Es genügte nicht, daß die
Grenzen geöffnet waren, man mußte auch die Herzen aufmachen.
Und man hatte den Einruck, daß das Herzaufmachen noch schwieriger
sein würde als das Grenzeaufmachen. Vielleicht würde es auch noch län-
ger dauern.
Wir hatten viel geschafft in den letzten Monaten, wir waren Augenzeuge
und in gewissem Sinn auch Mithandelnde, wir waren glücklich über das
Maß an Menschenwürde, das sich gezeigt hatte und über die Vielen, die
endlich aufwachten, wir hatten den Anfang einer geschichtlichen
Umwälzung erlebt und alles war geschehen in atemberaubender Kraft,
aber der Vorgang war noch nicht unumkehrbar.
In den Zusammenkünften in den Wochen vor Weihnachten pflegten wir
zu sagen: Noch ist die Kuh nicht vom Eis. Aber wir hoffen, wir werden
sie gemeinsam vom Eis bekommen.

14. Kapitel

AKTENEINSICHT

Die Kuh ist dann doch noch vom Eis gekommen. Endlich, sagte mein Nachbar, der Kanzler Kohl hat sie runtergeholt, meinte er. Ja, wenn der Kanzler nicht gewesen, dann wären wir im Stasisumpf versunken. Davon ließ sich mein Nachbar nicht abbringen. Wie kam er zu dieser bemerkenswerten Analyse? Die Ereignisse im Land rasten weiter. Nach der Weihnachtspause 1989 versuchten die Verantwortlichen im Januar die Montagsdemonstrationen wieder zu beleben. Die Entwicklung der Freiheit stagnierte, meinten sie. Manche waren beunruhigt. Wenn die alten Kader doch noch wiederkommen? Es gab Kräfte, die daran offenbar ein Interesse hatten.

Am l0. Januar meldete die Schweriner Zeitung: „Noch keine Erneuerung zu sehen." Sie meinte damit die Schulen und Bildungseinrichtungen. In ihnen gingen Pioniergruppen, FDJ-Versammlungen und Jugendweihestunden fröhlich weiter. Manche Lehrer taten, als sei nichts geschehen, vom geforderten Demokratisierungsprozeß keine Spur.

In Parchim hörte man hinter vorgehaltenen Hand: Die Stasileute treffen sich mit den SED-Oberen in Gartenlauben und beraten.

Ich weiß es ganz genau, sagte eine vom Neuen Forum, die zu mir kam und mich bedrängte. Da müssen wir was machen, sagte sie. Oder wollen Sie tatenlos zusehen?

Natürlich wollten wir nicht tatenlos zusehen, aber Panik machen wollten wir auch nicht. Und den Demokratisierungsprozeß mußten wir stärken.

Am l0. Januar trafen wir uns abends in der Georgenkirche zur üblichen Versammlung. l200 Menschen waren gekommen. Wir wollten über freie Wahlen sprechen. Unter den oppositionellen Parteien kam es zu einem Wahlbündnis. In Parchim existierten zu der Zeit 28 Mitglieder der eben neu gegründeten SPD. Auf der Versammlung wurde der Volkskammerabgeordnete der SPD Parchim vorgestellt. Es war Doktor Krüger. Er hielt eine flammende Rede in der Kirche. „Die Wende muß unumkehrbar sein." Begeistertes Klatschen! Auf der

Montagsdemo in Leipzig kamen Hunderttausende zusammen. Die Losung hieß: „Zwei Montage nicht auf der Straße, schon hebt die SED die Nase."

Die Volkskammerwahl am 18. März 1990 hat alles entschieden. Die CDU bekam 41,9 Prozent der Stimmen, die SPD 21,7. Und die PDS 15,5.

Die Wahlbeteiligung war bemerkenswert hoch. Ein solches Ergebnis hatte man nicht erwartet. Die CDU schnitt so gut ab. Was dachten sich die Wähler? So einfach war es, die Wähler dachten, der Kanzler Kohl, der wird's schon richten. Wähl' mal christlich, christlich ist jetzt gut. Es war für den Bundeskanzler Helmut Kohl von der CDU die große Stunde.

Das Christliche wurde für kurze Zeit attraktiv. Pastoren gingen in die Politik. Die Kirchen hatten großen Zulauf. Menschen traten wieder in die Kirche ein oder gaben in der Steuererklärung ihre Konfession an. Die Parchimer machten sich Gedanken, ob nicht ein Pastor Bürgermeister werden müßte.

Die Schulbehörde erschien bei mir und bat mich, vor den versammelten Deutschlehrern der Stadt einen Vortrag über neue deutsche Literatur zu halten. Ich sagte zu, und dann saßen sie alle im Vortragsraum, die vorher den Sozialismus hatten hochleben lassen. Und die anderen auch, die nur ihr Fach verantwortlich unterrichtet hatten und fair zu den Schülern waren. Sie gab es auch. Sie freuten sich. Die andern würden sich gründlich umstellen müssen. Ich dachte mir, daß das ganz schön kompliziert sein würde. Einige würden deshalb ganz schnell in den Ruhestand gehen. Das war auch besser so. Andere würden jahrelang Mühe haben, und viel Frust würde von ihnen ausgehen.

Im März 1993 lud mich der Direktor eines Gymnasiums einer Nachbarstadt zu einem Festvortrag ein. Der Abschluß der „Woche des Buches", er hatte sich an seiner Schule viel Mühe damit gemacht. Ich kannte ihn, er war regelmäßig in meinen Literaturabenden. Er sagte, ich sei der richtige Mann für den Vortrag in seiner Schule.

Die Aula war am besagten Festtag überfüllt. Was, ein Pastor hält die Festrede? Die Schüler waren neugierig. Mal sehen, was das wird, ein Pastor! Manche Eltern waren freundlich. Daß heute sowas möglich ist! Denken Sie mal fünf Jahre zurück! Sie drückten mir am Ausgang die Hand. Aber die Erzieher? Das Lehrerkollegium?

Ich sprach über Bücher und daß sie uns begleiten im Leben. Von der Fibel bis zu Goethes Faust. Ich wollte deutlich machen, daß Bücher zu den Freunden gehören, die man nicht verlieren soll, und daß ein Buch ein Reichtum für die Seele ist. Ich kam auf das Buch der Bücher und schloß meinen Vortrag mit den Worten: Die Seele, meine Damen und Herren, die Seele ist das Kostbarste auf dieser Erde. Und wie heißt es in jenem uralten Buch: Was hülfe es dem Menschen, wenn er die Welt gewönne und nähme doch Schaden an seiner Seele."

Die meisten klatschten nach dem Vortrag. Einige nur zögerlich, als wollten sie sagen, na ja ganz hübsch, aber ein Pastor! Und ein paar sahen aus, als hätten sie eben meinen abgegebenen Aufsatz gelesen und müßten ihn jetzt zensieren und überlegten, ob sie ihm wenigstens noch eine knappe Vier geben könnten.

Ich will einräumen, daß es nicht einfach war für ein Kollegium, in dem eben noch Lehrer enthalten waren, die unter Margot Honecker die Grundlehren des Sozialismus eingesogen hatten. Wie mußte es in ihnen aussehen, wenn sie einen Vortrag anhören mußten, der mit einem Bibelwort schloß und eine Veranstaltung mitmachen, in der der Chor vierstimmig einen Choral darbot. Welcher Zeitensprung! Viele Lehrer würden es schwer haben, an der neu entstandenen Demokratie mit-zuarbeiten.

Im Mai fanden die Kommunalwahlen im Osten statt. Auch dabei lag die CDU mit 34,37 Prozent vor der SPD mit 21,27 Prozent.

Am 1. Juli kam die Währungs- und Wirtschaftsunion, und am 30. Oktober 1990 geschah die Herstellung der Einheit Deutschlands. Ereignisse wie Jahrhundertschläge!

Die Kuh war endgültig vom Eis. Deutschland und ganz Europa ver-änderten ihr Gesicht grundlegend. Willy Brandt hatte gesagt: „Jetzt wächst zusammen, was zusammengehört". Ein Wort, das in der Folgezeit viel zitiert wurde. Nur die Sache erwies sich als äußerst kompliziert.

Ein Grund dafür waren die Stasiakten. Die Staatssicherheit der DDR war ein Muster an Gründlichkeit gewesen. Es gab Vorbilder. Die Gestapo war gründlich und der KGB. Es schien als hätte Mielke den Ehrgeiz gehabt, beide zu übertreffen. Mir will scheinen, er hat es geschafft.

Es gab in der DDR 85000 hauptamtliche Angestellte dieser Behörde. Es gab außerdem 109000 IM's. Sie alle haben in hingebungsvoller Arbeit Akten von über 6 Millionen Bürgern angelegt. Das heißt, jeder dritte wurde ausgekundschaftet.

Diese Aktenberge sollten für die Jahre nach der Wahl so etwas wie ein Prüfstein für Demokratie werden. Die Frage kam auf: Was soll mit den

Akten werden? Meinungen prallten aufeinander. Pfarrer Schorlemmer, ein Bürgerrechtler, schlug vor: Akten vernichten.

Bärbel Bohley, die Mitbegründerin des Neuen Forums: Niemals! Wir brauchen die Akten! Wir müssen unsere Vergangenheit aufarbeiten. Dabei sind sie wichtig. Politiker des Westens sagten, was sollen die Akten? Sie stiften nur Unheil. Es wird Mord und Totschlag geben, wenn herauskommt, wer bespitzelt wurde und von wem.

Mancher im Westen vertrat die Meinung: Wer weiß, wenn er im Osten gelebt hätte, vielleicht wäre er auch ein Mitläufer geworden oder ein Stasimann. Menschen eignen sich eben nicht zu Helden. Sie sind, wie sie sind!

Auf keinen Fall dürfen die Akten vernichtet werden, sagten die Opfer im Osten. Und sie waren ja auch eigentlich die Zuständigen für das wichtigste Urteil in dieser Sache. Sie hatten jahrelang unter dem Terrorregime der Stasi gelitten. Sie waren beobachtet und ausgekundschaftet worden, und das oft auf die hinterhältigste Weise.

Vera Wollenberger, so war zu hören, eine Bürgerrechtlerin der ersten Stunde, wurde ihr eigener Ehemann als Spitzel zugeteilt, und sie hatte es nicht einmal bemerkt. Das blanke Entsetzen packte solche Geschädigten, als sie erfuhren, was da jahrelang gelaufen war.

Erich Loest, dem Schriftsteller, wurden im März 1990 Akten angeboten. Eine Frau war erschienen und wollte verhandeln. Sie habe die Loestakten ganz zufällig hinter einer Aschtonne entdeckt. Loest war interessiert. Sie kenne jemanden, der habe noch mehr davon. Loest erhielt die Akten. Er gab den Aktenbericht heraus. Er trug den Titel: „Die Stasi war mein Eckermann." Er berichtete von dem Schock, der ihm widerfuhr, als er in den Akten bemerkte, daß man einen seiner besten Freunde auf ihn als Spitzel angesetzt hatte. Sie hatten Geburtstag und Silvester zusammen gefeiert. Loest hatte volles Vertrauen gehabt. Und währenddessen gab der Stasifreund fröhlich alle Informationen über den Freund weiter. Es war eine bittere Erkenntnis. Ähnlich war es dem Schriftsteller Rainer Kunze gegangen. Er kam ebenfalls früh in den Besitz seiner Akten. Er erfuhr, was gegen ihn gelaufen war. Als er noch in der DDR lebte, hatte die Stasi eine Nachbarin im Haus geworben und hatte von der Wohnung der Nachbarin aus „ein Loch in die Wand zu Kunzes" bohren lassen, um den Schriftsteller noch genauer ausspionieren zu können. Die Frau, so wird berichtet, hatte zunächst Skrupel. Sie wurde daraufhin von der Stasi in Extrabehandlung genommen und erklärte schließlich: „daß es der Kunze gar nicht wert ist, bei uns so human behandelt zu werden, denn der Kunze ist für sie ein Spitzel der BRD und gehört hinter Schloß und Riegel."

Über Monate hin waren die Akten das Gesprächsthema Nummer eins. Hier und dort gab es, hörte man, geheimen Handel mit solchen Schriftstücken. Was sollte werden? Es mußte unverzüglich eine Lösung gefunden werden. Vielleicht muß der Bund die Akten übernehmen, hieß es .Dieser neue Vorschlag wurde heftig diskutiert.
Aber dann sind sie verschwunden, sagten die Ostler. Nein, die Akten gehören uns, sie müssen im Osten bleiben! Eine neue Bürgerrechtsbewegung enstand. Sie wurde nicht sehr groß, aber dafür intensiv.
Im September 1990 schloß ich mich einer Gruppe an, die öffentlich protestieren wollte. Sie nannte sich „Gründung des Bürgerforums für Gerechtigkeit."
In Berlin, hörte man, hatte eine Gruppe von bekannten Persönlichkeiten die Normannenstraße, die ehemalige Stasizentrale, besetzt. In Dresden demonstrierten besorgte Bürger vor der dortigen ehemaligen Stasizentrale.

Am Donnerstag, dem 6. September 1990, fuhren wir mit 12 Personen am Morgen nach Schwerin. In der Demmlerstraße, im Keller des ehemaligen Stasigebäudes, waren die Akten aus dem ganzen Bezirk zusammengetragen worden. Dort wurden sie gesichtet, geordnet und für zukünftige Zwecke vorbereitet. Aber was sollten das für Zwecke sein? Wir hatten gehört, daß in der Demmlerstraße neben Bürgerrechtlern auch ehemalige Stasileute tätig waren. Es war uns klar, man brauchte zur Bearbeitung der Akten, deren System kompliziert war, den Rat der Eingeweihten. Das Prinzip mußte erkundet werden, die Abkürzungen entschlüsselt. Was ein IM bedeutete und ein OiBE, das war zunächst unklar.
Doch wir hatten gehört, daß Stasileute ohne weiteres am Abend nach Dienstschluß Aktenstücke in der Aktentasche mitnehmen konnten. Es waren kaum Kontrollen. Wir wollten aufmerksam machen. Wir wollten auf die Bedeutung der Akten hinweisen. Wir wollten bekräftigen: Die Akten müssen im Lande bleiben. Zwei Mann unserer Gruppe hielten ein Plakat und stellten sich vor dem Gebäude auf. „Die Wahrheit muß ans Licht, das ist die erste Bürgerpflicht." Am Eingang zu den Akten, im Kellergang, war notdürftig eine Wand errichtet worden. Vor der Wand nahmen wir Platz. So, hier bleiben wir erst einmal! Zehn

Mann vor den Stasiakten! Was soll denn das, fragten die Diensthabenden im Gebäude, in dem unterdessen das neue Rechtswesen untergebracht war. Wir bleiben hier, sagten wir.

Und wir möchten mit den Verantwortlichen sprechen, bitte, geht das? Verantwortliche kamen. Sie sahen uns fragend an. Und was soll das hier? Wir gehen hier nicht eher weg, bis der Bezirksstaatsanwalt zum Gespräch hierher zu uns kommt.

Der Abteilungsleiter war verblüfft. Was sollen denn jetzt noch solche Aktionen? Er war auch ärgerlich. Wir hatten die Beamtenruhe gestört. Schweriner Familien hatten von unserer Aktion gehört. Wir hatten die Medien benachrichtigt. Familie Kern brachte uns Würstchen und Brote. Das unterstützen wir gern, sagten sie.

Leider wurde die Aktion keine Massenunternehmung. Die Menschen hatten andere Sorgen, die sie mit Beschlag belegten. Das Westgeld, eben im Juli eingetauscht, mußte umgesetzt werden. Die gewonnene Reisefreiheit wurde geübt. Es war viel nachzuholen. Das Bangen um die Arbeitsplätze ging los. Am Nachmittag kam der amtierende Bezirksstaatsanwalt in den Keller zu unserer Gruppe. Wir saßen mit ihm auf der Treppe. Die Tür zum Stasiakteneingang war gleich links. Er ließ sich unser Anliegen berichten.

Es ging uns um die politische und juristische Aufarbeitung der Stasitätigkeit. Da sind die Akten unerläßlich. Jeder Betroffene muß Akteneinsicht bekommen. Wir fordern, daß die Akten in Schwerin bleiben.

Der Staatsanwalt verstand unser Anliegen. Er versprach, unsere Forderung weiterzuleiten. Und wir sagten ihm, wir verlangen, daß kein ehemaliger Stasimitarbeiter Zutritt zum Aktenkeller bekommt. Die Gefahr, daß Akten verschwinden, ist groß.

Es war 16 Uhr. Die Tür des Aktenkellers öffnete sich. Ein Mann mit Aktentasche kam heraus. Er hatte Feierabend.

Sehen Sie, sagten wir, das ist was wir meinen. Jeder, der da herauskommt, muß einer Taschenkontrolle unterzogen werden. Die Stasi hat hier nichts mehr zu suchen. Der Bundestag muß ein Aktengesetz beschließen. Wir hatten uns in Eifer geredet.

Am Abend zogen wir wieder ab aus der Demmlerstraße. Presse und Rundfunk berichteten. Unser Anliegen war gut transportiert worden. Kurz darauf erschien ein Aufruf. Zur Gründung des „Bürgerforums für Gerechtigkeit" kam es in Parchim und Schwerin. Vornehmlich Bürger, die in der vergangenen Woche auf die Notwendigkeit eines sachgerechten Umganges mit den Stasi-Akten in Schwerin aufmerksam gemacht hatten, fanden sich nach dem Ausgang der Volkskammerdebatte über die Aufarbeitung der Stasi-Vergangenheit und der undurchsichtigen Rolle des Innenministeriums zusammen. „Ihr Anliegen ist es, der rückhaltlosen Aufarbeitung der Vergangenheit Nachdruck zu verleihen. Die schleppende Auflösung der Staatssicherheitsstrukturen, die mangelhafte Bearbeitung von Strafanzeigen und nicht zuletzt das Hinauszögern der Überprüfung von Abgeordneten aller gewählten Volksvertretungen läßt die Infiltration einflußreicher Staatssicherheitsmitarbeiter in Parlament und Regierung befürchten. Um der Zukunft der deutschen Länder willen muß endlich auf einer gründlichen, zügigen und zuverlässigen Aufarbeitung der Stasizusammenhänge bestanden werden. Es kann nicht länger hingenommen werden, daß Internierungslisten unveröffentlicht bleiben, daß verantwortliche Stasi-Mitarbeiter und SED-Funktionäre weiterhin in Schlüsselpositionen von Verwaltung und Wirtschaft verbleiben... Um der Sorge um eine angemessene Bewältigung der Vergangenheit Ausdruck zu verleihen, wird zur Protestkundgebung am Montag, 17.9.1990 um 18 Uhr auf dem Marktplatz in Schwerin aufgerufen."

Nach langem Hin und Her verabschiedete der deutsche Bundestag am 14. November 1991 das Stasiunterlagengesetz.
Die Kräfte der Vernunft hatten gesiegt. Eine Aufarbeitung dieser schlimmen Vergangenheit mußte möglich sein. Das Gesetz war endlich und vor allem von den Menschen aus den neuen Bundesländern durchgesetzt worden. Es ermöglicht den Opfern, sich umfassend über ihre angelegten Akten zu informieren.
Es gab auch Menschen, die sagten, ich will das alles gar nicht ansehen. Es regt mich nur auf, oder der Wahrheitsgehalt bei diesen Zweckakten erscheint mir nicht ausreichend zu sein, und sie haben deshalb keine Beweiskraft. Ich will diese Akten einfach übergehen.
Gut, sie mögen so urteilen. Es ist ihr Recht. Aber die anderen urteilen anders. Und sie konnten jetzt ihre Akten einsehen.
Eine Behörde wurde eingerichtet, die die Aktenverwaltung und die Einsichtnahme überwachte. Sie nennt sich: Der Sonderbeauftragte der Bundesregierung für die Stasiunterlagen.
Der Leiter der Behörde wurde der Rostocker Pastor Joachim Gauck. Er war durch seine Arbeit in der Bürgerbewegung, aber auch schon vorher im Gesamtdeutschen Evangelischen Kirchentag als ein Mann

aufgefallen, der Mut bewiesen hatte und Durchsetzungsvermögen. Beides würde er in der neuen Behörde nötig haben.

Seine Behörde rechnete, so wurde gemeldet, mit ungefähr zwanzig- bis dreißigtausend Einsichtsanträgen pro Monat. Mitte 1992 lagen 1,2 Millionen Anträge vor.

Wie sollte das gutgehen? Würden die Pessimisten recht bekommen, die gesagt hatten, die Öffnung der Akten würde den sozialen Frieden im Land bedrohen? Die Enthüllungen kamen bald und reihenweise. Der hat den bespitzelt. Und jener den anderen ausgehorcht. Und das war der beste Freund des anderen. Denken sie mal! So ein mieser Spitzel! Die Zeitungen in der Zeit nach dem Gesetz brachten bald wöchentlich einen neuen Enthüllungsfall. Es war eine bedrohliche Zeit. Prominente waren ebenso in Spitzeltätigkeit verstrickt wie Männer der Kirche.

So kam es, daß die Kirche in dieser Enthüllungszeit viel guten Ruf verlor. In der Umbruchzeit hatten Kirchenleute durch ihr umsichtiges Verhalten der Kirche manchen Bonus erworben. Der Bonus schmolz jetzt dahin. Auch die Kirche war durchsetzt mit Leuten von der Stasi. Das konnte man fortan fast täglich in der Zeitung lesen. Es tat weh, aber man mußte es hinnehmen. Mancher Friedenskreis vor dem Umbruch wäre an Personenmangel eingegangen wenn die Stasi ihre Leute aus dem Kreis abgezogen hätte, so wurde genüßlich berichtet. Und in den meisten Hauskreisen der Kirchgemeinden und in den Kirchgemeinderäten – überall waren Spitzel der Stasi eingeschmuggelt gewesen. Hier und dort wurde sogar ein Pastor geoutet, der auf Anweisung der Stasi Theologie studiert hatte und danach jahrelang in der Kirche Beobachtungsposten bezogen hatte. Ein ganzer Stasikirchensumpf kam ans Licht, oder besser, wurde ans Licht gezogen. Es war abscheulich. Vor allem auch deshalb, weil die Medien sich darauf stürzten und Kapital daraus zu schlagen suchten.

Die Spitze des Eisberges war der ehemalige Oberkonsistorialrat der Kirche Manfred Stolpe, der jetzt Ministerpräsident in Brandenburg war. Er galt vor dem Umbruch als der wohl wichtigste Verhandler zwischen Staat und Kirche. Er hatte die Gründung des Kirchenbundes maßgeblich mit bewerkstelligt. Er war der Kirchendiplomat gewesen. Jetzt trafen ihn die schwersten Vorwürfe. Er sei ein IM der Stasi gewesen. Er hätte die Bürgerbewegungen im Auftrag der Stasi kleinhalten müssen, und er habe als Mann der Stasi in der Kirche den Anpassungskurs der letzten Jahre mit der Bezeichnung „Kirche im Sozialismus" zu verantworten.

Der „Spiegel" schrieb: „Solange Stolpe unbeschadet an der Macht bleibt, können sich alle Täter und Mitläufer beruhigt zurücklehnen. Schuld ist dann nicht mehr von moralischer Bedeutung, unsere Vergangenheit ist dann nicht mehr sonderlich belastet, und ein Übergang in die neue Ordnung ist ohne wesentliche Einsicht und Veränderung möglich."

Und „Die Zeit" schrieb dazu: „Kein Zweifel, Manfred Stolpe und alle seine Mitstreiter, die ganze Evangelische Kirche hat einen Preis zahlen müssen. Unter der allgemeinen Annahme. daß das DDR-Regime innerhalb der gesamteuropäischen Nachkriegsordnung noch lange bestehen werde, haben auch sie für Ruhe im Land gesorgt, jedenfalls dafür, Unruhe und Aufbegehren zu kanalisieren".

Harte Worte! Es gab viele davon zu der Zeit. Sie sorgten für Verwirrung und für Kontroversen der dunkelsten Sorte.

Für die Stolpe-Problematik wurde vom Potsdamer Landtag ein Untersuchungsausschuß eingesetzt. Er sollte die Vorwürfe prüfen. Er versuchte, Klarheit zu bekommen. Aber was war? Die Schlammschlacht, die entstand, wurde letztlich zum Kampf der Parteien umgemünzt. Der brandenburgische CDU-Vorsitzende Ulf Fink ließ sich in die Auseinandersetzungen hineinziehen. Am 1. Mai 1992 war am Zaun der Potsdamer Staatskanzlei ein Schild angebracht mit der Aufschrift: „Manfred Stolpe, der bleibt hier, Gauck und Fink verjagen wir." Die Brandenburger sprachen sich für ihren Ministerpräsidenten aus. Der Untersuchungsausschuß war durch die Stimmen pro und contra bald gelähmt und die evangelischen Bischöfe gaben eilfertig Ehrenerklärungen für Manfred Stolpe ab. Er sei ein Mann der Kirche gewesen. Er habe im Auftrag der Kirche mit der Stasi verhandeln müssen. Er habe auf diese Weise für menschliche Erleichterungen und kirchliche Freiräume gesorgt. Dabei sollte es bleiben. So wollten es die Kirchenmänner.

Aber das Volk sah es meist anders, jedenfalls ein Teil des Volkes. Die sagten: Die Großen bleiben ungeschoren. Für sie gelten Sonderrechte. Unterdessen gingen die Massenenthüllungen weiter.

Der Pastor für kirchliche Pressarbeit in Mecklenburg sei IM gewesen. Der frühere Präses der Synode auch, und sogar einer der Bischöfe außerhalb Mecklenburgs.

Der Titel einer Seite in der „FAZ" von damals lautete: „Die Kirche im Spinnennetz der Stasi."

Die Enthüllungen gediehen zum Alptraum. Die Stasi bekam eine späte Macht und einen Triumph, noch so lange nach dem Umsturz.

Was mich an der ganzen Kampagne störte, die über Monate hin und Jahre hochgehalten wurde, war nicht die Tatsache selbst. Da mußten wir durch. Wo Akten geöffnet wurden, da kam Schmutz ans Licht. Und es hatte Stasitätigkeit leider auch von Kirchenmännern gegeben. Von einer totalen Unterwanderung der Kirche durch die Stasi jedoch konnte und kann keine Rede sein. Manche Interpreten der Lage gingen so weit, daß sie behaupteten, die Kirchenpolitik und vor allem die Verleihung der leitenden Ämter in der Kirche sei von der Stasi gemacht worden. Und der „Spiegel" schrieb 1995: „Die Evangelische Kirche, ohnehin von Gott verlassen, war am Ende fast eine Filiale der Stasi." Das ist Unsinn, aber es steht leider fest, daß es in der Kirche Stasileute gab. Und was mich ärgerte, war die halbherzige Behandlung der Thematik und die Beschwichtigungstaktik, die gerade auch in der Kirche sichtbar wurde.

Es ist alles nicht so schlimm, hieß es. Es wird aufgebauscht, sagte man. Man mußte eben mit der Stasi verhandeln, entschuldigte man. Das klingt mir alles so, wie wenn einer sagt: Man muß eben mit den Wölfen heulen.

Mir scheint, es ist zuviel Naivität in der Beurteilung und zu wenig Schuldeinsicht und fast keine Scham.

Für mich war die Stasi ein verbrecherischer Apparat, und man mußte mit denen nicht verhandeln.

Im Sommer 1992, mitten in diese heiße Debatte hinein, platzte das Interview, das der Mecklenburgische Bischof Christoph Stier dem Spiegel zur Sache gab. In den Wochen hatte ich gerade einen Radiogottesdienst zu halten und habe diese klare Meinung unseres Bischofs in der Predigt gern weitergegeben. Stier sagte: „Ich jedenfalls teile die Auffassung nicht, daß Kontakte zwischen Stasi und Kirche notwendig waren. Manche reden im Blick auf ihre Kontakte mit der Stasi sogar von Partnerschaft. Ich halte dieses Wort für unmöglich und skandalös. Die Stasi war für uns kein Partner." (Spiegel 33/1992)

Leider gab es Kräfte der Verniedlichung überall. Das verflixte „es war alles nicht so schlimm" verkleisterte die Sinne und die Seelen. Beschädigung der Persönlichkeit, wie sollte man das anders werten? Die Mecklenburgische Landeskirche versuchte in den letzten Jahren, die IM-Verstrickung in der Kirche zu klären. Einige traurige Fälle waren bekannt geworden. Pastoren hatten ihr Ordinationsgelübde gebrochen und waren der Stasi zu Diensten gewesen. Zwei waren überführt worden. Sie wurden ihres Amtes enthoben. Notvoll, sicher, aber doch auch notwendig.

Am 3.1.1992 hatte ich den Antrag auf Einsicht in die Akten gestellt. Mitte Juni 94 bekam ich die Nachricht, ich könnte meine Akten einsehen. Ich war aufgeregt, als ich das Schreiben in der Hand hielt. Was würde es bringen? Wie könnte man mit den Tatsachen, die herauskamen, umgehen?
Es war ein warmer Sommertag. Wir fuhren mit dem Auto nach Görslow, am Ostufer des Schweriner Sees. In dem kleinen Dorf war die Gauck-Behörde untergebracht.
Das Gebäude war eingezäunt, wie ein Geheimobjekt in alten Zeiten. Im Eingangsbereich überkam mich die gleiche Beklemmung wie früher, wenn ich in eine staatliche Behörde zur Aussprache geladen war. Sicherheit wurde auch hier groß geschrieben.
Einsichtnahme in meinen Ausweis. Der Hüter am Eingang jedoch war freundlicher. Telefonat nach oben. Der eingerammte Bittstellerkomplex wollte gerade aufkommen. Ich riß mich zusammen. Wir leben in einem freien Land. Was willst du, sichern muß man die Akten schon. Wir hatten genug Aktenmißbrauch erlebt in den letzten Monaten.
Die freundliche Stimme sagte: Melden Sie sich eine Etage höher, im Zimmer soundso, Herr M. erwartet sie bereits.
Ich stieg nach oben. Ein betont höflicher Herr M. erwartete mich. Ich spürte, zu dem könnte ich Vertrauen haben. Er wies mich ein. Erklärte mir dies und das. Erläuterte Begriffe, wie 0V und IM und IMB und sagte, ich sei zweimal operativer Vorgang gewesen. Ich würde sehen, was und wie das war. Wenn ich Fragen hätte, ich könnte mich an ihn wenden.
Im Merkblatt, das er mir gab, stand: „Akteneinsicht ist kein einfacher Schritt, können doch alte Verletzungen wieder aufbrechen und schmerzliche Erkenntnisse über menschliches Versagen gewonnen werden."
Dann kam die erste Enttäuschung. Er sagte, meine Akten als Pastor in Boddin und auch als Domprediger in Schwerin seien sämtlich unauffindbar. Es existierten nur Akten aus der Parchimer Zeit. Schade, dachte ich, die Schweriner Zeit war die interessanteste Zeit gewesen, jedenfalls was die Stasiseite anging. Er legte die Aktenstöße der Parchimer Zeit auf den Tisch. Das reicht auch schon, sagte ich. Ich würde den Tag über mit dem Lesen zu tun haben. Im Lesesaal, in dem ich saß, hatten noch andere Platz genommen. Eine Dame, die als Aufsicht fun-

gierte lächelte mir zu. Am Nebentisch hatte ein junger Mann seinen Platz. Er hatte nur einen schmalen Aktenordner vor sich und blätterte verzweifelt darin herum. Er sah zu mir rüber und sagte: Bei Ihnen lohnt sich das wenigstens.

Ich blätterte den ersten Qrdner auf. Ich las wie in einem Schwebezustand zwischen Aufregung und Wut.

Da stand: „Einleitungsbericht zur operativen Kontrolle Haken. 'Haken'. das war wegen der Hakenstraße, in der wir wohnten. Es war mein Deckname. Und operativer Vorgang war eine Stasikontrollmaßnahme, bei der ich jahrelang unter Spezialaufsicht gestellt wurde. Das bedeutete, daß meine gesamte Post kontrolliert wurde, daß alle Telefonate mitgehört wurden und daß die Personen, die in unser Haus kamen überwacht und ausgeleuchtet wurden. Der operative Vorgang hatte das Ziel, mich zu disziplinieren, nutzbar zu machen oder zu zersetzen, wie man schon gehört hatte. Zu diesem Zweck waren die IM's eingesetzt und die IMB'S und GMS'. Das waren inoffizielle Mitarbeiter der Stasi, es waren auch „Inoffizielle Mitarbeiter zur unmittelbaren Bearbeitung in Verdacht der Feindtätigkeit stehender Personen und zur Bearbeitung feindlicher Stellen und Kräfte". Hinzu kamen „Gesellschaftliche Mitarbeiter für Sicherheit"

Ich hatte Mühe, mich in die Terminologie der verschiedenen Spitzelklassen einzulesen. Ich kam ohne das Merkblatt, das erklärte, nicht aus. Meine Wut wurde größer. Ein ganzes Aufgebot von Sicherheitskräften war auf mich angesetzt gewesen. Nach einer Stunde, ich hatte mir alle Spitzeldecknamen auf ein Extrablatt geschrieben, zählte ich die Spitzel durch, es waren 14 verschiedene Personen, nur in der Parchimer Zeit. Zwischendrin fanden sich Extrablätter, auf denen der Führungsoffizier der Spitzelriege einen Einschätzungsbericht über den „Pilgrim" abgegeben hatte. Als erstes Ziel hatte er vorgegeben: „Zurückdrängung seines (Pilgrims) Einflußes auf operativ interessierenden Personenkreis und Disziplinierung zum gesellschaftlichen Verhalten."

In Extrabehandlung waren die Veranstaltungen, die etwas mit Kultur zu tun hatten, aufs Korn der Ausspähung genommen worden. Dazu gehörten Vorträge, Diskussionsrunden, Schriftstellerlesungen. Da liest man: „Der Inhalt der von ihm gestalteten Veranstaltungen ist geeignet, die sozialistischen Verhältnisse in der DDR zu diskreditieren und die Kirchenpolitik der Partei herabzuwürdigen."

Um die Vortragsabende umfassend beurteilen zu können, wurden in jeden Abend mehrere Spitzel geschickt. Die wußten nichts voneinan-

der, kannten auch den Bericht des anderen nicht. Man merkt an den Berichten, ob die Berichterstatter solche waren, die mir schaden wollten, oder ob sie nur berichteten, weil sie mußten und mich dabei schonten.

Dabei ist mir aufgegangen, daß Spitzel nicht gleich Spitzel ist. Man muß in der Beurteilung dieser Leute und ihrer Arbeit sehr unterscheiden. Einige wollten mich, wie die Berichte zeigen, direkt und möglichst schnell ans Messer liefern. Sie scheuten nicht davor zurück, in die Berichten offensichtlich Falsches zu schreiben. Es sollte nur recht deftig sein. Sie wollten wohl auch gut dastehen. Sicher standen sie unter Erfolgsdruck. So kamen Behauptungen zu Papier, die ebenso schäbig für den Berichterstatter sind, wie sie gefährlich für mich waren. Es gab bei einigen auch handfeste Lügen.

Da heißt es: „Informationen sind zu erarbeiten, daß sie über die Abteilung Inneres des Rates des Kreises mit dem Landessuperintendenten ausgewertet werden können und zur Disziplinierung des feindlich negativen Einflußes des Pilgrim genutzt werden können.

Es heißt, „sind zu erarbeiten", und das eben bedeutet, die Spitzel wurden bedrängt, nun findet endlich was heraus, womit wir ihm das Handwerk legen können. Einige von den Berichtern waren da sehr gefällig, wie man erkennen kann.

Aus den Decknamen, die jeweils unter den Berichten stehen – jeder Spitzel hatte einen Extra-Decknamen – läßt sich nicht ersehen, wer die Berichter wirklich waren. Bei einigen jedoch ist es mir ganz leicht gefallen, die wirklichen Namen herauszufinden.

Entweder erkannte ich die Handschrift auf Anhieb. Oder ich konnte zu Hause aus der Angabe des Datums, unter dem er mich besucht hatte und den Bericht auch gleich gefertigt hatte, in meinem Tagebuch nachsehen. Dort war der Name vermerkt.

Einer der IM's hatte offenbar den Auftrag, sich ganz nah an „den P. heranzumachen". Informationen aus dem innersten Kreis der Gemeinde sollten ausspioniert werden. Das war bisher schwierig gewesen, wie mehrere Hinweise in den Akten zeigten. Es war auch nicht möglich gewesen, in meinem Zimmer, in dem ich die Gespräche mit den Menschen führte, eine Wanze einzubauen. Das Zimmer lag in der ersten Etage, und wenn wir nicht im Hause waren, dann lief unser Schäferhund in der Wohnung frei herum. Er hatte mit der Zeit die Fähigkeit entwickelt, sich die Zimmertüren selbst zu öffnen. Er sprang zu dem Zweck mit beiden Pfoten an der Tür hoch. Mit der einen Pfote stützte er sich ab, mit der andern drückte er geschickt den Drücker herunter. Es sah putzig aus, wenn er das machte. Jedenfalls sah er die gesamte Wohnung als sein Wachgebiet an, wenn wir nicht anwesend waren, und er hätte jeden Eindringling in die schlimmsten Verlegenheiten gebracht, denn er hätte zugebissen. Mit dem Einbau einer Abhöranlage, wie man das von andern gehört hatte, war es also bei uns nichts. So mußte ein IM das versuchen. Er meldete sich zum Taufkursus an, er kam regelmäßig in unser Haus, bat mich auch immer wieder in sehr persönlichen Fragen um Rat, er war auf diese Weise nah dran am Geschehen, meinte er.

Eines Tages bekam er eine Hautkrankheit. Er zeigte mir kranke Stellen an den Armen. Ich riet ihm, die Hautärztin NN in Schwerin aufzusuchen. Ich würde ihn dort avisieren, sie würde ihm gewiß helfen. In seinen handschriftlichen Berichten über unsere Gespräche erwähnte er diesen Rat mit dem Namen der Ärztin. Da wußte ich, wer er war, denn ich habe nur einmal diese namentliche Empfehlung gegeben. Dieser Schlawiner, dachte ich. Und es war mir schon im innersten zuwider, daß ein Mensch im Auftrag einer Behörde den Befehl annahm, sich um Aufnahme in die Kirche zu bewerben und sich dabei taufen zu lassen. Taufe als konspiratives Unternehmen! Taufe als Stasishow! Anders konnte ich das nicht sehen. Daß die Haut, und damit auch seine Seele gegen solche Vergewaltigung protestierte, war nur zu verständlich.

Immer wieder fanden sich beim Blättern Kopien von Briefen, die wir geschrieben hatten. Und wenn ich mir vorstelle, da sitzen die nun also in der Abteilung und lesen unsere gesamte Post, und das jahrelang, da konnte schon Wut aufkommen. Wir hatten immer damit gerechnet, daß wir beobachtet wurden, aber daß es so gründlich geschehen war, das sah ich erst jetzt.

Alle möglichen Telefonatsberichte fanden sich. 17.4.1988 „Telefonabhörbericht": „Otmar Pilgrim berichtet, daß sie gerade eine Ablehnung bekommen haben. Otmar erklärt, er wird jeden Dienstag kommen. Daraufhin wurde ihm gesagt, daß er dann (demonstrieren) strafrechtlich verfolgt wird. Otmar erwiderte, daß er keine Angst vor dem Gefängnis hat."

Manchmal konnte ich auch schmunzeln beim Lesen. Der Führungsoffizier der IM's schätzte mal wieder ein und schrieb: „Abschließend kann eingeschätzt werden, daß P. es weiterhin versteht, den Zuhörer in seinen Literaturabenden zu fesseln und ihn auf bestimmte Entwicklungsprobleme in unserer Gesellschaft aufmerksam zu machen. Weiterhin genießt der P. im In- und Ausland hohes Ansehen, das auch seine Einladung zum 22. Kirchentag nach Frankfurt am Main belegt."

Es folgt ein Bericht über den Frankfurter Kirchentag, auf dem ich einen der Eröffnungsgottesdienste gehalten habe. In dem Bericht werden alle Orte aufgeführt, an denen ich mich in Frankfurt in den vier Tagen aufhielt. Da muß mir also ein Beobachter nach Frankfurt mitgeschickt worden sein. Er muß mir dabei immer auf den Fersen geblieben sein. Erstaunlich, diese Mühe!

Seiten weiter wird überlegt, wie ich nutzbar zu machen sei, das heißt, sie haben überlegt, ob sie mich als Mitarbeiter anwerben könnten. Eine Dame schreibt unter Decknamen natürlich: „Ich bemühte mich am heutigen Tage mit Pilgrim ins Gespräch zu kommen. Wir trafen uns im Geschäft. Ich hatte dienstlich in der Stadt zu tun und sprach den P. an. Er reagierte jedoch nicht, so daß ich zu mir selber sagte: Hast Pech gehabt. Ich möchte mitteilen, daß es für mich sehr kompliziert sein wird, mit P. näher ins Gespräch zu kommen."

Manchmal ist auf den Blättern zu lesen: „Einsatz operativer Technik" oder „Abschrift vom Tonband". Das heißt, die IM's kamen mit kleinen Tonbandgeräten zu den Gesprächen oder in die Veranstaltungen. Oft wurden Leute zu mir in die Sprechstunde geschickt, die einen Rat in einer persönlich schwierigen Lebenslage erbitten mußten. Da heißt es dann: „Der Rat ist als Aufforderung zu einer Straftat zu verstehen."

Offenbar bereitete der Führungsoffizier mit dem IM die schwierige Lage vor. Die galt als Schlinge für eine mögliche Erpressung. Daß es dazu nicht gekommen ist, ist dem Umbruch zuzuschreiben. Wer weiß, was sie alles noch probiert hätten. Denn wenn man auch vorsichtig beim Erteilen von Rat vorgehen mußte, so mußte man sich doch auch eine gewisse Arglosigkeit erhalten. Ende 1988 heißt es im Bericht des leitenden Offiziers: „Die familiären Bindungen können als sehr eng und harmonisch angesehen werden." Auch da war also nichts zu machen! Konzentriertes Aktenlesen strengte an. Morgens hatte ich begonnen. Mittags mußte ich eine Viertelstunde auf den Hof an die Luft gehen. Ich aß meine eingepackten Brote. Ich dachte, wie schrecklich diese Form von Beobachtung war, aber auch, wie jämmerlich sich viele dieser für solch schändliches Geschäft mißbrauchten Kundschafter heute vorkommen müssen.

Ich las bis kurz vor Schließung der Aktenstelle. Ich schrieb wichtige Stellen heraus. Im Schlußgespräch mit meinem Betreuer konnte ich ansagen, welche Aktenseiten ich als Kopie zugeschickt haben wollte. Abends saßen wir mit der Familie zusammen. Ich mußte berichten. Die Wut hielt einige Tage an. Die Arbeit mit den Menschen verwandelte die Wut, und die Freude überwog, daß wir dieses verbrecherische Unternehmen los waren.

Einige Tage darauf begegnete mir auf der Straße einer der IM's, dessen Berichte ich in Görslow handschriftlich gelesen hatte. Ich erschrak. Was sollte ich tun? Es sah so aus, als ob er anhalten und mich begrüßen wollte. Ich ließ es nicht dazu kommen. Ich wechselte die Straßenseite und grüßte sachlich.

Vielleicht war es nicht besonders christlich, aber ich konnte in dem Augenblick nicht anders. Es mußte erst eine Zeit vergehen. Ich überlegte, wie ich mich verhalten würde, wenn er mich aufsuchte. Ich würde mit ihm sprechen müssen, sicher, aber es würde mir schwerfallen.

Wenn er sagen könnte: Ich habe falsch gehandelt, es tut mir leid, dann würde ich besser mit ihm sprechen können. Man brauchte Geduld, auf beiden Seiten.

Am 9. Februar 1991. In der Lindenstraße in Parchim haben vorige Nacht an die Schaufensterscheibe eines Jeansladens Sprüher mit Riesenbuchstaben geschrieben: Stasi raus!

Ich sah morgens, als ich in die Stadt ging, die Schrift leuchten. Ich erschrak. So ging es nicht. Der Pranger war mittelalterlich. Wir müßten einen anderen Weg finden.

Wie soll man mit den ehemaligen IM's umgehen? Sie müßten in unserm neuen Staatswesen eine Lebensmöglichkeit haben. Wir hatten in der Umbruchzeit gerufen: Stasi in die Produktion!

Das mußten wir wahr machen. Sie sollten arbeiten, ja, aber sie sollten keine leitenden Ämter in Politik und Gesellschaft haben.

Es mußte auch deutlich bleiben, daß sie durch das traurige Geschäft ihrer IM-Tätigkeit Menschen gequält hatten. Da ist viel Angst bei uns gewesen in dieser Zeit des real existierenden Sozialismus. Und manche Benachteiligung hat es für die gegeben, die nicht im Strom mitschwammen und sich nicht anpaßten. Und es war keinesfalls eine Freude, wenn man wieder einmal feststellen mußte, daß im Gottesdienst ein Beobachter war.

Oft wird gesagt, wir mußten das machen, wir haben doch nur unsere Pflicht getan. Und wir wollten niemandem schaden.

Dagegen muß man anführen: Sie haben sehr wohl geschadet, und machen mußte man diese Arbeit nicht. Keiner wurde gezwungen.

Ich weiß von solchen, die in Angst gejagt wurden mit einer trüben Erkenntnis, die die Stasileute herausspioniert hatten, eine Geliebte vielleicht, oder eine Straftat, oder versteckte Homosexualität. Da geschah, wenn die Behörde das wollte, knallharte Erpressung. Nein, so harmlos darf man das nicht sehen! Und ich denke an die Berichteablieferer, die genau wußten, ihre Berichte werden nicht zur Unterhaltung der

322

Behörde genutzt oder zum Ulk, sondern sie werden eingesetzt, um unliebsame Bürger zu terrorisieren. Wozu wurden sie denn sonst benutzt! Was hieß jetzt, ich habe nichts Böses getan! Ich habe keinem geschadet. Ist das Moralische in uns so kaputt, daß ein Täter nicht mehr ein Täter genannt werden darf?

Es gibt gewiß Unterschiede. Ein erpreßter kleiner IM ist anders zu bewerten als ein Führungsoffizier, der das Böse, Herausspionierte, einsetzen mußte, um Menschen kleinzukriegen. Und wieder anders mußte ein Verhörer gesehen werden, dem man abspürte, wie sehr ihm das Fallenstellen Lust machte. Und sicher gab es auch solche, die als IM geführt wurden und davon nichts wußten. Sie mußten das Recht haben, anders eingeordnet zu werden. Denn auch an ihnen wird deutlich, die Stasi schreckte vor nichts zurück.

Die alte Weisheit, Macht macht böse, hatte an der Staatssicherheit ein weites Betätigungsfeld.

Wenn man nachdachte über diese Behörde und ihre Taten, dann mußte man auch an die große Masse der Beobachteten denken. Wie war ihnen zumute gewesen? Konnte man so schnell zudecken und vergessen, wie das heute von Manchem erwartet wird?

Immer 'rumrühren in den alten Geschichten, sagen Zeitgenossen. Sollte man nicht besser damit aufhören? Vergangen, vorbei, aus! Geht es so?

So geht es nicht. Ich mußte an die Jahre denken, in denen wir beobachtet wurden. Wir waren wehrlos, wenn sie uns auf Schritt und Tritt abhörten. Wir waren machtlos, wenn sie uns bei Verhören das Wort im Munde umdrehten. Und was wußten sie von den vielen Stunden, wenn wir in Angst saßen, oder nächtelang nicht schlafen konnten, weil wir irgendwo im Betrieb oder sonst eine deutliches Wort gesagt hatten. Und was wußten sie davon, wenn es Klick machte beim Telefongespräch oder wenn im Brief eine Stelle angekreuzt war.

Oder wenn wir aus dem Urlaub nach Hause kamen und wir bemerkten, hier ist unterdessen einer in der Wohnung gewesen. Wir suchten dann alle Ecken ab, um die womöglich eingebaute Wanze zu finden.

Was wußten sie von dem Schreck, wenn sie unsere Kinder zum 1. Mai abholten, in Vorsorgegespräche nahmen, wie das hieß, oder wieviel Angst damit verbunden war, wenn man einen Ausreiseantrag gestellt hatte und fortan den Betrieb verlassen mußte und man unter Sonderbeobachtung gestellt wurde.

Es waren Berge von Angst und Herzklopfen und auch Schrecken, die diese Behörde, die sich die Staatssicherheit nannte, in den Herzen der Menschen aufgetürmt hatte.

Nein, das konnte man nicht mit einer Handbewegung vom Tisch wischen. Und die Behauptung, ich habe nur meine Pflicht getan, mußte Opfer in Wut bringen.

Hier durfte nichts verniedlicht und nichts vergessen werden. Denn es bestand die Gefahr, daß es sich wiederholte, das zerstörerische Handwerk des Schreckens.

Es war Unrecht, Menschen in Angst zu jagen, Menschen zu erpressen und Menschen zu zersetzen.

Deshalb können wir nicht zulassen, wenn man heute hört, laßt die Vergangenheit ruhen.

Die Vergangenheit darf nicht ruhen. Sie lebt unter uns. Unsere Erinnerungen sind voll davon. Und von Zeit zu Zeit schmerzen die Narben, die wir von den Wunden der Vergangenheit in unserer Seele tragen.

Ich dachte an einen Freund, der wegen einer Lappalie von Stasileuten abgeholt wurde und in endlosen quälenden Nachtverhören kleinverhört wurde, so daß er dann unterschrieb und Dinge bejahte die er gar nicht begangen hatte, er wollte aber endlich Ruhe haben.

Und ich dachte an einen jungen Mann, dem man in der DDR die Karriere verbaute, weil er anders dachte als die offizielle Linie das vorschrieb und der nur von Deutschland nach Deutschland flüchten wollte, der sich mir anvertraut hatte, und den sie eines Tages einsperrten. Sie nahmen ihn sich vor im Stasiknast und hetzten ihn solange hin und her, bis er am Ende seiner Kraft war. Er kam nach Jahren frei und mußte in nervenärztliche Behandlung und es ist bis heute unklar, ob der Schade, den er im Knast erlitt, je wieder geheilt werden kann.

Und ich dachte an die vielen, die noch Schlimmeres erfahren hatten und die bis heute gezeichnet sind von den Demütigungen und seelischen Verletzungen, die ihnen beigebracht wurden. Und das alles nur, weil sie die Freiheit wollten oder einfach nur anders dachten als die Machthaber der Zeit.

Kann man da noch sagen, die Stasi ist kein Thema mehr?

Was sie getan hat, muß festgehalten sein, zum Nachlesen für unsere Kinder und Enkel, weil es ein Unrecht war und ein Verbrechen an den Seelen der Menschen, und was an der Seele geschieht, das wiegt schwer.

Die Muscheltür in unserem Rotenburger Garten

Die Pilgrims vor dem Felsendom in Jerusalem

Die drei Söhne Pilgrim - Rotenburg 1995

15. Kapitel

GIBT ES HOFFNUNG FÜR DIE HOFFNUNG?

Dreißig Millionen Jahre ist es her. Ein nicht mehr vorstellbarer Zeitraum. Die Ameisen – es gab sie damals schon – waren emsig mit der Beschaffung ihrer Nahrung beschäftigt. Sie krochen aus dem Nest. Sie hielten kurz inne. Wo geht es lang? Der Duft auf dem schmalen Weg zog sie nach vorn. Dort gab es saftige süße Nahrung. Jetzt keine Zeit verlieren, es war viel zu tun. Die Ameisenstraße zog sich unter dem großen Baum hin, bis an die Waldlichtung. Einer der Bäume, der älteste im ganzen Bezirk, zeigte eine klaffende Wunde. Der Sturm hatte einen mächtigen Ast abgerissen. Harz tropfte aus, fiel klümpchenweise nach unten. Die Ameisen störte das nicht.
Da fiel plötzlich ein besonders dicker Tropfen nach unten und traf gleich zwei Ameisen. Plips! Das goldgelbe flüssige Harz hatte die Ameisen erfaßt. Sie waren unwiderruflich gefangen. Bewegung war unmöglich. Auch Luft gab es keine. Sie saßen fest. Das Harz erstarrte in Sekunden. Die Ameisen im Bernstein!
Die Natur hatte auf diese Weise ein kleines Museum geschaffen. Man fand im Laufe der Jahrhunderte solch fossiliertes Baumharz mit den eingeschlossenen Tieren aus längst vergangenen Zeiten.

Zweiter Akt des Ameisenmuseums. Es war im Jahr 1966. Das Rentnerehepaar Frey aus dem Staat New Jersey ging in einer Wohngegend am Fuß der Klippen von Cliffwood Beach spazieren. Eben war ein heftiger Sturm vorüber. Die Luft war rein und klar. Das Meer war vom Sturm aufgepeitscht gewesen. Vieles war an Land gespült. Was ist das; rief der Mann, und stieß mit dem Fuß an ein gelbes Stück Stein. Sieh mal, was ich gefunden habe, sagte er, und hob es auf.
Beide sahen das sonderbare Fundstück an. Sie wendeten es in der Hand hin und her.
Sieht aus wie Bernstein, sagte sie, und sind das nicht zwei kleine Tiere da drin? Die Freys nahmen den Fund mit nach Hause und schickten ihn an die Universität Princeton.

Die Forscher polierten das Bernsteinstück und konnten auf die Weise die eingeschlossenen Tiere betrachten. Sie sahen aus, als ob sie erst gestern im leuchtend-gelben Harz begraben worden wären.

Der Fund erwies sich als eine sensationelle Entdeckung. Es waren zwei Ameisen. Urameisen.

Die Wissenschaft konnte endlich den Beweis erbringen, daß die Ameisen zu den ältesten bis heute erhaltenen Lebewesen der Welt gehören. Das Bernsteingrab mit den beiden Ameisen war das entscheidende Beweisstück. Man kann sagen, die beiden Tierchen stammen aus der Saurierzeit. Nur die Saurier sind ausgestorben; und die Ameisen sind geblieben.

Neben der Sensation mit den Urameisen interessiert mich das Eingeschlossensein. Ob wir in dieser Zeit auch in Gefahr sind, eingeschlossen zu werden? Diesmal nicht vom Baumharz. Diesmal von Frust und einer grauen Hoffnungslosigkeit, die sich in unserm Land breitmachen will.

Sie fällt auf die Menschen und droht sie einzuschließen, wie ehemals das Harz die Ameisen.

Die Bedrohungen sind vielfältig. Man muß nur in die Zeitungen schauen oder die Nachrichten im Fernsehen hören. Man muß Frau Meier von nebenan hören oder Herrn Müller von gegenüber. Ihre Klagen sind sehr konkret. Nie war die Arbeitslosigkeit so hoch in unserm Land. Im Februar 1996 wurde gemeldet, es gibt in Deutschland 4,3 Millionen Arbeitslose. Jeder Neunte ist ohne Arbeit. Das ist alarmierend, denn hinter jeder Einzelzahl steht ein Einzelschicksal.

Die Kriminalität hat erschreckende Formen angenommen. Einbrüche, Überfälle Vergewaltigungen sind an der Tagesordnung. Die Ausländerfeindlichkeit wächst von Tag zu Tag. Gerade melden die Nachrichten: Im Augenblick werden täglich in Deutschland fünf ausländerfeindliche Straftaten begangen. Es gibt Kurdenkrawalle und Neonaziaufmärsche. Es gibt Chaotenausschreitungen und Kindesmißbrauch.

Kommt hinzu, der Staatshaushalt ist milliardenweis überschuldet, die Konjunktur ist schlecht, die Rentenkassen sind in Gefahr und wie die Steuern zu senken sind, das ist eine Dauerdiskussion.

Fachleute sagen von dem allen, es sei die schwierigste Krise der Nachkriegszeit, die dieses Land erlebt.

Der Bürger ist genervt von den Zeitungsmeldungen, wie die Regierung mit dem allen umgeht und scheinbar doch nichts ändern kann. Es wird alles nur verschlimmbessert, so kommt es dem Betrachter vor.

In den ersten beiden Jahren nach dem Umsturz gab es im Volk der neuen Bundesländer die stehende Redewendung, wenn die Entwicklung im Land besprochen wurde: Dafür sind wir aber nicht auf die Straße gegangen! Angst geht um.

Kommt hinzu die Lage in den neuen Bundesländern. Die Mauer ist zwar weg. Die Honecker-Diktatur ist beseitigt. Aber die Stimmung ist so schlecht wie nie. Auch dafür gibt es handfeste Gründe.

Im Fernsehen diskutiert ein Leitungsmitglied der „Kommunistischen Plattform" die ein Teil der PDS ist. So kann es nicht weitergehen, sagt sie. Unsere Regierung schafft keine Lösung der Probleme. Wir brauchen andere Konzepte, sagt sie.

Der Moderator fragt sie: Glauben Sie wirklich, daß nach dem Zusammenbruch der DDR der Kommunismus noch einmal eine Chance haben wird? Das hoffe ich sehr, sagt die junge Frau, die aussieht wie Rosa Luxemburg.

Ich bin erschrocken. Sie glaubt das wirklich.

DDR-Nostalgie?

Sicherlich.!

Ein Zeichen von freier Meinungsäußerung in unserm Land?

Ganz gewiß! Und das ist ein kostbares Gut.

Aber vor allem ein Zeichen von Vergessen. Ich möchte an sie schreiben und sie fragen: Haben Sie vergessen was war in unserem Land? Daß wir wirtschaftlich am Ende waren, daß die Umwelt bis zur Schmerzgrenze zerstört war, daß wir eben nicht unsere Meinung sagen konnten und daß ein ganzes Volk auf die Straße ging, weil es frei sein wollte von dem, was sich real existierender Sozialismus nannte?

Mit schien, wir hatten vergessen, zuviel vergessen! Und ich dachte, daß wir bald eingeschlossen sein würden in dieses Vergessen, wie die Ameisen im Bernstein.

Also doch hoffnungslos?

Es hatte so vielversprechend begonnen, der Umsturz, die Vereinigung! Aber die Menschen erlahmten. Unter den Problemen des Tages, die im Osten übergroß aufkamen, versickerte die Hoffnung.

Im Erntedankbrief 1991, der an alle Mitglieder der Georgengemeinde in Parchim ging, schrieb ich: Wie hat sich alles so sehr verändert. Der Vereinigungsjubel ist vorüber, und wir machen in diesen Monaten wahre Wechselbäder von Hoffnung und Angst, von Freude und Wut durch.

Es ist August, da ich dies schreibe. Und der Roggen steht noch auf dem Halm, überreif und ein wenig wie vergessen. Die Bauern kämpfen ums Überleben. Da ist kaum Zeit für die Mahd. In den Kleingärten haben jetzt viele Kartoffeln oder Rasen angesät Gemüse lohnt kaum, sagte jemand. Das krieg' ich bei Penny billiger. Auf dem Markt stand letztens eine Marktfrau. Sie wirkte wie verloren zwischen all dem Tinnef um sie herum in den Buden. Sie blieb auf den Gurken sitzen. Wir haben Angst vor der zunehmenden Kriminalität und fürchten uns vor hohen Mieten. Die Jungens an der Mauer, die schießen mußten, sollen vor Gericht. Aber der Herr Krenz hat seine Fernsehauftritte und Mielke spielt den Unschuldigen. Er hat nur seine Pflicht getan. Und da soll unser Vertrauen zum Rechtsstaat wachsen?

Kurze Zeit danach besuchte mich der polnische Journalist Janusz Tycner. Er hatte in der DDR studiert und reiste zehn Tage durch die neuen Bundesländer. Für eine große deutsche Wochenzeitung sollte er einen Bericht schreiben über die Befindlichkeit in den neuen Ländern. Er fragte verwundert: Warum jammern die Ossis so viel?
Ich komme zu Ihnen, sagte er, und vielleicht haben Sie eine Erklärung für das Jammern. Wir haben lange über alles geredet.
Ich mußte meine Landsleute in Schutz nehmen. Ich mußte erklären, warum das Jammern verständlich ist. Ich mußte von der Mauer sprechen, die sich in den Herzen der Menschen aufbaute. Sie haben es schwer hier, sie müssen viel arbeiten. Sie möchten neu beginnen. Viele versuchen das auch. Aber sie erleben, wie einige schnell wieder in die Pleite gehen. Sie haben zum Ausgleich der zögerlichen Rechnungszahlungen der Kunden kein Vermögen im Hintergrund. Viele möchten bauen, aber die Vermögensverhältnisse sind unklar, und die Klärung bei den überlasteten Ämtern zieht sich über Jahre hin. Banken und Versicherungen haben sich Paläste gebaut und Fleischer und Bäcker haben es meist auch geschafft, aber der Arbeiter muß um seinen Arbeitsplatz bangen. Und manchmal sind irgendwelche Westhaie gekommen und haben die Ossis über den Tisch gezogen und haben ihnen teure Versicherungen und billige Teppiche angedreht. Und jetzt sitzen manche gut versichert in neuen Häusern unter knallroten Dächern, aber sie sitzen auf Schuldenbergen, und darin sind sie ungeübt. Der Journalist attackierte mich freundlich aber doch deutlich. Das verstehe ich nicht, sagte er, den Deutschen geht es doch gut. Sie haben einen Weg vor sich, sie haben Hilfe vom großen Bruder, dem

Westen. Sie sollen einmal an die Probleme der Polen denken, denen es materiell viel schlechter geht, die sich aber über die Freiheit freuen können.

Sie müssen den Menschen Zeit lassen, sagte ich. Die Freude über die neue Zeit ist uns verrutscht, das stimmt. Aber jetzt müssen sie erst einmal schimpfen, das befreit. Und reden sie uns ruhig ins Gewissen. Der Hinweis auf Polen ist gut. Allzu leicht wird hier das Leben reduziert auf das Materielle. Trotzdem, ich habe Hoffnung für die Menschen bei uns. Sie werden dazulernen.

Ihr Wort in Gottes Ohr, sagte der freundliche Journalist.

Zwei Wochen später erschien sein Artikel. Er schrieb darin: „Ein tristes Land bekommt Farbe, wird mit modernster Infrastruktur überzogen. Die ehemalige DDR verliert keine Zeit auf ihrem Weg in die Moderne, aber die Befindlichkeit der Menschen, die endlich in Freiheit leben können, ist ausgesprochen mies. Von Aufbruch keine Stimmung.“

Seine Worte sind mir lange nachgegangen.

Zum 5. Jahrestag der Vereinigung bat mich das Landratsamt und der Kreistag in Parchim, die Festrede zu halten. Es sollte eine zentrale Feier aller Beteiligten im Festsaal des Sternberger Rathauses geben. Der Kreis Parchim war grade um einige Kreise zum Großkreis erweitert worden. Sternberg hatte Tradition im historischen Feiern.

Ich sträubte mich zuerst. Ich bin kein Redner für politische Feiern, da bin ich ungeeignet. Politik will gelernt sein, mindestens länger geübt.

Der Abgeordnete, der mich aufsuchte, ließ nicht nach. Ich sagte schließlich ja.

Es war eine hochwohllöbliche Versammlung im historischen Sternberger Rathaus an jenem dritten Oktober. Es waren zusammengekommen die Leiter der Ämter, die Oberen der Parteien, Leute, die Rang und Namen hatten in einem Landkreis. Gäste aus dem Patenkreis waren dabei und westliche Politiker der Kreisebene.

Der Rahmen war festlich. Ein kleines Orchester musizierte klassisch. Die Gesichter der Zuhörer wirkten feierlich, erwartungsvoll, skeptisch. Ein Pastor soll reden?

Ob das eine gute Idee war?

Sie wollten, daß ich rede, dachte ich, jetzt müssen sie es auch annehmen, so wie es ist. Eine leichte Aufregung überkam mich. Sie verflog beim Reden.

Ich sprach davon, daß ein Volk ein Fest braucht, daß es Ruhe braucht und Einkehr. Man kann nicht nur Macher sein und besinnungslos arbeiten. Man muß aufpassen, daß man sich nicht verliert, und eigentlich müßte es, fand ich, ein seelisches Gesundheitsamt geben. Es müßte auf unsere Seelen achten und nachfragen, ob wir nicht nur hinschauen, sondern auch zurückschauen, daß wir nicht nur nehmen, sondern auch geben, daß wir nicht nur das Schöne annehmen, sondern auch das Schwere und daß wir das Leben nicht nur als Bewegung lebten, sondern auch als eine Suche nach dem Wesentlichen.

Ich konnte eine Festrede nicht als Beweihräucherung verstehen und schon gar nicht als ein abrollen der üblichen politischen Floskeln. Ich verstand die Rede als Versuch, den Verantwortlichen ins Gewissen zu reden. Und ich dachte, auch Demokraten stünde es gut an, wenn ihnen einer ins Gewissen redete. Aber gerade das sollte mir nicht gut bekommen!

Die fast totale Anpassung in der DDR-Zeit! Die Scheu, zurückzuschauen! Die Fähigkeit, Reue zu entwickeln! Und die Abstattung von Dank für Hilfe aus dem Westen, und für die ganze wunderbare Freiheit, die wir haben!

Womöglich war ich hier und dort mit diesen Worten an den Nerv gekommen. Nach der Rede wurde höflich geklatscht.

Auf einigen Gesichtern sah man eine Art süßsauren Protests, der sich nicht trauen wollte.

Der Landrat dankte mir mit Handschlag.

Dann kam ein Mann zu mir und sprach für die Gruppe der Süßsauren: Es sei eine schwierige Rede gewesen, schade, der Anlaß hätte Besseres verdient, meinte er und ging.

Ich hätte bei meiner Ablehnung bleiben sollen! Ein Pastor sollte die Hände vom politischen Geschäft lassen. Es war sonst auch meine Meinung, warum hatte ich mich überreden lassen?

War die Frage nach der Seele und die nach dem Gewissen an solchen Orten unerwünscht? Politik und Religion – eine notvolle Landschaft mit vielen Abgründen.

Es kamen auch solche, die sagten, es sei eine gute Rede gewesen. Aber ich dachte, daß sie mir etwas Freundliches sagen wollten.

Ich nahm mir vor, nie wieder bei politischem Anlaß zu reden. Andere können das besser.

Ein Journalist aus Schwerin besuchte mich. Zum Tag der Einheit wollte er ein Interview mit mir machen. Er hatte eine ganze Seite in der führenden Tageszeitung dafür vorgesehen. Ich war gezwungen, nachzudenken, öffentlich nachzudenken. Das erschien mir angenehmer, als zu reden vor Politikern. Als Thema hatte er vorgegeben: Einheitsfrust und Einheitsträume. Wir wollten reden über die seelische Befindlichkeit der Menschen nach fünf Jahren Einheit. Das gefiel mir gut.

Es kann nicht anders sein, sagte ich, wenn man zwei Teile, die eine so unterschiedliche Geschichte erlebt haben, zusammenfügt, dann muß es zwangsläufig Probleme geben. Das darf uns nicht wundern. Das Christentum weiß davon, daß Probleme dazugehören. Es ist so, im Leben muß der Mensch durch Leid hindurchgehen.

Wir hatten Träume von der Einheit, und als sie geschah, haben wir sie gern weiter geträumt. Man hat uns die Träume auch bestätigt. Das war erst recht Balsam für unsere Ohren. „Blühende Landschaften" – das allzu oft strapazierte Wort hat uns gut getan, geben wir es zu. Aber jetzt müssen wir mit dem Träumen aufhören. Wir müssen sagen: Guten Morgen. Wir haben uns zuviel versprochen. Wir haben erhofft, was gar nicht möglich war. Wir haben gedacht, jetzt werden wir, wie Onkel Otto im Westen, im Monat fünftausend Mark auf die Hand verdienen, und allen wird es gut gehen. Alle haben viel Geld, können in die Welt reisen oder bei Kempinski Kaffee trinken. Als es nicht kam, haben wir gedacht, na, es kommt bestimmt nach zwei, drei Jahren.

Wir hätten selber darauf kommen müssen, daß es in keinem Fall so fix gehen würde. Alles Große braucht seine Zeit. Erst recht das Zusammenwachsen der beiden deutschen Teile, daß ja wahrlich etwas Großes ist.

Erst allmählich erkannten wir, daß die Zeit einer Generation darüber hingehen würde. Und wir waren enttäuscht.

Seien wir enttäuscht. Es ist die Zeit dafür.

In der Bibel heißt es: Alles hat seine Zeit. So hat auch die Enttäuschung ihre Zeit.

Aber es wird weitergehen. Wir mieten uns nicht ein bei der Enttäuschung. Wir müssen weiterkommen. Wir müssen Zeichen der Hoffnung pflanzen, auch wenn sie noch ganz klein sind. Pflänzchen sind immer klein.

Wir müssen die Demokratie schützen. Und die Einheit war keine Niederlage. Auch wenn das manchmal jetzt zu hören ist.

Die Einheit war gut. Sie war unsere letzte große Chance. Und die Probleme? Es gibt kein Paradies auf Erden. In der Welt ist nicht eingeheizt, auch in der demokratischen nicht.

Der Artikel erschien. Der Journalist hatte ihm nach unserm Gespräch den Titel gegeben „Es gibt kein Paradies auf Erden."
Das war ganz in meinem Sinn.

Man kann die Hoffnung nicht herbeireden. Es muß auch hoffnunglose Zeiten geben, wie es den Winter gibt für die Natur, wenn die Bäume die unbelaubten Äste in den Himmel recken, nackt und wartend. So gibt es den Winter für die Seele. Diese Zwischenzeit, wo die Gefühle kahl sind und ohne Blüten. Wir müssen das annehmen. Es fällt uns schwer, und man lernt lange daran und beginnt oft wieder von vorne. Aber man kann auf Hoffnung vertrauen. In der Welt sind ausreichend Kräfte vorhanden, die uns zu solchem Vertrauen instandsetzen.

Er war Pastor in Schwerin gewesen. Er war ein rühriger Pastor, der viel Einfälle hatte. Er war über die Stadt hinaus bekannt geworden. Die Richtung, die er vertrat, nannte man „religiöser Sozialismus".
Es war um die Zeit der DDR-Gründung.
Der Pastor engagierte sich. Er mischte sich ein. Er sammelte die Jugend um sich. Das Gespräch zwischen der Jungen Gemeinde, der kirchlichen Jugend, und der Freien Deutschen Jugend, der politischen Jugend, lag ihm sehr am Herzen. Er schätzte jede echte Überzeugung. Er organisierte Gesprächsabende und Treffen und ließ die Argumente aufeinanderprallen. Das belebt den eignen Standpunkt, sagte er, und weil alle in einem gemeinsamen Staat leben, wollen wir in diesem Staat auch miteinander reden und handeln.
Als junger Mann, am Ende seines Theologiestudiums, war er 1926 in die SPD eingetreten. Das soziale Anliegen gefiel ihm in der Partei.
Als Pastor hatte er Ärger mit den Nazis bekommen. Er wurde strafversetzt und amtsenthoben. Aber er gab nicht auf. Nur durch seine Einberufung zur Wehrmacht entging er gerade noch den schärfsten Maßnahmen, die die Gestapo bereits gegen ihn vorgesehen hatte. Aus der Wehrmacht desertierte er. Seit 1946 war er Pfarrer an der Schelfkirche in Schwerin.
Als 1946 die Verschmelzung von SPD und KPD zur Einheitspartei durchgesetzt wurde, war er Mitglied der SED. Sein sozialistisch-humanistisches Anliegen aber blieb ungebrochen. Sein Sozialismus war demokratisch, und er war ein Feind alles Diktatorischen.
Als der Staat begann, die Jugendarbeit der FDJ weltanschaulich eindeutig im Sinn des Marxismus zu machen und dazu noch den

Religionsunterricht in den Schulen behinderte, wußte der Pastor, wo er hingehörte.

Er protestierte öffentlich und in seiner sehr direkten Art gegen die staatlichen Behinderungen der kirchlichen Jugendarbeit. Er ließ nicht nach. Er sammelte verstärkt Jugend um sich zum Gespräch. Jetzt erst recht! Er sagte, wenn die FDJ atheistisch ist, dann ist hier unseres Bleibens nicht länger. Es gab viele Austritte aus der FDJ. Die christliche Jugendarbeit in der Jungen Gemeinde blühte auf, zusehends. Tausende versammelten sich auf den kirchlichen Jugendtreffen. Der Staat mußte handeln. Der Pastor wurde 1949 aus der Partei ausgeschlossen. Man machte einen großen Rummel darum. Der Pastor wurde deutlicher.

Kurz darauf wurde er bei Nacht und Nebel von sowjetischen Sicherheitskräften abgeholt. Er wurde in einem Eilprozeß zu 15 Jahren Zwangsarbeit verurteilt. Grund: Spionage. Er wurde umgehend ins berüchtigte Straflager Workuta nach Sibirien verbracht. Dort saß er unter unmenschlichsten Bedingungen volle fünf Jahre. 1955 kam er frei. Sein realistischer Sibirienbericht heißt „Was die Hunde heulen." Sein Bericht hat uns in den sechziger Jahren, als wir ihn das erste Mal lasen, tief aufgewühlt.

Sein Name war Aurel von Jüchen, und eines Morgens stand er vor meiner Tür. Wir hatten durch einen gemeinsamen Freund voneinander gehört. Er interessierte sich für meine Erlebnisse in der ersten Schweriner Zeit, als der Staat mich aus der Stadt hinausdrängen wollte. Er wollte hören und mir Mut machen.

Ohne Umschweife waren wir bei seiner Sibirienzeit. Meins ist gar nichts dagegen, sagte ich. Von Ihnen möchte ich hören. Und es kam ein Bericht, der mich nie wieder losließ.

Die Kälte in den weiten Gegenden Rußlands, die Russen nennen diese Region „Die Heimat des Teufels" und es gab Temperaturen bis unter 60 Grad minus, die menschenschinderischen Arbeiten im Bergwerk und die katastrophalen Verhältnisse, hatten an seinem Körper gezehrt. Er hatte seine Stimme fast ganz eingebüßt. Er sprach leise und vorsichtig, es war ein Reden in Portionen. Er konnte als Pastor nicht mehr öffentlich reden, er war Krankenseelsorger, das schaffte er mit seiner Stimme, und er schrieb Bücher.

Ich hatte viele Fragen nach Sibirien, aber auch nach seiner Zeit vor der Verhaftung als Pastor in Schwerin. Ich hörte, wer dafür gesorgt hatte, daß er verhaftet wurde. Er nannte die Namen. Bekannte Schweriner Persönlichkeiten. Ein trauriges Kapitel!

Nach dem langen und intensiven Gespräch trennten wir uns wie Freunde. Ich bewundere ihn bis heute.

Besonders interessierte mich seine Erfahrung mit Hoffnung. Wir sprachen darüber. Wo kommt sie her, in solcher dunklen Zeit; an solchem Schreckensort? Wir waren uns einig: Manchmal ist schon der Wunsch, Hoffnunq zu haben, eine Hoffnung. Es gibt Zeiten, da ist nurmehr dieser Rest vorhanden. Aber er reicht für eine Duchgangszeit aus. In der Bibel gibt es das Bild, daß ein Rest wieder ausgrünt, und es meint einen alten Baumstumpf, bei dem man das sehen kann.

Pastor Aurel von Jüchen starb 1991 im Alter von neunundachtzig Jahren in Berlin. Bis zuletzt hat er sich als Gefängnispastor und als Autor von über 40 Büchern engagiert mit seiner ganzen Kraft. Und wenn es den Ehrentitel Held der Hoffnung gäbe, er müßte ihn bekommen.

Wie war das mit der großen Hoffnung für unser Volk, für Europa, für die Welt? Und wie war es mit der kleinen Hoffnung für unser Leben? Es gab ausreichend Minuspunkte. Es gab ein unerschöpfliches Reservoir von Negativem. Man konnte es täglich hören. Es fiel einem auch selber ein. Ich wollte wie der Pastor aus Sibirien versuchen, trotzdem immer das Helle zu sehen, und ich dachte, man müßte auch etwas dafür tun, daß das Helle sichtbar blieb.

Wir fuhren im Januar von Parchim nach Rotenburg an der Wümme. Wir hatten ein Häuschen angemietet. Wir wollten in dieser kleinen übersichtlichen Stadt leben, wie man so sagte, unsern Lebensabend verbringen.

Warum denn bloß um alles in der Welt in Rotenburg, fragten unsere Freunde. Es gibt doch wahrlich andere, bessere Plätze zum Wohnen? Wir hatten, ehe wir uns entschieden, wochenlang überlegt.

In Parchim bleiben? Das war nicht angebracht. Es galt als ein ungeschriebenes Gesetz, daß der Pastor nicht in der Gemeinde bleibt, wenn er in den Ruhestand geht. Das würde die Arbeit des Nachfolgers unnötig belasten. Manche würden sagen, Herr Pastor, sie haben unsere Oma beerdigt. Jetzt werden sie den Großvater auch begraben, wir bitten sie darum. Und der neue Pastor ständе daneben. Nein, man mußte das Feld räumen.

Und nach Schwerin ziehen, in die Landeshauptstadt? Der Gedanke gefiel uns eine Zeit lang sehr. Wir waren 13 Jahre gern in dieser Stadt gewesen. Doch Anfang 1995 waren die Wohnungen in Schwerin Mangelware. Ziehen wir doch nach Rotenburg. Der Gedanke gefiel uns. Zwei Kinder mit ihren Familien lebten am Ort. Es gab ein kirchliches Krankenhaus mit einem guten Ruf und die Lüneburger Heide war in der Nähe und die Menschen waren dem Norddeutschen nicht so fern. Eine Wohnung wurde bald gefunden.

Ob wir uns einleben würden? Wir hatten ein Leben lang in Mecklenburg gelebt. Gab es nicht das Wort vom alten Baum und so? Waren wir alt? Noch vielleicht nicht, sagte einer, der es gut mit uns meinte. Aber die Zeit wird kommen, da wird das Alter Euch zusetzen. Dann braucht man Freunde und die sind woanders geblieben. Und habt Ihr daran gedacht, daß Ihr zu den Wessis ziehen wollt? Deren Leben hat eine völlig andere Geschichte. Sie haben vierzig Jahre auf der Sonnenseite gelebt und in Freiheit. Und Ihr kommt als die armen Ossis dort an. Wir wollten diese Gedanken nicht denken, und wir sind keine armen Ossis, sagten wir uns. Wir haben eine Zeit durchlebt, die hat uns geprägt und sie hat uns in gewissem Sinn auch stark gemacht.
Wir wollten auf die Menschen zugehen, was sollte kompliziert sein? Und schließlich haben wir unsere Kinder in der Stadt und fünf Enkelkinder. Wir würden deren Leben intensiver miterleben, und Familie ist im Leben des Menschen ein Reichtum. Sie ist wie eine Burg, die Schutz bietet. Familie ist der Ort, wo man angenommen wird, so wie man ist. Familie, das bedeutet Verständnis und Vertrauen. Und beides ist nicht einfach zu finden in dieser Welt.

Jetzt sind wir Rotenburger. Der Umzug ist geschehen. Die Bücher ein-geräumt. Die Anmeldung auf dem Rathaus vorgenommen
Die ersten Wege in die Stadt kamen uns eigenartig vor. Alles sah fremd aus. Die Fussgängerzone mit den Geschäften interessierte uns. Ein reges Leben war zu sehen. Einige Geschäfte hatten die Ständer mit den Pullovern nach draußen geschoben. Man konnte die preis-werten Jeans im Freien besichtigen. Wir mußten in den ersten Tagen erkunden,wo das Postamt war und ein Bäcker der nicht nur aufge-blasene Brötchen anbot.
Fällt Dir das auch auf, fragte ich meine Frau, kein Mensch grüßt uns?
Wer soll uns grüßen, fragte sie, wirst Dich gewöhnen müssen.
In Parchim war das anders gewesen, sehr anders.
Werd ich wohl müssen, sagte ich, und während wir diesen Gedanken eben noch dachten, kam jemand auf uns zugestürmt: Hallo Opa, hallo. Oma!

Es war unser Enkel, der mit Freunden unterwegs war.

Ganz unbekannt waren wir doch nicht, dachten wir, und es würde schon werden.

Aber wir müssen eine Kirchgemeinde finden, sagten wir. Der Sonntagsgottesdienst sollte auch weiter zu unserm Leben gehören. Vierzig Jahre war das selbstverständlich gewesen. Es sollte so bleiben. Wir mußten eine Buchhandlung finden, in der wir uns als Kunden wohlfühlen konnten. Rotenburg hat vier Evangelische Kirchen und vier Buchhandlungen. Der Frühling kam, und die Fahrten in die Umgebung der Stadt brachten Begegnungen mit einer interessanten niedersächsischen Landschaft. Wir fanden die Stadtkirche, in der lebensnah gepredigt wurde, zu der wir gehören wollten, und die Buchhandlung in der Nähe der Kirche.

Im zeitigen Frühjahr, auf einer Fahrt in die Nachbarstadt, entdeckte ich am Südrand einer Fichtenschonung ein Ameisennest. Um eine kleine Fichte herum war es als typischer Haufenbau kunstvoll angelegt.

Es lag so günstig, daß die Frühlingssonne ausführlich darauf scheinen konnte. Ich besuchte das Nest mehrmals. Im März war es noch still auf der Oberfläche und man hätte denken können, alles sei ausgestorben. Aber Ende März schon, als ich wieder hinfuhr, war es geschehen. Die Ameisen waren aus dem Winterschlaf erwacht und es geschah das, was in jedem Frühling beim Ameisenstaat vor sich geht.

Die Sonne kam höher und die Weckerinnenameisen, die im oberen Teil des Nestes den Winter in Winterstarre zugebracht hatten, erwachten. Sie wurden mobil. Sie begaben sich umgehend in die tiefergelegenen Regionen des Nestes und schnappten sich die schlafenden Ameisengenossen und transportierten sie unter großen Mühen nach oben. Sie legten sie einen Moment in die wärmere Zone, ließen sie von der Sonne bescheinen, bis sie erwachten, holten neue und sorgten so dafür, Mann für Mann, daß der ganze Staat relativ gleichzeitig aktiv wurde.

Sollte es tatsächlich in den tiefergelegenen Zonen des Nestes, es ging ja bis weit unter die Erde, noch durch einen extrem kalten Winter Nachzügler geben, so unterließen sie den Transport nach oben, der ja langwierig und unnötig kraftaufwendig wäre, und entschlossen sich zu einem ökonomischen Trick.

Sie beeilten sich, außerhalb des Nestes die Sonnenzeit zu finden, legten sich vor dem Nest in die Sonne, tankten Wärme und begaben sich als kleine aufgeladene Batterie wieder in das Nest zurück. Sie suchten die Zimmer mit Kühle, legten sich dort hin und ließen die aufgetankte Wärme ab. Das wird in Blitzesschnelle so oft wiederholt, daß gewährleistet ist: Der Staat ist im Frühling fast auf einen Schlag voll einsatzfähig.

Die Rotenburger Ameisen halfen mit, daß ich mich hier wohlfühlte. An manchen Sonntagen fuhren wir in ein 20 Kilometer entferntes Örtchen und nahmen dort am Gottesdienst teil.

In der weiträumigen neugotischen Kirche steht ein kleiner farbiger Flügelaltar mit geschnitzten Figuren. Die zwölf Jünger an den Seiten, Christus in der Mitte und neben dem thronenden Christus zwei Engel. Sieh mal, sagte meine Frau, da vorn die Engel am Altar.

Ich hatte die Engel gesehen, und dachte, wo sich Engel befinden, da kann man sich wohlfühlen.

Ein origineller Kollege sammelte sonntags vor diesem Altar eine große Gemeinde. Seine Predigt war wie ein Sturmwind, zupackend, biblisch und zu Herzen gehend. Sie rüttelte an manchen hergebrachten Vorstellungen von Predigt, aber wir hörten ihm gern zu.

Letztens beim Osterfest hatte er sich richtig in Rage geredet. Die Kirche bis auf den letzten Platz gefüllt. Eine große Stille. Wir hingen an seinen Lippen, muß man schon sagen.

Als er Amen sagte, klatschte hinter uns ein Ehepaar laut Beifall. Das Ehepaar hatte recht. Die Predigt hatte Beifall verdient.

Ich fuhr nach Parchim zu einem Anlaß. Es sollte selten passieren. Der Nachfolgerpastor mußte sicher sein können, daß wir nicht in seine Art, Gemeinde zu leiten, hineinregieren würden.

Ich ging auf den Friedhof, zum Engel und zu den Ameisen. Aber die Ameisen waren nicht zu finden. Ich sah auf dem Platz nach, auf dem das Nest gewesen war. Nichts. Ich ging unter den Sträuchern nachsehen. Auch nichts. Die große neue Treppe, die gebaut worden war, hatte granitene Stufen bekommen. 58 große schwere Treppenstufen waren aufgeschichtet worden. Mit Kränen waren sie aufgebracht worden. Die Treppe sah wie die Freitreppe zu einem Kaufhaus aus.

Aber die Ameisen waren weg. Die Ameisenstraße, die noch erst über eine Stufe hinwegging, ich hatte noch nachgesehen im Herbst ehe ich aus Parchim fortzog, sie war leer. Im Frühjahr nicht wieder benutzt. Die Ameisen waren aus ihrem Nest ausgezogen, ehe die ganze Treppe fertig war.

Man hatte das auch sonst festgestellt, wenn ein Ameisenvolk sich durch Aufstochern oder durch zuviel Lärm zu sehr belästigt fühlt, dann beschließt es wegzuziehen. Die Königin gibt den Befehl und zum letzten Mal benutzen sie die Ameisenstraße und suchen einen anderen Platz. Parchim war für mich eine abgeschlossene Zeit.

Als ich wieder in Rotenburg war, fuhr ich zu den Ameisen an der Straße nach Scheeßel. Aber, oh Schreck, auch dort war ein Malheur passiert. Der Bauer, dem das angrenzende Feld gehörte, hatte das Feld umgepflügt. Er war sehr dicht an den Ameisenbau herangekommen. Erdstücke waren umgestülpt. Grassoden aufgerissen. Die Ameisenstraße war zugeschüttet.

Das Volk war in eine kleine Katastrophe gestürzt. Ein emsiges Rennen war losgegangen. Neue Wege für die Straße mußten gefunden werden. Einige Ameisen irrten auf dem frisch gepflügten Feld herum, andere suchten einen Weg über den Straßengraben. Was sollte werden? Die Straße mußte in Kürze wieder begehbar sein. Viel Arbeit war zu tun.

Als ich eine Woche später wieder nachsehen kam, war die Lage übersichtlicher. Die neue Ameisenstraße war gefunden. Sie lief jetzt neben dem aufgeworfenen Feld am Straßengraben entlang. Ameisen finden immer einen Weg.

Im Frühjahr übernahm ich eine Kurpredigerstelle auf der Nordseeinsel Borkum. Wir reisten aus unserer Rentnerklause für vier Wochen an die See. Dienst an Urlaubern. Predigten und Vorträge halten. Es war eine sehr schöne Zeit.

Vom Nordseestrand brachten wir zwei Beutel Muscheln mit. Tagelang hatten wir auf Anweisung meiner Frau am Strand gesammelt. Sie hatte die Idee, die Tür unseres Gartenhauses, die so leer aussah, mit Muschelmotiven zu bekleben. Lange hatte sie hin- und herüberlegt. Das müßte doch gehen, was meinst Du?

Ich meinte wenig dazu, meine Arbeit auf Borkum war gemacht. Ich war wieder Rentner. Sie aber legte los. Sie entwarf Muster in Gedanken und auf dem Papier. Sie zeichnete und probierte.

Einer der Söhne mußte den passenden Klebstoff beorgen. Der Plan trat in die Tatphase. Die Gartenhaustür wurde ausgehoben. Auf der Terrasse unseres Hauses entstand die Künstlerklause zur Erstellung eines Muschelbildes.

Als es fertiggestellt war, staunte die ganze Familie. Das hätten wir nicht gedacht! Was man alles machen kann! Es war geradezu ein kleines Kunstwerk geworden.

Kurz darauf erschien in der Rotenburger Zeitung ein Foto von der Gartenhaustür. Kommentar mit dem Namen der Herstellerin: Man muß nur erfinderisch sein. In der Zeitung stand: Hanna Pilgrim.

Wir waren eben Rotenburger.

Einen Tag vor Ostern mußte ich in meine Buchhandlung dicht an der Kirche. Ein bestelltes Buch war angekommen. Als ich die Buchhandlung betrat, begrüßte mich die Besitzerin mit Namen. Sie ging in ihr Büro und kam mit einer Rose zurück.

Unsere Stammkunden bekommen heute, einen Tag vor Ostern, eine Rose, sagte sie und drückte mir die Rose in die Hand. Ich war überrascht. Nun sind wir wirklich Rotenburger, dachte ich.

Die Adventszeit kam und wir bauten die Pyramiden auf, den Engelsberg und die Kurrendesänger.

Eines Nachmittages kam unser fünfjähriger Enkel zu Besuch. Er stürmte ins Zimmer und rief: Opa, ich mach Hürte!

Er strahlte übers ganze Gesicht, und Stephanie ist die Maria, sagte er. Is das nix? Und ob das was war!

Die Pfarrfrau hatte mit den Kindern ein Weihnachtsspiel eingeübt. Am 24. Dezember sollte die Aufführung vor sich gehen, in der Kirche, versteht sich. Am Heiligen Abend fuhren wir mit den Eltern des kleinen Christian, der nun ein Hirte sein sollte, in die kleine Kirche am Rande Rotenburgs. Dort sollten Stephanie und Christian ihren Auftritt haben.

Oma hatte ein Tuch für die Maria herausgesucht und der „Hürte" bekam einen zünftigen Hut auf den Kopf und eine Adventslaterne in die Hand. Auch andere Eltern und Großeltern hatten ihr Bestes gegeben. So konnte das kleine Weihnachtsspiel über die Bühne gehen.

Christian, der „Hürte", mußte, während die Engel laut Weihnachtsgeschichte agierten, still vor dem Altar sitzen. Es war warm in der überfüllten kleinen Kirche. Alle wollten ihre Sprößlinge besichtigen, und Weihnachten feiern wollten sie auch.

Für einen Fünfjährigen war das Warten beschwerlich. Bethlehems Fluren waren etwas eng. Er hatte die Laterne auf den Altarstufen abgestellt. Dem „Hürten" war der große Hut lästig. Er nahm das Ding vom Kopf und strich sich genüßlich durch seine Stoppelhaare und seufzte. Es war ein Bild des Friedens. So ungefähr könnte ich mir den kleinsten Hirten von Bethlehem vorstellen.

Was kann uns passieren, dachte ich, der „Hürte" ist bei seiner Arbeit.

Hatten wir nicht die richtige Wahl getroffen? Am Heiligabend war die ganze Familie Pilgrim in unserm Haus zusammen. Und die Frage, wie würden wir das schaffen, erschien mir plötzlich so unkompliziert. Wir hatten vierzig Jahre DDR geschafft. Die Ameisen hatten die Verlegung der Friedhofstreppen und das Überpflügen der Ameisenstraße von Rotenburg geschafft. Aurel von Jüchen hatte Sibirien geschafft, und wir hatten das erste Jahr in Rotenburg geschafft.

Wie war das mit der Hoffnung? Gab es nicht die Zeit dazwischen und die Momente, wenn sie zerbrochen schien und alles so berghoch vor der Seele aufgetürmt, daß man dachte, das schaffst du nie.

Man mußte weitermachen. Das ist im privaten Bereich genauso wichtig wie im politischen, und in allen anderen auch. Das Motiv dafür ist unter Christen bekannt. Es heißt Glaube und ist die andere Seite der Hoffnung.

Als ich Pastor auf dem Lande war, hatte ich den Kindergottesdienst an jedem Sonntag nach dem Hauptgottesdienst. Die Kinder im Dorf und einiger Nachbardörfer strömten in die Kirche. Einhundert kamen Sonntag für Sonntag. Wie machst Du das, fragte ein Kollege.

Ich erzähl Märchen, sagte ich.

Der staunte nicht schlecht: Märchen? Geht denn das? Und wo bleibt der Gottesdienst?

Ich machte natürlich auch die anderen Teile, die zu einem Gottesdienst dazugehörten. Aber als letztes Stück erzählte ich immer ein Märchen. Es mußte spannend erzählt werden, aber das ist bei Märchen nicht schwer.

Die Kinder saßen und hörten zu. Sie warteten schon auf das Märchen. Manche kamen nur deswegen. Ich weiß, es war gewagt. Ein Pastor, der Märchen erzählt!

Aber ich nahm mir die Freiheit. Ich hatte einmal von einem Missionar gehört, der wunderbar Geige spielen konnte. Und er spielte den Eingeborenen vor, und sie erschienen zuerst nur, weil sie sein Geigenspiel so schön fanden. Er lockt sie mit dem Geigenspiel, sagten die Kollegen. Na und, sagte der Missionar!

Ich verbrauchte über Jahre hin ganze Sammlungen von Märchen. Ein Sonntag ist schnell wieder da. Manchmal schrieb ich selbst ein Märchen. Ich dachte mir im Lauf der Woche eins aus.

Es lebte einmal ein König, der hatte drei Söhne. Als die drei erwachsen waren, gab er jedem der Söhne eine goldene Krone und sagte: Haltet sie in Ehren, sie ist ein kostbarer Besitz. Denkt immer daran, Ihr seid Königskinder. Und er schickte sie in die Welt.
Der erste Sohn ging weit weg und kam an ein Meer. Er freute sich an den Wellen. Er badete und lebte gern. Dann aber wurde er krank. Er ärgerte sich und rief: Warum hat mir mein Vater keinen Zauberring gegeben? Nur die alte Krone. Was soll ich damit jetzt? Damit kann ich die Krankheit nicht weg zaubern. Zu nichts ist sie nütze, und er warf sie ins Meer.
Der zweite der Söhne ging auch in die Welt. Er fand viele Freunde. Er war ein lustiger Mensch. Er feierte gern, und er lebte sein Leben. Einer der Freunde hatte die Krone beobachtet, die der Königssohn besaß, und er wollte sie gern haben. Gib sie mir, sagte er. Nein, sagte der Königssohn. Sie ist ein wichtiges Erbstück. Aber Du trägst sie doch gar nicht, sagte der Freund. Na und, sagte der Königssohn, aber ich halte sie in Ehren. Der Freund wollte die Krone unbedingt besitzen, und er sann nach und erfand eine List. Als der Königssohn einmal schlief, kam der Freund heimlich in das Zimmer. Er hatte vorher eine blecherne Krone anfertigen lassen, die haargenau so aussah wie die echte. Und er vertauschte die Kronen, nahm die Echte und ließ die Blecherne zurück. Der Dritte der Söhne trug seine Krone und nannte sie seinen kostbarsten Besitz. Die Andern spotteten und sagten: Was soll das, was hast Du davon! Trägst so ein altmodisches Dings. Kein Mensch trägt heute sowas mehr. Er blieb dabei. Sie ist mir lieb und wert.
Jahre vergingen. Der alte König kam zum Sterben. Er ließ in seinem Reich ausrufen, die Söhne möchten nach Hause kommen. Und er fügte hinzu: Wer mir die echte Krone bringt, der wird der Erbe des Königsthrones. Die Söhne kamen. Der erste fiel am Krankenbett des Königs nieder und sagte:
Verzeih mir, Vater. In einem Anfall von Ärger hab ich die Krone ins Meer geworfen. Es war nicht so gemeint.
Geh, sagte der Vater.
Der zweite kam und legte seine Krone vor dem Vater nieder. Der König schaute sie an und sagte: Das ist nicht die echte Krone. Diese ist aus Blech. Du hast sie Dir vertauschen lassen. Geh auch Du!

Der Dritte wollte erst gar nicht kommen. Bescheiden stand er hinten. Komm sagte der Vater, zeig mir die Krone. Dann legte er die goldene Krone vor dem König nieder.

Hier Vater, ich hielt sie in Ehren, wie Du gesagt hast. Manchmal war es nicht leicht, sie zu tragen. Und Spötter gab es viele. Was soll dieses alte Dings, sagten sie. Aber Dein Wort, Vater, gab mir Kraft.

Komm, sagte der König, du wirst der Erbe meines Thrones.

Und so ward es gemacht. Der dritte Sohn ward König und regierte sein Reich viele Jahre und war wohl gelitten.

Die Krone ist der Glaube, so meint die Bildsprache der Bibel. Nachzulesen im letzten Buch der Bibel, im Buch der Offenbarung. Dort steht das Wort: Halte, was du hast, daß niemand deine Krone nehme.

Die Krone ist der Glaube.

Aber, was ist das schon, der Glaube? Was kann er?

Was er kann? Nun, er verändert nicht die Welt.

Aber er gibt die Kraft, durch diese Welt zu gehen, dennoch und dankbar.

Und das ist viel in dieser unruhigen Zeit.

Ende

Nachwort

Aufmerksame Beobachter der deutsch-deutschen Entwicklung haben den Eindruck, daß eine Art innerer Mauer zwischen Ost und West, zwischen den Menschen in den alten und denen in den neuen Bundesländern höher wird. Sie fürchten, daß es kälter wird im vereinigten Deutschland und die Menschen weniger aufeinander zugehen.

Wie kommt das?

Die Vereinigung unseres Volkes nach dem Fall der Mauer von 1989 war ein Glücksfall. Christen sagen, sie war ein Geschenk des Himmels.

Sie kam durch das Volk. Es gab keinen anderen Weg, wenn man die Zeit von damals und die Konstellationen bedenkt. Obgleich andere Wege denkbar gewesen wären. Theoretisch ja! Aber die Vereinigung ist praktisch entschieden worden. Sehr praktisch.

Die verschiedenen Kräfte, die im Zusammenspiel dabei mitgewirkt haben, haben klar votiert, und sie haben etwas entstehen lassen, was sich erst entwickeln muß. Das wissen wir heute, sieben Jahre danach, besser. Damals konnten wir es höchstens ahnen, und oft nicht mal das.

Man kann nicht sagen, daß es eine falsche Entscheidung war, aber es war eine sehr plötzliche.

Jetzt wird sichtbar, wie schwierig sich alles darstellt und wie komplex die Probleme sind.

Da gibt es eine Westmüdigkeit in Sachen Unterstützung der neuen Bundesländer. Es gibt eine gewisse Angst der Westler, womöglich unter dem Milliardentransfer in den Osten zusammenzubrechen. Und es gibt einen latenten Überdruß an Begegnungen zwischen Ost und West.

Daneben ist in den neuen Bundesländern eine DDR-Nostalgie größer geworden. Schließlich war nicht alles schlecht, was es im Osten gab. Aus der Begegnung mit westlichen Abenteurern ist eine Fremdheit entstanden. Aus den Erfahrungen einer gegenwärtigen Konjunkturschwäche ein Zweifel an der Kraft der Marktwirtschaft. Kommt ein Wohlstandsgefälle hinzu und eine vermehrte soziale Unsicherheit, und sogleich finden Unbehagen an der Einheit und „Osttrotz" ein fruchtbares Feld.

Natürlich gibt es daneben auch Dankbarkeit über die Einheit und funktionierendes Miteinander. Nur wiegt das andere schwerer, so scheint es. Wie soll es weitergehen?

Nach dem Glückstaumel der Vereinigung von 1989/90 sind die Ernüchterungen der Jahre 1995/96 über uns hereingebrochen. Man hat den belastenden Eindruck, daß sich viele Menschen in Ost und West gebärden wie ein störrisches Pferd, das, weil es angeschirrt werden soll, jetzt nach allen Seiten hin ausschlägt.

Was kann man tun?

Meine erste Antwort lautet: Wenig! Wir müssen unsere Pflichten tun, mit dem Gewonnenen behutsam umgehen und im Übrigen dem vereinigten Land Zeit lassen, eine gesunde Entwicklung zu finden und dabei auch bereit zu sein, durch Täler zu gehen.

Eine zweite Antwort kam von mehreren prominenten Zeitgenossen in Ost und West. Sie haben uns dringlich empfohlen, uns jetzt unsere Lebensläufe zu erzählen, unsere Geschichten. Und sie meinten damit, daß wir uns erzählen, wie es uns ergangen ist in den beiden Teilen Deutschlands, wie verschieden die Voraussetzungen waren und wie wir denn so geworden sind. Dabei geht es, wie die Schriftstellerin Christa Wolf einmal gesagt hat, um „eine Durchmusterung der eignen Biographie."

Zum Erzählen gehört das wechselseitige Anhören und die Achtung vor der Geschichte des anderen.

Gelingt das nicht, so werden, wenn nicht alles trügt, die Aggressionen zunehmen und die böse Mauer wird tatsächlich wachsen. Das kann uns allen nicht gut tun. Es wird die Lebensqualität in unserem Lande mindern.

Aus all diesen Gründen steht das Zusammenkommen, die Begegnung und das gemeinsame Gespräch ganz oben an. Es ist eine notwendige, in des Wortes urspünglichster Bedeutung not – wendige Arbeit für die Menschen in Ost und West. Wir müssen uns dabei viel einfallen lassen. Parteien und Kirchen stehen in gleicher Weise in der Pflicht wie Organisationen und Vereine.

Ein Gesprächsbeitrag sehr persönlicher Art möchte dieses Buch sein. Es wurde nicht aus literarischem Ehrgeiz geschrieben. Dazu halte ich zuviel von Literatur. Es erzählt vom Weg der Kirche in der DDR und macht das fest an meiner eigenen Geschichte.

Somit ist es ein Gesprächsbeitrag von anderen möglichen.

Dabei wird deutlich, daß das komplizierte Verhältnis von Staat und Kirche in der DDR-Zeit von verschiedenen Positionen her auch unterschiedlich dargestellt werden wird.

Einer, der den staatlichen Empfehlungen etwa in den Friedenskreisen der Nationalen Front folgte oder in die DDR-CDU ging, wird die Dinge anders sehen als derjenige, der einen eigenen kirchlichen Weg jenseits von Anpassung und zu großer Staatsnähe suchte.

Einer, der dem religiösen Sozialismus nahestand wird anders urteilen als einer der Sympathisanten der aufsehenerregenden Tat von Pfarrer Brüsewitz, der sich aus Protest gegen eine falsche Jugendpolitik selbst verbrannte. Einer, der wegen seiner Überzeugung ins Gefängnis ging und seelische Beschädigung erfuhr, wird anders sprechen als der, der in einer Nische gut überleben konnte.

Eine einheitliche Beurteilung kann es nicht geben.

Und noch etwas erweist sich: Die Darstellung des Staat-Kirche Problems wird es nicht ohne Emotionen geben, und nicht ohne Wertungen. Sie ergeben sich notwendig aus den Erfahrungen. Wer, wie ich, über Jahre hin als Staatsfeind galt und zweimal zu verschiedenen Zeiten als OV, das heißt als operativer Vorgang von der Stasi behandelt wurde, kann davon nicht absehen. Dennoch möchte das Buch keine Abrechnung sein. Abrechnung tötet das Gespräch und stellt die, mit denen man abrechnet, ins Abseits. Sie erzeugt auch Haß, und der ist überhaupt nicht zu gebrauchen.

Wir dürfen in unserm Land keinen ins Abseits stellen. Wir müssen sprechen, alle miteinander, immer wieder miteinander, und nicht gegeneinander. Sprechen müssen die Ostler und die Westler, die Gläubigen und die Zweifelnden, die Christen und die Atheisten, die politisch Engagierten und die völlig Desinteressierten, die Optimisten und die Frustrierten, die Funktionäre von einst und die Informellen Mitarbeiter, die Mächtigen und die Ohnmächtigen – kurz alle, die guten Willens sind.

Wir müssen sprechen und erzählen, zuhören und argumentieren. Wir müssen sagen, was wir erlebt haben, was daran falsch war und richtig. Und wir müssen uns Gedanken darüber machen, wie es mit uns weitergehen kann, im Kleinen wie im Großen in unserm Land wie in Europa.

Vielleicht ist auch das nur wenig, aber im Bereich des Seelischen wird nicht nach Zentnern und Kubikmetern gemessen, und schon gar nicht nach Dollar. Ich habe die Hoffnung, trotzdem und immer wieder, daß dadurch ein Stein aus der Mauer herausgerissen wird.

Und ich habe das Vertrauen, trotzdem und immer wieder, daß viele der so gewonnenen Steine als Bausteine für ein gesundes demokratisches Miteinander zu verwenden sein werden und nicht etwa dazu, andere mit anderer Anschauung damit zu steinigen. Davon hatten wir genug in unserer Geschichte.

Eine menschenwürdige Zukunft gewinnen wir nur, wenn wir in der Gegenwart bereitwillig und ehrlich über die Vergangenheit sprechen.

G. Pilgrim
Rotenburg/Wü.
im November 1996